羽《は》生《ぶ》善《よし》治《はる》監《かん》修《しゅう》

子《こ》ども将《しょう》棋《ぎ》入《にゅう》門《もん》

新装版

監修 羽生善治
著 安次嶺隆幸

すぐ指せる!
面白《おもしろ》い!
強《つよ》くなる!

駒《こま》の動《うご》かし方
戦術《せんじゅつ》・囲《かこ》い
詰《つ》めの基本《きほん》を
5日間《いつかかん》で
覚《おぼ》えることが
できる!

新星出版社

プロ棋士《きし》になる方法《ほうほう》

将棋《しょうぎ》のプロ・名人《めいじん》になりたい！

プロ棋士《きし》の世界《せかい》

将棋《しょうぎ》のプロの世界《せかい》には、羽生善治《はぶよしはる》さんを初《はじ》め現役棋士《げんえききし》は１６０名以上《めいいじょう》います。プロ棋士《きし》は、将棋《しょうぎ》を指《さ》すことで、その対局料《たいきょくりょう》や賞金《しょうきん》などを獲得《かくとく》して生活《せいかつ》をしています。指《さ》した将棋《しょうぎ》の棋譜《きふ》（記録《きろく》）が各新聞社《かくしんぶんしゃ》、メディアに掲載《けいさい》されることで多《おお》くの人々《ひとびと》に自分《じぶん》の指《さ》した将棋《しょうぎ》が広《ひろ》がります。

現在《げんざい》では、リアルタイムで対局《たいきょく》がネット中継《ちゅうけい》されていて、手《て》に汗《あせ》にぎる攻防《こうぼう》を観戦《かんせん》することができます。プロ棋士《きし》は将棋《しょうぎ》を指《さ》すことで、その将棋《しょうぎ》から多《おお》くの感動《かんどう》を世《よ》の中《なか》に伝《つた》えているのです。

名人《めいじん》になるには

誰《だれ》でもすぐにプロになれるわけではありません。年少《ねんしょう》のときから修行《しゅぎょう》して、まずはプロ棋士養成機関《きしようせいきかん》である奨励会《しょうれいかい》に入会《にゅうかい》しなければなりません。全国《ぜんこく》からの小《しょう》・中学生《ちゅうがくせい》の天才《てんさい》といわれる子《こ》ども達《たち》が、奨励会《しょうれいかい》の6級《きゅう》を目指《めざ》して入会《にゅうかい》を希望《きぼう》してきます。将棋《しょうぎ》での段級《だんきゅう》は、

アマチュアとプロでは違《ちが》います。この奨励会《しょうれいかい》の6級《きゅう》に入会《にゅうかい》するためには、最低《さいてい》でもアマチュア四段《よだん》、五段《ごだん》の棋力《きりょく》がないと入会《にゅうかい》できません。奨励会《しょうれいかい》で修行《しゅぎょう》して6級《きゅう》~三段《さんだん》まであがったあと、三段《さんだん》リーグで戦《たたか》い、半年《はんとし》に2名《めい》だけが新四段《しんよだん》となって、初《はじ》めてプロ棋士《きし》のスタートとなります。途中《とちゅう》で年齢制限《ねんれいせいげん》という関門《かんもん》もあって、プロになるのは狭《せま》き門《もん》となっています。

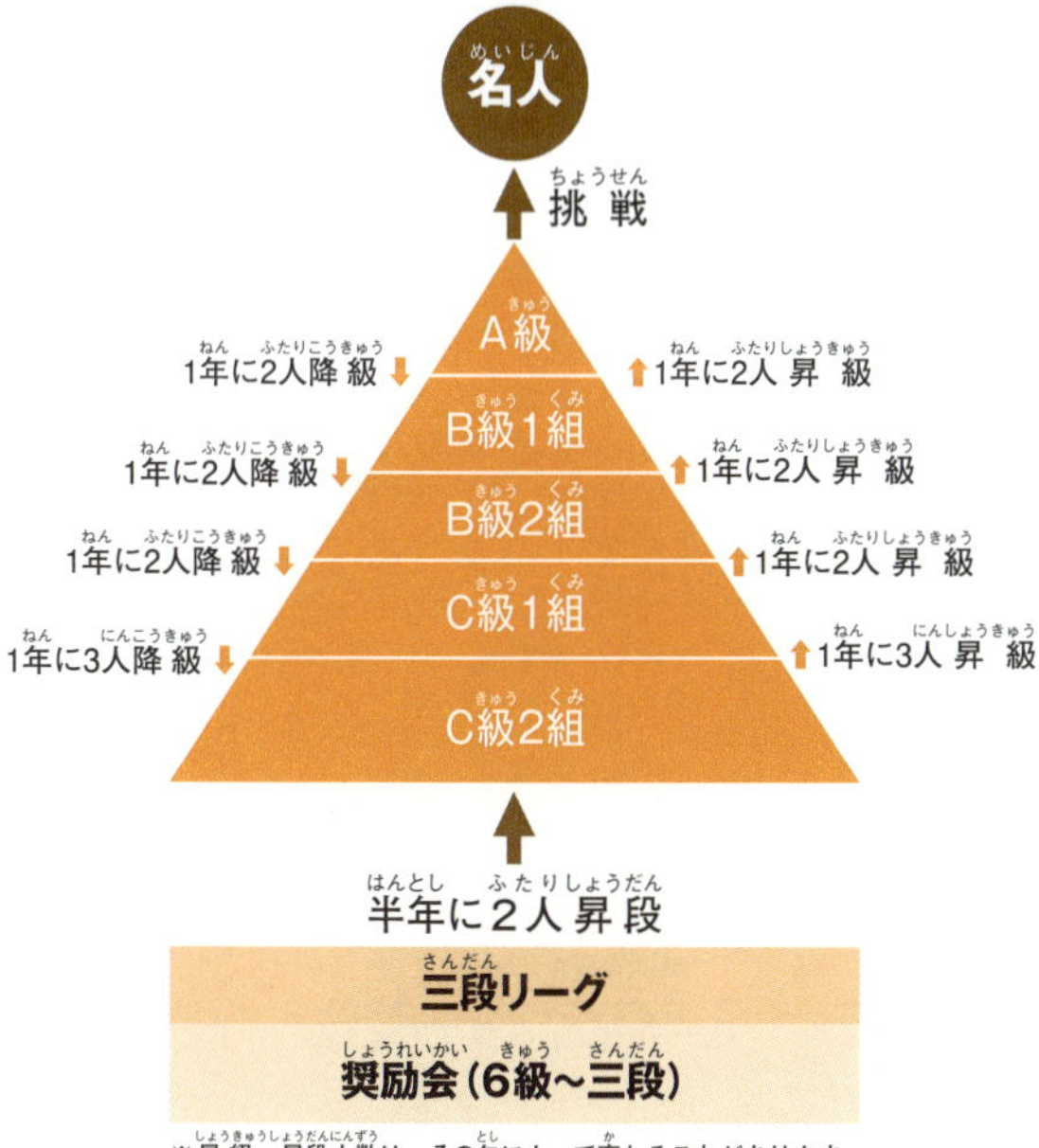

※昇級《しょうきゅう》、昇段人数《しょうだんにんずう》は、その年《とし》によって変《か》わることがあります。

でも、藤井聡太《ふじいそうた》さんのように、中学生《ちゅうがくせい》でもプロになれば、ほかの棋士《きし》と同《おな》じように活躍《かつやく》することができることは、将棋《しょうぎ》の大《おお》きな魅力《みりょく》です。

将棋《しょうぎ》は、たとえ年齢《ねんれい》が低《ひく》くても、真剣《しんけん》に修行《しゅぎょう》を続《つづ》けて努力《どりょく》していけば強《つよ》くなれます。そして勝利《しょうり》を重《かさ》ねていくと五段《ごだん》、六段《ろくだん》、七段《ななだん》、八段《はちだん》と昇段《しょうだん》し、最高段位《さいこうだんい》は九段《くだん》となります。女流棋士《じょりゅうきし》もプロ棋士《きし》とは別《べつ》の段位《だんい》があり、最高段位《さいこうだんい》は六段《ろくだん》です。

タイトル戦《せん》

プロになると、さまざまな棋戦《きせん》に参加《さんか》します。そのひとつの順位戦《じゅんいせん》では、C級《きゅう》1組《くみ》～B級《きゅう》1組《くみ》と昇級《しょうきゅう》していくと、一番上《いちばんうえ》のクラスのA級《きゅう》に入《はい》ることができます。そこで優勝《ゆうしょう》すれば、ときの名人《めいじん》との七番勝負《ななばんしょうぶ》で名人《めいじん》の位《くらい》を争《あらそ》うことができるのです。名人戦《めいじんせん》のほかにも、竜王《りゅうおう》戦《せん》、叡王戦《えいおうせん》、王位戦《おういせん》などの棋戦《きせん》があり、これ

八大《はちだい》タイトル戦《せん》

棋戦名《きせんめい》	開催時期《かいさいじき》	対局《たいきょく》の形式《けいしき》
竜王戦《りゅうおうせん》	10～12月《がつ》	2日制《かせい》7番勝負《ばんしょうぶ》 持《も》ち時間各《じかんかく》8時間《じかん》
名人戦《めいじんせん》	4～6月《がつ》	2日制《かせい》7番勝負《ばんしょうぶ》 持《も》ち時間各《じかんかく》9時間《じかん》
叡王戦《えいおうせん》	3～5月《がつ》	1日制《にちせい》7番勝負《ばんしょうぶ》 持《も》ち時間変則性《じかんへんそくせい》
王位戦《おういせん》	7～9月《がつ》	2日制《かせい》7番勝負《ばんしょうぶ》 持《も》ち時間各《じかんかく》8時間《じかん》
王座戦《おうざせん》	9～10月《がつ》	1日制《にちせい》5番勝負《ばんしょうぶ》 持《も》ち時間各《じかんかく》5時間《じかん》
棋王戦《きおうせん》	2～3月《がつ》	1日制《にちせい》5番勝負《ばんしょうぶ》 持《も》ち時間各《じかんかく》4時間《じかん》
王将戦《おうしょうせん》	1～3月《がつ》	2日制《かせい》7番勝負《ばんしょうぶ》 持《も》ち時間各《じかんかく》8時間《じかん》
棋聖戦《きせいせん》	6～8月《がつ》	1日制《にちせい》5番勝負《ばんしょうぶ》 持《も》ち時間各《じかんかく》4時間《じかん》

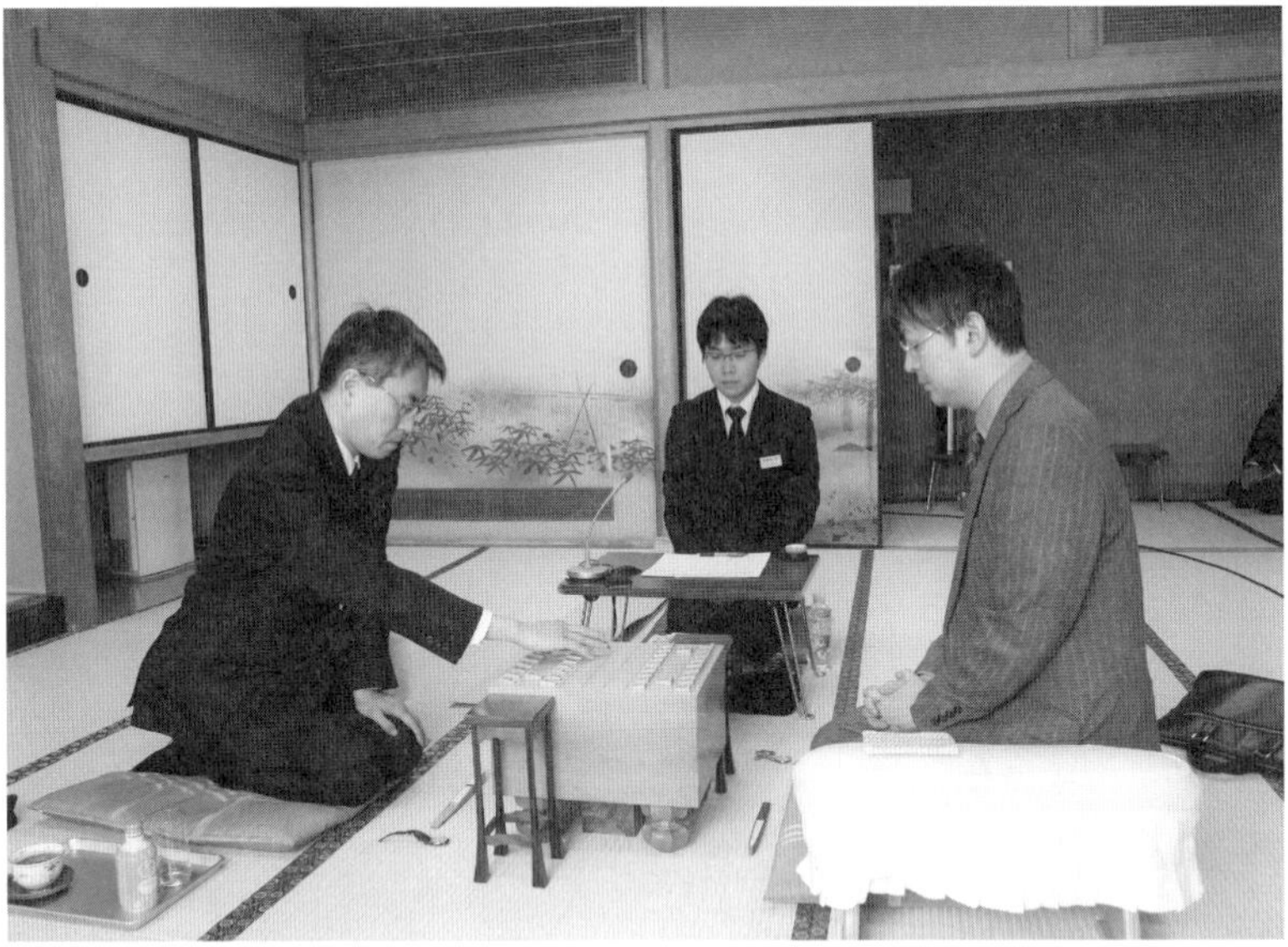

らは八大《はちだい》タイトルと呼《よ》ばれています。

棋戦《きせん》ごとにさまざまなルールがありますが、予選《よせん》を勝《か》ち抜《ぬ》いたら、タイトルホルダーへの挑《ちょう》戦権《せんけん》を得《え》て、5番勝負《ばんしょうぶ》や7番勝負《ばんしょうぶ》を行《おこな》います。

タイトル戦《せん》は全国各地《ぜんこくかくち》で行《おこな》われますが、現《げん》地《ち》での解説《かいせつ》のほか、最近《さいきん》ではインターネットでの中継《ちゅうけい》もあり、気軽《きがる》に楽《たの》しむことができるようになりました。また、入門者向《にゅうもんしゃむ》けの将棋《しょうぎ》のゲームソフトもたくさん出《で》てきて、だれでも将棋《しょうぎ》を始《はじ》めやすくなってきています。

これから将棋《しょうぎ》を覚《おぼ》えようとするみなさんでも、「名人《めいじん》になるんだ!」という意欲《いよく》があれば、名人《めいじん》やタイトルホルダーに登《のぼ》りつめることができるのです。

みなさんも、名人目指《めいじんめざ》して頑張《がんば》っていきましょう。

はじめに

将棋学園《しょうぎがくえん》へようこそ！

みなさんこんにちは。将棋学園《しょうぎがくえん》へようこそ！
これからみなさんを将棋《しょうぎ》の学校《がっこう》へご招待《しょうたい》します。楽《たの》しみですね！
えっ？　将棋《しょうぎ》のルールを知《し》らない？
大丈夫《だいじょうぶ》、大丈夫《だいじょうぶ》。安心《あんしん》してね。
まず、将棋学園《しょうぎがくえん》では、みんなと一緒《いっしょ》にルールから学《まな》んでいくよ。
ルールだけでなく、将棋《しょうぎ》の持《も》っているもっと大《おお》きな力《ちから》、
「将棋《しょうぎ》で身《み》につく力《ちから》」も学《まな》んでいけるようになっているよ。
そして、強《つよ》くなりたい人《ひと》にはなんと！
羽生善治《はぶよしはる》校長先生《こうちょうせんせい》からのアドバイスも受《う》けられるんだ。
では、羽生《はぶ》校長先生《こうちょうせんせい》を呼《よ》んでみよう！

「せーの……」

「羽生《はぶ》校長先生《こうちょうせんせい》!!」

——みなさん、こんにちは！　将棋学園《しょうぎがくえん》・校長《こうちょう》の羽生善治《はぶよしはる》です。

これからみんなを将棋学園《しょうぎがくえん》に案内《あんない》しますね。

その子《こ》、ちょっと不安《ふあん》そうだね。

でも大丈夫《だいじょうぶ》、安次嶺先生《あじみねせんせい》が優《やさ》しく教《おし》えてくれるから安心《あんしん》してね。

では、将棋学園《しょうぎがくえん》の教室《きょうしつ》で待《ま》っているよ！

将子《しょうこ》と将男《まさお》の2人《ふたり》は、今日《きょう》から将棋学園《しょうぎがくえん》の新入生《しんにゅうせい》です。

ちょっぴり不安《ふあん》な顔《かお》で登校《とうこう》してきましたよ。

さて、どうなるかな？　さあ、将棋学園《しょうぎがくえん》の、始《はじ》まりで～す。

将棋学園《しょうぎがくえん》　校長《こうちょう》　羽生善治《はぶよしはる》
先生《せんせい》　安次嶺隆幸《あじみねたかゆき》

もくじ

新装版 羽生善治《はぶよしはる》 監修《かんしゅう》 子《こ》ども将棋《しょうぎ》入門《にゅうもん》

第《だい》0章《しょう》 将棋《しょうぎ》ってどんなゲーム？

第《だい》1章《しょう》 将棋《しょうぎ》学園《がくえん》第《だい》1日目《にちめ》

第《だい》2章《しょう》 将棋学園第《しょうぎがくえんだい》2日目《にちめ》

第《だい》3章《しょう》 将棋学園第《しょうぎがくえんだい》3日目《にちめ》

第《だい》4章《しょう》　将棋学園第《しょうぎがくえんだい》4日目《にちめ》

第《だい》5章《しょう》　将棋学園第《しょうぎがくえんだい》5日目《にちめ》

第《だい》6章《しょう》 詰《つ》め将棋《しょうぎ》&修了問題《しゅうりょうもんだい》

羽生善治校長先生《はぶよしはるこうちょうせんせい》に挑戦《ちょうせん》だ！

企画・編集・デザイン●スタジオパラム
イラスト●庄司 猛
写真提供●日本将棋連盟

第《だい》0章《しょう》

将棋《しょうぎ》ってどんなゲーム？

将棋学園《しょうぎがくえん》へ入学《にゅうがく》してきた将男《まさお》と将子《しょうこ》……。もうすぐ朝礼《ちょうれい》が始《はじ》まるよ！　ドキドキしながら校門《こうもん》をくぐりました。校庭《こうてい》ではたくさんの児童《じどう》が将棋《しょうぎ》の遊《あそ》びをしています。やまくずし、まわり将棋《しょうぎ》、はさみ将棋《しょうぎ》……。本将棋《ほんしょうぎ》を学《まな》ぶ前《まえ》に、まずは将棋《しょうぎ》の世界《せかい》をみんなで見《み》ていきましょう！

玉将

将棋《しょうぎ》ってどこからきたゲーム？

ルーツは古代《こだい》インドで生《う》まれた「チャトランガ」というゲーム

将棋《しょうぎ》というゲームは？

将棋《しょうぎ》は、約四千年前《やくよんせんねんまえ》、古代《こだい》インドで遊《あそ》ばれていた**チャトランガ**というゲームがルーツといわれています。盤《ばん》と駒《こま》を使用《しよう》して、2人《ふたり》～4人《にん》で遊《あそ》ぶゲームだったようです。

チャトランガは世界各国《せかいかっこく》に伝《つた》わり、使《つか》う道具《どうぐ》やルールが変化《へんか》していきました。西洋《せいよう》には**チェス**、中国《ちゅうごく》には**象棋《シャンチー》**として伝《つた》わり、日本《にほん》では**将棋《しょうぎ》**となりました。

当時《とうじ》は、今《いま》よりもっと駒《こま》の数《かず》が多《おお》く、種類《しゅるい》もたくさんありました。おそらく勝負《しょうぶ》がつくのには、かなりの時間《じかん》がかかったと思《おも》われます。

現在《げんざい》の81マス、40枚《まい》の駒《こま》という形《かたち》になったのは、４００～５００年前《ねんまえ》といわれています。**チャトランガ**は、世界中《せかいじゅう》のさまざまなボードゲームの祖先《そせん》なのです。

長《なが》い時間《じかん》を経《へ》て、それぞれの国《くに》の文化《ぶんか》の特徴《とくちょう》があらわれて、さまざまな色《いろ》や形《かたち》の違《ちが》う将棋《しょうぎ》になりました。

日本《にほん》の将棋《しょうぎ》は、ほかの国《くに》にはない独特《どくとく》のルールがあります。

第《だい》0章《しょう》　将棋《しょうぎ》ってどんなゲーム？

それは、**取《と》った駒《こま》を再使用《さいしよう》できること**です。駒《こま》の再使用《さいしよう》ができるのは、世界各国《せかいかっこく》の将棋《しょうぎ》で唯一《ゆいいつ》、**日本将棋《にほんしょうぎ》だけ**です。

このことは、日本将棋《にほんしょうぎ》を複雑《ふくざつ》にして、より面白《おもしろ》いものにさせている大《おお》きな要因《よういん》です。

将棋《しょうぎ》は、それぞれの国《くに》の風土《ふうど》や考《かんが》え、歴史《れきし》、文化《ぶんか》が盛《も》り込《こ》まれています。駒《こま》の再使用《さいしよう》のルールが確立《かくりつ》した日本《にほん》の文化《ぶんか》には、無駄《むだ》なものをなるべく出《だ》さない、すべてのものを大切《たいせつ》にする精神《せいしん》が受《う》け継《つ》がれているのです。

現代《げんだい》でいう、「エコ」の精神《せいしん》が将棋《しょうぎ》にはあります。1枚《まい》1枚《まい》の駒《こま》を大切《たいせつ》にする精神《せいしん》が、日本《にほん》将棋《しょうぎ》には込《こ》められているのです。

将棋《しょうぎ》に必要《ひつよう》な道具《どうぐ》

将棋盤《しょうぎばん》と駒《こま》が必須《ひっす》アイテム

みなさんにおすすめする将棋《しょうぎ》盤《ばん》は、将棋連盟《しょうぎれんめい》で販売《はんばい》している折《お》りたたみの盤《ばん》や、持《も》ち運《はこ》びに便利《べんり》なゴム盤《ばん》がいいでしょう。

将棋《しょうぎ》に必要《ひつよう》なもの

【将棋盤《しょうぎばん》】

将棋盤《しょうぎばん》には、タテ9マス、ヨコ9マスの9×9＝81のマス目《め》が書《か》かれており、そのなかで戦《たたか》います。戦《たたか》うこと、**将棋《しょうぎ》の試合《しあい》のことを対局《たいきょく》**といいます。

プロの対局《たいきょく》に使《つか》う将棋盤《しょうぎばん》は、**榧《かや》の木《き》**でできています。榧《かや》のほかにも、桂《かつら》や銀杏《いちょう》の木《き》などが使《つか》われていることもあります。

【駒《こま》】

駒《こま》は、**全部《ぜんぶ》で8種類《しゅるい》、40枚《まい》**あります。正式《せいしき》な読《よ》み方《かた》、略称《りゃくしょう》、裏《うら》の文字《もじ》は左《ひだり》の表《ひょう》のとおりです。

将棋《しょうぎ》の駒《こま》も木《き》でできています。プロが対局《たいきょく》で使《つか》っている駒《こま》の材質《ざいしつ》は、**黄楊《つげ》の木《き》**です。榧《かや》の将棋《しょうぎ》盤《ばん》と黄楊《つげ》の駒《ごま》で「ピシリ！」と指《さ》すととてもよい音《おと》がします。

市販《しはん》の駒《こま》には、人工象牙《じんこうぞうげ》やプラスチック製《せい》の安価《あんか》な駒《こま》もありますので、入門《にゅうもん》セットとして盤《ばん》

駒《こま》の種類《しゅるい》と名前《なまえ》

表《おもて》	正式名《せいしきめい》	略称《りゃくしょう》	裏《うら》	正式名《せいしきめい》	略称《りゃくしょう》	枚数《まいすう》
玉将 王将	玉将《ぎょくしょう》（王将《おうしょう》）	玉《ぎょく》（王《おう》）		（なし）	（なし）	1枚《まい》ずつ
金将	金将《きんしょう》	金《きん》		（なし）	（なし）	4枚《まい》
銀将	銀将《ぎんしょう》	銀《ぎん》	成銀	成銀《なりぎん》	（なし）	4枚《まい》
飛車	飛車《ひしゃ》	飛《ひ》	竜王	竜王《りゅうおう》	竜《りゅう》	2枚《まい》
角行	角行《かくぎょう》	角《かく》	竜馬	竜馬《りゅうま》	馬《うま》	2枚《まい》
桂馬	桂馬《けいま》	桂《けい》	成桂	成桂《なりけい》	（なし）	4枚《まい》
香車	香車《きょうしゃ》	香《きょう》	成香	成香《なりきょう》	（なし）	4枚《まい》
歩兵	歩兵《ふひょう》	歩《ふ》	と金	と金《きん》	と	18枚《まい》

と駒《こま》が一緒《いっしょ》になっているものを購入《こうにゅう》するといいでしょう。

【駒台《こまだい》】

盤《ばん》と駒《こま》は必須《ひっす》の道具《どうぐ》ですが、あると便利《べんり》なのが駒台《こまだい》です。**駒《こま》台《だい》とは、持《も》ち駒《ごま》を置《お》く台《だい》のこと**です。足《あし》つきの盤《ばん》なら、4本足《ほんあし》のものと1本足《ぽんあし》のものがあります。卓上用《たくじょうよう》の駒台《こまだい》は立方体《りっぽうたい》で盤《ばん》の厚《あつ》さよりも低《ひく》いものがいいでしょう。

将棋盤《しょうぎばん》と駒《こま》を使《つか》って、いろいろな将棋遊《しょうぎあそ》びをやろう！

遊《あそ》びながら将棋《しょうぎ》に親《した》しもう！

やまくずし

やまくずしは、将棋《しょうぎ》の駒《こま》でつくられた駒《こま》の山《やま》から、駒《こま》を指《ゆび》で取《と》っていくゲームです。慎重《しんちょう》に落《お》ち着《つ》いてやらないと、駒《こま》の山《やま》がくずれてしまいます。駒《こま》の価《か》値《ち》を覚《おぼ》えながら楽《たの》しみましょう。

●使《つか》う駒《こま》……40枚全部《まいぜんぶ》
●遊《あそ》ぶ人数《にんずう》……2人《ふたり》～5人《にん》くらいが適当《てきとう》

●ルール

❶将棋盤《しょうぎばん》の中央《ちゅうおう》に、40枚《まい》の駒《こま》が入《はい》った駒箱《こまばこ》をそのままひっくり返《かえ》して、ゆっくり駒箱《こまばこ》を取《と》って駒《こま》の山《やま》をつくります。

❷じゃんけんで決《き》めた順番《じゅんばん》で、山《やま》のなかから駒《こま》を1枚選《まいえら》んで、1本《ぽん》の指《ゆび》を使《つか》って「カチャッ」という音《おと》をたてないように、盤《ばん》の外《そと》に運《はこ》び出《だ》します。

❸その駒《こま》の点数《てんすう》が自分《じぶん》の得点《とくてん》になります。音《おと》をたてなければ、何枚《なんまい》でも続《つづ》けて取《と》れます。

❹音《おと》をたてると失敗《しっぱい》。駒《こま》をその場所《ばしょ》に置《お》いて指《ゆび》を離《はな》します。次《つぎ》の人《ひと》の順番《じゅんばん》になります。

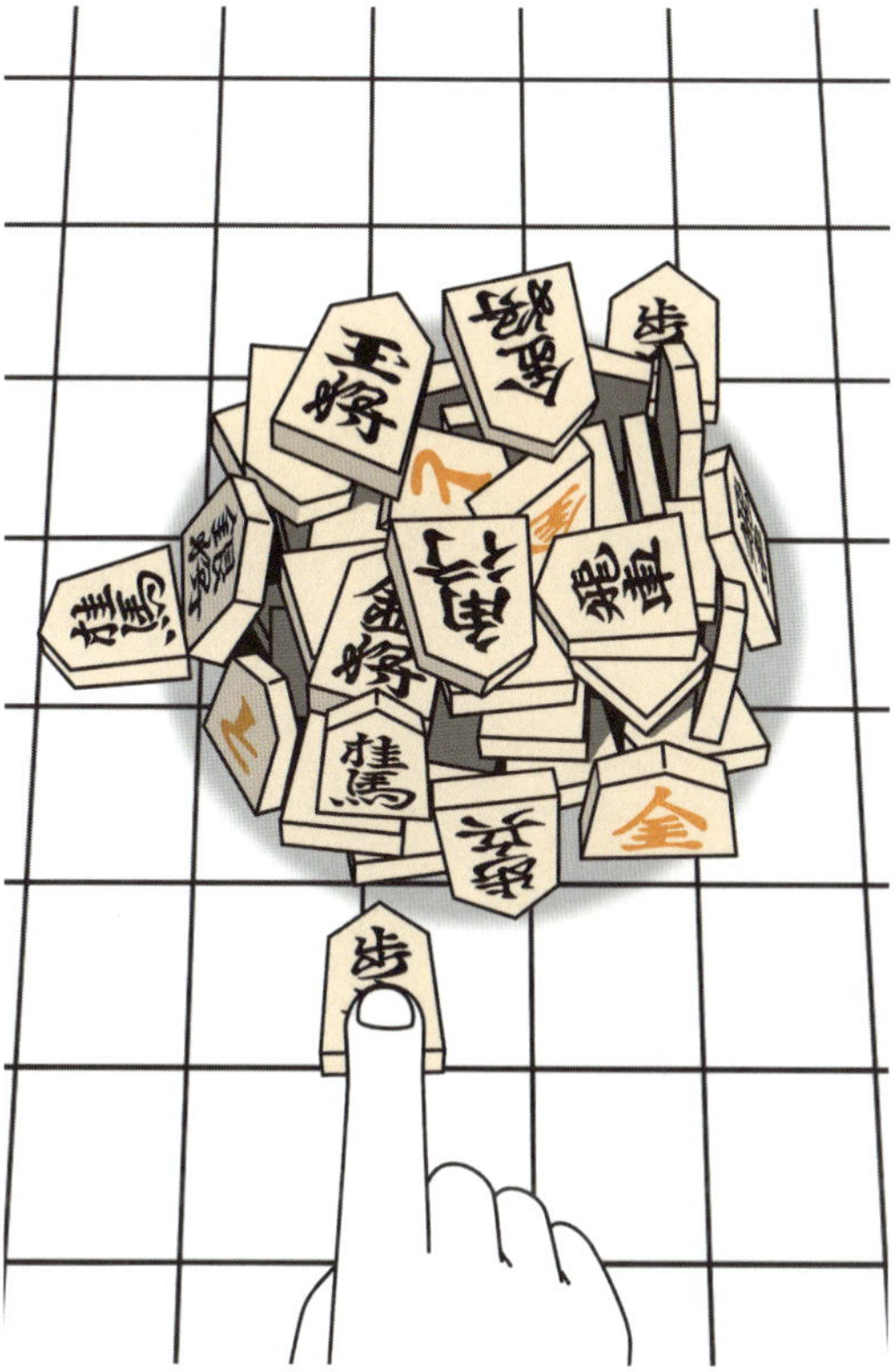

5 すべて駒《こま》を取《と》り終《お》わったら、ゲームは終了《しゅうりょう》です。得点《とくてん》の合計《ごうけい》が、いちばん高《たか》かった人《ひと》が勝《か》ちとなります。

★やまくずしは、集中力《しゅうちゅうりょく》が必要《ひつよう》です。慎重《しんちょう》に音《おと》をたてずに移動《いどう》させ、みんなが見《み》ていることを意識《いしき》してできたときは、達成感《たっせいかん》も味《あじ》わうことができます。

やまくずしの駒《こま》の点数《てんすう》

駒《こま》の種類《しゅるい》によって点数《てんすう》が違《ちが》うので、なるべく高《たか》い点数《てんすう》の駒《こま》を狙《ねら》おう！

駒名《こまめい》	玉将《ぎょくしょう》（王将《おうしょう》）	飛車《ひしゃ》	角行《かくぎょう》	金将《きんしょう》	銀将《ぎんしょう》	桂馬《けいま》	香車《きょうしゃ》	歩兵《ふひょう》
点数《てんすう》	20	9	8	6	5	4	3	1
枚数《まいすう》	2	2	2	4	4	4	4	18

まわり将棋《しょうぎ》

まわり将棋《しょうぎ》は、駒《こま》と盤《ばん》を使《つか》って遊《あそ》ぶ、すごろくのようなものです。４枚《まい》の金将《きんしょう》がサイコロの代《か》わりです。駒《こま》の種類《しゅるい》を覚《おぼ》えながら楽《たの》しみましょう。

●使《つか》う駒《こま》……金《きん》４枚《まい》、玉《ぎょく》、飛《ひ》、角《かく》、銀《ぎん》、桂《けい》、歩《ふ》２枚《まい》ずつ

●遊《あそ》ぶ人数《にんずう》……２人《ふたり》

●ルール

❶それぞれのスタートラインになる角《かど》のマス目《め》に歩《ふ》を置《お》きます（図《ず》❶）。時計《とけい》まわりの逆《ぎゃく》（左《ひだり》まわり）に進《すす》むように駒《こま》を置《お》きます。

❷金《きん》４枚《まい》を盤《ばん》の上《うえ》にうまく振《ふ》って（ころがして）、表《おもて》が出《で》た数《かず》だけ歩《ふ》を進《すす》めます。金《きん》が盤《ばん》の外《そと》に出《で》たり、重《かさ》なってしまったらやり直《なお》します。

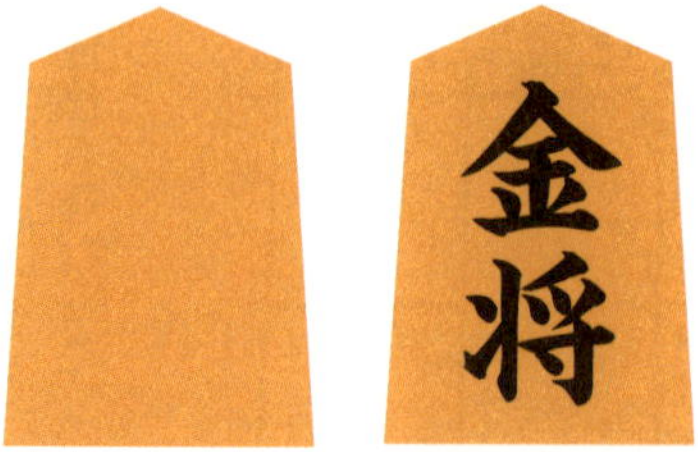

表《おもて》の数《かず》だけ進《すす》む　裏《うら》は進《すす》めない

❸交互《こうご》に金《きん》を盤上《ばんじょう》に振《ふ》って駒《こま》を進《すす》めましょう。

❹一周《いっしゅう》して最初《さいしょ》のマス目《め》に戻《もど》ってきたら、歩《ふ》から香《きょう》に昇格《しょうかく》します。最初《さいしょ》のマス目《め》を通《とお》り過《す》ぎてもいいです。

❺香《きょう》、桂《けい》、銀《ぎん》、角《かく》、飛《ひ》、玉《ぎょく》の順番《じゅんばん》に昇格《しょうかく》していき、玉《ぎょく》で一周《いっしゅう》して最初《さいしょ》のマス目《め》に早《はや》く到着《とうちゃく》した人《ひと》の勝《か》ちとなります。

★まわり将棋《しょうぎ》では、自分《じぶん》たちだけのルールを設定《せってい》できます。ゲームを始《はじ》める前《まえ》に、みんなで独自《どくじ》のルールを決《き》めて遊《あそ》んでみましょう。

図《ず》①

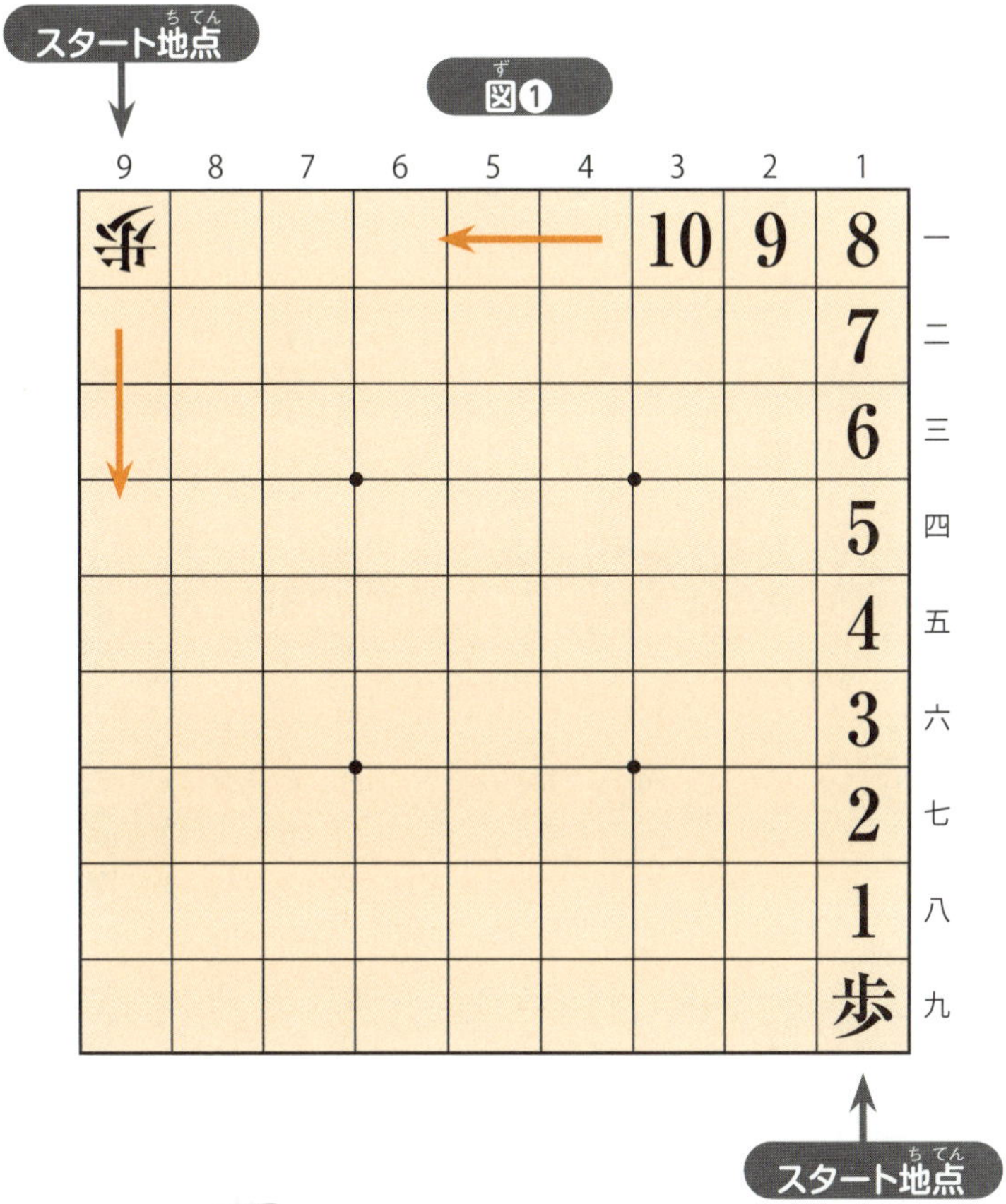

隅《すみ》（角《かど》）に止《と》まったら、次《つぎ》の隅《すみ》（角《かど》）にジャンプするとか、相手《あいて》の駒《こま》が重《かさ》なったら「おんぶ」して進《すす》めたり、オリジナルのルールをつくると面白《おもしろ》いよ！

はさみ将棋《しょうぎ》

はさみ将棋《しょうぎ》は、自分《じぶん》の駒《こま》を動《うご》かして、相手《あいて》の駒《こま》をはさんだら相手《あいて》の駒《こま》を取《と》ることができるゲームです。相手《あいて》と駒《こま》を取《と》り合《あ》うかけひきを楽《たの》しみましょう。

●使《つか》う駒《こま》……歩《ふ》18枚《まい》全部《ぜんぶ》
●遊《あそ》ぶ人数《にんずう》……2人《ふたり》

●**ルール**

❶じゃんけんで勝《か》った方《ほう》が歩《ふ》、負《ま》けた方《ほう》がとをそれぞれ図《ず》❶のようにに並《なら》べます。駒《こま》を並《なら》べたら、じゃんけんで勝《か》った方《ほう》から駒《こま》を動《うご》かし、ゲームスタート。

❷はさみ将棋《しょうぎ》での歩《ふ》ととの動《うご》き方《かた》は、タテヨコ自由《じゆう》にいくつでも動《うご》けます（図《ず》❷）。ただし、駒《こま》を飛《と》び越《こ》えることはできません。駒《こま》をタテヨコに進《すす》めて、相手《あいて》の駒《こま》をはさみましょう。

❸タテかヨコか角《かど》で相手《あいて》の駒《こま》をはさんだら、その駒《こま》を盤上《ばんじょう》から取《と》ることができます（図《ず》❸）。2枚同時《まいどうじ》に取《と》れることもあります。

❹交互《こうご》に駒《こま》を動《うご》かして、相手《あいて》の駒《こま》をすべて取《と》れば勝《か》ち。駒《こま》をはさんで取《と》ることから「はさみ将棋《しょうぎ》」といいます。

★はさみ将棋《しょうぎ》も昔《むかし》から遊《あそ》ばれています。はさみ方《かた》もタテヨコだけでなく、ナナメで取《と》れるルールを設《もう》けるなどいろいろあります。勝敗《しょうはい》も相手《あいて》の駒《こま》をすべて取《と》るまでではなく、「何《なん》枚取《まいと》ったら勝《か》ち」という独自《どくじ》のルールでやるのもいいです。

将棋盤《しょうぎばん》と駒《こま》を使《つか》って楽《たの》しく遊《あそ》んだあとは、本将棋《ほんしょうぎ》の世界《せかい》へ行《い》ってみよう！

図《ず》❶

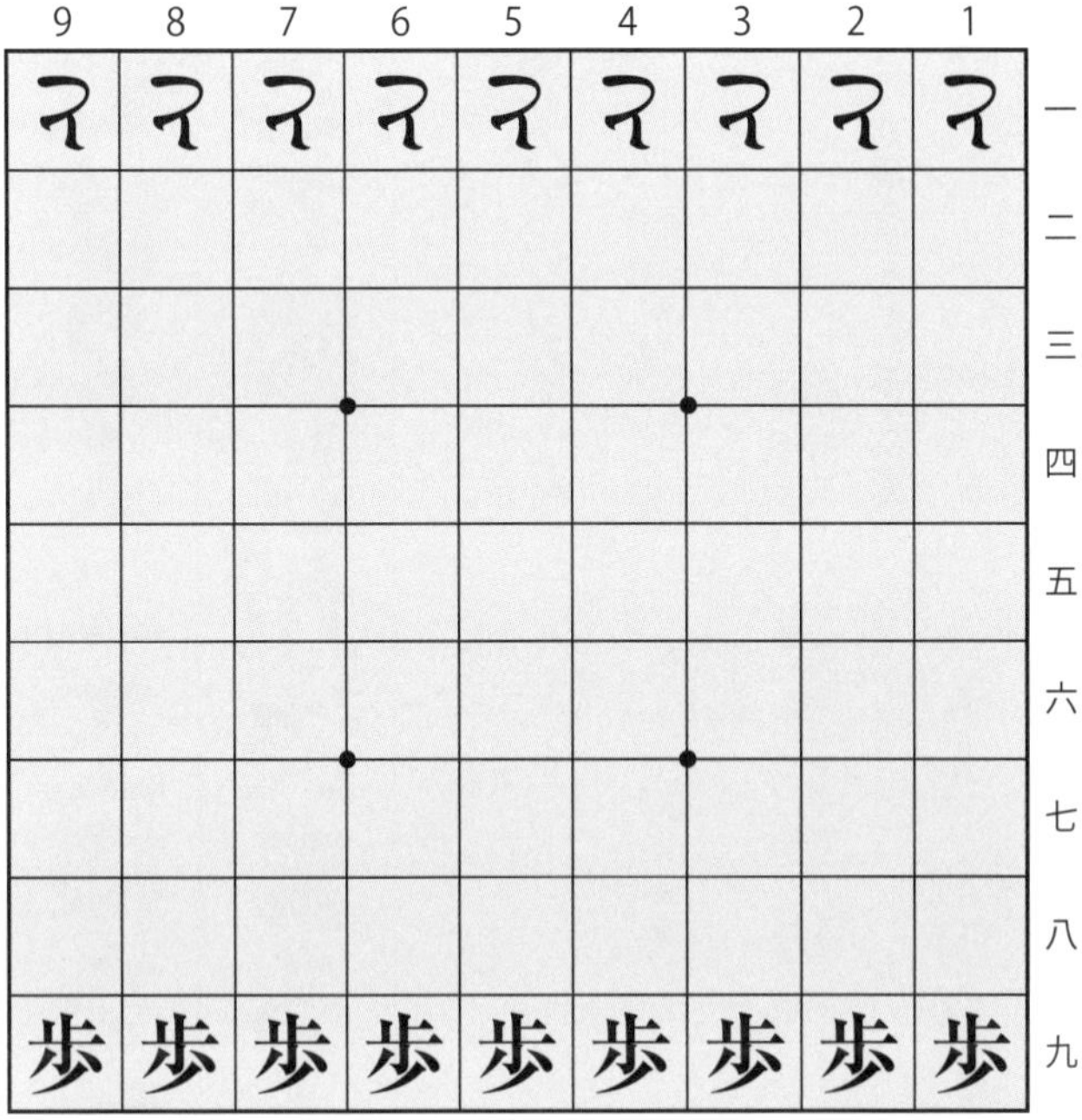

図《ず》❸

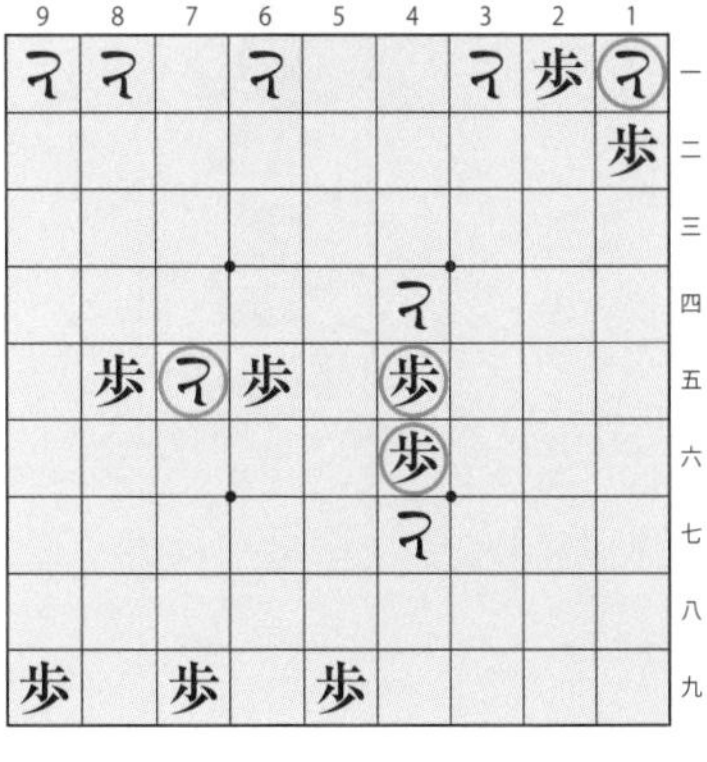

図《ず》❷

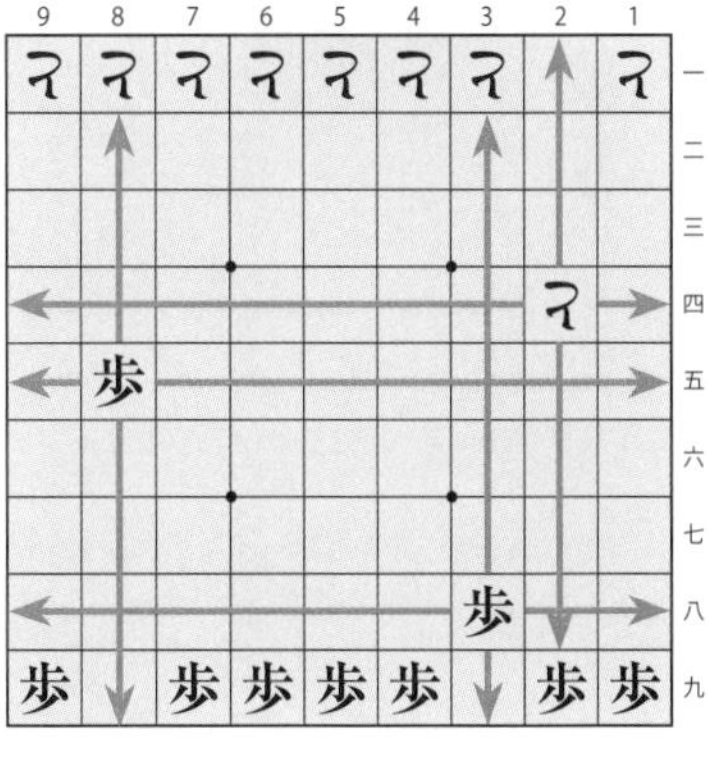

将棋《しょうぎ》って、こんなゲーム

対戦《たいせん》は2人《ふたり》。「王様《おうさま》を詰《つ》ませる」ことで勝敗《しょうはい》が決《き》まる!

将棋《しょうぎ》は2人《ふたり》で行《おこな》うゲーム

将棋《しょうぎ》はどうしたら対局《たいきょく》できるかを考《かんが》えてみましょう。いくらよい盤《ばん》や駒《こま》があっても、**相手《あいて》がいなくては対局《たいきょく》をすることはできません**。

将棋《しょうぎ》は、**基本的《きほんてき》に2人《ふたり》で行《おこな》うゲーム**です。自分《じぶん》と相手《あいて》が交互《こうご》に盤《ばん》の上《うえ》の駒《こま》を動《うご》かします。相《あい》手《て》の玉《ぎょく》を攻《せ》めていったり、自分《じぶん》の玉《ぎょく》を守《まも》ったりしながらゲームを進《すす》めていきます。

実《じつ》は、最近《さいきん》2人《ふたり》ペアになって行《おこな》う**ペア将棋《しょうぎ》大会《たいかい》**も行《おこな》われるようになりました。これは、チームでお互《たが》いが何手《なんて》か分担《ぶんたん》して交互《こうご》に指《さ》すルールで行《おこな》われるものです。

玉《ぎょく》をとったら勝《か》ち?

さて、どうしたら将棋《しょうぎ》は勝敗《しょうはい》がつくでしょうか? 多《おお》くの人《ひと》が**「王様《おうさま》=玉《ぎょく》をとったら勝《か》ち!」**と思《おも》っていることでしょう。これも間違《まちが》いではないのですが、将棋《しょうぎ》は、王様《おうさま》を取《と》るのではなく、**王様《おうさま》を詰《つ》ませる**ことが勝《か》ちなのです。

「詰《つ》み」については、これから授業《じゅぎょう》のなかで教《おし》えますが、簡《かん》単《たん》にいうと、**王様《おうさま》＝玉《ぎょく》が王手《おうて》をかけられて、行《い》きどころがないとき**ということです。

詰《つ》みになったとわかった人《ひと》は、自《みず》ら**「負《ま》けました」**と相《あい》手《て》に宣言《せんげん》をして負《ま》けを伝《つた》えます。これを**投了《とうりょう》**といいます。

しっかりと、お辞儀《じぎ》をして少《すこ》し悔《くや》しいけれど「負《ま》けました」と伝《つた》えることが、次《つぎ》の対局《たいきょく》にきっと生《い》きていくことでしょう。

また、詰《つ》んでいない局面《きょくめん》でも、これ以上対局《いじょうたいきょく》をすすめても勝《か》ちがないと自《みず》ら判断《はんだん》したときにも投了《とうりょう》することがあります。

将棋《しょうぎ》の**終局《しゅうきょく》（終《お》わり）**は、**敗《はい》者《しゃ》（負《ま》けた方《ほう》）**が**宣言《せんげん》する**のです。

先生《せんせい》
将男《まさお》、将子《しょうこ》の担任《たんにん》の先生《せんせい》。
将子《しょうこ》
将男《まさお》に誘《さそ》われて、一《いっ》緒《しょ》に将棋《しょうぎ》を勉強《べんきょう》することに。おじいさんと将棋《しょうぎ》を指《さ》せるようになりたい。
将男《まさお》

将棋《しょうぎ》の駒《こま》の並《なら》べ方《かた》

決《き》められた位置《いち》に駒《こま》を配置《はいち》する

駒《こま》の並《なら》べ方《かた》

左《ひだり》ページの図《ず》❶を見《み》てください。将棋盤《しょうぎばん》に**駒《こま》が40枚並《まいなら》んでいます**。これが本将棋《ほんしょうぎ》の開始時《かいしじ》の形《かたち》です。五角形《ごかくけい》の形《かたち》の駒《こま》の向《む》きで、**先手《せんて》20枚《まい》と後手《ごて》20枚《まい》、平手《ひらて》**（すべての駒《こま》を使《つか》って、対等《たいとう》の条件《じょうけん》で勝負《しょうぶ》すること）の場合《ばあい》、同《おな》じ数《かず》の駒《こま》を使《つか》って戦《たたか》います。

駒《こま》はマス目《め》のなかに、きちんと置《お》くようにしてください。線《せん》と線《せん》の上《うえ》や、交差《こうさ》する点《てん》に置《お》いてはいけません。しっかりと相《あい》手《て》の方《ほう》に向《む》けて置《お》くことが大事《だいじ》です。

駒《こま》を並《なら》べる順番《じゅんばん》

駒《こま》の並《なら》べ方《かた》にはマナーがあります。まず、**上手《うわて》の人《ひと》＝（年上《としうえ》の人《ひと》、または棋力《きりょく》が上《うえ》の人《ひと》）が相手《あいて》に軽《かる》く一礼《いちれい》**して、駒箱《こまばこ》からすべての駒《こま》を盤上《ばんじょう》に出《だ》します。王将《おうしょう》を取《と》り、自陣《じじん》の下《した》の段《だん》の中《ちゅう》央《おう》に置《お》きます。次《つぎ》に、相手《あいて》＝下《した》手《て》の人《ひと》が玉将《ぎょくしょう》を置《お》きます。あとは、それぞれのペースで、1枚《まい》1枚《まい》、丁寧《ていねい》に左《ひだり》ページの下《した》の図《ず》の順番《じゅんばん》に置《お》いていきましょう。

これらは、昔《むかし》の将棋《しょうぎ》の家元《いえもと》の並《なら》べ方《かた》で、プロの対局《たいきょく》でも行《おこな》われています。**大橋流《おおはしりゅう》と伊藤流《いとうりゅう》**の2通《ふたとお》りがあり、プロ棋士《きし》は、この駒《こま》を並《なら》べるときに、自分《じぶん》の気《き》持《も》ちを整《ととの》えて、精神《せいしん》を集中《しゅうちゅう》していくのです。

図《ず》①

伊藤流《いとうりゅう》

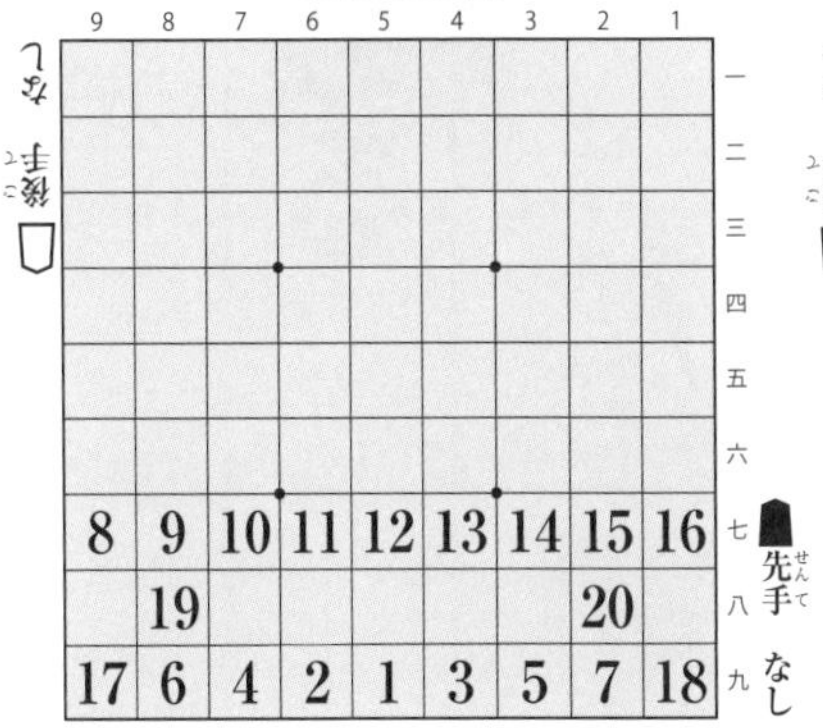

大橋流《おおはしりゅう》

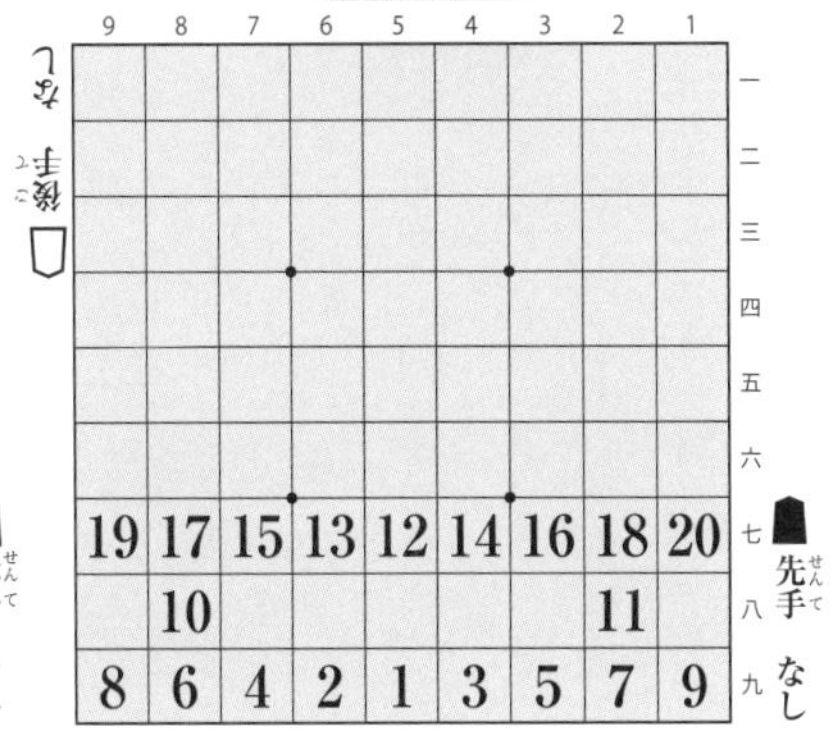

振《ふ》り駒《ごま》で先手《せんて》、後手《ごて》を決《き》める

振《ふ》り駒《ごま》、駒《こま》の持《も》ち方《かた》、指《さ》し方《かた》

振《ふ》り駒《ごま》

次《つぎ》は、指《さ》す順番《じゅんばん》の決《き》め方《かた》です。**先《さき》に指《さ》す人《ひと》を先手《せんて》、後《あと》に指《さ》す人《ひと》を後手《ごて》**といいますが、どうやって決《き》めるのでしょうか？　じゃんけんですか、それとも早《はや》いもの順《じゅん》？　違《ちが》います。

振《ふ》り駒《ごま》といって、駒《こま》を並《なら》べ終《お》わったあとに、歩《ふ》を5枚《まい》取《と》り、手《て》のなかで混《ま》ぜてから、盤上《ばんじょう》へ広《ひろ》げるのです。**表《おもて》の歩《ふ》の数《かず》が多《おお》ければ、振《ふ》った人《ひと》が先手《せんて》、裏《うら》のとが多《おお》ければ、相手《あいて》が先手《せんて》**となります。

よくあるのですが、振《ふ》った歩《ふ》が立《た》った場合《ばあい》は、数《かぞ》えないで判《はん》定《てい》をします。同《おな》じ数《かず》だったときは、もう一度《いちど》振《ふ》ります。

これで、先手後手《せんてごて》が決《き》まり、振《ふ》った歩《ふ》をもう一度《いちど》元《もと》に戻《もど》して対局《たいきょく》が始《はじ》まるのです。

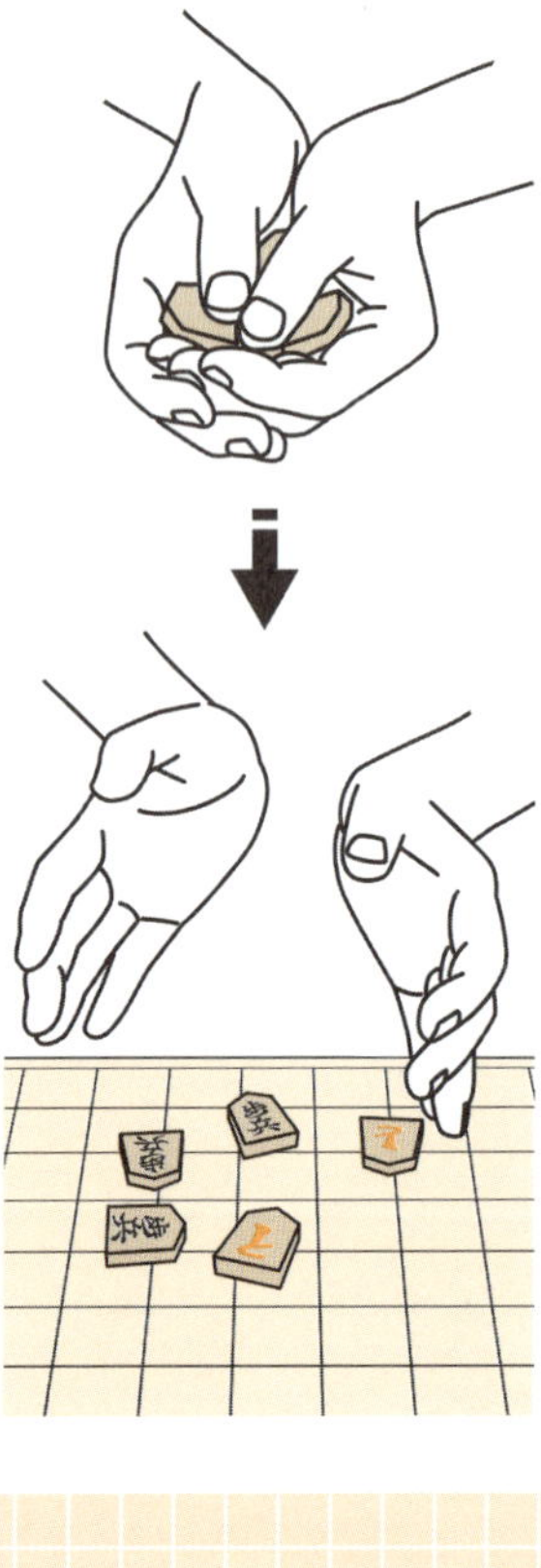

駒《こま》の持《も》ち方《かた》、指《さ》し方《かた》

次《つぎ》は、将棋《しょうぎ》の駒《こま》の持《も》ち方《かた》です。駒《こま》の持《も》ち方《かた》や指《さ》し方《かた》に、決《き》まりごとはありませんが、せっかくならかっこよく指《さ》したいですよね。

①親指《おやゆび》、中指《なかゆび》、人《ひと》さし指《ゆび》で、手《て》つきよく駒《こま》をつまんでみましょう。

②中指《なかゆび》と人《ひと》さし指《ゆび》を駒《こま》の表面《おもてめん》、親指《おやゆび》を裏面《うらめん》にして駒《こま》を持《も》ち上《あ》げます。

③人《ひと》さし指《ゆび》と中指《なかゆび》で駒《こま》をはさむように持《も》ちかえます。

④盤《ばん》の上《うえ》に「ピシ！」と置《お》いてみましょう。初《はじ》めはなかなか難《むずか》しいですが、慣《な》れてくればできるようになります。さらに、いい姿勢《しせい》で指《さ》すと気持《きも》ちが引《ひ》き締《し》まります。

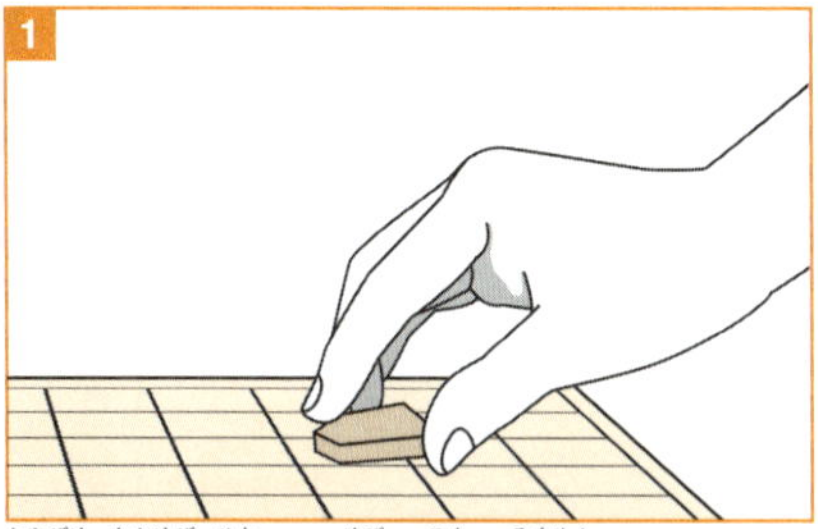

親指《おやゆび》、中指《なかゆび》、人《ひと》さし指《ゆび》を駒《こま》の側面《そくめん》にそえる

中指《なかゆび》、人《ひと》さし指《ゆび》と親指《おやゆび》で駒《こま》を持《も》ち上《あ》げる

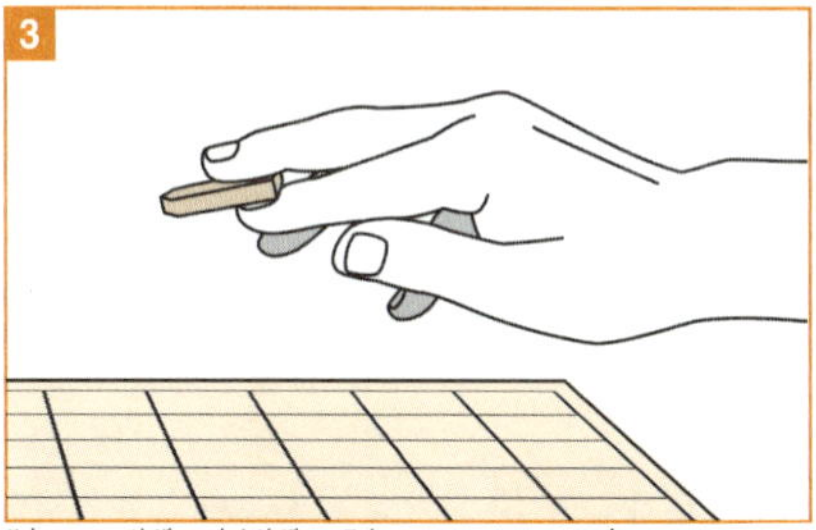

人《ひと》さし指《ゆび》と中指《なかゆび》で駒《こま》をはさんで持《も》ちかえる

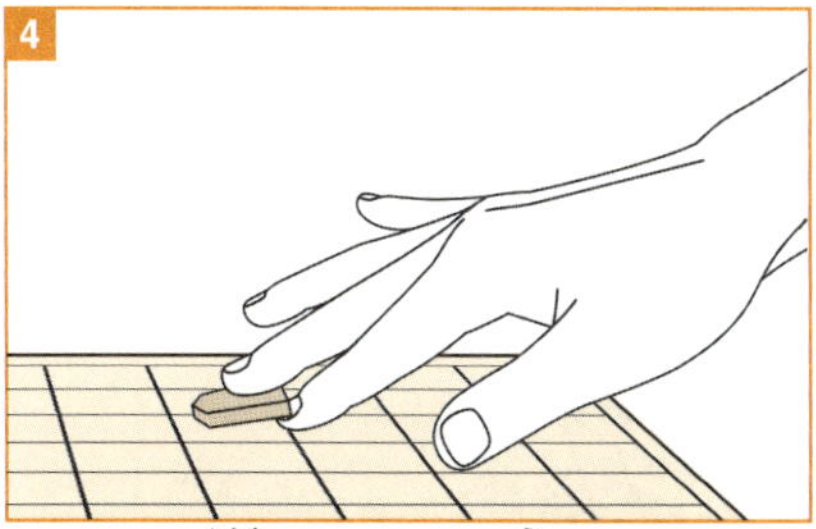

そのままの形《かたち》で「ピシ！」と打《う》ちおろす

序盤《じょばん》、中盤《ちゅうばん》、終盤《しゅうばん》のイメージ

1局《きょく》の全体《ぜんたい》の流《なが》れと考《かんが》え方《かた》

将棋《しょうぎ》は玉《ぎょく》を詰《つ》ませた方《ほう》が勝《か》ちということは説明《せつめい》しました。対《たい》局《きょく》開始《かいし》からどちらかの玉《ぎょく》が詰《つ》むまでが1局《きょく》ですが、1局《きょく》のなかでの流《なが》れは、3つに分《わ》けることができます。

戦《たたか》いの準備段階《じゅんびだんかい》を**序盤《じょばん》**、戦《たたか》いの最中《さいちゅう》を**中盤《ちゅうばん》**、どちらかの玉《ぎょく》が詰《つ》みそうになったら**終盤《しゅうばん》**と考《かんが》えるといいでしょう。

序盤《じょばん》

これは、戦《たたか》いやすい位置《いち》に駒《こま》を配置《はいち》する**駒組《こまぐ》みの段階《だんかい》**です。**駒《こま》を並《なら》べ終《お》わった形《かたち》を初形《しょけい》**といいますが、初手《しょて》から数十手《すうじって》は、駒組《こまぐ》みの場合《ばあい》が多《おお》いです。

この段階《だんかい》では、**自陣《じじん》の玉《ぎょく》の強化《きょうか》**（囲《かこ》い）と、飛《ひ》や角《かく》の大駒《おおごま》を攻《せ》めに使《つか》うため**小駒《こごま》（金《きん》、銀《ぎん》、桂《けい》、香《きょう》、歩《ふ》）の配置《はいち》**を築《きず》くことが第一《だいいち》となります。

中盤《ちゅうばん》

序盤《じょばん》の駒組《こまぐ》みが終《お》わると、次《つぎ》は本格的《ほんかくてき》な戦《たたか》いとなります。攻《せ》めたり、守《まも》ったり、駒《こま》を取《と》ったり、取《と》られたりと将棋《しょうぎ》のいちばん難《むずか》しく、そして楽《たの》しいところです。

中盤《ちゅうばん》で大切《たいせつ》なことは、**相手《あいて》の玉《ぎょく》の方《ほう》に攻《せ》める**ということと、**自分《じぶん》の玉《ぎょく》の安全度《あんぜんど》をいつも見《み》ておくこと**です。

終盤《しゅうばん》

序盤《じょばん》〜中盤《ちゅうばん》を経《へ》て、最後《さいご》の終盤《しゅうばん》では、**相手《あいて》の玉《ぎょく》を詰《つ》めること**が最大《さいだい》の目的《もくてき》になります。

ここでは、攻《せ》めるスピードが大切《たいせつ》になります。自分《じぶん》の玉《ぎょく》が詰《つ》まされるよりも、1手《て》でも早《はや》く相手《あいて》の玉《ぎょく》を詰《つ》ませれば勝《か》ちなのですから。

よくあるのが、持《も》ち駒《ごま》が駒台《こまだい》に山《やま》ほどあるのに、全然《ぜんぜん》使《つか》わないで負《ま》けてしまうことです。持《も》ち駒《ごま》をいかに上手《じょうず》に使《つか》ってあげるかが、将棋《しょうぎ》の終盤《しゅうばん》には大事《だいじ》なのです。

将棋《しょうぎ》は1手《て》ずつしか指《さ》せません。持《も》ち駒《ごま》の出番《でばん》はさながら、野球《やきゅう》のベンチでひかえている代《だい》打《だ》の選手《せんしゅ》かもしれません。監督《かんとく》のあなたは、その選手《せんしゅ》＝持《も》ち駒《ごま》の出番《でばん》をうまくつくってあげることが大切《たいせつ》なのです。

相手《あいて》に敬意《けいい》をあらわす「お願《ねが》いします」

将棋《しょうぎ》の3つの礼《れい》❶

ここで、羽生《はぶ》善治《よしはる》校長《こうちょう》先生《せんせい》のお話《はなし》です。

「みなさん、今日《きょう》は、将棋《しょうぎ》の**3つの礼《れい》**についてお話《はな》しします。

この将棋学園《しょうぎがくえん》では、将棋《しょうぎ》のルールだけではなく、将棋《しょうぎ》の心《こころ》、将棋《しょうぎ》の精神《せいしん》を学《まな》んでいきます。将棋《しょうぎ》をすることで、たくさんの学《まな》びがあります。みなさんには、将棋《しょうぎ》の勝《か》ち負《ま》けよりも、将棋《しょうぎ》をすることで立派《りっぱ》な人間《にんげん》になって欲《ほ》しいと思《おも》っています。

将棋《しょうぎ》は、まず相手《あいて》がいないと対局《たいきょく》することができません。自分《じぶん》と同《おな》じ時間《じかん》をつき合《あ》ってくれる相手《あいて》に、**敬意《けいい》を表《ひょう》する**ことが大切《たいせつ》です。難《むずか》しい言葉《ことば》ですが、簡単《かんたん》にいうと、相手《あいて》に『これからどうぞ、よろしくお願《ねが》いします』という気持《きも》ちを伝《つた》えるのです。

これが最初《さいしょ》の礼《れい》『**お願《ねが》いします**』です」

玉将

将棋《しょうぎ》の3つの礼《れい》❷

悔《くや》しい気持《きも》ちを受《う》け入《い》れる「負《ま》けました」

「将棋《しょうぎ》の最初《さいしょ》の礼《れい》は、**『お願《ねが》いします』**。では2番目《ばんめ》の礼《れい》はなんでしょうか？

それは**『負《ま》けました』**という言葉《ことば》。これは、自分《じぶん》の負《ま》けを認《みと》めて相手《あいて》に宣言《せんげん》をする**『投了《とうりょう》』**を意味《いみ》します。将棋《しょうぎ》は、自《みずか》らの負《ま》けを自分《じぶん》の意志《いし》で相手《あいて》に伝《つた》えることで終《お》わる競技《きょうぎ》なのです。

将棋《しょうぎ》は、引《ひ》き分《わ》けになることもまれにもありますが、ほとんどが勝者《しょうしゃ》と敗者《はいしゃ》にわかれる競技《きょうぎ》。負《ま》けを相手《あいて》に伝《つた》えることは悔《くや》しいことです。でも、ここがいちばん将棋《しょうぎ》で大切《たいせつ》なことなのです。

誰《だれ》でも負《ま》けたくはないでしょう。一生懸命《いっしょうけんめい》考《かんが》えて、時間《じかん》をかけてきたから、勝《か》ちたいですよね。でも、相手《あいて》も同《おな》じ時間《じかん》をかけて自分《じぶん》に向《む》き合《あ》ってくれていたのです。その相手《あいて》に対《たい》して素《す》直《なお》に負《ま》けを認《みと》めることで、実《じつ》は**『負《ま》けました』**といった人《ひと》の方《ほう》が、精神的《せいしんてき》にも大《おお》きな成長《せいちょう》をしているのです。

みなさんにも、しっかりと**『負《ま》けました』**といえる人《ひと》になってほしいのです」

相手《あいて》と一緒《いっしょ》に気持《きも》ちを折《お》りたたむ反省会《はんせいかい》「感想戦《かんそうせん》」

局後《きょくご》の反省会《はんせいかい》

「将棋《しょうぎ》は、投了《とうりょう》のあとに、**感想戦《かんそうせん》**をします。**感想戦《かんそうせん》とは局後《きょくご》の反省会《はんせいかい》**。今《いま》の対局《たいきょく》について、お互《たが》いが考《かんが》えた手《て》を話《はな》し合《あ》うのです。勝者《しょうしゃ》も敗者《はいしゃ》も一緒《いっしょ》になって**将棋《しょうぎ》の正着《せいちゃく》（正解《せいかい》）を考《かんが》えます**。

感想戦《かんそうせん》をすることで、正解《せいかい》を知《し》ることだけでなく、相手《あいて》がどんなことを考《かんが》えていたかがわかります。このことは次《つぎ》の自分《じぶん》の考《かんが》えに必《かなら》ずプラスになるのです。

また、感想戦《かんそうせん》のいいところは、自分《じぶん》の気持《きも》ちを振《ふ》り返《かえ》る機会《きかい》となること。つい、勝《か》ちたいという気持《きも》ちが強《つよ》すぎて、あわてて指《さ》してしまったとか、時間《じかん》を使《つか》わないでとっさに指《さ》してしまったとか……。さまざまなことを振《ふ》り返《かえ》ることがその場《ば》でできるのです。

もちろん、勝者《しょうしゃ》にとっても同《おな》じくらい勉強《べんきょう》になります。勝《か》った喜《よろこ》びも大《おお》きいですが、相手《あいて》に教《おし》えることで自分《じぶん》の力《ちから》を再確認《さいかくにん》し、さらに成長《せいちょう》できるからです。

また、次《つぎ》の対局《たいきょく》に向《む》けての意《い》欲《よく》にもなるはずです。

将棋《しょうぎ》の基礎知識《きそちしき》

将棋《しょうぎ》の3つの礼《れい》③

感謝《かんしゃ》を伝《つた》える「ありがとうございました」

「さて、3つの礼《れい》のお話《はなし》の最後《さいご》です。感想戦《かんそうせん》が終《お》わると、駒《こま》をひとつの箱《はこ》にしまいます。

これは、日本人《にほんじん》の精神《せいしん》を表《あらわ》しています。今《いま》まで、敵《てき》と味方《みかた》に分《わ》かれて戦《たたか》ってきた駒《こま》たちが、ひとつの箱《はこ》（家《いえ》）に戻《もど》ります。

試合《しあい》が終《お》われば、お互《たが》いに相《あい》手《て》をたたえ合《あ》い、エールを送《おく》る精神《せいしん》。

さて、最後《さいご》の3つ目《め》の礼《れい》がこのあとにあるのだけど、もうわかるでしょう？

そうです、駒《こま》がひとつの箱《はこ》にしまわれたあとに、お互《たが》いの目《め》を見《み》て相手《あいて》に『**ありがとうございました**』ということが最後《さいご》の礼《れい》です。

しっかりと相手《あいて》に感謝《かんしゃ》の気持《きも》ちを伝《つた》えたいですね。この3つの礼《れい》を忘《わす》れないでください」

将棋学園《しょうぎがくえん》のルールと特徴《とくちょう》

5日間《かかん》で将棋《しょうぎ》ができるようになる。

将棋学園《しょうぎがくえん》では、第《だい》1日《にち》目《め》から第《だい》5日《か》目《め》まで、それぞれ5時間《じかん》の授業《じゅぎょう》になっています。初《はじ》めて将棋《しょうぎ》をする人《ひと》でも分《わ》かるようにていねいに説明《せつめい》してあります。帰《かえ》りの会《かい》にはテストがあり、最後《さいご》は、詰《つ》め将棋《しょうぎ》と修了問題《しゅうりょうもんだい》で卒業《そつぎょう》です。

駒《こま》の動《うご》きが分《わ》かりやすい！

本文《ほんぶん》と連動《れんどう》させて盤面図《ばんめんず》で解説《かいせつ》しています。動《うご》かした駒《こま》が分《わ》かるように下《した》の図《ず》のように示《しめ》してあります。

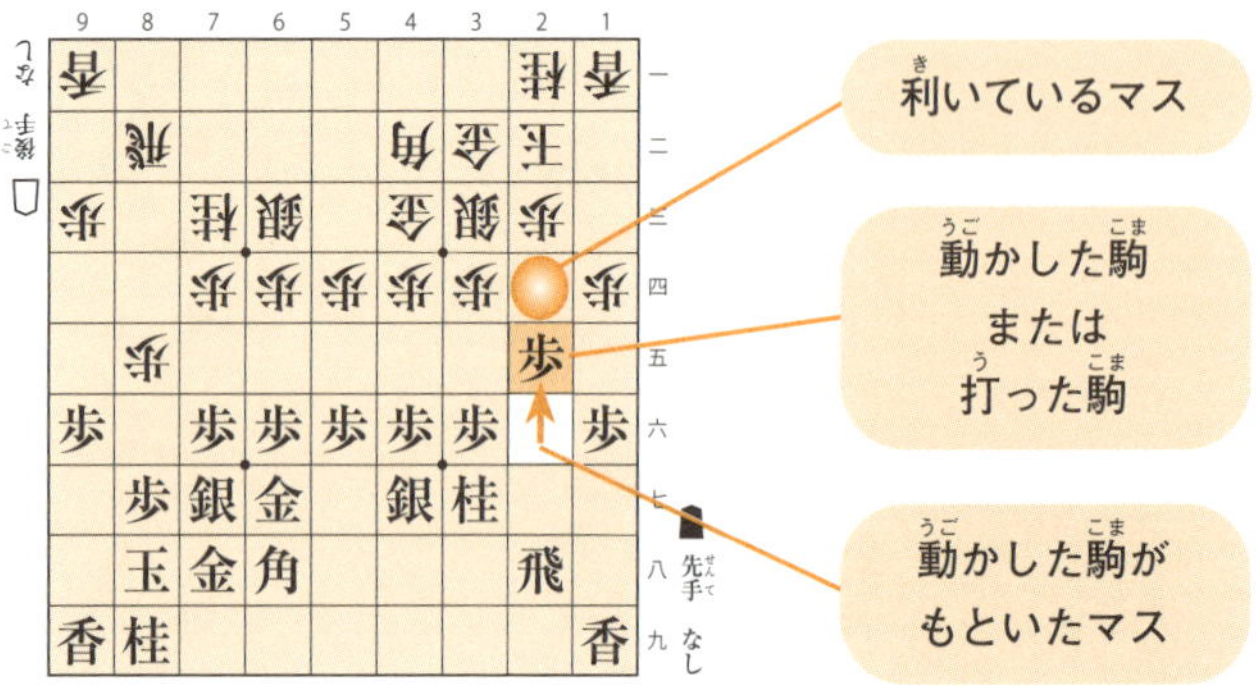

羽生校長《はぶこうちょう》のアドバイス

各授業《かくじゅぎょう》のまとめには、羽生校長《はぶこうちょう》からの的確《てきかく》なアドバイスがあります。重要《じゅうよう》なポイントなので必《かなら》ず読《よ》みましょう。

第《だい》1章《しょう》

将棋学園《しょうぎがくえん》
第《だい》1日目《にちめ》

いよいよ教室《きょうしつ》での先生《せんせい》の授業《じゅぎょう》が始《はじ》まります。初《はじ》めは駒《こま》の漢字《かんじ》探《さが》しから。将男《まさお》も将子《しょうこ》も声《こえ》を出《だ》しながら駒《こま》の位置《いち》を覚《おぼ》えていきます。そして、歩《ふ》だけ将棋《しょうぎ》では、成《な》りを覚《おぼ》えていきましょう！

駒《こま》の名前《なまえ》を覚《おぼ》えよう!

将棋《しょうぎ》の漢字《かんじ》は駒《こま》といって、いろいろな性格《せいかく》の友達《ともだち》だよ

――さあみんな、ここが将棋《しょうぎ》の世界《せかい》の入《い》り口《ぐち》だよ。左《ひだり》ページの図《ず》❶を見《み》てね!

将男《まさお》「おお! これが将棋《しょうぎ》か! なんだか難《むずか》しそうだなあ……」

――漢字《かんじ》がたくさん並《なら》んでいるから、そう思《おも》うのかな?

将男《まさお》「先生《せんせい》、そうなんだ。ぼく漢字《かんじ》が苦手《にがて》だけど大丈夫《だいじょうぶ》?」

――大丈夫《だいじょうぶ》だよ。落《お》ち着《つ》いて、よく見《み》てごらん。いくつの漢字《かんじ》があるかな?

将男《まさお》「ええっと……あれ? 同《おな》じ漢字《かんじ》があるね。

歩《ふ》 飛《ひ》 角《かく》 香《きょう》 桂《けい》 銀《ぎん》 金《きん》 玉《ぎょく》

全部《ぜんぶ》で**8種類《しゅるい》**だけか!」

――大正解《だいせいかい》! すごいね。そう、**将棋《しょうぎ》のこの漢字《かんじ》は駒《こま》と呼《よ》ぶんだ**。この**8種類《しゅるい》(全部《ぜんぶ》で40枚《まい》)**が、それぞれ性格《せいかく》の違《ちが》った友達《ともだち》だと思《おも》うといいよ。では、第一関門通過《だいいちかんもんつうか》! 合格《ごうかく》だね。しっかりと声《こえ》に出《だ》して、もう一度《いちど》8人《にん》の駒《こま》の名前《なまえ》をいってみよう。

みんな「歩《ふ》、飛《ひ》、角《かく》、香《きょう》、桂《けい》、銀《ぎん》、金《きん》、玉《ぎょく》……」

図《ず》1

駒《こま》は8種類《しゅるい》、ぜんぶ大切《たいせつ》だよ！

これが将棋《しょうぎ》の初《はじ》めの形《かたち》
＝初形《しょけい》というよ

羽生校長《はぶこうちょう》のアドバイス

先手《せんて》と後手《ごて》、お互《たが》い20枚《まい》の駒《こま》が並《なら》んでいるね。先手《せんて》（先《さき》に指《さ》す人《ひと》）を☗、後手《ごて》（後《あと》に指《さ》す人《ひと》）を☖で示《しめ》している。先手《せんて》と後手《ごて》の下《した》に書《か》いてある「なし」というのは、持《も》ち駒《ごま》がないことを意味《いみ》している。

駒《こま》の位置《いち》を覚《おぼ》えよう！

まずは、歩《ふ》（歩兵《ふひょう》）の駒《こま》の位置《いち》を覚《おぼ》えよう！

――2時間目《じかんめ》は、前《まえ》の時間《じかん》の復習《ふくしゅう》から！　駒《こま》は何《なん》種類《しゅるい》だったかな？

将子《しょうこ》「はい、８種類《しゅるい》で～す！」

――正解《せいかい》！　さすがだね。では駒《こま》の位置《いち》はどこだったかな？　間違《まちが》えてもいいから将棋盤《しょうぎばん》の上《うえ》に歩《ふ》の駒《こま》を置《お》いてごらん。みんなも一緒《いっしょ》にやってみよう！

将子《しょうこ》「先生《せんせい》！　できました」（左《ひだり》ページの図《ず》）

――大正解《だいせいかい》！　よくできたね。

将男《まさお》「あれ、ぼくのと違《ちが》うなぁ……」

――おしいんだけど、歩《ふ》の並《なら》び方《かた》がちょっとだけ違《ちが》うみたいだね？

将男《まさお》「向《む》きが違《ちが》うのかな？」

――そうだね！　よく気《き》づいたね。

将男《まさお》「そうか、将棋《しょうぎ》は２人《ふたり》でやるから、向《む》きも大《だい》事《じ》なんだね」

――そう、じゃあ直《なお》してくれるかな。

将男《まさお》「はい！　やりま～す。できた！」

――正解《せいかい》！　**歩《ふ》はとても小《ちい》さい駒《こま》で、ひとつずつしか前《まえ》に進《すす》めない**けれど、とても**大切《たいせつ》な駒《こま》**です。歩《ふ》を大切《たいせつ》にすることは将棋《しょうぎ》が強《つよ》くなるコツだから覚《おぼ》えておいてね！

将子《しょうこ》の盤面《ばんめん》

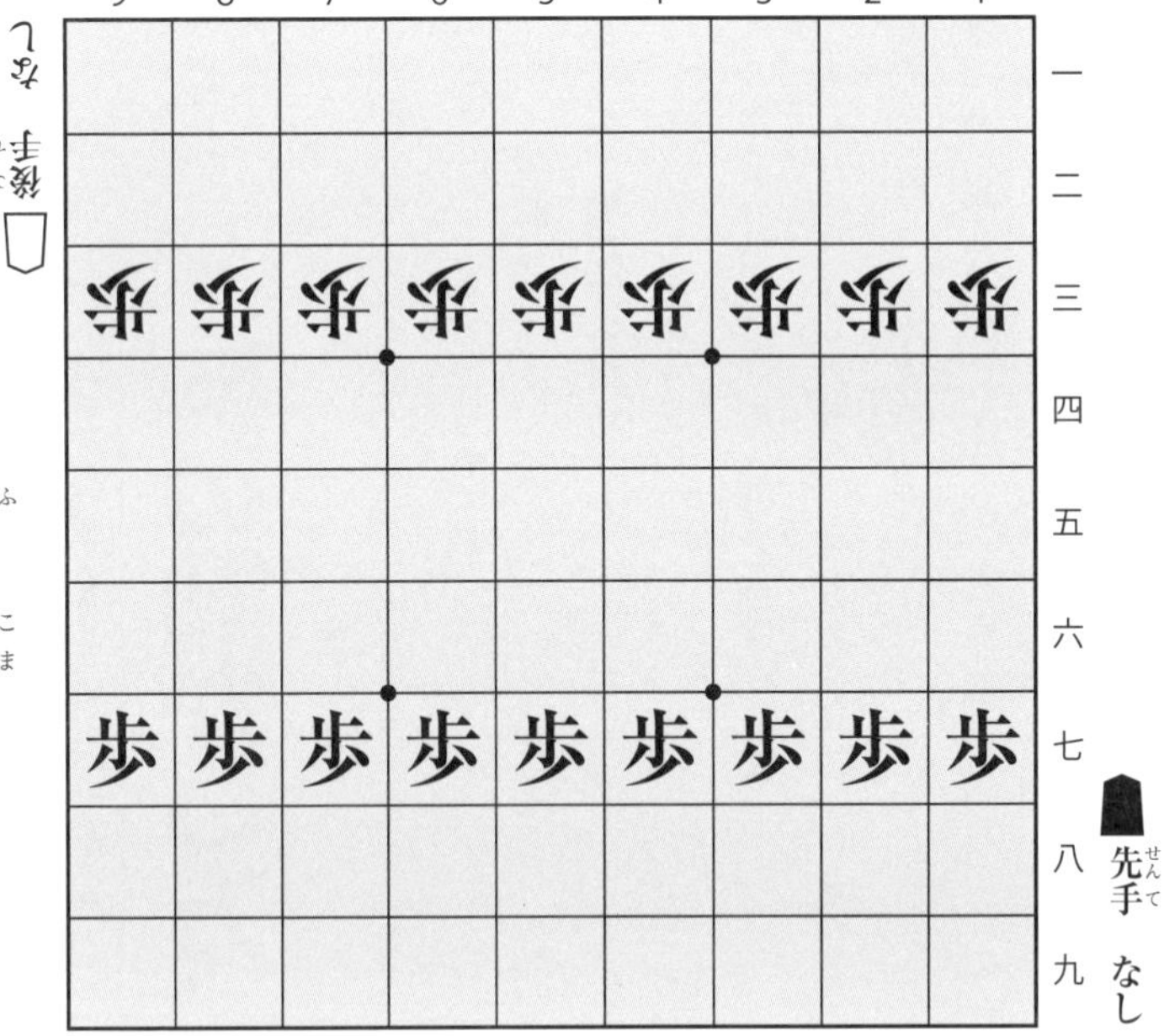

歩《ふ》の駒《こま》は9+9=18枚《まい》ある。

「一歩千金《いっぷせんきん》」といって、歩《ふ》を大切《たいせつ》にするといい！

将男《まさお》の盤面《ばんめん》

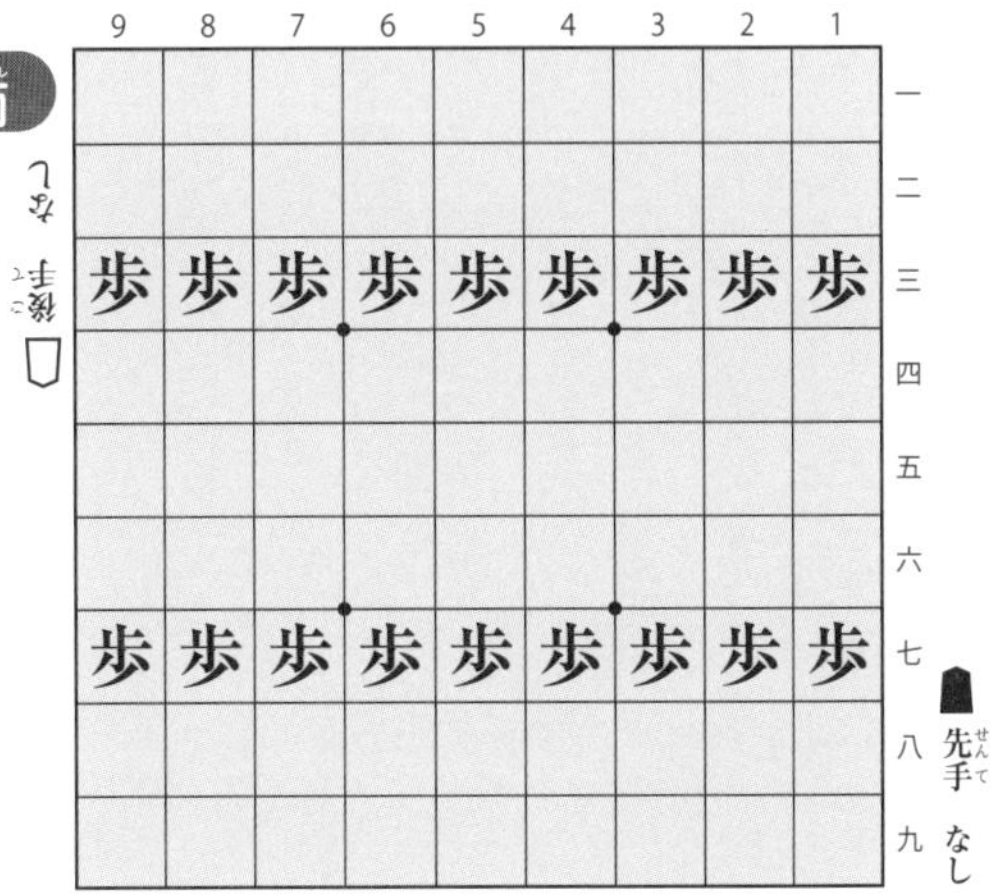

羽生校長《はぶこうちょう》のアドバイス

駒《こま》を取《と》ったり成《な》ったりしよう！

歩《ふ》だけ将棋《しょうぎ》で駒《こま》の動《うご》かし方《かた》、成《な》りを覚《おぼ》えよう！

——歩《ふ》の場所《ばしょ》と向《む》きはわかったね。向《む》きで先手《せんて》と後手《ごて》に分《わ》かれて、1手《て》ずつ交代《こうたい》で指《さ》すんだ。

将子《しょうこ》「先生《せんせい》、図《ず》❶は、なんですか？」

——これはね、**歩《ふ》だけ将棋《しょうぎ》**だよ！

将男《まさお》「はさみ将棋《しょうぎ》かと思《おも》ったよ！」

——そう、はさみ将棋《しょうぎ》は、歩《ふ》は縦《たて》と横のマスに、どこまでも動《うご》けるルールだけど、歩《ふ》だけ将棋《しょうぎ》は、歩《ふ》は前《まえ》にひとつずつしか動《うご》けないよ。

将男《まさお》「そうか、簡単《かんたん》だね」

——それから、もうひとつ大切《たいせつ》なルールがあるんだ。**敵陣《てきじん》に入《はい》ったら歩《ふ》は成《な》れるルール**だからね。わかるかな？

将子《しょうこ》「**歩《ふ》の裏**が**と金《きん》**でしたよね」

将男《まさお》「敵陣《てきじん》ってなんだろう？」

——これから説明するね。

図《ず》❶にあるように、下《した》3段《だん》が自陣《じじん》（自分《じぶん》の陣地《じんち》）、上《うえ》の3段《だん》が敵陣《てきじん》（相手《あいて》の陣地《じんち》）です。自陣《じじん》のいちばん前《まえ》に歩《ふ》を並《なら》べて、歩《ふ》だけ将棋《しょうぎ》を始《はじ》めます。

図《ず》❷は、歩《ふ》だけ将棋《しょうぎ》を進《すす》めているところです。矢印《やじるし》のついている歩《ふ》のように、自分《じぶん》の駒《こま》の1マス前《まえ》に相手《あいて》の駒《こま》がいるときは、自分《じぶん》の駒《こま》を動《うご》かすときに相手《あいて》の**駒《こま》を取《と》る**ことができます。

歩《ふ》を動《うご》かして相手《あいて》の駒《こま》を取《と》ろう！

お互《たが》いに歩《ふ》を9枚《まい》ずつ並《なら》べてスタート！

図《ず》①

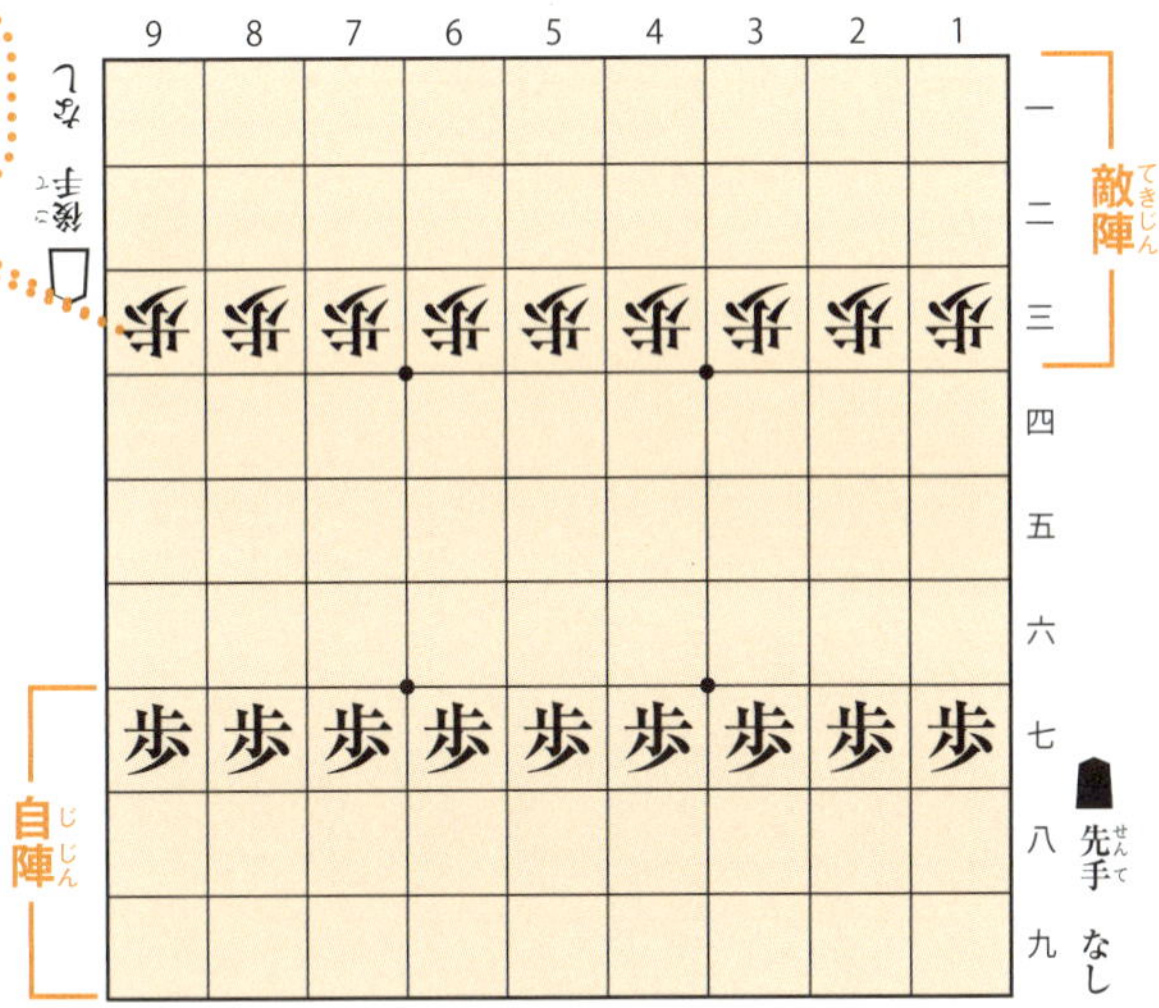

図《ず》②

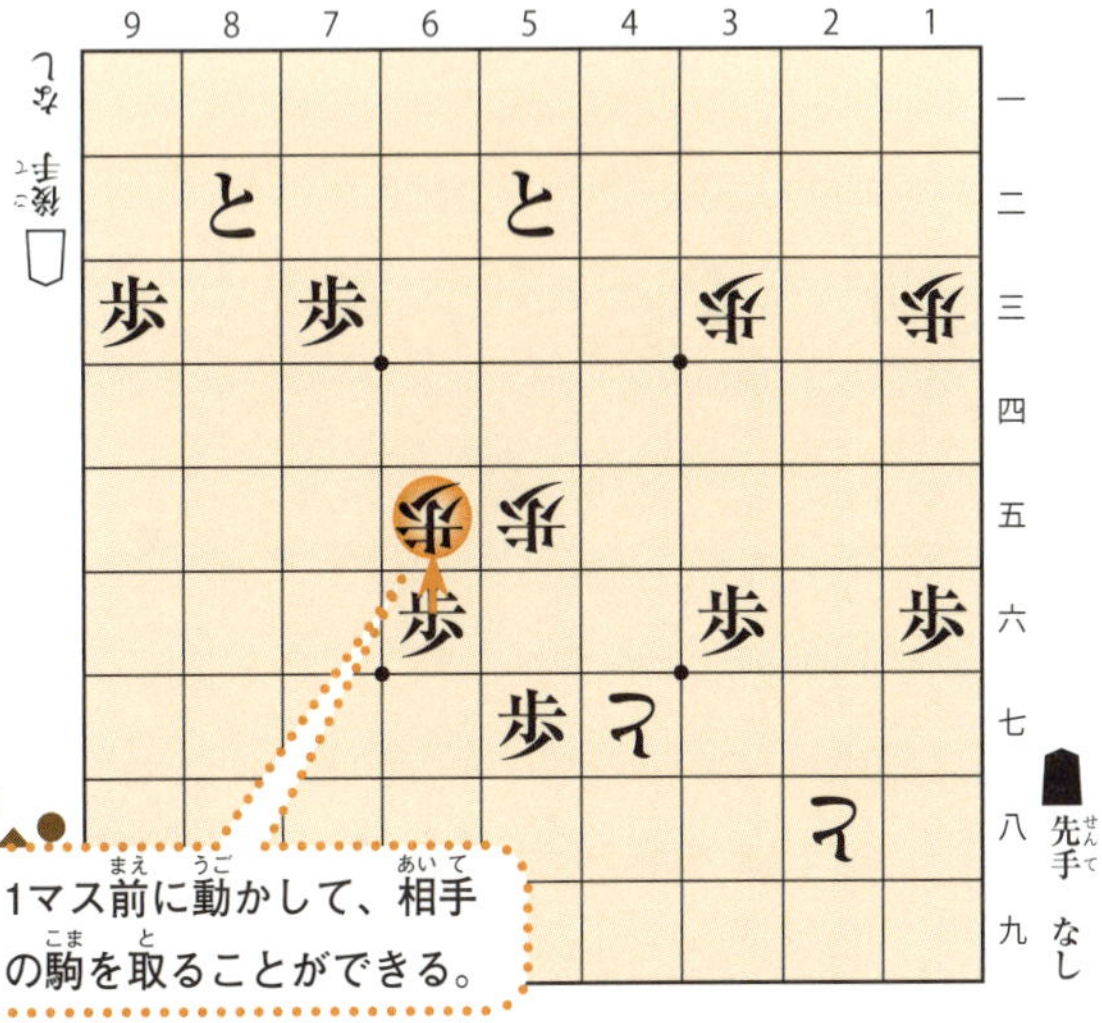

羽生校長《はぶこうちょう》のアドバイス

1マス前《まえ》に動《うご》かして、相手《あいて》の駒《こま》を取《と》ることができる。

駒《こま》を成《な》る

次《つぎ》に、と金《きん》について説明《せつめい》します。

図《ず》❸を見《み》てください。歩《ふ》は前《まえ》にひとつ進《すす》めます。すると、敵陣《てきじん》（3段目《だんめ》まで）に入《はい》ることになり、と金《きん》になれるのです。これが**成《な》る**、ということです。

と金《きん》になると、図《ず》❹のように駒《こま》の動《うご》ける場所《ばしょ》（**利《き》き**）が増《ふ》えます。成《な》ることで駒《こま》は、パワーアップできるのです。

こうして進《すす》めていき、相手《あいて》の駒《こま》を先《さき》に全部《ぜんぶ》取《と》った方《ほう》が勝《か》ちです。

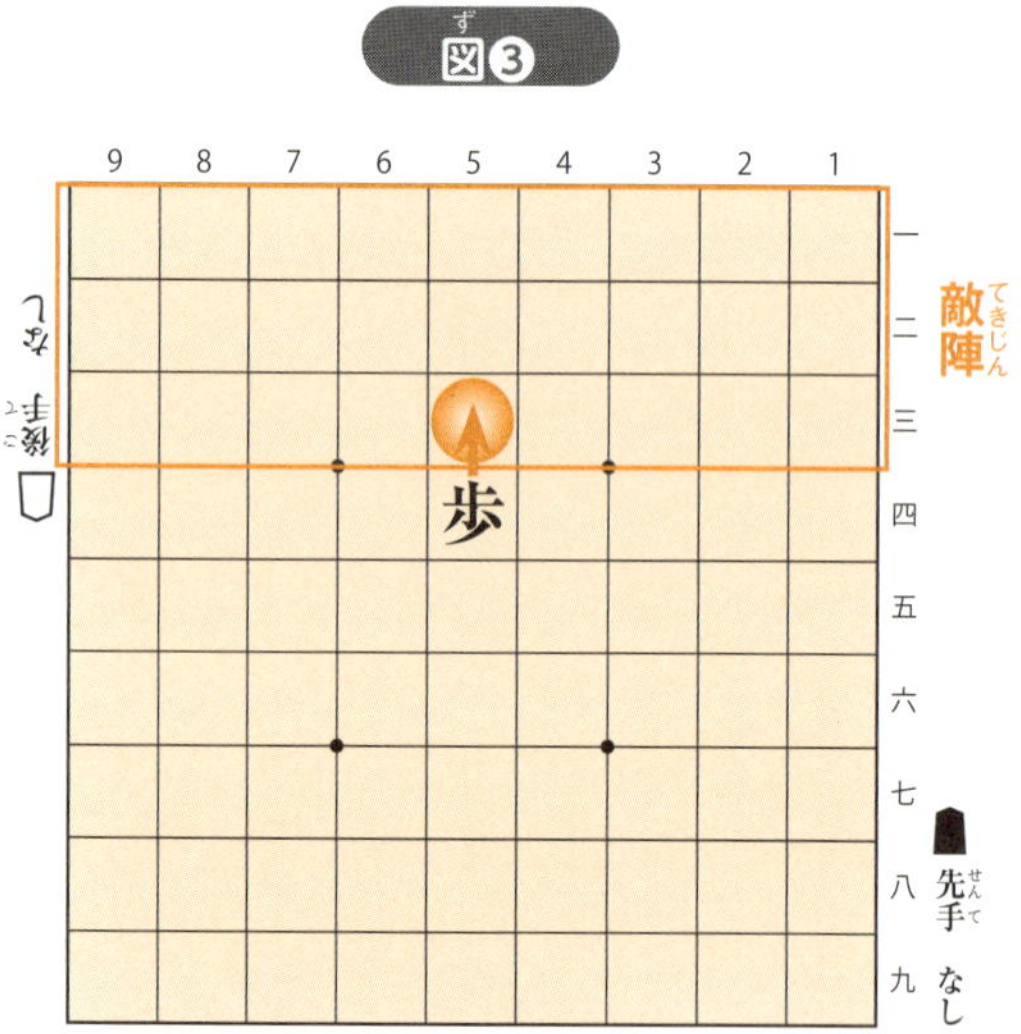

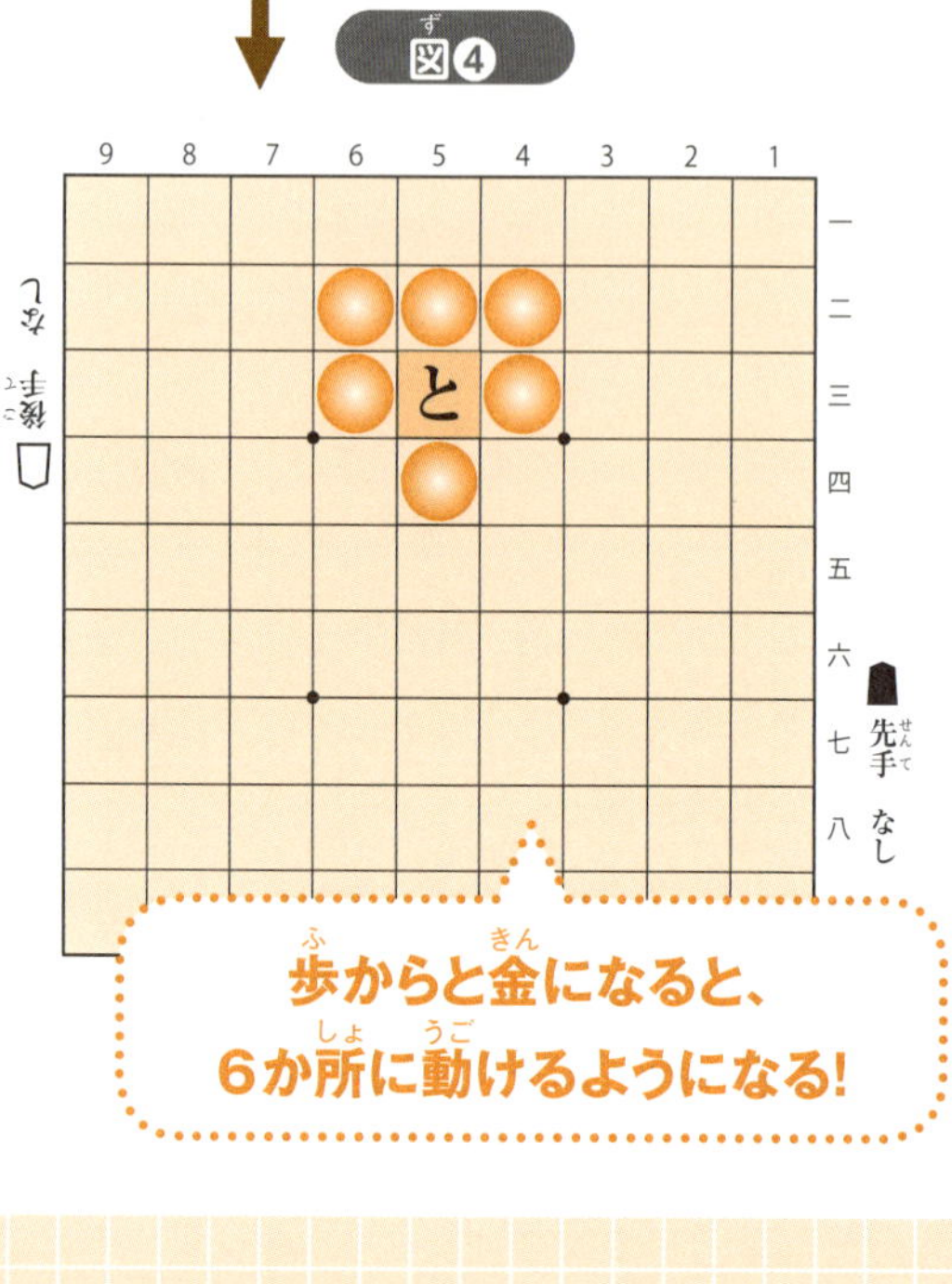

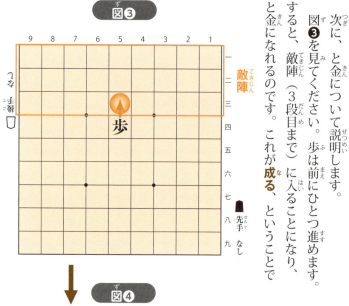

——早速、歩《ふ》だけ将棋《しょうぎ》をやってみるかい？

将男《まさお》「わあ〜い。ぼく先手《せんて》がいいな」

将子《しょうこ》「ちゃんと振《ふ》り駒《ごま》で決《き》めようよ」

——将子《しょうこ》ちゃんはえらいね。では、歩《ふ》の動《うご》かし方《かた》や成《な》り方《かた》を確認《かくにん》しながら、やってみよう！

歩《ふ》だけ将棋《しょうぎ》のルール

①43ページの図《ず》❶のように駒《こま》を配置《はいち》し、先手《せんて》、後手《ごて》を決《き》めます。

②交互《こうご》に自分《じぶん》の駒《こま》を動《うご》かしていって、相手《あいて》の駒《こま》を取《と》りましょう。相手《あいて》の駒《こま》を全部《ぜんぶ》取《と》ったら勝《か》ち。

③敵陣《てきじん》に入《はい》ると、成《な》ってと金《きん》になれます。と金《きん》になると利《き》きが増《ふ》え、相手《あいて》の駒《こま》を取《と》れる範囲《はんい》が広《ひろ》がります。ただし、利《き》きに相手《あいて》の駒《こま》が2つあっても、一度《いちど》に2つの駒《こま》を取《と》ることはできません。

敵陣《てきじん》に入《はい》ると成《な》れるんだ！　歩《ふ》を成《な》る＝と金《きん》をつくる練習《れんしゅう》をしよう！

駒《こま》の動《うご》きを教《おし》えるよ！

駒《こま》の基本的《きほんてき》な動《うご》かし方《かた》
歩《ふ》・と金《きん》から始《はじ》めよう

——4時間目《じかんめ》は、歩《ふ》以外《いがい》の駒《こま》の動《うご》かし方《かた》を教《おし》えるよ。

日本《にほん》では、将棋《しょうぎ》の駒《こま》の種類《しゅるい》は、**宝物《たからもの》に由来《ゆらい》する**といわれています。玉《ぎょく》、金《きん》、銀《ぎん》は、まさしく宝物《たからもの》。桂《けい》は、月世界《げっせかい》に存在《そんざい》するといわれる想像上《そうぞうじょう》の**宝木《しんぎ》**のこと。香《きょう》も**香木《こうぼく》**より名付《なづ》けられたといわれています。

そして、**歩《ふ》は宝物《たからもの》を運搬《うんぱん》する役目《やくめ》**があります。飛《ひ》、角《かく》は、もしかしたら宝物《たからもの》をためすぎて、歩《ふ》では運搬《うんぱん》するのが難《むずか》しくなったから、大《おお》きな動《うご》きが必要《ひつよう》だったのかもしれません。

歩兵《ふひょう》

略称《りゃくしょう》＝歩《ふ》

前《まえ》に1マスずつ動《うご》かせます。8種類《しゅるい》の駒《こま》のなかでは、いちばん数《かず》が多《おお》い。初形《しょけい》では陣地《じんち》の境界《きょうかい》を示《しめ》し、対戦《たいせん》が進《すす》んでいくと、自陣《じじん》の壁《かべ》の役割《やくわり》も果《は》たします。使《つか》い方次第《かたしだい》で、勝敗《しょうはい》にかかわることもあります。

と金《きん》

略称《りゃくしょう》＝と

歩《ふ》が敵陣《てきじん》に入《は》るとと（と金《きん》）になって、金将《きんしょう》と同《おな》じ動《うご》きができるようになります。桂馬《けいま》や香車《きょうしゃ》と違《ちが》って、動《うご》ける場所《ばしょ》が増《ふ》えるだけなので、成《な》った方《ほう》が絶対《ぜったい》にいいです。

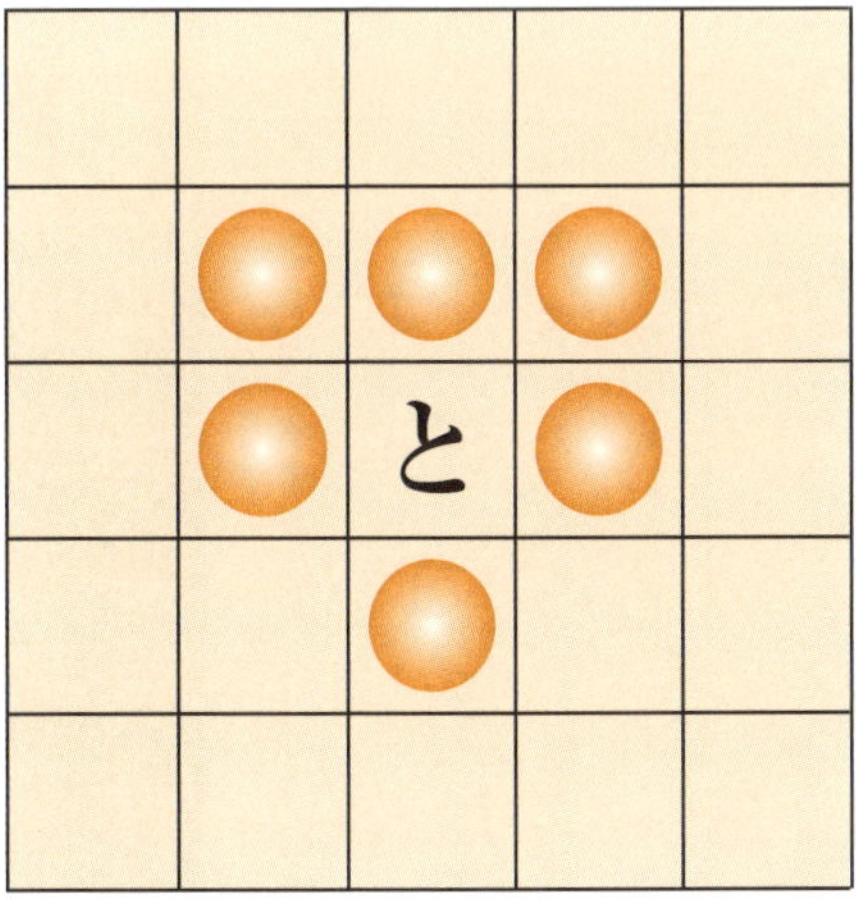

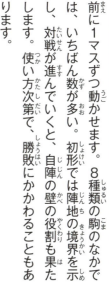

玉将《ぎょくしょう》（王将《おうしょう》）

略称《りゃくしょう》＝玉《ぎょく》（王《おう》）

お互《たが》いに1枚《まい》ずつあります。下手《したて》の人《ひと》が「玉《ぎょく》」。上手《うわて》の人《ひと》が「王《おう》」を持《も》ちます（本書《ほんしょ》では「玉《ぎょく》」で統一《とういつ》しています）。縦《たて》、横《よこ》、ナナメの8方向《ほうこう》に1マスずつ動《うご》く、いちばん大切《たいせつ》な駒《こま》。取《と》られる＝詰《つ》められると負《ま》けになります。

金将《きんしょう》

略称《りゃくしょう》＝金《きん》

お互《たが》いに2枚《まい》ずつあります。前方《ぜんぽう》3マスと両横《りょうよこ》、まっすぐ後《うし》ろに動《うご》けます。ナナメ後《うし》ろに右《みぎ》・左《ひだり》には動《うご》けません。守《まも》りの駒《こま》や詰《つ》めのときに活躍《かつやく》することが多《おお》いです。裏《うら》にして使《つか》うことはできません。金《きん》と銀《ぎん》をまとめて金駒《かなごま》といいます。

銀将《ぎんしょう》

略称《りゃくしょう》＝銀《ぎん》

お互《たが》いに2枚《まい》ずつあります。前方《ぜんぽう》3マスとナナメ後《うし》ろ右《みぎ》・左《ひだり》に動《うご》けます（×《バツ》とまっすぐと覚《おぼ》えておこう）。真後《まうし》ろには行《い》けません。右横《みぎよこ》、左横《ひだりよこ》にも行《い》けません。裏《うら》は成銀《なりぎん》で、金《きん》と同《おな》じ動《うご》きになります。

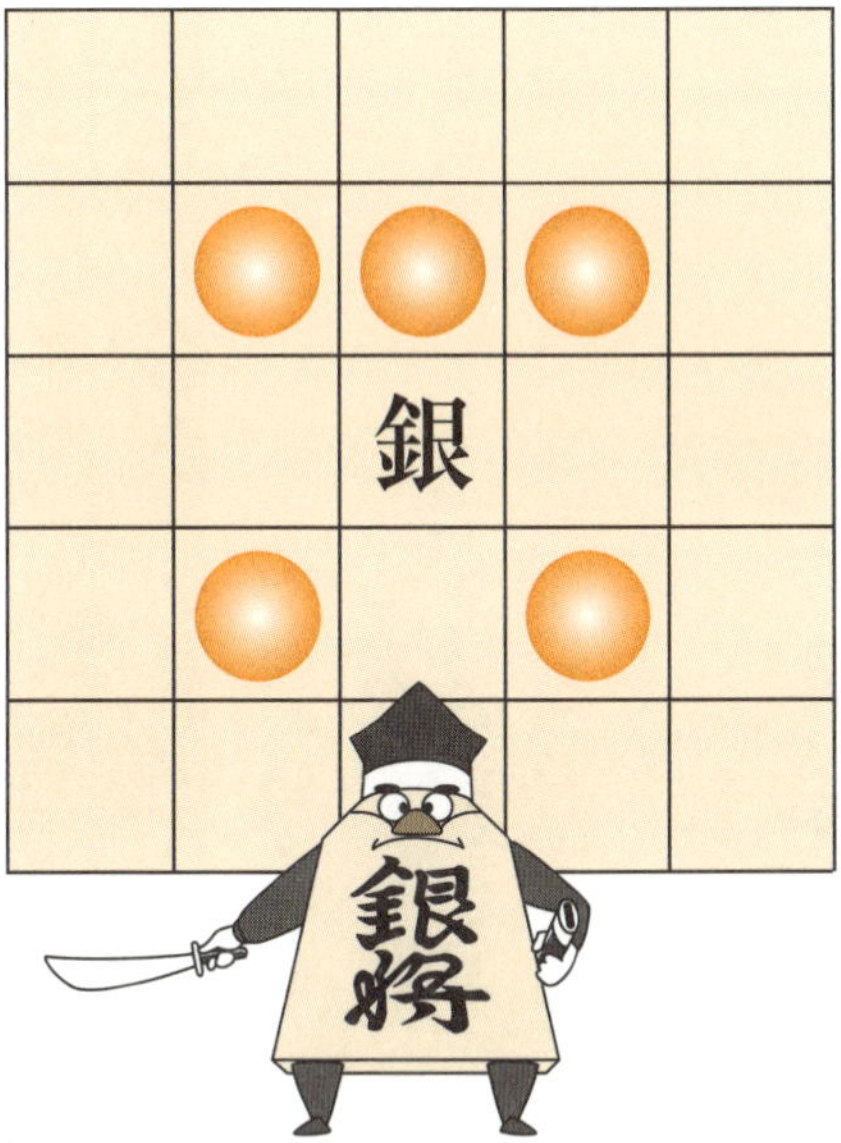

成銀《なりぎん》

銀《ぎん》の成駒《なりごま》で、金《きん》と同《おな》じ動《うご》きをします。成《な》らないで（これを不成《ふな》りという）、使《つか》うこともあります。一《いち》度《ど》、成銀《なりぎん》になってしまうと、もとの銀《ぎん》には戻《もど》れないので注意《ちゅうい》しましょう。

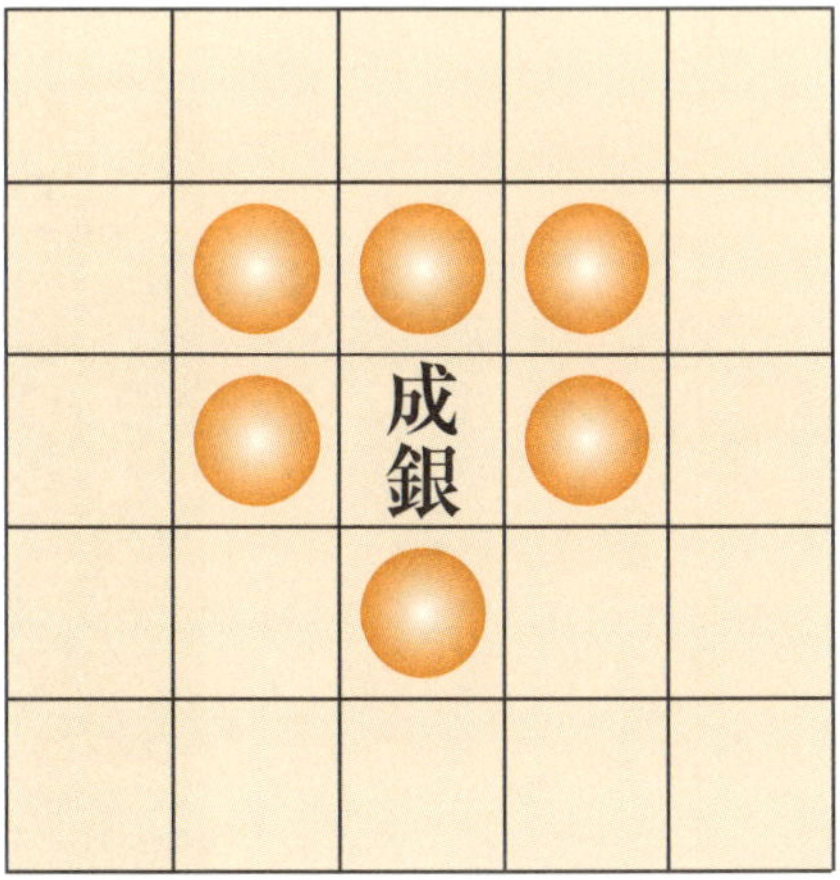

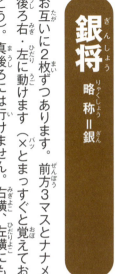

飛車《ひしゃ》

略称《りゃくしょう》＝飛《ひ》

お互《たが》いに1枚《まい》ずつあります。縦《たて》、横《よこ》にどこまでも動《うご》けるのが特徴《とくちょう》。もちろん、1マスごとでも動《うご》けます。他《ほか》の駒《こま》を飛《と》びこえて動《うご》くことはできません。攻撃《こうげき》の中心《ちゅうしん》となって、活躍《かつやく》することが多《おお》いです。

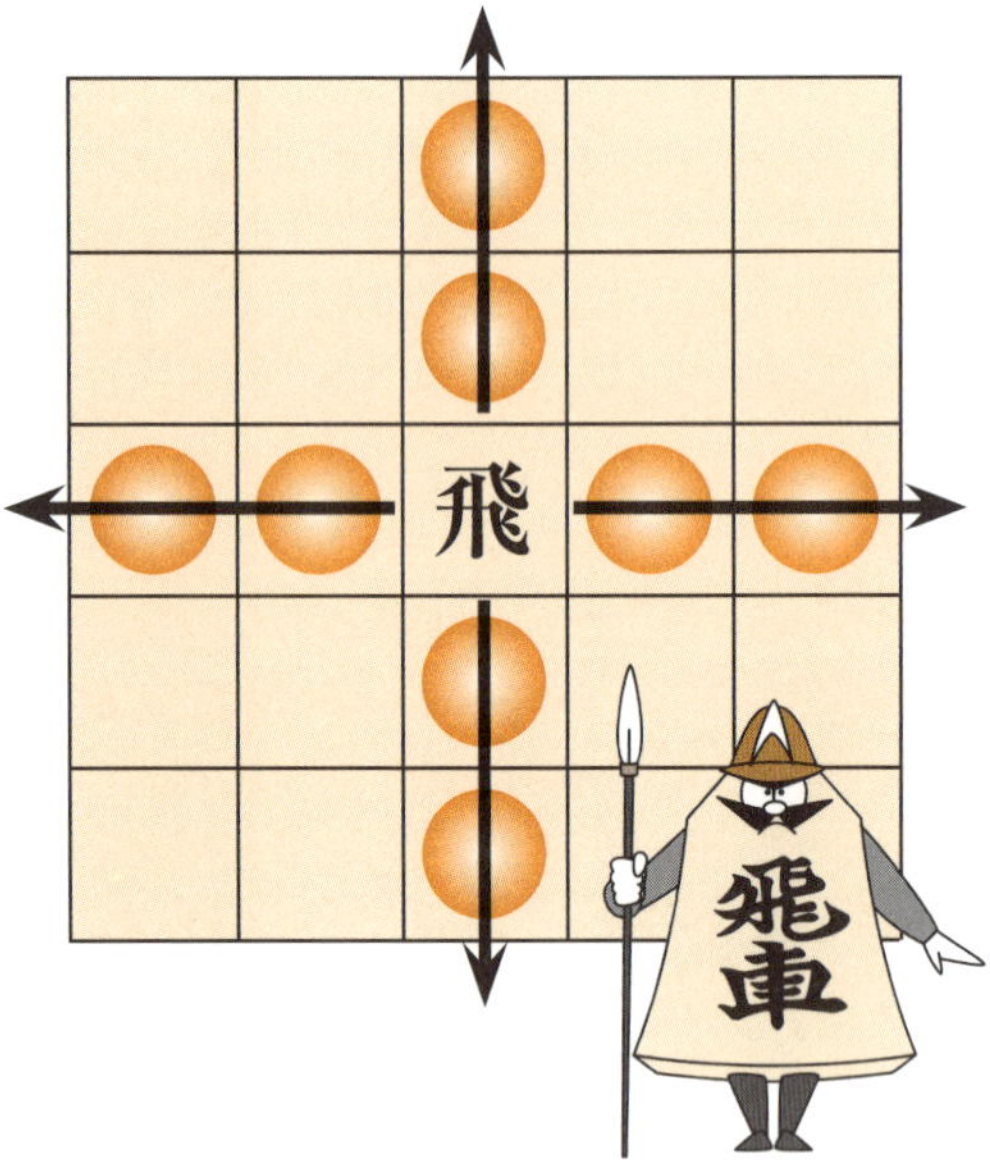

竜王《りゅうおう》

略称《りゃくしょう》＝竜《りゅう》

飛車《ひしゃ》の成駒《なりごま》。飛車《ひしゃ》の動《うご》きに加《くわ》えて、玉《ぎょく》の動《うご》きができるようになります。攻《せ》めには最強《さいきょう》の駒《こま》となり、敵陣《てきじん》で詰《つ》みに活躍《かつやく》します。将棋《しょうぎ》のタイトルにも「竜王位《りゅうおうい》」があります。

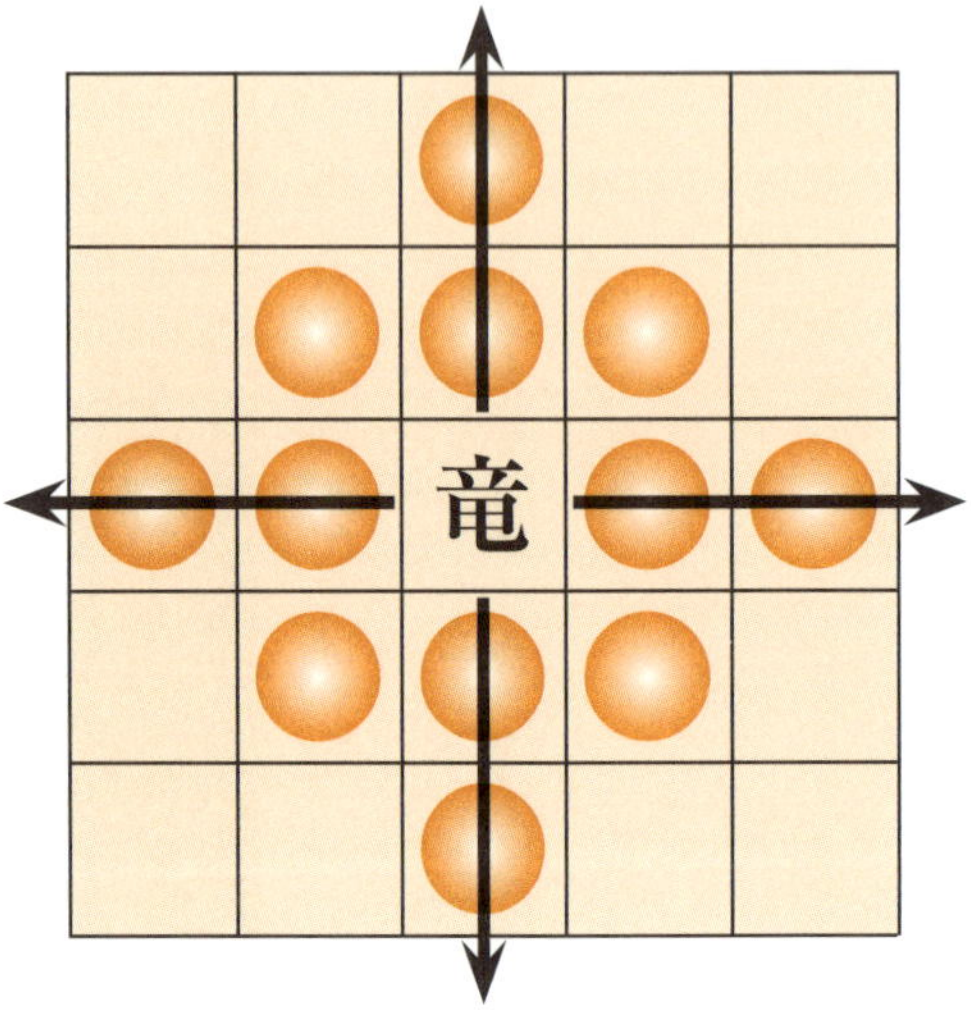

角行《かくぎょう》

略称《りゃくしょう》＝角《かく》

お互《たが》いに1枚《まい》ずつあります。ナナメ十字《じゅうじ》、どこまでも×のマス目《め》で動《うご》けます。もちろん、1マスごとでも動《うご》けます。攻撃《こうげき》で活躍《かつやく》することが多《おお》いです。普通《ふつう》は「かく」と呼《よ》びます。

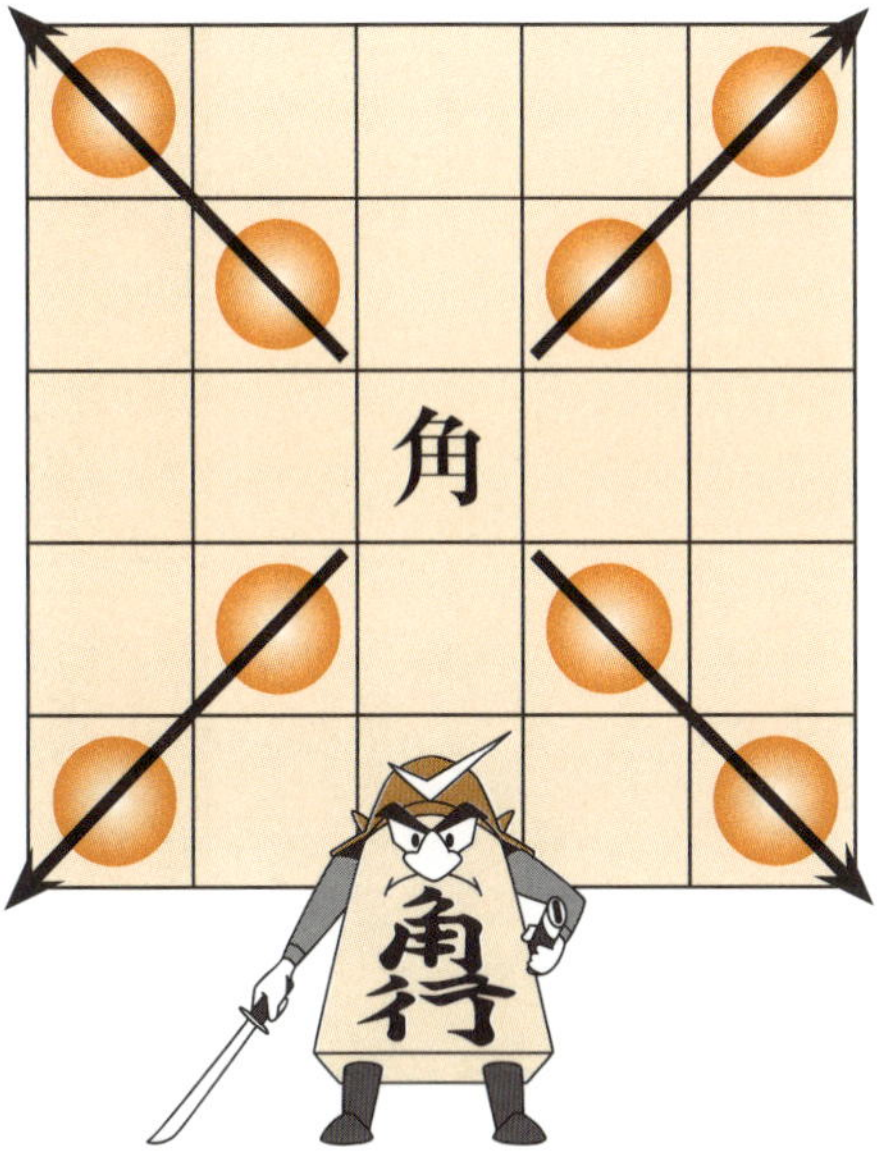

竜馬《りゅうま》

略称《りゃくしょう》＝馬《うま》

角行《かくぎょう》の成駒《なりごま》。角行《かくぎょう》の動《うご》きに加《くわ》えて、玉《ぎょく》の動《うご》きができるようになります。攻《せ》めにも強《つよ》いですが、守《まも》りに引《ひ》きつけると自陣《じじん》がとても強固《きょうこ》になります。「馬《うま》は自陣《じじん》に引《ひ》け」という格言《かくげん》もあります。

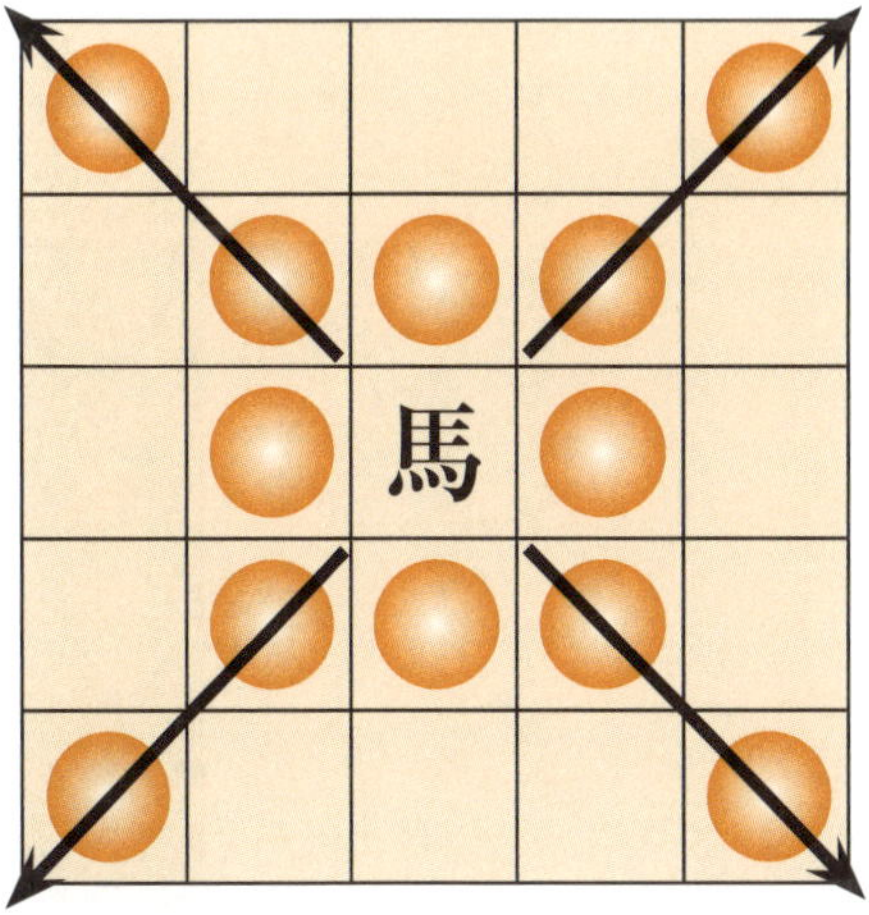

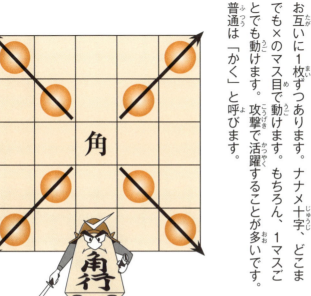

桂馬《けいま》

略称《りゃくしょう》＝桂《けい》

お互《たが》いに2枚《まい》ずつあります。変《か》わった動《うご》きをするジャンプが得意《とくい》な駒《こま》。自分《じぶん》の前《まえ》に、味方《みかた》や相手《あいて》の駒《こま》があっても、それを跳《と》び越《こ》えて前《まえ》に進《すす》めるのは桂《けい》だけです。この動《うご》きを「桂《けい》が跳《は》ねる」とか「桂《けい》を跳《と》ぶ」といいます。

成桂《なりけい》

桂馬《けいま》の成駒《なりごま》で金《きん》と同《おな》じ動《うご》き。桂馬《けいま》は自陣《じじん》から3手《て》で相手陣地《あいてじんち》に成《な》ることができます。相手《あいて》の駒《こま》を飛《と》び越《こ》えられる駒《こま》なので、成《な》るか成《な》らないで両取《りょうど》り※をかけるかよく考《かん》えることが大切《たいせつ》です。

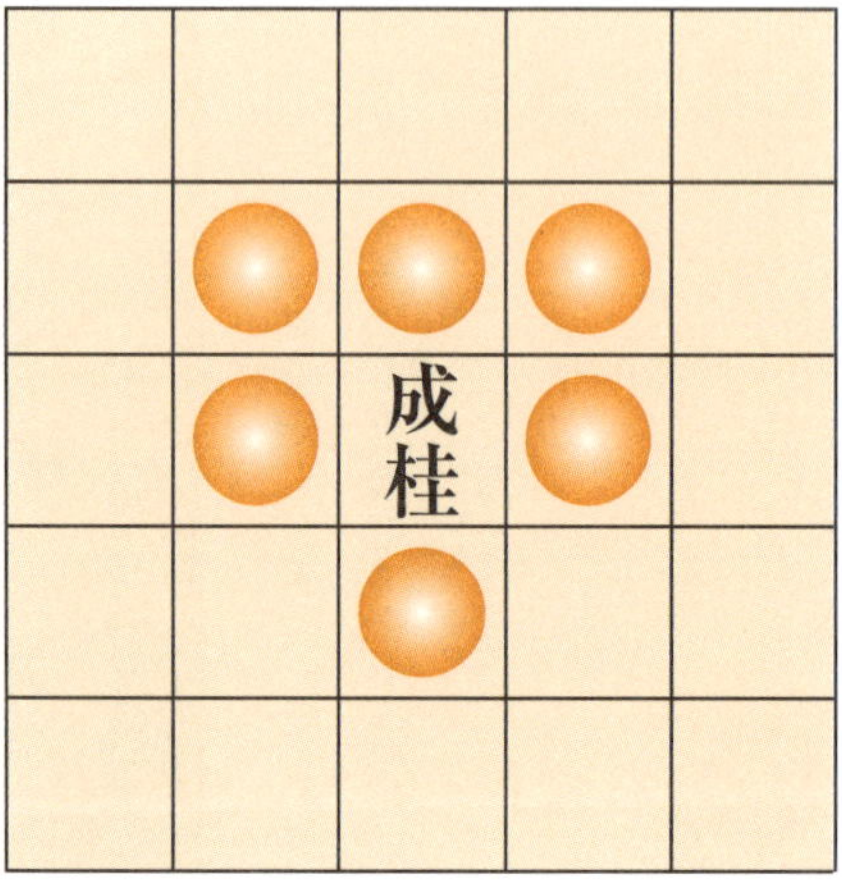

※相手《あいて》の駒《こま》を同時《どうじ》に2枚以上《まいいじょう》取《と》れるところに駒《こま》を置《お》くこと。
72～75ページで詳《くわ》しく説明《せつめい》します。

香車《きょうしゃ》

略称《りゃくしょう》＝香《きょう》

お互《たが》い2枚《まい》ずつあります。まっすぐ、どこまでも進《すす》むことができます。でも、後《うし》ろにもどることはできません。槍《やり》といういい方《かた》もします。2枚《まい》の板《いた》でも突《つ》き刺《さ》してしまうような感《かん》じから、そう呼《よ》ばれるようになりました。

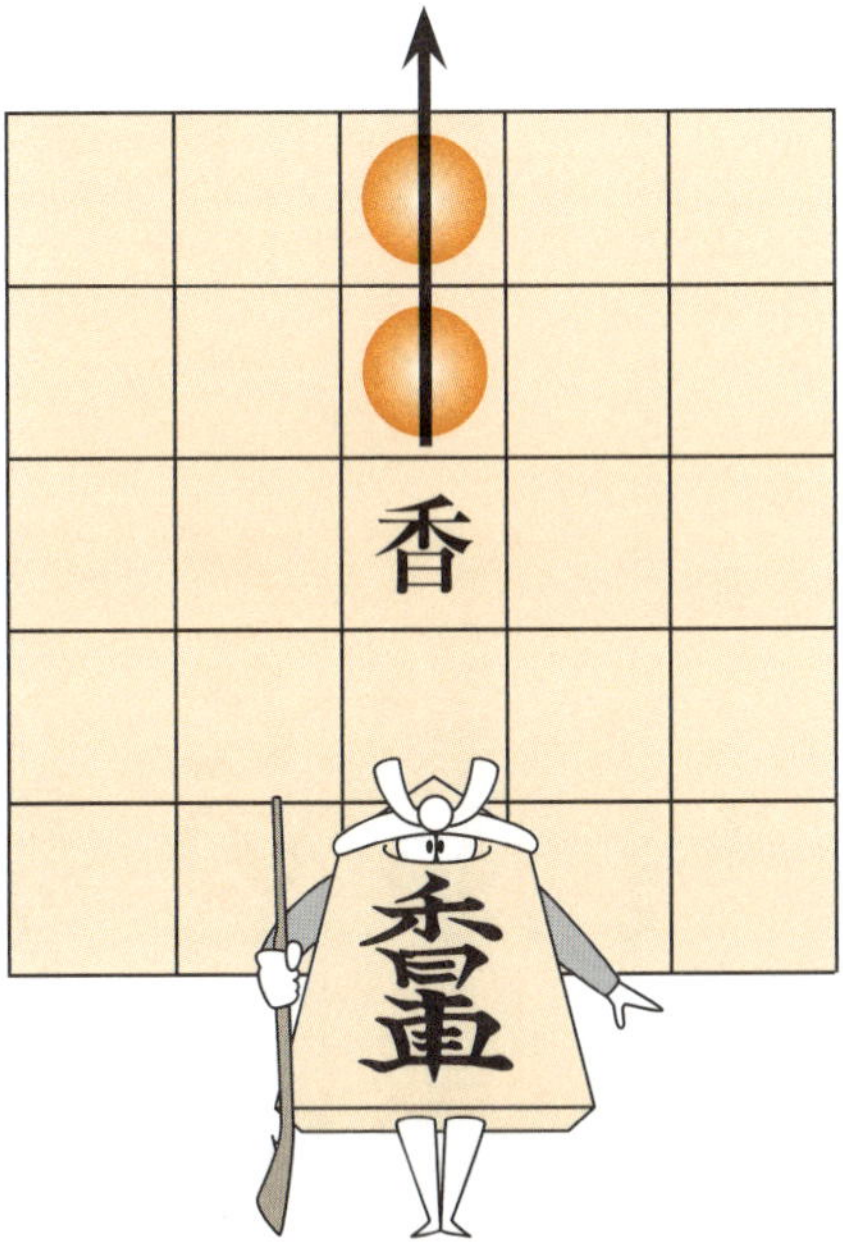

成香《なりきょう》

香車《きょうしゃ》の成駒《なりごま》で金《きん》と同《おな》じ動《うご》き。敵陣《てきじん》のいちばん上《うえ》までいくと、動《うご》けるマス目《め》がなくなるので、成《な》らなければいけません。「香車《きょうしゃ》は下段《げだん》から打《う》て」という格言《かくげん》があり、自陣《じじん》からの方《ほう》が動《うご》ける範囲《はんい》が多《おお》く、働《はたら》いているといういい方《かた》をします。

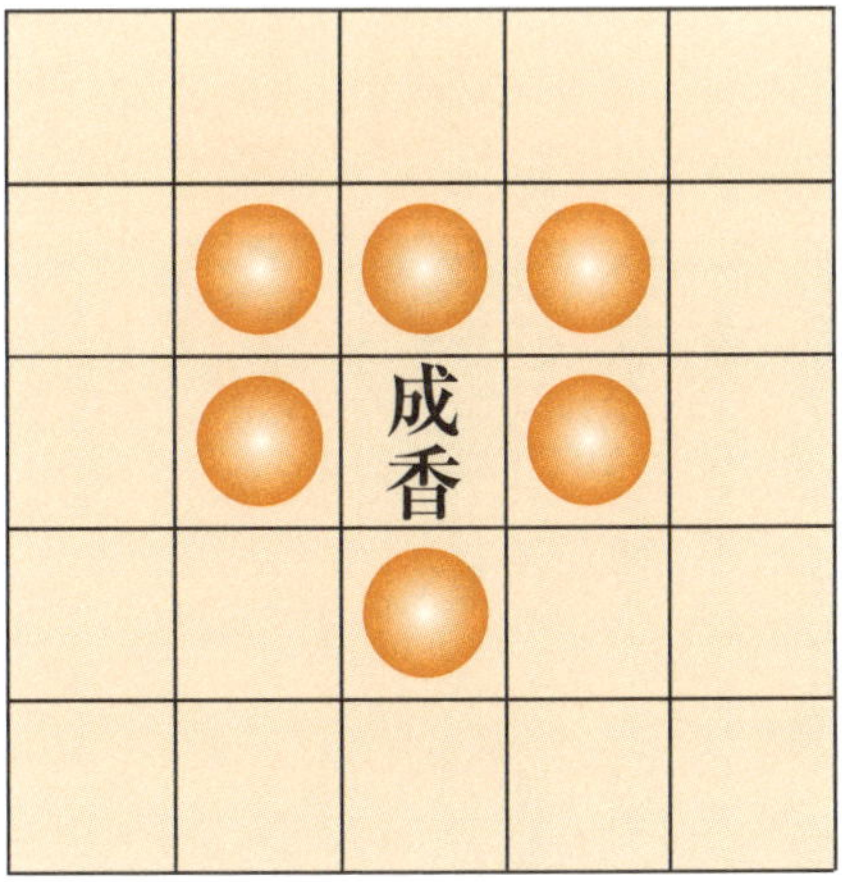

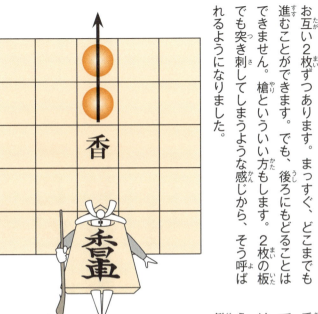

棋譜《きふ》の見方《みかた》を覚《おぼ》えよう！

どこのマス目《め》に駒《こま》が移動《いどう》したかを知《し》る

——今日《きょう》の最後《さいご》の授業《じゅぎょう》だよ。4時間目《じかんめ》に勉強《べんきょう》した駒《こま》の動《うご》かし方《かた》は、一度《いちど》に全部《ぜんぶ》覚《おぼ》えなくても大丈夫《だいじょうぶ》だから安心《あんしん》してね。

将男《まさお》「よかった。まだ動《うご》かし方《かた》が不安《ふあん》なんだ」

——実戦中《じっせんちゅう》にわからなくなったら、もどって動《うご》かし方《かた》を見てもいいからね。

将子《しょうこ》「わたしはだいたい覚《おぼ》えたよ。将棋《しょうぎ》の駒《こま》は8種類《しゅるい》だけど、成《な》り駒《こま》も含《ふく》めると全部《ぜんぶ》で14種類《しゅるい》になるんだね！」

——その通《とお》り！

将男《まさお》「そうか、金《きん》と王将《おうしょう》の成《な》りはないんだね」

——そう。では図《ず》❶を見てね。

マス目《め》に書《か》いてある文字《もじ》を「符号《ふごう》」といって、駒《こま》の場所《ばしょ》を表《あらわ》す住所《じゅうしょ》なんだ。**タテの列《れつ》（筋《すじ》）**と**ヨコの列《れつ》（段《だん》）**の数字《すうじ》の組《く》み合《あ》わせで表《あらわ》すよ。

この「符号《ふごう》」を使《つか》って棋譜《きふ》（指《さ》し手《て》の記録《きろく》）をつけるんだ。プロ棋士《きし》の棋譜《きふ》（指《さ》し手《て》）もみんなこれを使《つか》っているんだよ。

図《ず》❷で、先手《せんて》が飛車《ひしゃ》の前《まえ》の歩《ふ》を動《うご》かしたよ。これを棋譜《きふ》では、左《ひだり》の図《ず》のように表記《ひょうき》するんだ。

駒《こま》の住所《じゅうしょ》は、タテ＋ヨコ＋駒《こま》だよ！

図《ず》①

後手《ごて》 なし

9	8	7	6	5	4	3	2	1	
9一	8一	7一	6一	5一	4一	3一	2一	1一	一
9二	8二	7二	6二	5二	4二	3二	2二	1二	二
9三	8三	7三	6三	5三	4三	3三	2三	1三	三
9四	8四	7四	6四	5四	4四	3四	2四	1四	四
9五	8五	7五	6五	5五	4五	3五	2五	1五	五
9六	8六	7六	6六	5六	4六	3六	2六	1六	六
9七	8七	7七	6七	5七	4七	3七	2七	1七	七
9八	8八	7八	6八	5八	4八	3八	2八	1八	八
9九	8九	7九	6九	5九	4九	3九	2九	1九	九

先手《せんて》 なし

図《ず》②

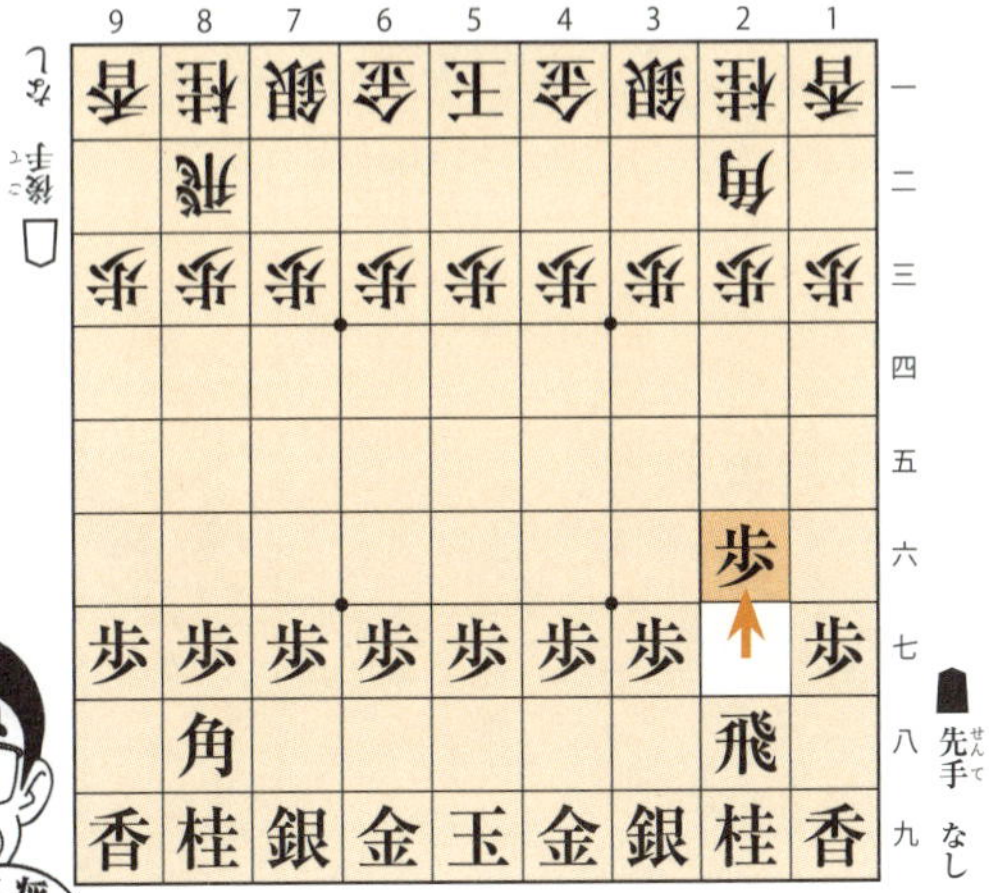

先手《せんて》が ▲2六歩

2六のマス目《め》に

歩《ふ》を動《うご》かした

将棋《しょうぎ》の基本《きほん》ルールを覚《おぼ》えよう！

やりやすいミスや反則《はんそく》（禁《きん》じ手《て》）を知《し》っておこう！

――みなさん、将棋学園《しょうぎがくえん》の第《だい》1日目《にちめ》は楽《たの》しかったですか？

将子《しょうこ》「先生《せんせい》、もっと将棋《しょうぎ》をやりたいで〜す」

将男《まさお》「ぼくも、もっと教《おし》えてよ！」

――あはは！　それはやる気《き》があるね。でもあわてなくていいよ。基本《きほん》をしっかりと学《まな》ぶことが、きっとあとから役《やく》に立《た》つからね。でもせっかくだから、宿題《しゅくだい》を出《だ》そうかな。

将男《まさお》「難《むずか》しいかなあ？」

将子《しょうこ》「やったぁ！」

――基本的《きほん》なルールとやってしまいがちなミス・

反則《はんそく》をまとめたので、読《よ》んでね。すぐに完《かん》ぺきに覚《おぼ》えなくても、少《すこ》しずつ理解《りかい》すれば大丈夫《だいじょうぶ》だよ。

将棋《しょうぎ》の基本《きほん》ルール

●駒《こま》はマス目《め》のまんなかに

マス目《め》のなかに、しっかりと駒《こま》を置《お》いてね。**ひとつのマスにひとつしか置《お》けない**よ。

●二手指《にてざ》し

指《さ》し手《て》は交互《こうご》にします。**2手《て》続《つづ》けて指《さ》したり、パスしたりはできない**よ。

●行《い》きどころのないところに駒《こま》を打《う》つ
行《い》きどころのないところに駒《こま》を動《うご》かす

図《ず》❶では、盤上《ばんじょう》の桂《けい》・香《きょう》・歩《ふ》は、動《うご》けるマスがありません。こういう場所《ばしょ》に駒《こま》を打《う》ったり、成《な》らずに動《うご》かしたりするのは、**禁《きん》じ手《て》**です。これを指《さ》すと負《ま》けになるから気《き》をつけてね。

図《ず》❶

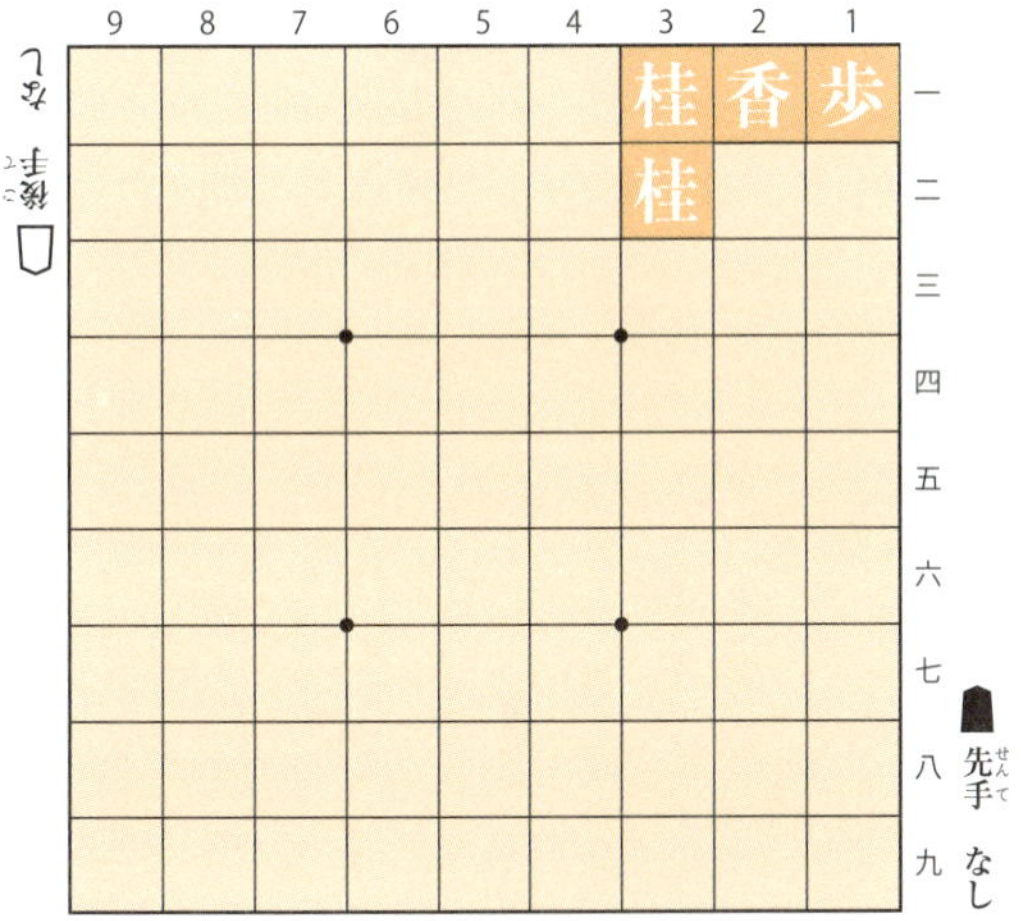

●二歩《にふ》

二歩《にふ》も禁《きん》じ手《て》です。図《ず》❷の4筋《すじ》※のように、同《おな》じタテ筋《すじ》のマス目《め》に自分《じぶん》の歩《ふ》を2枚使《まいつか》ってはいけません。しかし、と金《きん》と歩《ふ》がタテ筋《すじ》にあるのはかまいません。

図《ず》❷

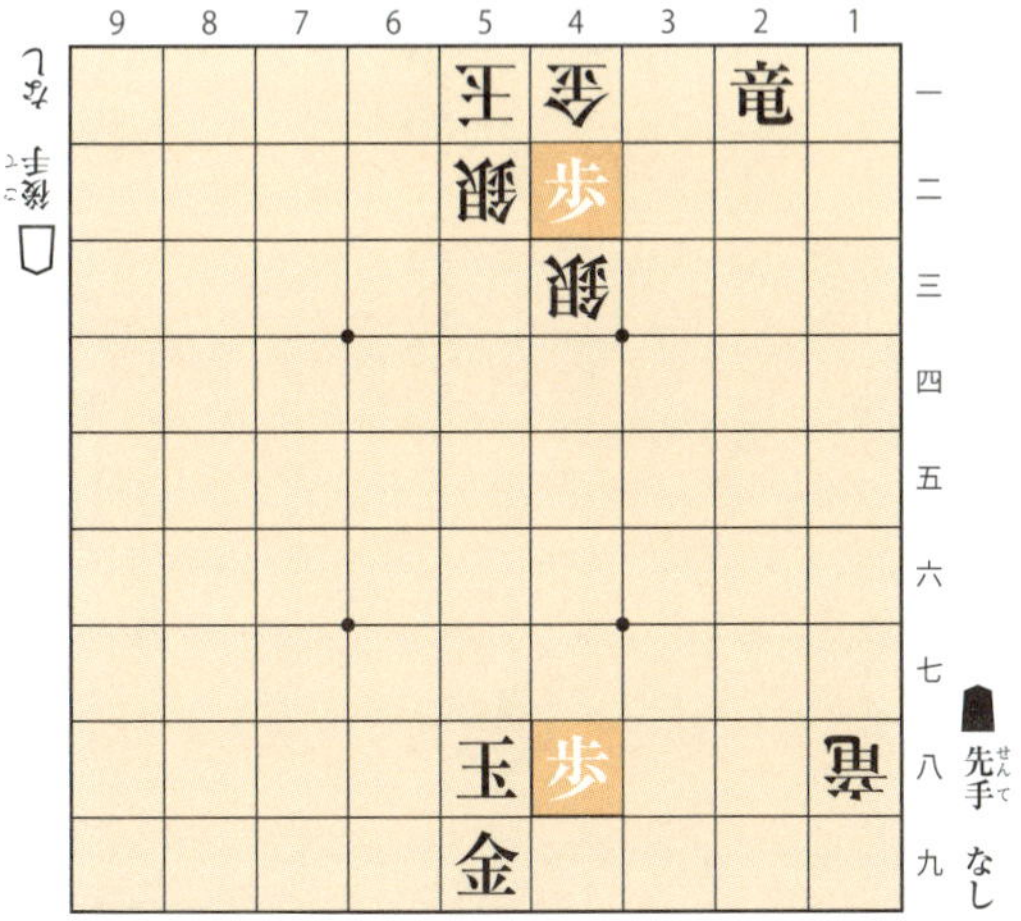

※将棋盤《しょうぎばん》の縦列《たてれつ》のこと。先手《せんて》からみて、右側《みぎがわ》から1筋《すじ》、2筋《すじ》……9筋《すじ》という。

●打《う》ち歩《ふ》詰《づ》め

持《も》ち駒《ごま》の歩《ふ》を打《う》って玉《ぎょく》を詰《つ》めるのは**打《う》ち歩《ふ》詰《づ》め**（図《ず》③―1）といって禁《きん》じ手《て》です。

でも、盤上《ばんじょう》の歩《ふ》を突《つ》いて玉《ぎょく》を詰《つ》めるのは**突《つ》き歩《ふ》詰《づ》め**（図《ず》③―2）で、これはルール違反《いはん》ではありません。

打《う》ち歩《ふ》詰《づ》め（NG）

図《ず》③-1

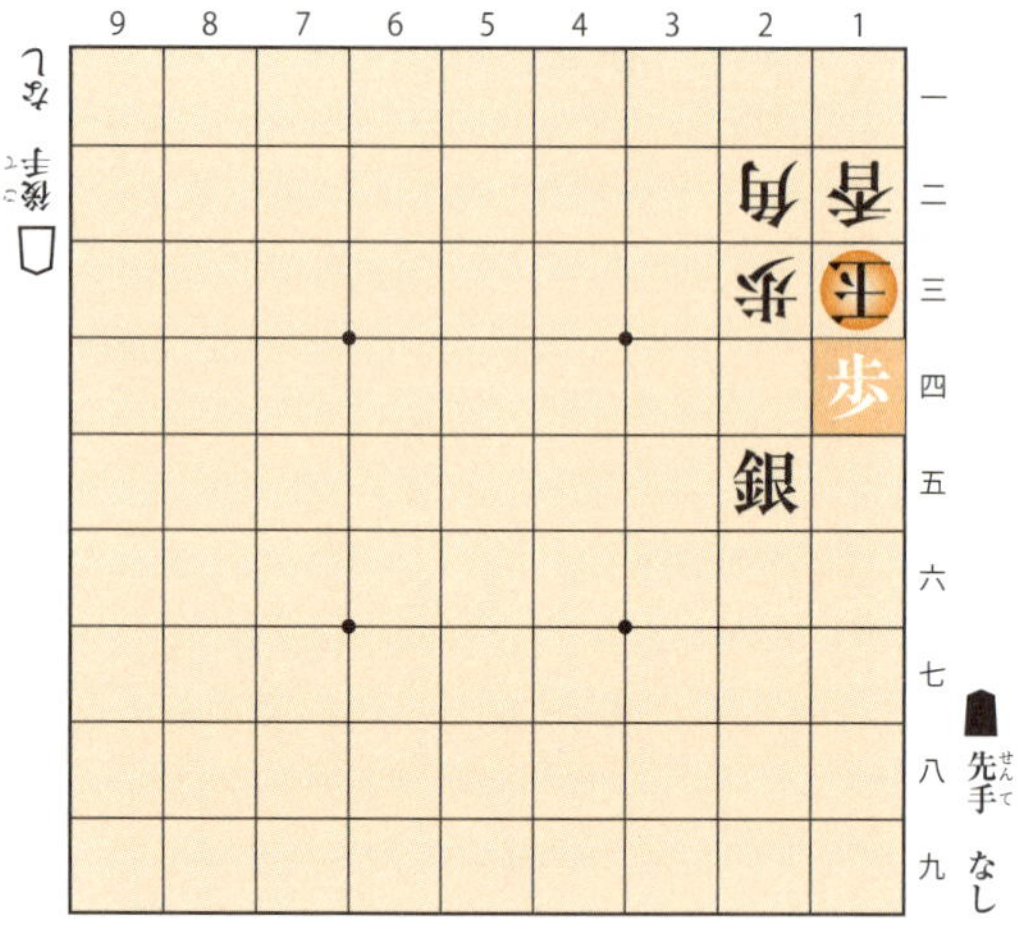

突《つ》き歩《ふ》詰《づ》め（OK）

図《ず》③-2

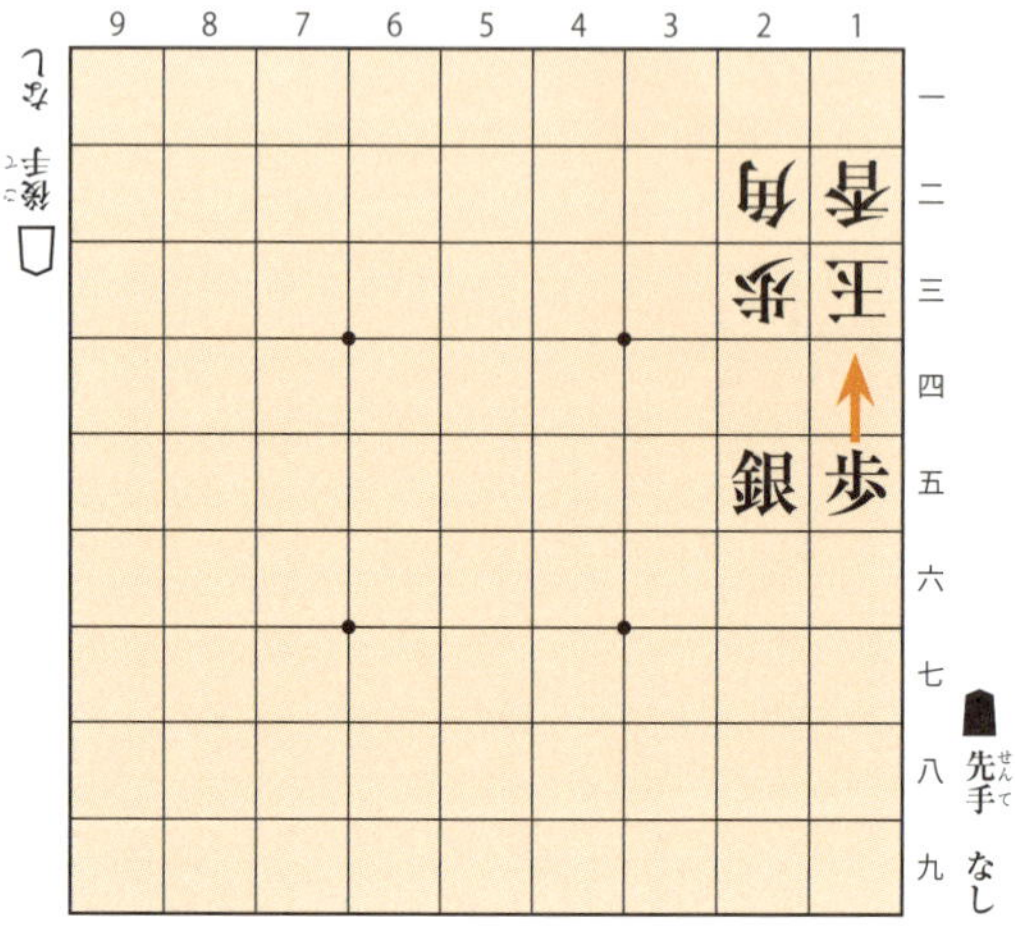

●千日手《せんにちて》

将棋《しょうぎ》には、**引《ひ》き分《わ》けということがまれにおこります**。そのひとつが**千日手《せんにちて》**です。千日手《せんにちて》は、指《さ》しているうちに何度《なんど》も同《おな》じ局面《きょくめん》が現《あらわ》れることです。

図《ず》❹—1を見《み》てください。先手《せんて》が飛車《ひしゃ》を取《と》ろうと金《きん》を打《う》ちました。後手《ごて》は、取《と》られないように飛《ひ》車《しゃ》を銀《ぎん》の横《よこ》まで逃《に》げます。そこで先手《せんて》は金《きん》をひとつ左《ひだり》へ寄《よ》ります（図《ず》❹—2）。図《ず》❹—2から、後《ご》手《て》は図《ず》❹—1と同《おな》じマス目《め》に飛車《ひしゃ》を逃《に》げます。先《せん》手《て》もまた図《ず》❹—1と同《おな》じマス目《め》に金《きん》を寄《よ》せます。後手《ごて》は再《ふたた》び銀《ぎん》の横《よこ》へ飛車《ひしゃ》を……。という繰《く》り返《かえ》しが**千日手《せんにちて》**です。

図《ず》❹-1

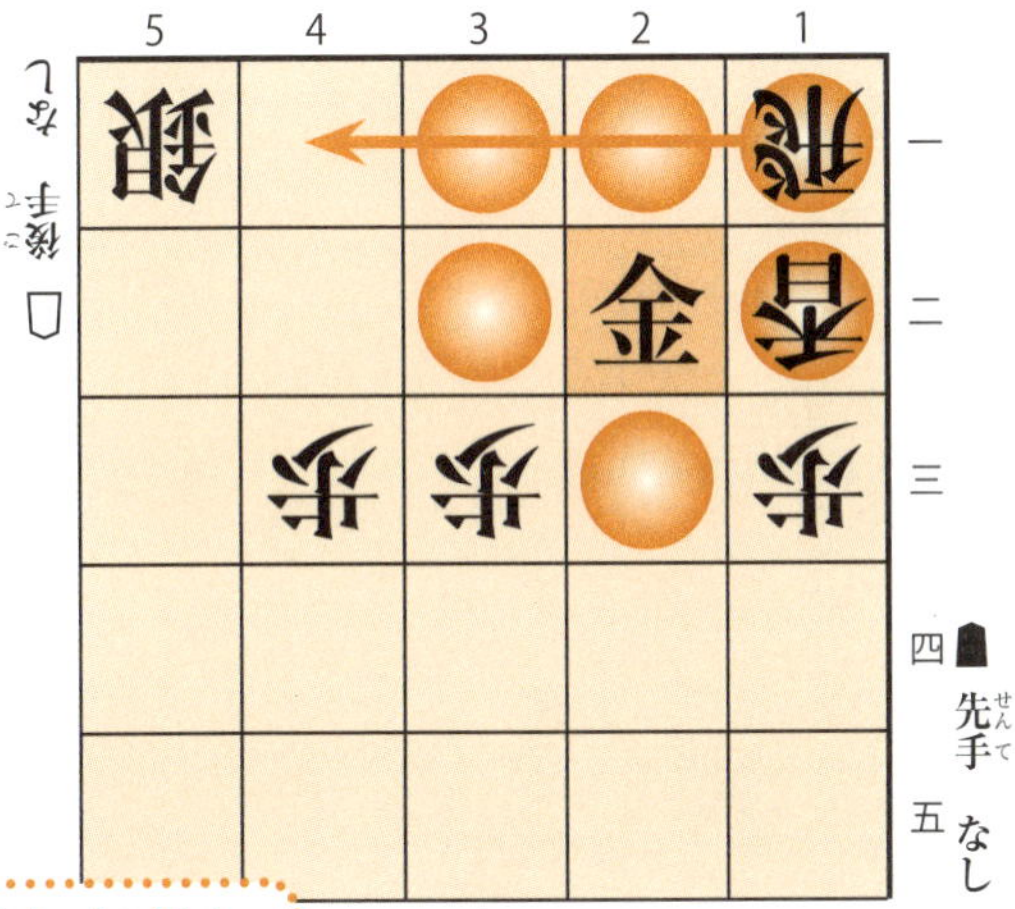

図《ず》❹-2

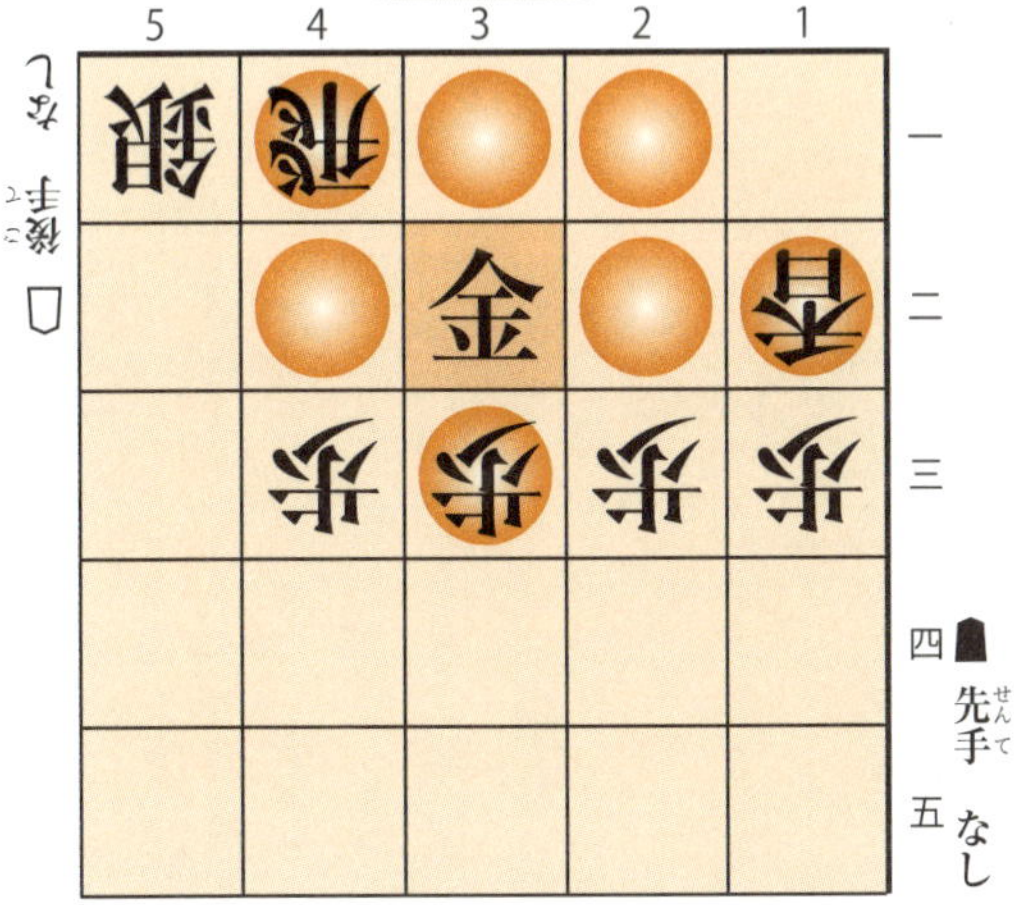

※千日手《せんにちて》になったら、先手《せんて》と後手《ごて》を入《い》れかえて指《さ》し直《なお》しましょう。ただし、攻《せ》めている方《ほう》が王手《おうて》をかけている場合《ばあい》は、手《て》を変《か》えなくてはなりません。

図《ず》❺-1

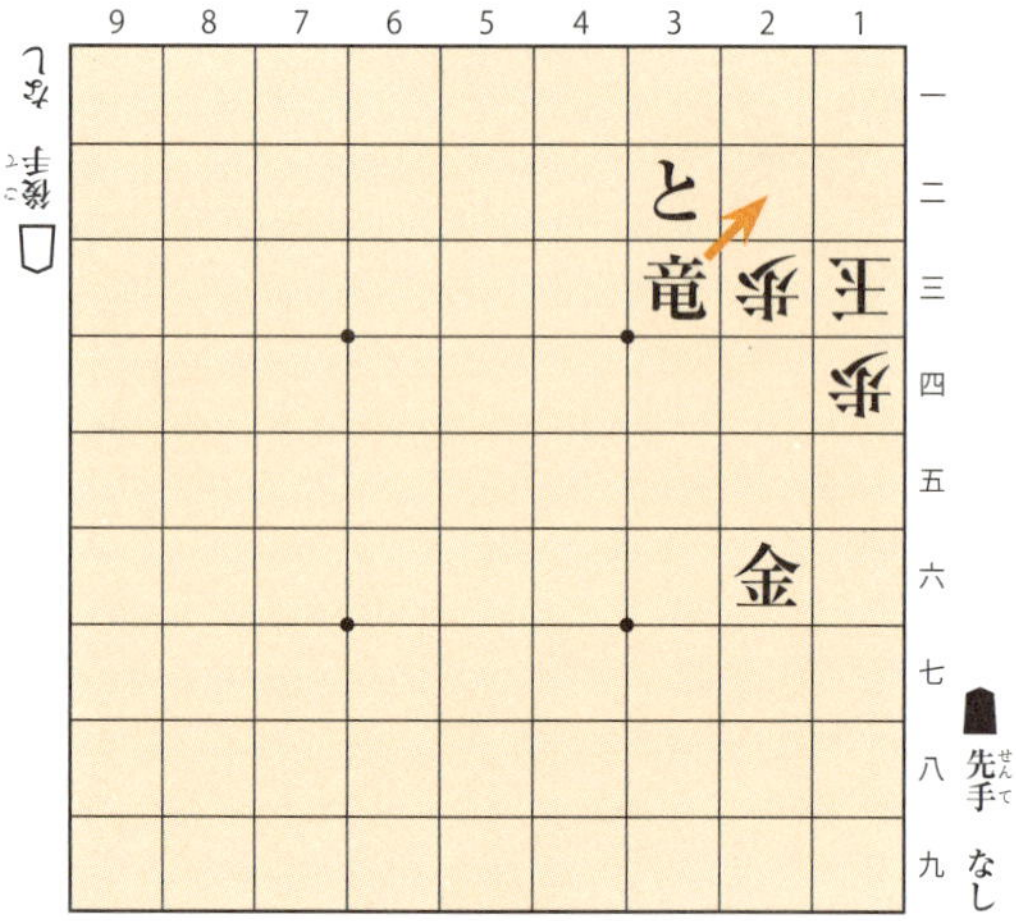

図《ず》❺-2

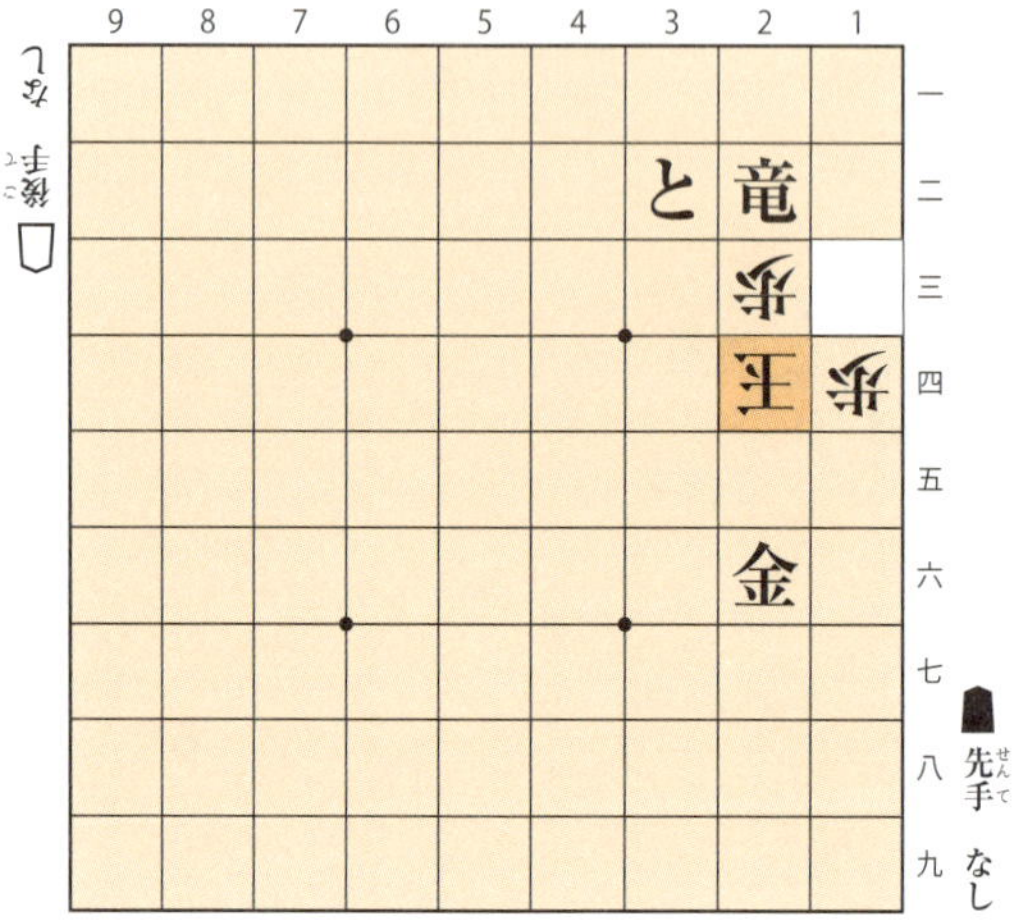

図《ず》❺—1を見《み》てください。竜馬《りゅうま》をナナメ右《みぎ》に入《はい》って王手《おうて》をかければ、後手《ごて》は図《ず》❺—2のように王《おお》は逃《に》げます。図《ず》❺—2から竜馬《りゅうま》をナナメ左下《ひだりした》にバックして王手《おうて》。すると後手《ごて》は王《おう》をナナメ右上《みぎうえ》に逃《に》げて図《ず》❺—1と戻《もど》ります。再《ふたた》び竜馬《りゅうま》の王手《おうて》に王《おう》をナナメ上《うえ》に……。というこの**王手《おおて》の連続《れんぞく》を3回繰《かいく》り返《かえ》すと反則《はんそく》**になり、王《おお》手《て》をかけている先手《せんて》の負《ま》けです。

●持将棋《じしょうぎ》

千日手《せんにちて》のほかに、引《ひ》き分《わ》けが成立《せいりつ》するもうひとつのケースは**持将棋《じしょうぎ》**です。

お互《たが》いの玉《ぎょく》が敵陣《てきじん》に入《はい》って（**相入玉《あいにゅうぎょく》**という）、詰《つ》む可能性《かのうせい》がなくなった状態《じょうたい》です。しかし、すぐに持将棋《じしょうぎ》・引《ひ》き分《わ》けと決《き》まるわけではありません。

相入玉《あいにゅうぎょく》になり、詰《つ》む可能性《かのうせい》がなくなったら、その局面《きょくめん》で玉以外《ぎょくいがい》の駒《こま》の数《かず》を数《かぞ》えます。

大駒《おおごま》（飛《ひ》・角《かく》）＝各《かく》5点《てん》

小駒《こごま》（金《きん》・銀《ぎん》・桂《けい》・香《きょう》・歩《ふ》）＝各《かく》1点《てん》

と点数《てんすう》に直《なお》し、盤上《ばんじょう》の駒《こま》と持《も》ち駒《こま》の点数《てんすう》を足《た》します。

24点《てん》に達《たっ》していない場合《ばあい》は、負《ま》けになります。お互《たが》いに24点以上《てんいじょう》あれば、そこで持将棋《じしょうぎ》・引《ひ》き分《わ》けが成立《せいりつ》します（玉《ぎょく》は点数《てんすう》に数《かぞ》えない）。

例《れい》を見《み》てみましょう。

図《ず》❻は、先手《せんて》は飛車《ひしゃ》が2枚《まい》で10点《てん》、小駒《こごま》が16点《てん》で合計《ごうけい》26点《てん》。後手《ごて》は角《かく》が2枚《まい》で10点《てん》、小駒《こごま》が18点《てん》で合計《ごうけい》28点《てん》。双方《そうほう》24点以上《てんいじょう》で、持将棋成立《じしょうぎせいりつ》です。

図《ず》❻

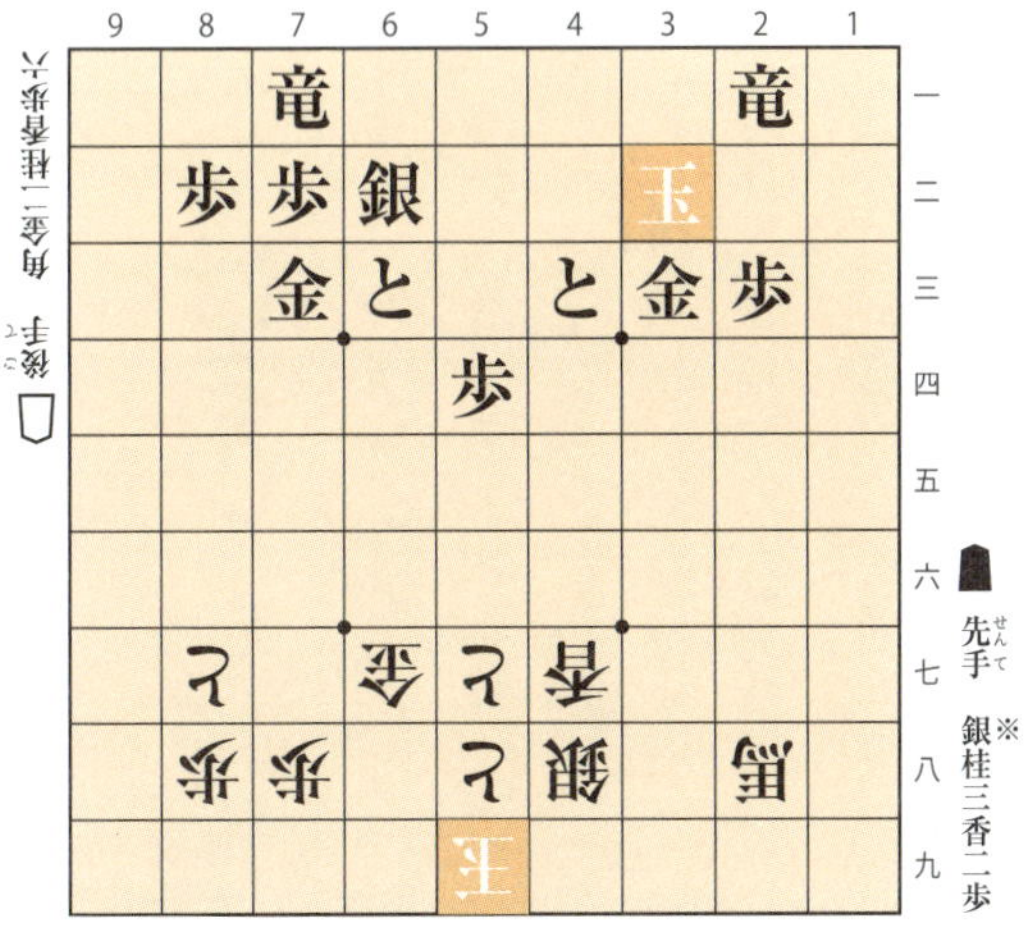

※持《も》ち駒《ごま》が銀《ぎん》1枚《まい》、桂《けい》3枚《まい》、香《きょう》2枚《まい》、歩《ふ》1枚《まい》という意味《いみ》。

コラム1

将棋《しょうぎ》が強《つよ》くなるには

強《つよ》い人《ひと》と対戦《たいせん》して自信《じしん》をつける

羽生善治校長先生《はぶよしはるこうちょうせんせい》は、将棋《しょうぎ》の名人《めいじん》を5期以上獲得《きいじょうかくとく》して、永世名人《えいせいめいじん》の資格《しかく》を持《も》っています。そんな羽生校長先生《はぶこうちょうせんせい》も将棋《しょうぎ》を覚《おぼ》えたのは、小学校《しょうがっこう》2年生《ねんせい》のときだったといいます。

初《はじ》めは、近所《きんじょ》の友達《ともだち》と指《さ》していたのがきっかけで、将棋道場《しょうぎどうじょう》に通《かよ》うようになって、たくさんの対局《たいきょく》を重《かさ》ねながら強《つよ》くなっていったのです。本《ほん》を読《よ》んだり、対局《たいきょく》の後《あと》に棋譜《きふ》（記録《きろく》）をつけて、反省《はんせい》して、次《つぎ》の対局《たいきょく》にそなえました。

強《つよ》い人《ひと》に教《おし》えてもらいながら、実力《じつりょく》をつけていったのです。将棋大会《しょうぎたいかい》に出《で》たり、友達《ともだち》を増《ふ》やすのもいいです。誰《だれ》でもすぐには名人《めいじん》にはなれません。

でも、将棋《しょうぎ》は、負《ま》ければ負《ま》けるほど強《つよ》くなる競技《きょうぎ》。将棋《しょうぎ》の力《ちから》＝棋力《きりょく》だけでなく、心《こころ》もきたえられます。しっかりと考《かんが》えることで、集中力《しゅうちゅうりょく》もついてきます。強《つよ》くなるには、自分《じぶん》より少《すこ》し強《つよ》い人《ひと》と対局《たいきょく》しましょう。勝《か》ったり、負《ま》けたりしながら、自信《じしん》をつけてください。名人《めいじん》になるには、将棋《しょうぎ》の1手《て》1手《て》を大《たい》切《せつ》にしながら指《さ》すことが大事《だいじ》なのです。

第《だい》2章《しょう》

将《しょう》棋《ぎ》学《がく》園《えん》
第《だい》2日《にち》目《め》

ここでは先生《せんせい》が駒《こま》の取《と》り方《かた》を教《おし》えてくれるよ。
駒《こま》を取《と》ってみよう！　駒《こま》の交換《こうかん》の基本点数《きほんてんすう》を
教《おそ》わって、次《つぎ》は、持《も》ち駒《ごま》の使《つか》い方《かた》を習《なら》うよ。
そして、みんなが大好《だいす》きな王手《おうて》をかけてみよう。

駒《こま》を取《と》ってみよう！

駒《こま》を取《と》ったり、取《と》られるのが将棋《しょうぎ》の基本《きほん》となる

将子《しょうこ》「利《き》きにある相手《あいて》の駒《こま》は、取《と》れるのよね」

——その通《とお》り！ 図《ず》❶を見《み》てね。

——おはようございます。昨日《きのう》はどうでしたか？

将男《まさお》「ぼくね、お家《うち》に帰《かえ》ってからお母《かあ》さんと歩《ふ》だけ将棋《しょうぎ》をやったよ」

——どうだった？

将男《まさお》「と金《きん》をたくさんつくって、勝《か》ったよ！」

——すごいね！

将子《しょうこ》「今日《きょう》は本将棋《ほんしょうぎ》がやりたいな〜」

——そうだね、今日《きょう》は、本将棋《ほんしょうぎ》をするために必要《ひつよう》なことを説明《せつめい》するね。駒《こま》の基本的《きほんてき》な動《うご》かし方《かた》は昨日教《きのうおし》えたけど、**駒《こま》が動《うご》けるマス目《め》の範囲《はんい》のことを駒《こま》の利《き》きというんだ。**

図《ず》❶

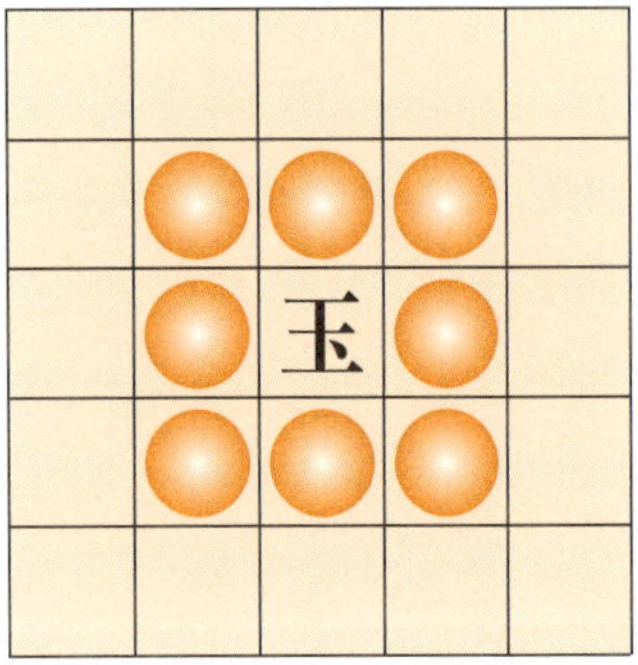

駒《こま》を取《と》る

①玉《ぎょく》の利《き》きは●の8か所《しょ》です(図《ず》❶)。この8か所《しょ》に**利《き》いています**。

②自分《じぶん》の駒《こま》の利《き》きに相手《あいて》の駒《こま》があるとき、自分《じぶん》の番《ばん》であれば、その駒《こま》を取《と》って、そのマス目《め》に自分《じぶん》の駒《こま》を進《すす》めることができます(図《ず》❷)。取《と》った駒《こま》は、自分《じぶん》の持《も》ち駒《ごま》になります。持《も》ち駒《ごま》は、自《じ》分《ぶん》の駒《こま》として再《ふたた》び使《つか》うことができます。

③**利《き》きに自分《じぶん》の駒《こま》があるときは、そのマス目《め》に駒《こま》を進《すす》めることはできません。自分《じぶん》の駒《こま》を飛《と》び越《こ》えて進《すす》めることもできません**(図《ず》❸)。

図《ず》❷

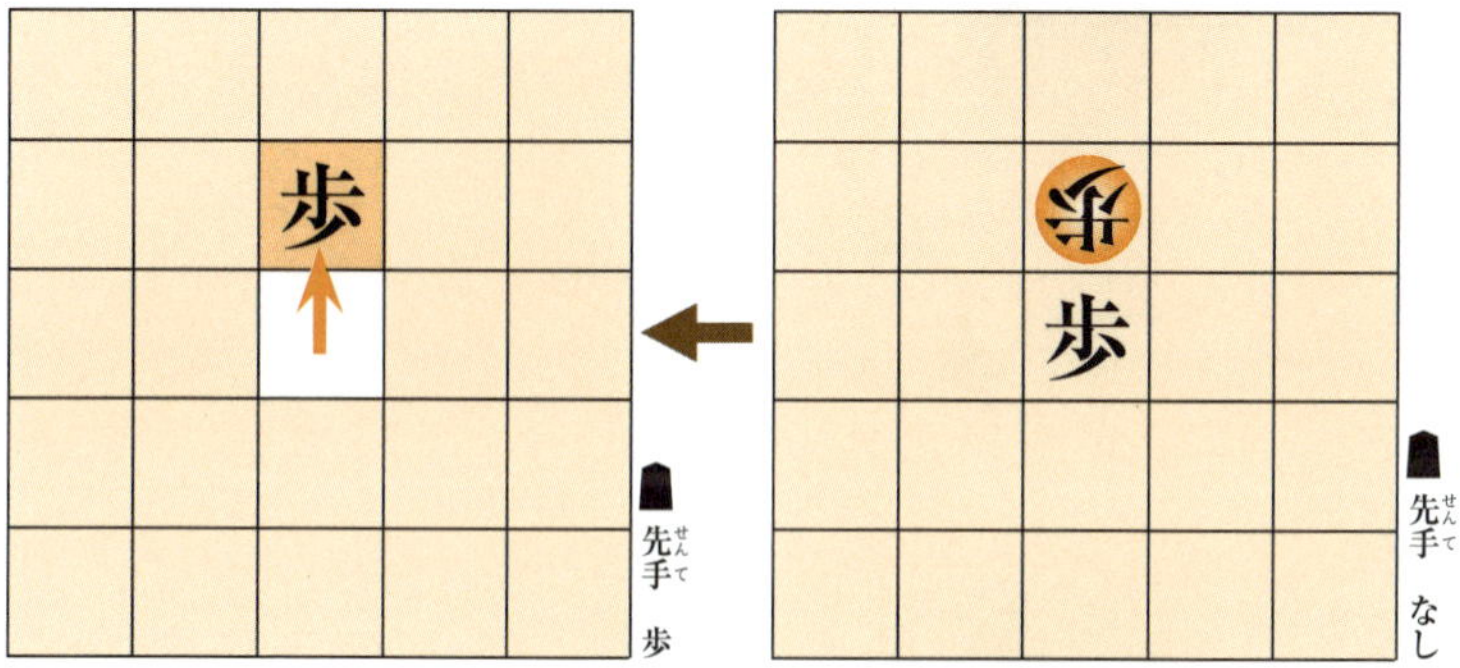

図《ず》❸

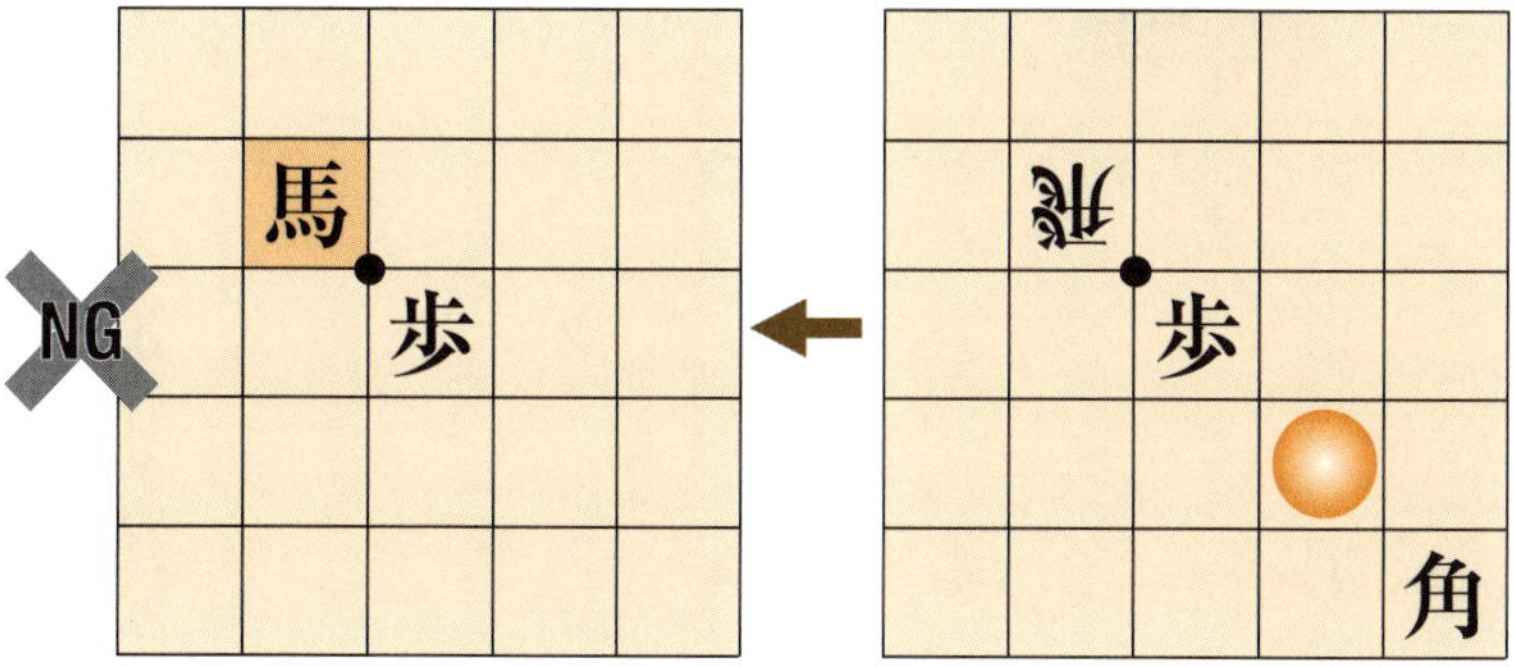

④利《き》きにある相手《あいて》の駒《こま》を、取《と》る・取《と》らないは自由《じゆう》です。しかし、1つのマス目《め》に2枚《まい》の駒《こま》がいることはできません。おんぶは禁止《きんし》。

⑤相手《あいて》の駒《こま》を取《と》るのに2つ以上《いじょう》取《と》り方《かた》がある場合《ばあい》は、どちらで取《と》ってもいいです。

⑥「駒《こま》を取《と》ったり、取《と》られたり」と考《かんが》えることが将棋《しょうぎ》ではとても大切《たいせつ》です。これを**指《さ》し手《て》の読《よ》み**といって、考《かんが》える力《ちから》がつくことになるのです。

それでは例題《れいだい》で、駒《こま》を取《と》ってみよう。

例題《れいだい》1

先手《せんて》の飛《ひ》と後手《ごて》の香《きょう》が向《む》き合《あ》っています。先手番《せんてばん》として相手《あいて》の駒《こま》を取《と》ってみてください。

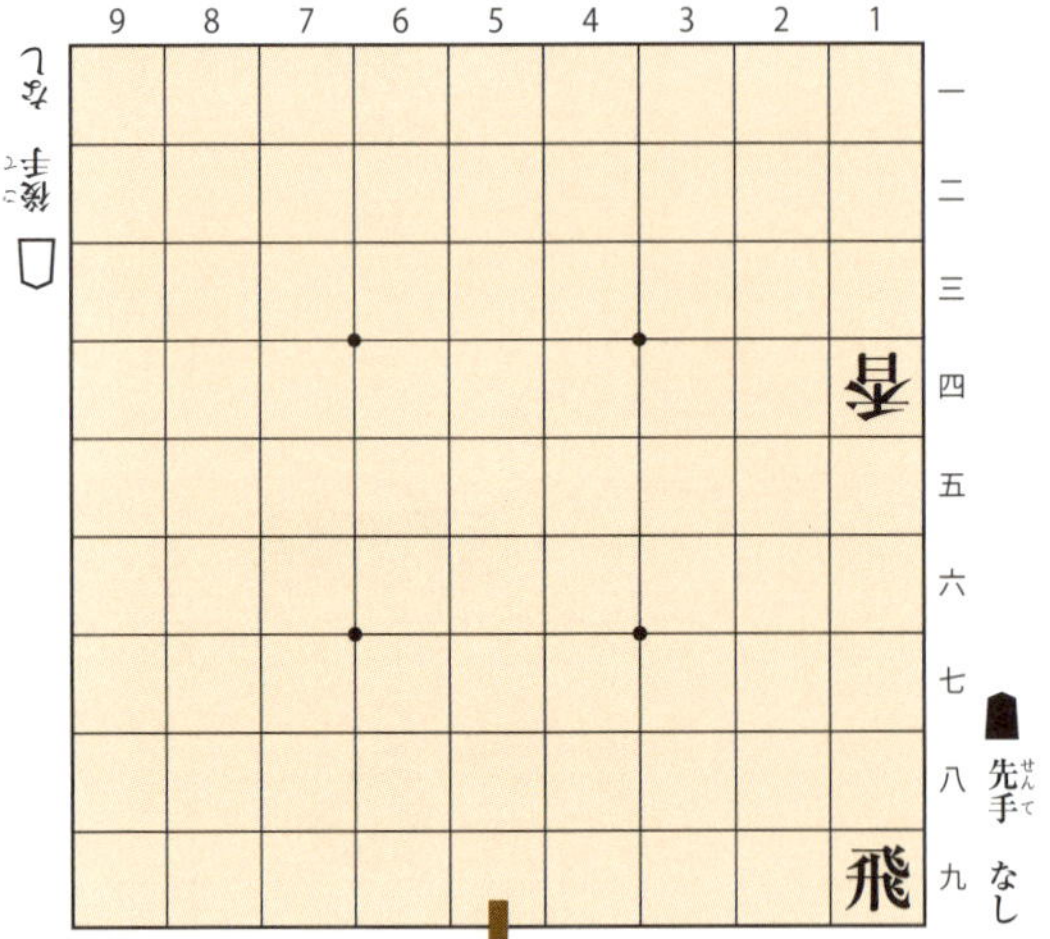

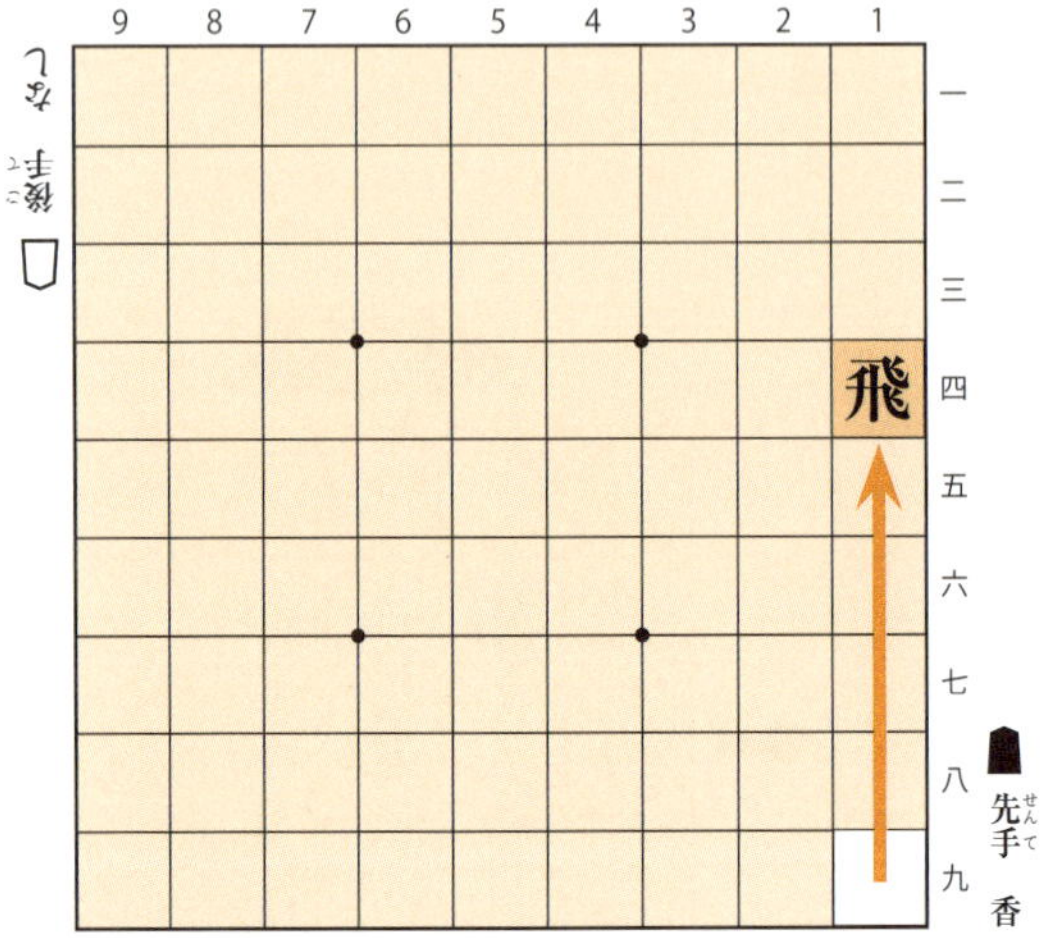

飛車《ひしゃ》が相手《あいて》の香《きょう》の場所《ばしょ》に移動《いどう》して、持《も》ち駒《ごま》になりました。

羽生校長《はぶこうちょう》のアドバイス

しっかりと「読《よ》む」ことが
将棋《しょうぎ》にはとても大切《たいせつ》だよ！

例題《れいだい》②

先手《せんて》の角《かく》と桂《けい》が後手《ごて》の飛車《ひしゃ》を狙《ねら》っている形《かたち》です。
先手番《せんてばん》として飛車《ひしゃ》を取《と》ってみてください。

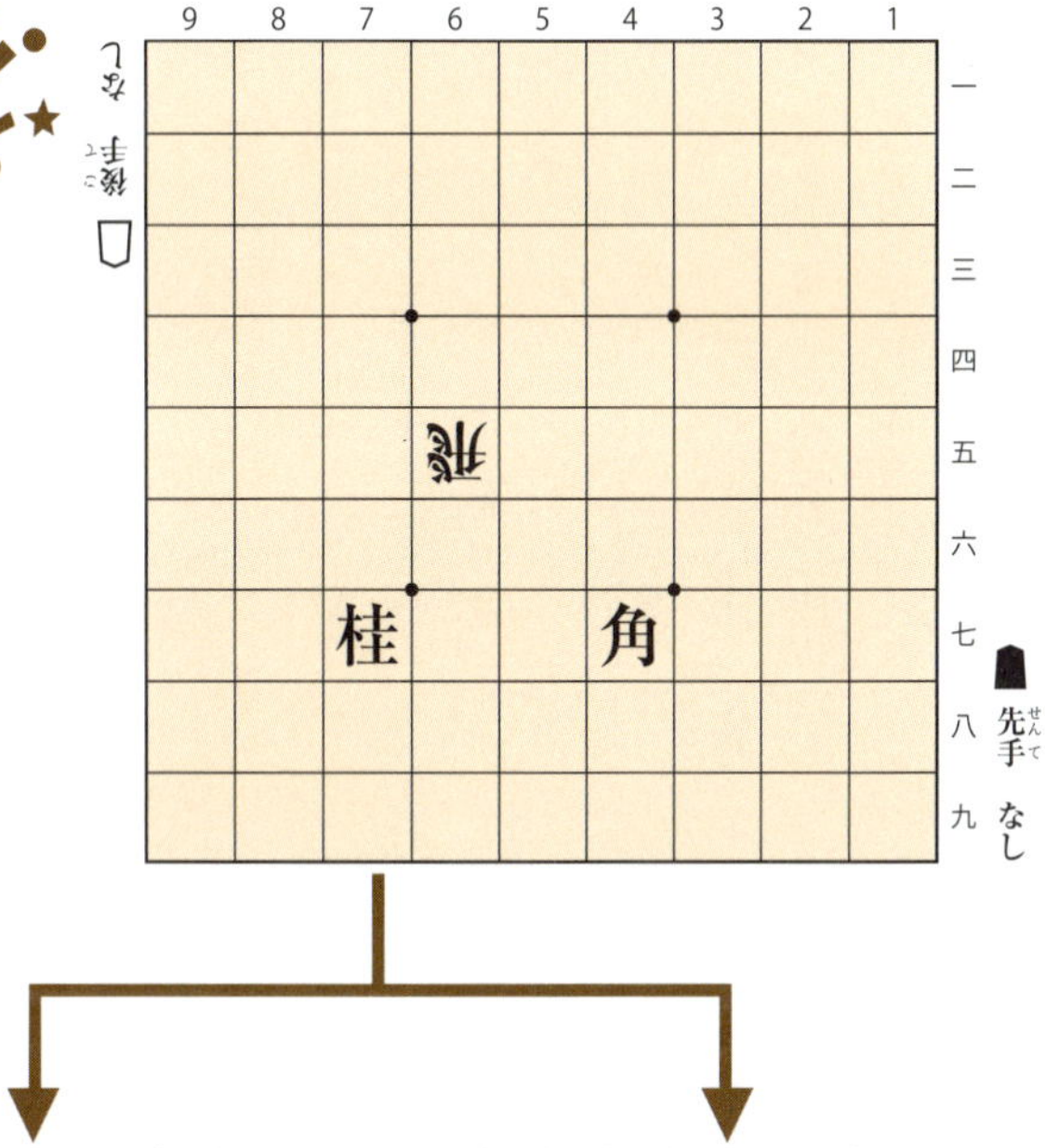

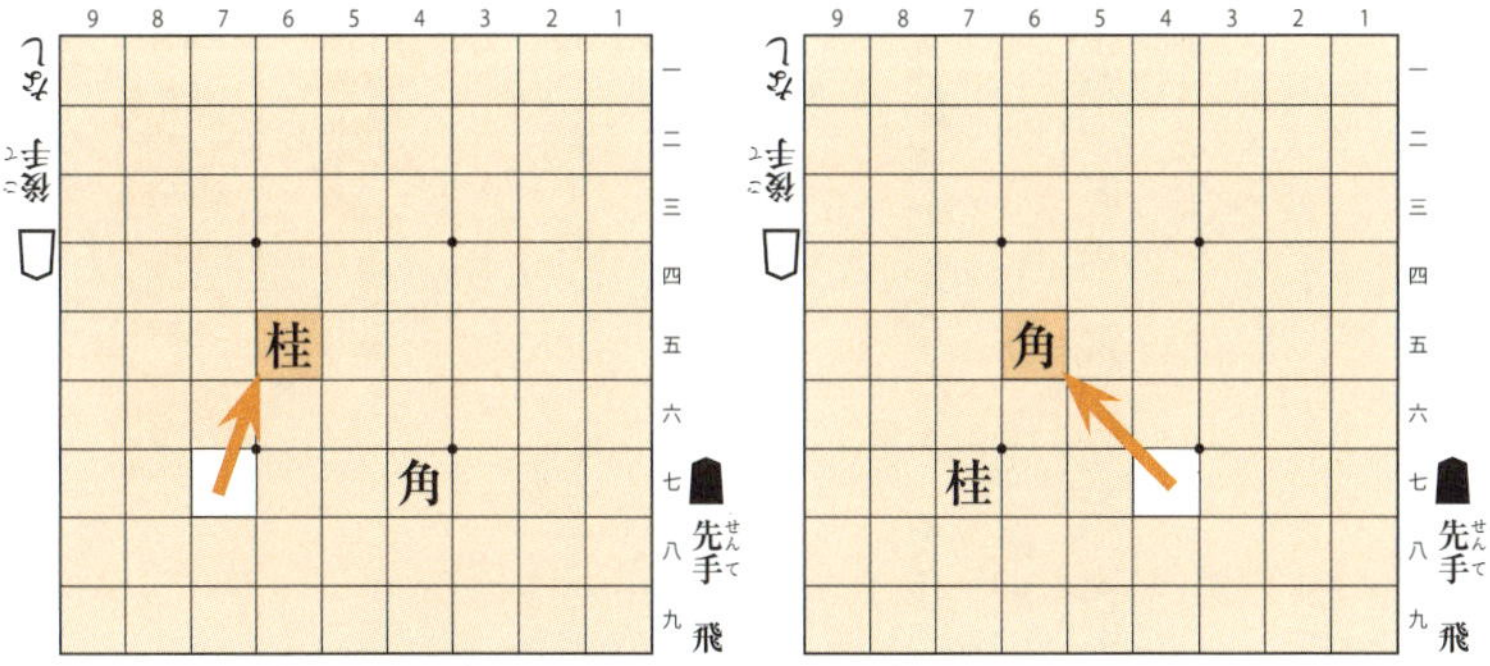

角《かく》で飛車《ひしゃ》を取《と》っても、桂《けい》で飛車《ひしゃ》を取《と》ってもいいです
（それぞれ持《も》ち駒《ごま》に飛車《ひしゃ》が増《ふ》えました）。

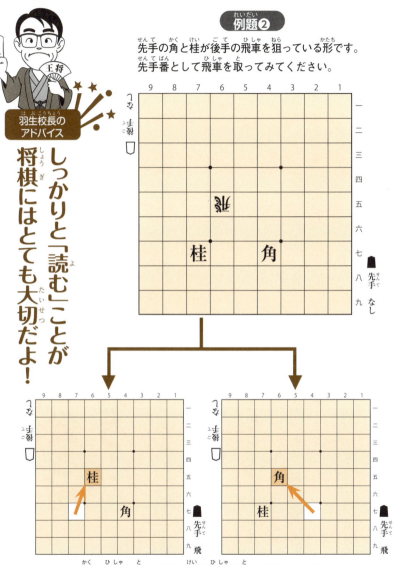

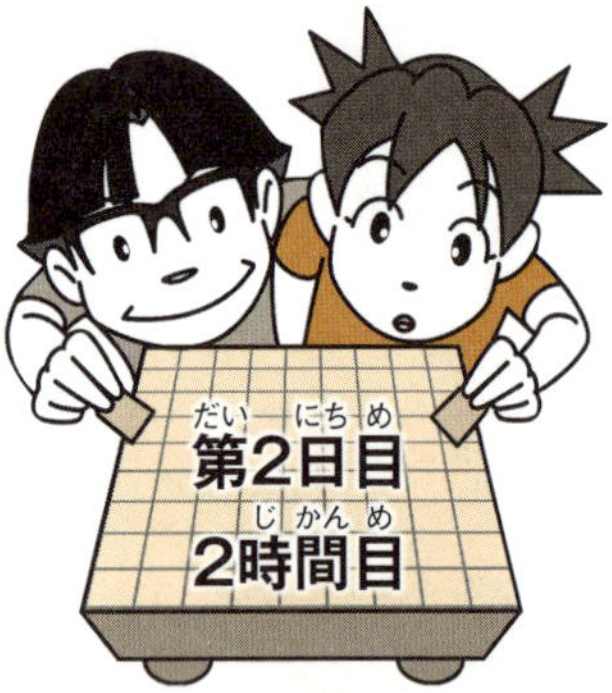

駒《こま》の能力《のうりょく》と価値《かち》を知《し》ろう！

駒《こま》の基本《きほん》レベル＝強《つよ》さを点数《てんすう》で覚《おぼ》えておこう！

――2時間目《じかんめ》は、もう一段階《いちだんかい》レベルアップして、駒《こま》の価値《かち》の基本《きほん》を教《おし》えるね。さて、金《きん》と銀《ぎん》では、どちらの駒《こま》の方《ほう》が大事《だいじ》だと思《おも》う？

将子《しょうこ》「金《きん》の利《き》きは6か所《しょ》、銀《ぎん》は5か所《しょ》で金《きん》の方《ほう》が利《き》きが多《おお》いから……金《きん》かな」

――正解《せいかい》！　すごいね。左《ひだり》ページの表《ひょう》を見《み》てね。上《うえ》の駒《こま》ほど価値《かち》が高《たか》いよ。分《わ》かりやすいように点数《てんすう》をつけたから、覚《おぼ》えてね。玉《ぎょく》は絶対《ぜったい》に取《と》られてはいけないから、100点《てん》としよう。

将子《しょうこ》「先生《せんせい》、成《な》るとどうなるの？」

――歩《ふ》、香《きょう》、桂《けい》、銀《ぎん》は、金《きん》と同《おな》じ動《うご》きになるので、6点《てん》だけど、ボーナスポイントで＋《プラス》1点《てん》で7点《てん》と覚《おぼ》えておくといいよ。

将男《まさお》「そうか、相手《あいて》に取《と》られると、**と金《きん》は歩《ふ》にもどっちゃう**からかな……」

――いいところに気《き》づいたね！　そうなんだ。将棋《しょうぎ》には戦死者《せんししゃ》がでないんだ。常《つね》に再利用《さいりよう》されることは話《はな》したよね。あと、飛《ひ》が竜《りゅう》や、角《かく》が馬《うま》に成《な》ると＋《プラス》5点《てん》と覚《おぼ》えるといいね。

将子《しょうこ》「竜《りゅう》と馬《うま》は強《つよ》い駒《こま》なんだね」

駒《こま》の基本《きほん》レベル

駒名《こまめい》	点数《てんすう》	駒名《こまめい》	点数《てんすう》
玉将《ぎょくしょう》	100点《てん》	—	—
飛車《ひしゃ》	9点《てん》	竜《りゅう》	9点《てん》＋5点《てん》＝14点《てん》
角行《かくぎょう》	8点《てん》	馬《うま》	8点《てん》＋5点《てん》＝13点《てん》
金将《きんしょう》	6点《てん》	—	—
銀将《ぎんしょう》	5点《てん》	成銀《なりぎん》	6点《てん》＋1点《てん》＝7点《てん》
桂馬《けいま》	4点《てん》	成桂《なりけい》	6点《てん》＋1点《てん》＝7点《てん》
香車《きょうしゃ》	3点《てん》	成香《なりきょう》	6点《てん》＋1点《てん》＝7点《てん》
歩兵《ほへい》	1点《てん》	と金《きん》	6点《てん》＋1点《てん》＝7点《てん》

――次《つぎ》の問題《もんだい》で説明《せつめい》するけど、これは基本《きほん》レベルなので、場面《ばめん》（局面《きょくめん》）ごとに、価値《かち》が変化《へんか》するのが将棋《しょうぎ》の難《むずか》しさでもあり、面白《おもしろ》さなんだ。まず、この基本《きほん》レベルを覚《おぼ》えておくと序盤《じょばん》は大丈夫《だいじょうぶ》だよ！

駒損《こまぞん》と駒得《こまどく》は引《ひ》き算《ざん》で！

①駒《こま》の損得《そんとく》はとても大事《だいじ》です。まずは基本《きほん》レベルを覚《おぼ》えましょう。

②駒《こま》を取《と》ったり、取《と》られたりすることを駒《こま》の交換《こうかん》といいます。交換《こうかん》したときに、基本《きほん》レベルで引《ひ》き算《ざん》をします。点数《てんすう》が高《たか》い方《ほう》が**駒得《こまどく》**、点数《てんすう》が低《ひく》い方《ほう》を**駒損《こまぞん》**といいます。

③ふつうは**駒得《こまどく》をした方《ほう》が優勢《ゆうせい》**になります。駒損《こまぞん》をしないようにしましょう。

――では、図《ず》❶を見《み》てください。今《いま》、3一《いち》の銀《ぎん》で飛車《ひしゃ》と金《きん》のどちらかを取《と》ることができるけど、どちらを取《と》る方《ほう》がいいと思《おも》う？

将男《まさお》「それは、点数《てんすう》の高《たか》い飛車《ひしゃ》を取《と》る方《ほう》がいいに決《き》まっているじゃないか！」

将子《しょうこ》「ええっ。ちょっと待《ま》って。飛車《ひしゃ》を取《と》ったら、その銀《ぎん》を相手《あいて》の歩《ふ》で取《と》り返《かえ》されちゃうよ！」

――そうだね。図《ず》❷は、先手《せんて》が金《きん》の＋《プラス》6点《てん》で先手《せんて》の駒得《こまどく》です。図《ず》❸―1も金《きん》より点数《てんすう》の高《たか》い飛車《ひしゃ》を取《と》っているので駒得《こまどく》ですが、後手《ごて》にも銀《ぎん》を渡《わた》してしまいました（図《ず》❸―2）。つまり、飛車《ひしゃ》と銀《ぎん》を交換《こうかん》したことになるね。飛車《ひしゃ》の＋《プラス》9点《てん》と銀《ぎん》の－《マイナス》5点《てん》で＋《プラス》4点《てん》なので、＋《プラス》5点《てん》になる金《きん》を取《と》る方《ほう》が得《とく》です。

将棋《しょうぎ》の駒《こま》の損得《そんとく》は、図《ず》❷のように単純《たんじゅん》にただで取《と》れる場合《ばあい》と、図《ず》❸のように何《なに》かの駒《こま》を取《と》り、それを取《と》り返《かえ》される交換《こうかん》の2つがあることを覚《おぼ》えておいてね。簡単《かんたん》にいうと**自分《じぶん》の駒《こま》の点数《てんすう》より相手《あいて》の点数《てんすう》の高《たか》い駒《こま》と交換《こうかん》するのが、駒得《こまどく》になります。**しかし、ときには**駒損《こまぞん》を承知《しょうち》で攻《せ》めなければならないときもあります。**

図《ず》❶

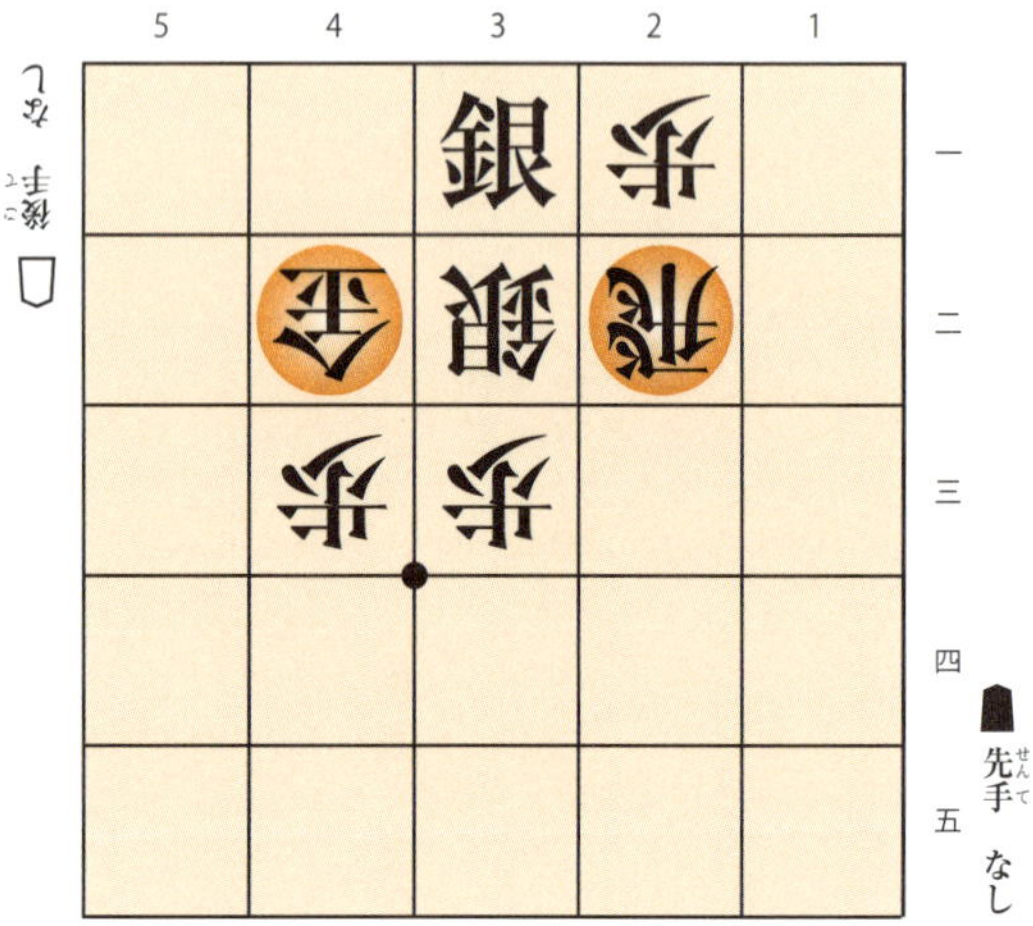

図《ず》❷

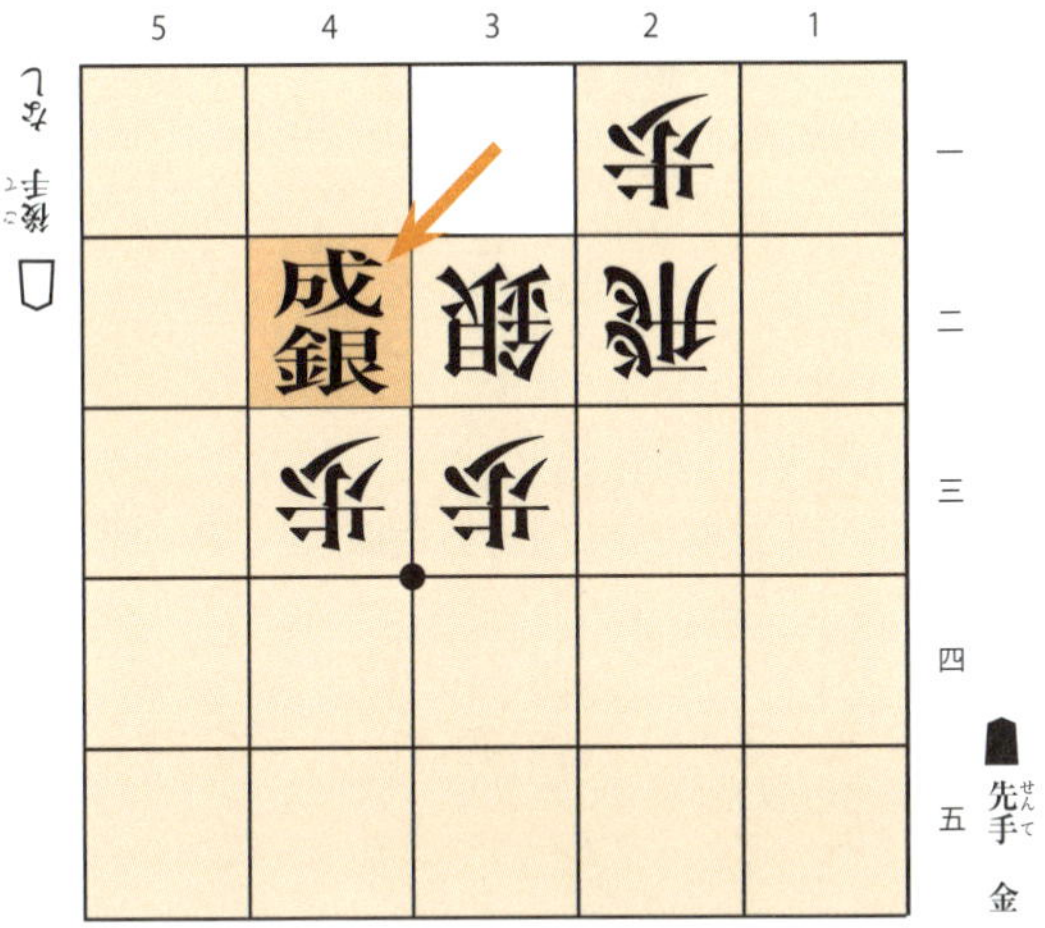

そのときに必要《ひつよう》な駒《こま》なら、
駒損《こまぞん》でいくときも
あるんだよ！

図《ず》❸-1

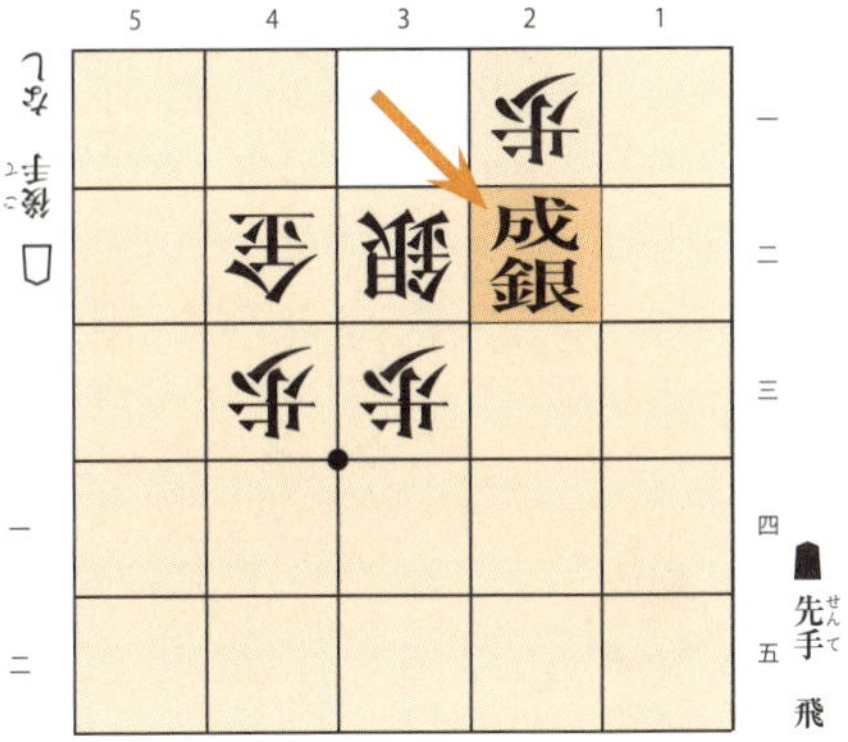

図《ず》❸-2

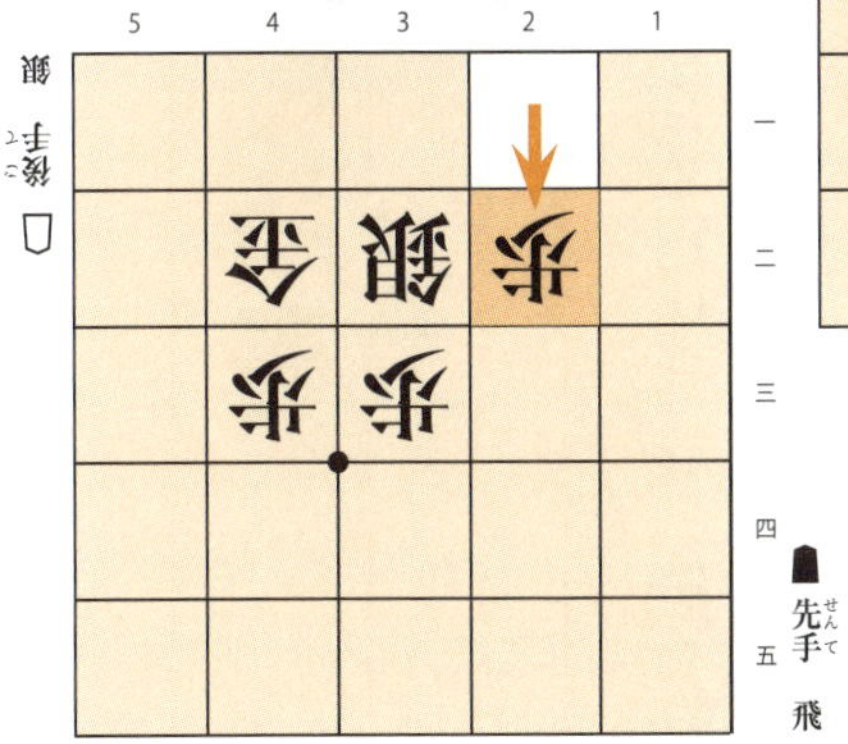

持《も》ち駒《ごま》を打《う》つ！

持《も》ち駒《ごま》が活躍《かつやく》する場所《ばしょ》をさがしてあげよう！

――駒《こま》の損得《そんとく》の読《よ》みで教《おし》えたけど、取《と》った駒《こま》を駒《こま》台《だい》において、**いつでも自分《じぶん》の手番《てばん》のときに使《つか》える**のが**駒《こま》の再利用《さいりよう》**だ。

将子《しょうこ》「今《いま》までの自分《じぶん》の味方《みかた》が、相手《あいて》の駒《こま》になって攻《せ》めてくることもあるのね！」

将男《まさお》「ようっし、攻《せ》めるぞ！」

将子《しょうこ》「駒《こま》の損得《そんとく》が少《すこ》しわかってきたわ」

将男《まさお》「ぼくは、まだ少《すこ》ししかわからないなぁ。引《ひ》き算《ざん》は苦手《にがて》だしな〜」

――あはは……そうだったね。そうだ、いいことを教《おし》えよう。世界《せかい》にはいろいろな将棋《しょうぎ》があることは学《まな》んだよね。日本《にほん》の将棋《しょうぎ》にある独特《どくとく》のルールってなんだっけ？

将子《しょうこ》「それは取《と》った駒《こま》が、また使《つか》えること？」

――大正解《だいせいかい》！　3時間目《じかんめ》は、将棋《しょうぎ》の醍醐味《だいごみ》、駒《こま》の再利用《さいりよう》、持《も》ち駒《ごま》を打《う》ってみないかい？

将男《まさお》「それならぼく得意《とくい》だよ！」

持《も》ち駒《ごま》を打《う》つ

①持《も》ち駒《ごま》は、自分《じぶん》の駒《こま》や相手《あいて》の駒《こま》がいないマス目《め》に打《う》って使《つか》います。駒《こま》がいるマス目《め》に、重《かさ》ねて打《う》つことはできません。

②持《も》ち駒《ごま》は表《おもて》（歩兵《ふひょう》や飛車《ひしゃ》）で打《う》ち、最初《さいしょ》から裏《うら》（と金《きん》や竜《りゅう》）で打《う》つことはできません。たとえば、相手《あいて》の竜《りゅう》を取《と》って持《も》ち駒《ごま》にしても、最初《さいしょ》に打《う》って使《つか》うときは表《おもて》の飛《ひ》です。

③点数《てんすう》の高《たか》い駒《こま》を狙《ねら》って駒得《こまどく》を目指《めざ》すときは、相手《あいて》の持《も》ち駒《ごま》にも気《き》を付《つ》けることが大切《たいせつ》です。

④将棋《しょうぎ》は、「指《さ》す」といいますが、持《も》ち駒《ごま》を使《つか》うときは、「打《う》つ」と表現《ひょうげん》します。

――図《ず》❶のいちばんいい場所《ばしょ》に角《かく》を打《う》ってみましょう！

5五角《ごかく》と打《う》ってみます。すると、玉《ぎょく》と飛車《ひしゃ》取りの両方《りょうほう》の狙《ねら》いができました。これを**両取り**《りょうど》といいます。玉《ぎょく》は取《と》られてはいけないので、逃《に》げるか防《ふせ》ぐでしょうが、飛車《ひしゃ》を取《と》って竜馬《りゅうま》になれます。

図《ず》❶

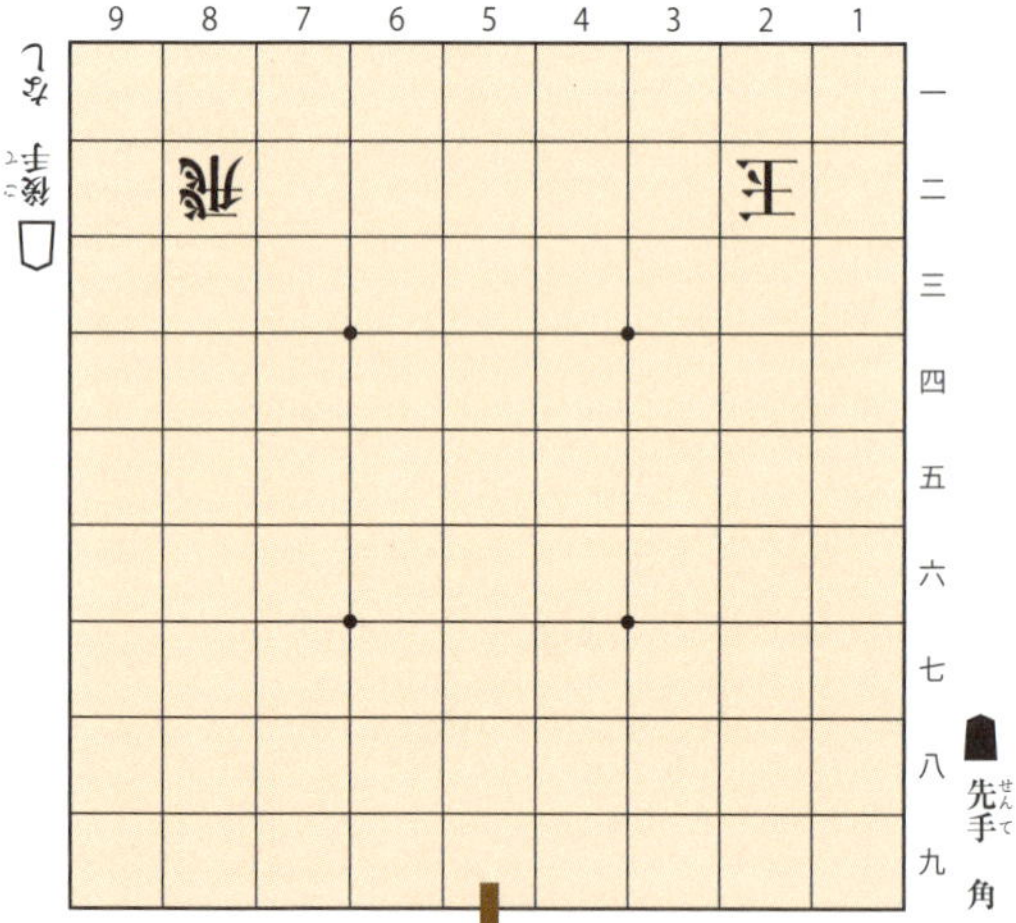

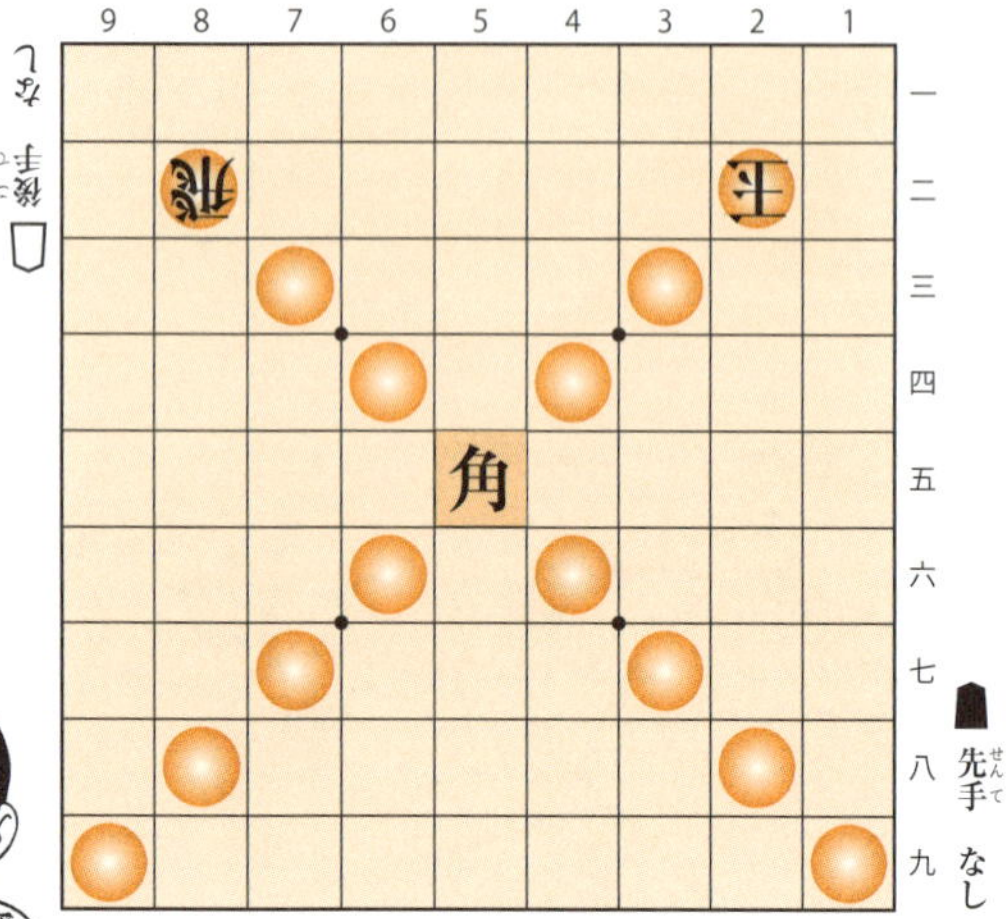

持《も》ち駒《ごま》がいちばん活躍《かつやく》する場所《ばしょ》を考《かんが》えて打《う》とう

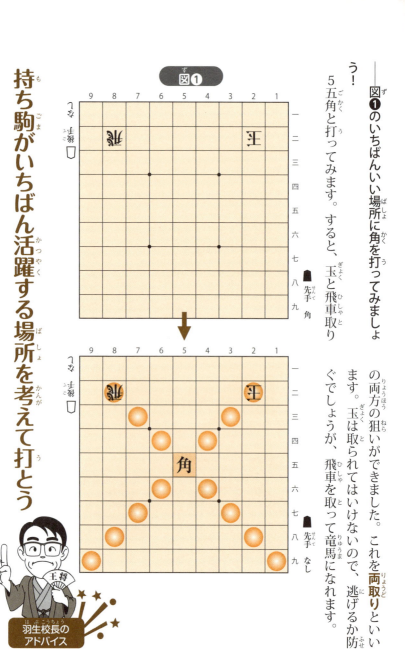

――次《つぎ》の図《ず》❷で香車《きょうしゃ》を打《う》ってみました。さあどうなるでしょう。

銀《ぎん》の駒得《こまどく》を狙《ねら》って香車《きょうしゃ》を打《う》ったのですが、相手《あいて》の持《も》ち駒《ごま》の歩《ふ》で防《ふせ》がれてしまいました。持《も》ち駒《ごま》を打《う》って敵駒《てきごま》を攻《せ》めると、相手《あいて》は駒《こま》を取《と》られないように防《ふせ》いできます。

図《ず》❷

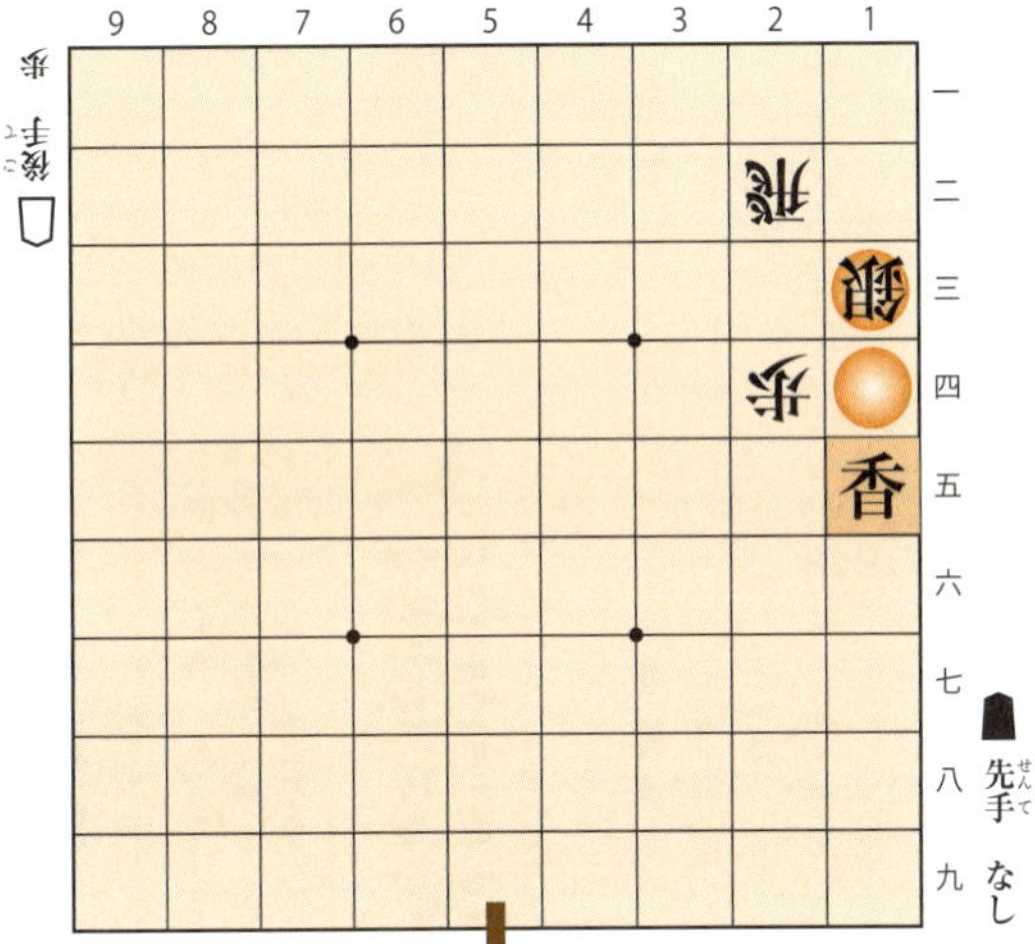

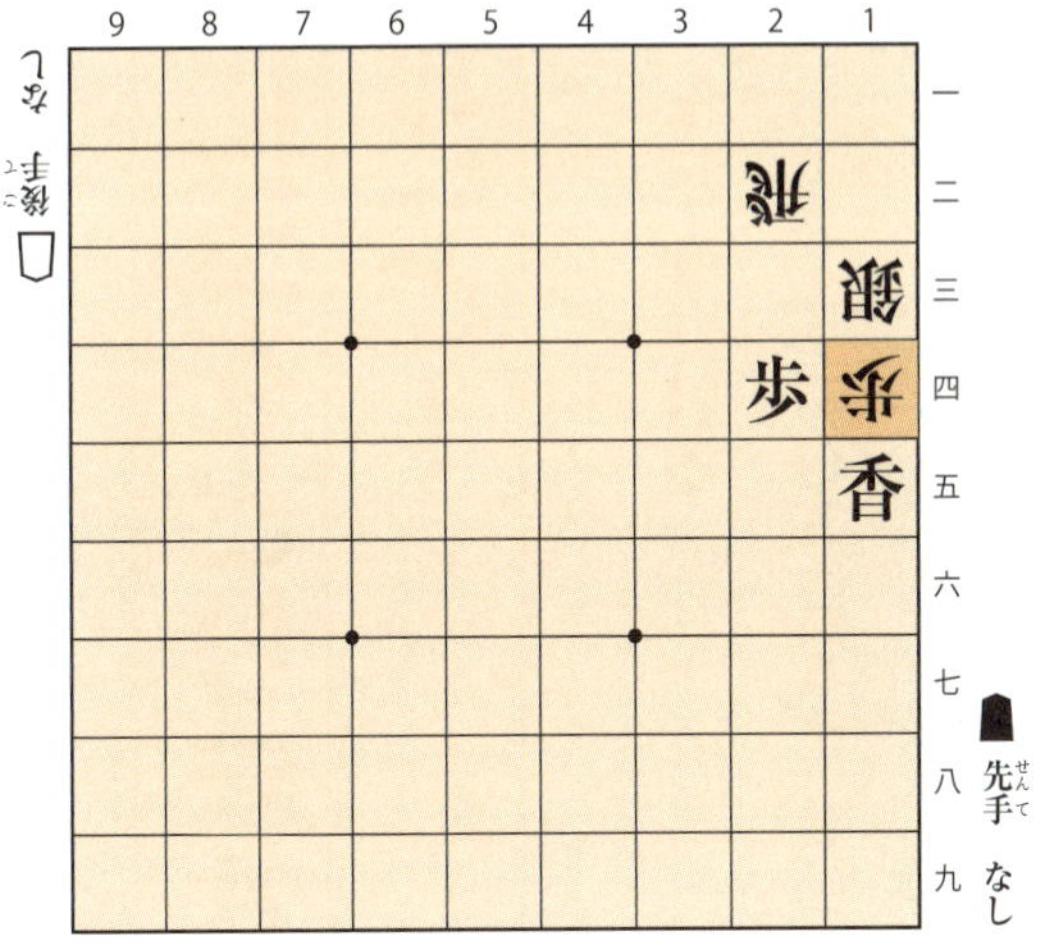

この歩《ふ》のような手《て》を**防《ふせ》ぎの手《て》**、**守《まも》りの手《て》**といいます。「**防《ふせ》ぐ**」とは、狙《ねら》われた駒《こま》を取《と》られないよう、**相手《あいて》の駒《こま》の利《き》きをさえぎったり**、狙《ねら》われた**駒《こま》を取《と》られても、すぐに取《と》り返《かえ》せるようにしたり**、**かわしたりする**ことです。

王手《おうて》をかけよう！

王手《おうて》は「次《つぎ》に玉《ぎょく》をとりますよ」と宣言《せんげん》すること！

――4時間目《じかんめ》は、王手《おうて》について教《おし》えるよ！

将男《まさお》「やった！　やっとぼくの得意《とくい》の手《て》がきた」

将子《しょうこ》「将男《まさお》くんは、持《も》ち駒《ごま》を持《も》つと、王手《おうて》、王《おう》手《て》っていつも大声《おおごえ》でいいながら打《う》つよね」

――そうか、得意《とくい》の手《て》を持《も》っているのはいいけれど、将棋《しょうぎ》の格言《かくげん》には「王手《おうて》は追《お》う手《て》」といって、むやみに王手《おうて》をして、どんどんと王様《おうさま》を逃《に》がしてしまうという言葉《ことば》があるから、気《き》をつけてね。

将男《まさお》「そうなんだぁ～」

将子《しょうこ》「先生《せんせい》、『王手《おうて》』っていわないといけないの？」

――では、少《すこ》しずつ王手《おうて》について教《おし》えるね。

王手《おうて》をかける

①王手《おうて》とは**「次《つぎ》に玉《ぎょく》を取《と》るぞ」**という手《て》です。

②相手《あいて》の王手《おうて》に対《たい》し、これを防《ふせ》がないで、ほかの手《て》を指《さ》すと負《ま》けになります。

③王手《おうて》を防《ふせ》ぐには、

・王手《おうて》をかけている相手《あいて》の駒《こま》を取《と》る

・玉《ぎょく》をかわす（逃《に》げる）

・玉以外《ぎょくいがい》の駒《こま》を動《うご》かすか、持《も》ち駒《ごま》を打《う》って、相《あい》手《て》の駒《こま》の利《き》きをさえぎる（これを合駒《あいごま》をするという）

・逆王手《ぎゃくおうて》をかけるの方法《ほうほう》があります。最後《さいご》の逆王手《ぎゃくおうて》は少《すこ》し難《むずか》しいので、今《いま》はわからなくても大丈夫《だいじょうぶ》です。

④**王手《おうて》をかけるときに「王手《おうて》」と口《くち》でいう必要《ひつよう》はありません。**

⑤王手《おうて》がかからないよう、あらかじめ**玉《ぎょく》を金《きん》・銀《ぎん》などで囲《かこ》ってから、戦《たたか》いを始《はじ》める方《ほう》が安全《あんぜん》**です。

——では、図《ず》でいろいろな王手《おうて》の例《れい》を教《おし》えるね。

図《ず》❶

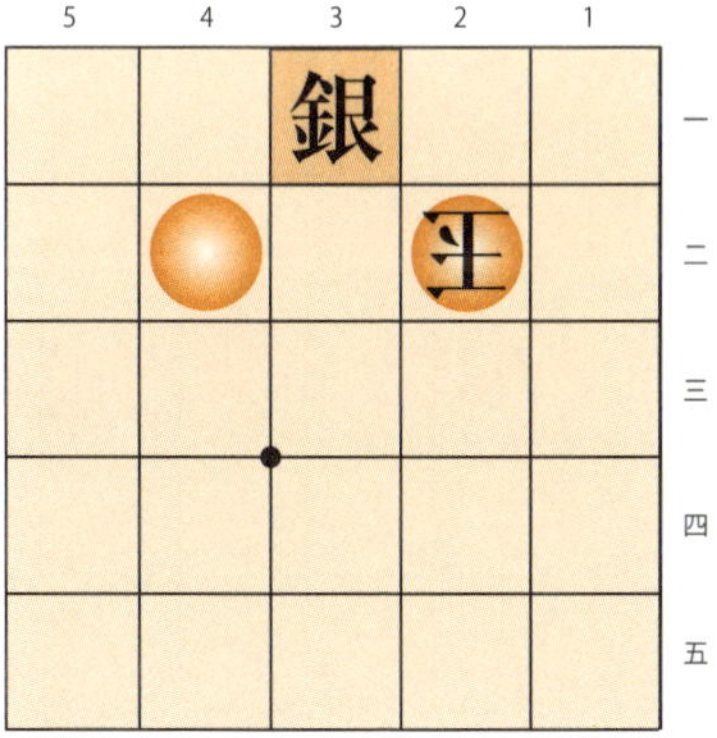

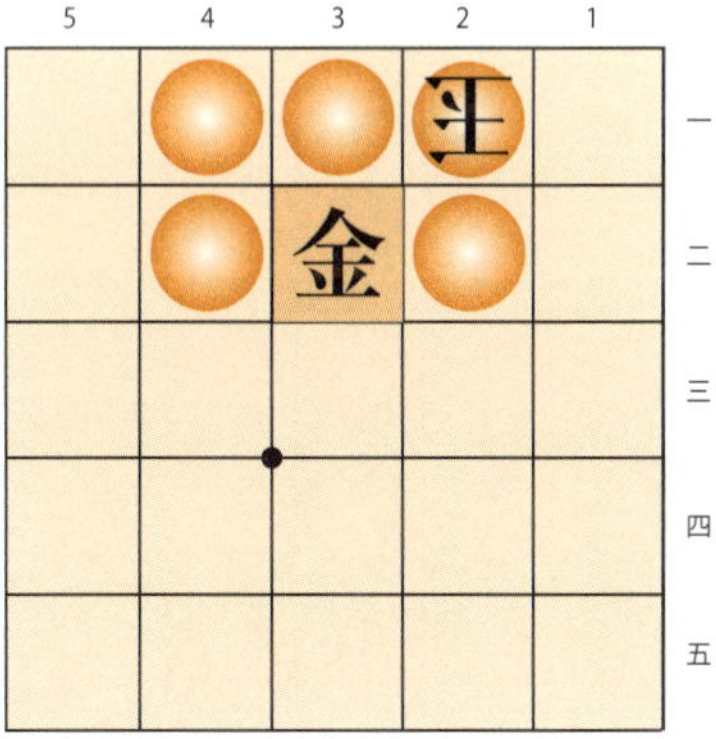

図《ず》❶は金駒《かなごま》を使《つか》った王手《おうて》

金駒《かなごま》（金《きん》と銀《ぎん》のこと）を使《つか》った王手《おうて》の例《れい》です。次《つぎ》の動《うご》きで玉《ぎょく》を取《と》ることができますので、相手《あいて》は王手《おうて》を防《ふせ》がなくてはなりません。

図《ず》❷は飛《と》び駒《ごま》による王手《おうて》

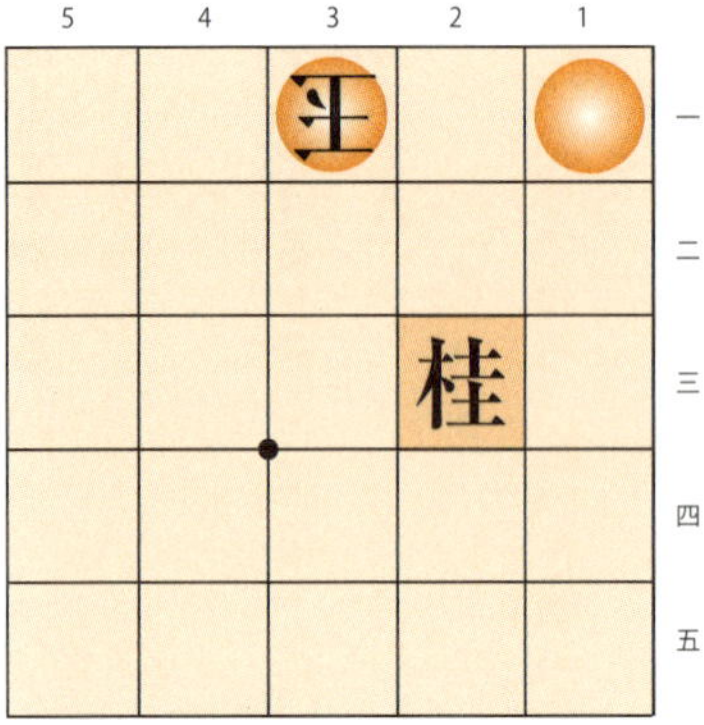

図《ず》❷

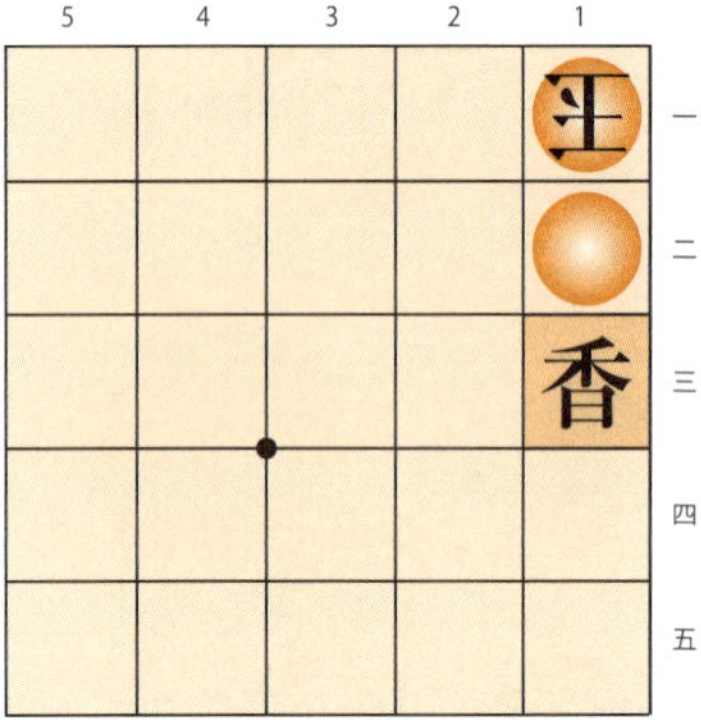

飛《と》び駒《ごま》（香《きょう》と桂《けい》）の王手《おうて》の例《れい》です。はなれていても王手《おうて》になっていることを確認《かくにん》してください。

図《ず》❸は成《な》り駒《ごま》、図《ず》❹は大駒《おおごま》による王手《おうて》

図《ず》❸

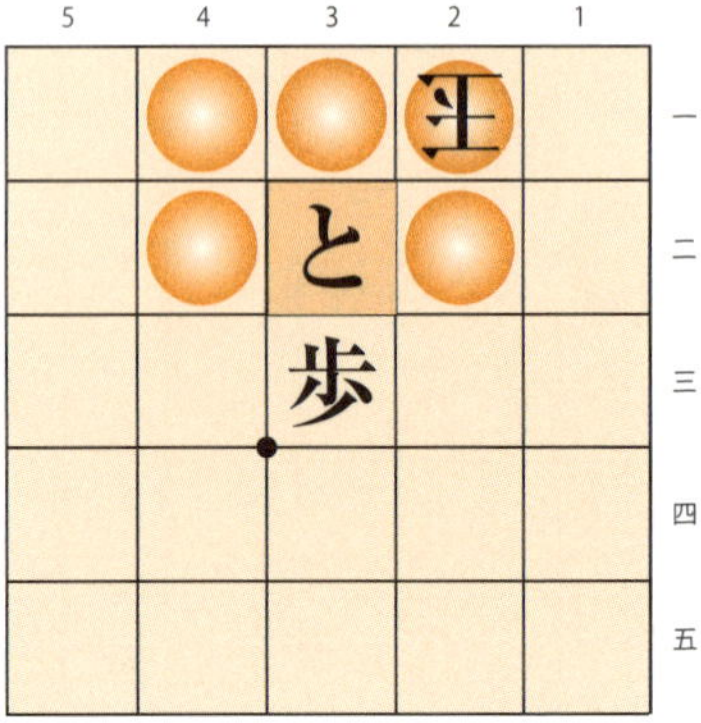

成《な》り駒《ごま》による王手《おうて》。金《きん》と同《おな》じ動《うご》きで次《つぎ》に王《おう》を取《と》ることができます。

図《ず》❹

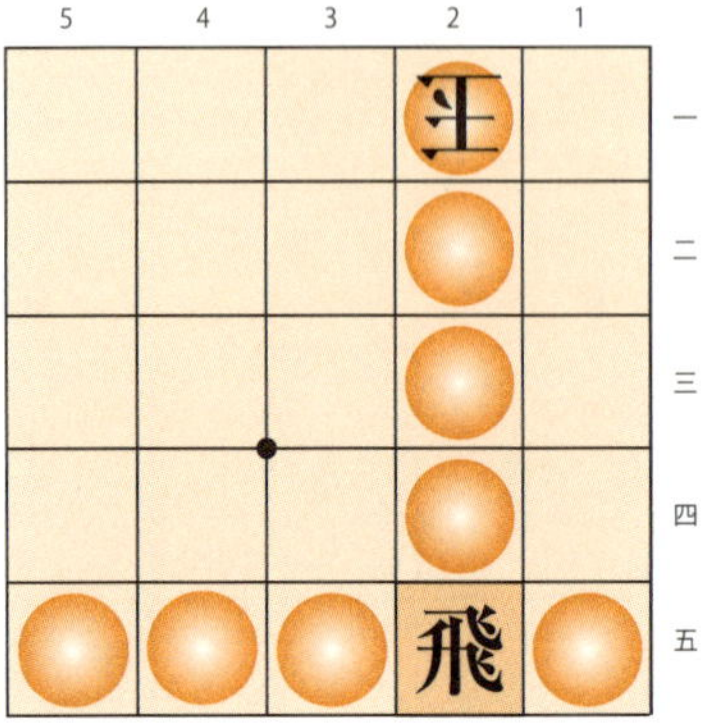

大駒《おおごま》の飛《ひ》による王手《おうて》。遠《とお》くから王《おう》様《さま》を狙《ねら》っています。大駒《おおごま》の利《き》きには気《き》をつけましょう。

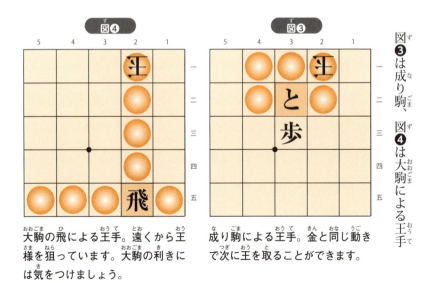

——次《つぎ》の問題《もんだい》はどうかな？（図《ず》❺）

将男《まさお》「わぁ！　これは大変《たいへん》だ！　王様《おうさま》が埋《う》もれている！」

将子《しょうこ》「わかったわ。あの駒《こま》を使《つか》うといいんだね！」

将男《まさお》「……ええっと……。そうか2三桂《さんけい》か！」

図《ず》❺

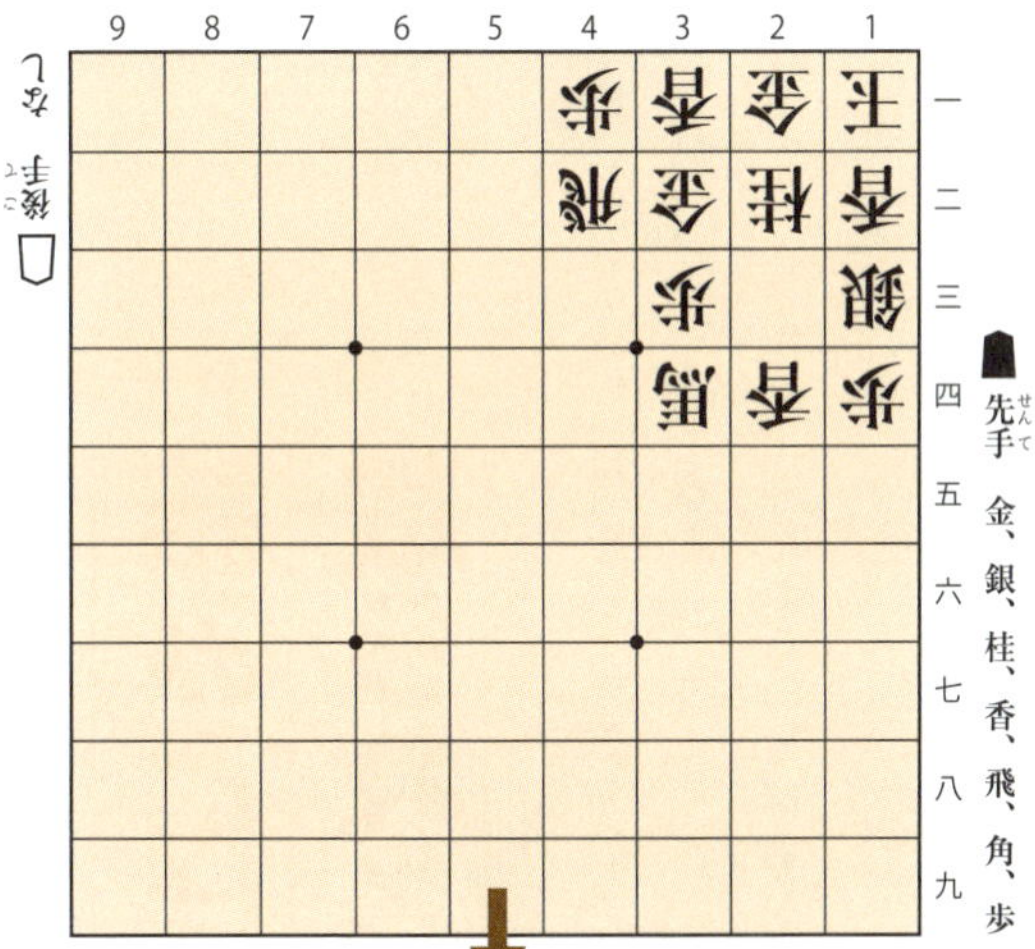

——大正解《だいせいかい》！　2三《さん》に桂《けい》を打《う》てば王手《おうて》だね。

将子《しょうこ》「先生《せんせい》……でも3二《に》の金《きん》か3四《よん》の馬《うま》で取《と》られてしまうよね！」

——そうだね、それは次《つぎ》の時間《じかん》に説明《せつめい》するからね！

羽生校長《はぶこうちょう》のアドバイス

王手《おうて》はしっかりと考《かんが》えて指《さ》そう！

玉《ぎょく》を詰《つ》ませよう！

詰《つ》みとは、次《つぎ》に必《かなら》ず玉《ぎょく》が取《と》られる状態《じょうたい》のことをいう

——第2日目《だいにちめ》の最後《さいご》の授業《じゅぎょう》では、将棋《しょうぎ》のいちばん大切《たいせつ》なことについて教《おし》えるよ。

将男《まさお》「そうか。将棋《しょうぎ》は王様《おうさま》を取《と》るのではなくて、詰《つ》ますんだよね！」

——その通《とお》り！　では、詰《つ》みについて教《おし》えるね。

玉《ぎょく》を詰《つ》ませる

①王手《おうて》をかけられた**玉《ぎょく》がどこに逃《に》げても取《と》られる状態《じょうたい》**になったとき、これを**詰《つ》み**または、**詰《つ》んだ**といいます。

②**王手《おうて》をかけられていながら、それを防《ふせ》がずにほかの手《て》を指《さ》し、玉《ぎょく》が取《と》られる状態《じょうたい》になったときは反則負《はんそくま》け**となります。王手《おうて》には必《かなら》ず、なにかの手《て》を受《う》けなければいけません。

③玉《ぎょく》が詰《つ》めば、1局終《きょくお》わり。将棋《しょうぎ》は1手《て》でも早《はや》く相手玉《あいてぎょく》を詰《つ》ませた方《ほう》が勝《か》ちとなるゲームです。

図《ず》❶を見《み》てください。盤上《ばんじょう》に先手《せんて》の歩《ふ》があります。後手《ごて》は玉《ぎょく》だけです。先手《せんて》の持《も》ち駒《ごま》には金《きん》があります。玉《ぎょく》を詰《つ》めるには、図《ず》❷のように金《きん》を打《う》ちます。後手《ごて》は、玉《ぎょく》でこの金《きん》を取《と》ると、次《つぎ》に歩《ふ》で取《と》られてしまいます。そのため、玉《ぎょく》では取《と》れません。

図《ず》❶

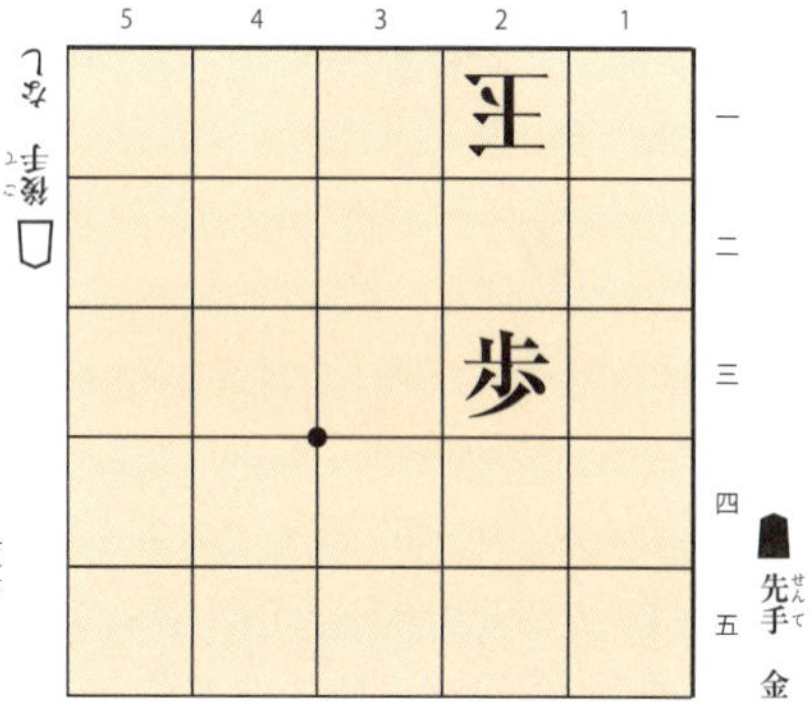

図《ず》❷

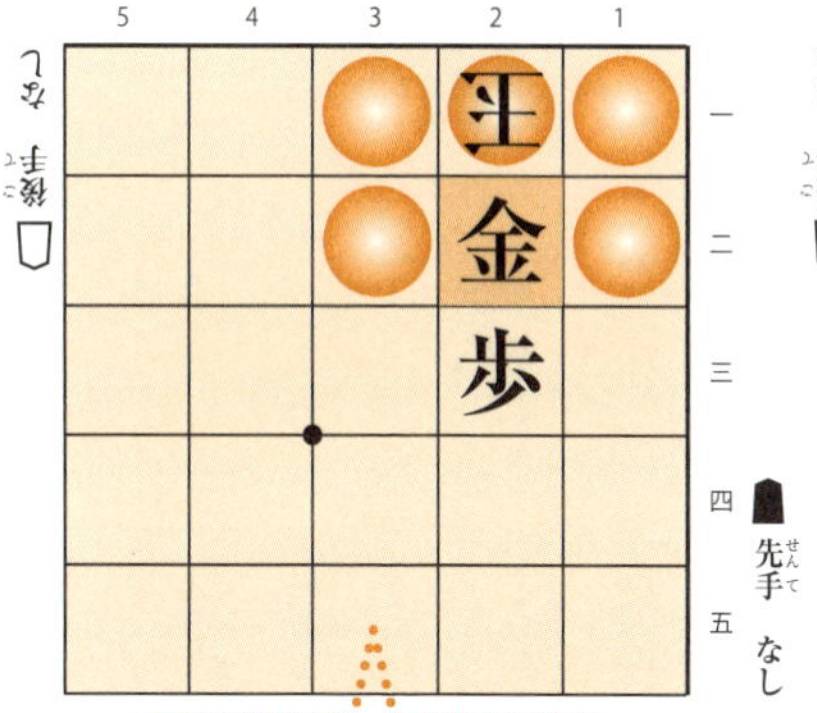

詰《つ》めの基本図《きほんず》

玉《ぎょく》が動《うご》けるマス目《め》には、すべて金《きん》も動《うご》けます。

つまり、図《ず》❷は玉《ぎょく》がどうやっても取《と》られてしまうので、この状態《じょうたい》が**詰《つ》み**になります。これが詰《つ》みの基本図《きほんず》ですので、よく覚《おぼ》えておいてください。

これが、金《きん》ではなく図《ず》❸のように銀《ぎん》ではどうでしょう。銀《ぎん》は横《よこ》に動《うご》けませんから、◎印《じるし》のついている2つのマス目《め》に玉《ぎょく》を逃《に》げることができるので、詰《つ》んでいません。

次《つぎ》のページで例題《れいだい》をやってみましょう。

図《ず》❸

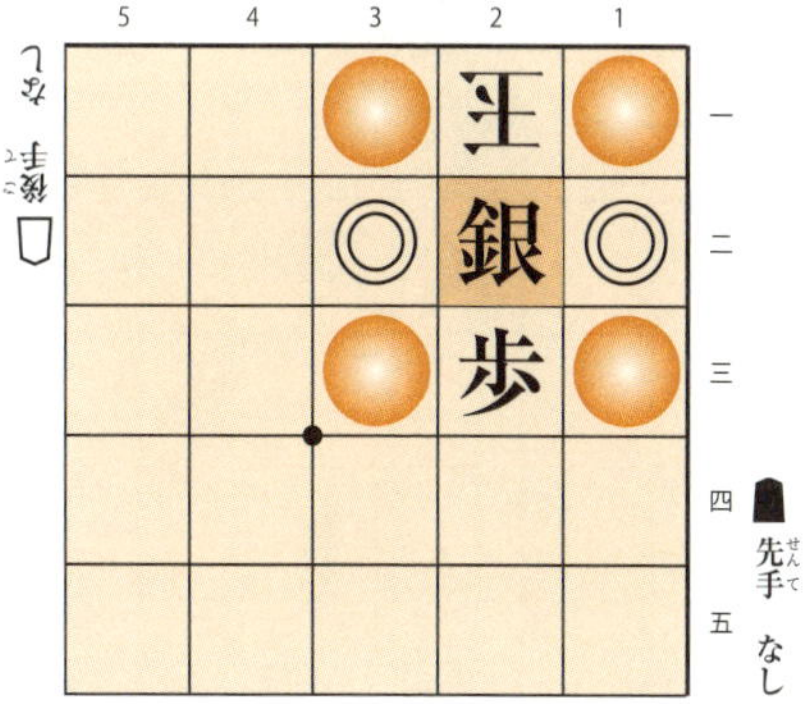

例題《れいだい》❶

王様《おうさま》が先手《せんて》のと金《きん》の力《ちから》で動《うご》けない状態《じょうたい》ですが、金《きん》が２枚《まい》で守《まも》られています。持《も》ち駒《ごま》を打《う》って詰《つ》ませましょう。

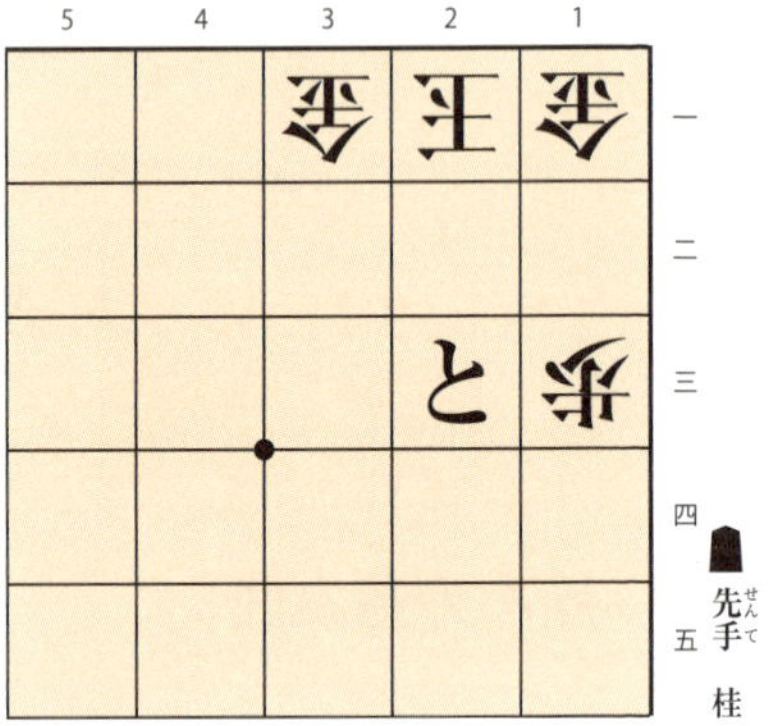

例題《れいだい》❷

王様《おうさま》が逃《に》げられるところは1一《いち》の地《ち》点《てん》。そこに逃《に》げられないように持《も》ち駒《ごま》を打《う》ってみましょう。

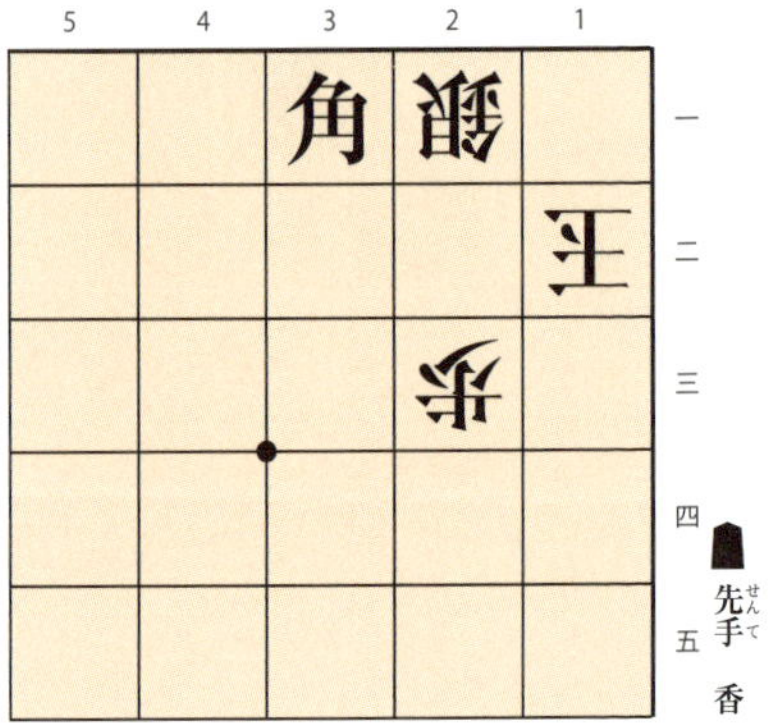

例題《れいだい》❸

先手《せんて》の飛車《ひしゃ》と歩《ふ》はお互《たが》い守《まも》り合《あ》っているので、王様《おうさま》には取《と》られません。でも、次《つぎ》に☖1三玉《さんぎょく》と逃《に》げるといけません。持《も》ち駒《ごま》の角《かく》の力《ちから》で詰《つ》ませましょう。

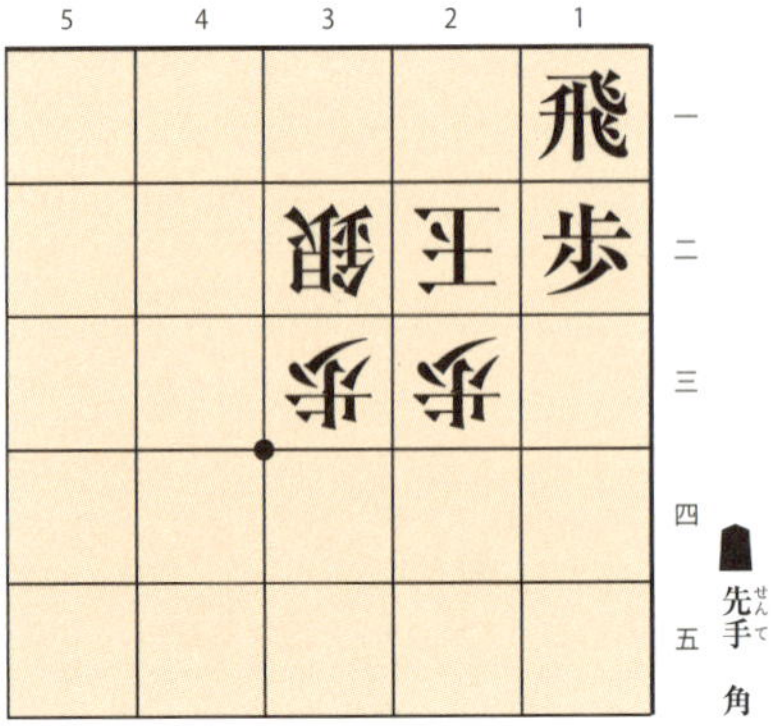

例題《れいだい》① 答《こた》え

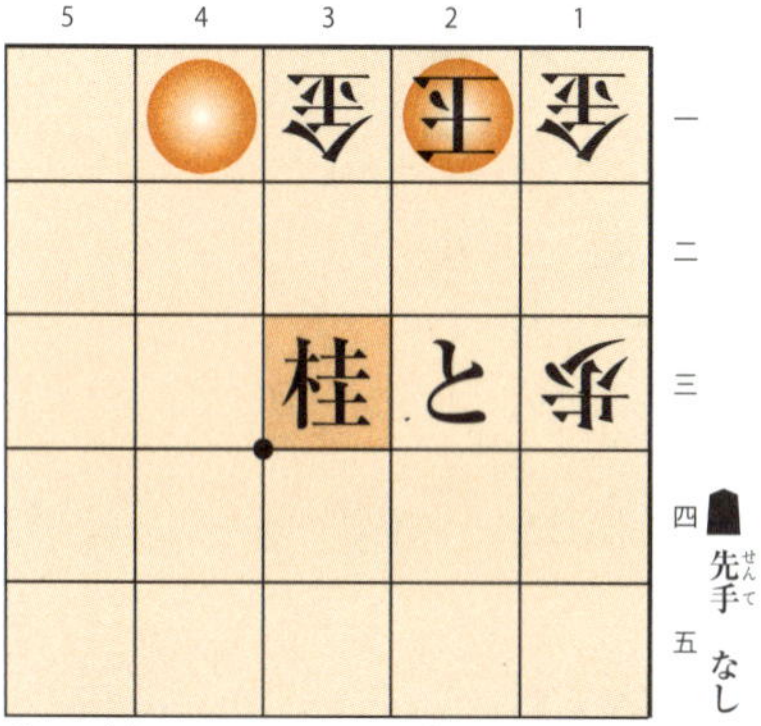

桂《けい》の特性《とくせい》を生《い》かし、後手《ごて》の金《きん》を相《あい》手《て》にしないで王手《おうて》をかけました。

例題《れいだい》② 答《こた》え

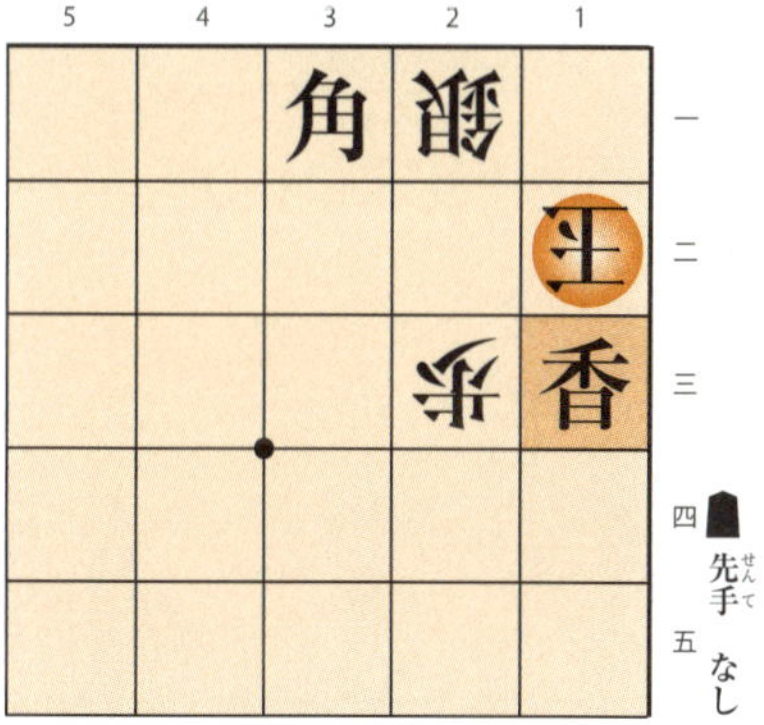

この場合《ばあい》は1筋《すじ》のどこに香《きょう》を打《う》っても詰《つ》みとなります。

例題《れいだい》③ 答《こた》え

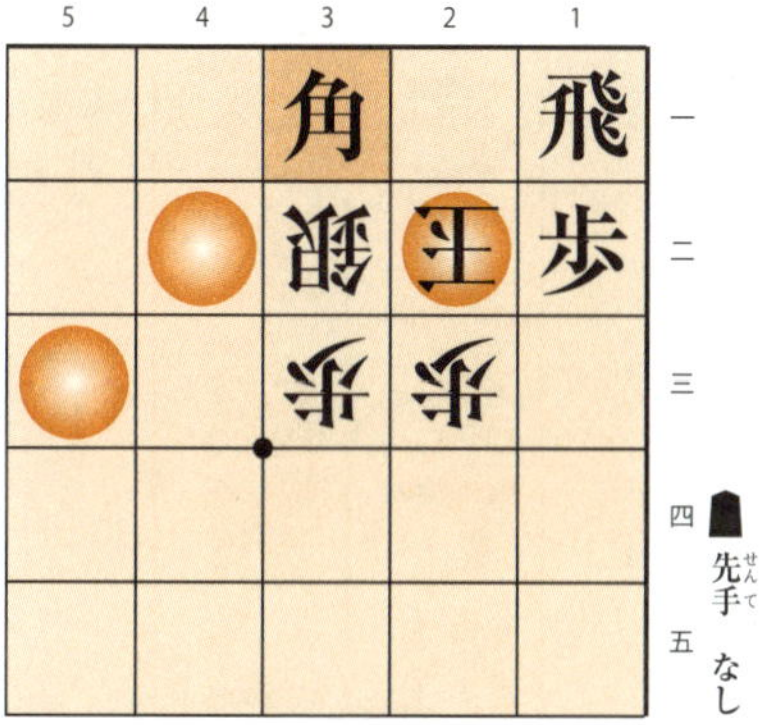

1段目《だんめ》には飛車《ひしゃ》が利《き》いているので、玉《ぎょく》は角《かく》を取《と》ることができません。

羽生校長《はぶこうちょう》のアドバイス

詰《つ》めは将棋《しょうぎ》の基本《きほん》、詰《つ》め将棋《しょうぎ》はまた教《お》えるね

——みなさん、第《だい》2日目《にちめ》はいかがでしたか？

将男《まさお》「勉強《べんきょう》になったぁ」

将子《しょうこ》「将棋《しょうぎ》のコツがだんだんわかってきたわ」

——それは、よかったね。では確認《かくにん》テストだよ。頑張《がんば》ってね！

将男《まさお》「よお～し！　頑張《がんば》るぞ！」

【将棋学園《しょうぎがくえん》　小《しょう》テスト①】

問題《もんだい》、次《つぎ》の文章《ぶんしょう》があっていれば○を、間違《まちが》いだと思《おも》ったら×を（　）に書《か》きなさい。

将棋学園《しょうぎがくえん》小テスト①

駒《こま》の基本点数《きほんてんすう》、王手《おうて》、詰《つ》みを覚《おぼ》えておこう！

①駒《こま》の動《うご》けるマス目《め》の範囲《はんい》を駒《こま》の「利《き》き」という。…（　）

②利《き》きに味方《みかた》の駒《こま》がいるときは、そのマス目《め》に駒《こま》を進《すす》めることはできない。…（　）

③駒《こま》の基本点数《きほんてんすう》だよ。飛《ひ》…9点《てん》、角《かく》…8点《てん》、金《きん》…6点《てん》、銀《ぎん》…6点《てん》…。（　）

④駒《こま》の基本点数《きほんてんすう》だ。桂《けい》…4点《てん》、香《きょう》…3点《てん》、歩《ふ》…1点《てん》…。（　）

⑤成《な》り駒《ごま》の基本点数《きほんてんすう》だ。と金《きん》…6点《てん》＋1点《てん》＝7点《てん》、成香《なりきょう》…6点《てん》＋1点《てん》＝7点《てん》、成桂《なりけい》…6点《てん》＋1点《てん》＝7点《てん》、成銀《なりぎん》…6点《てん》＋1点《てん》＝7点《てん》。…（　）

⑥成《な》り駒《ごま》の基本点数《きほんてんすう》だ。馬《うま》…8点《てん》＋5点《てん》＝13点《てん》、竜《りゅう》…9点《てん》＋5点《てん》＝14点《てん》。…（　）

⑦持《も》ち駒《ごま》は表《おもて》（歩《ふ》や飛車《ひしゃ》）や裏《うら》（と金《きん》や竜《りゅう》）で打《う》つことができる。…（　）

⑧王手《おうて》をかけるときは、「王手《おうて》」と口《くち》でいわなければならない。…（　）

⑨王手《おうて》をかけられた玉《ぎょく》がどこに逃《に》げても取《と》られる状態《じょうたい》を「詰《つ》んだ」という。…（　）

⑩持《も》ち駒《ごま》を使《つか》うときは、「指《さ》す」と表現《ひょうげん》する。…（　）

1問《もん》10点《てん》だよ！　80点以上《てんいじょう》で合格《ごうかく》です！

さあ、どうだったかな？　もしわからなかったたらもう一度《いちど》授業《じゅぎょう》に戻《もど》って確認《かくにん》すればいいよ。合格《ごうかく》した人《ひと》は、次《つぎ》のステージへゴー！

ぼく、わたしの点数《てんすう》…（　　）点《てん》

駒《こま》の基本点数《きほんてんすう》・王手《おうて》・詰《つ》み
免許状《めんきょじょう》

さん

あなたは、将棋学園《しょうぎがくえん》の「駒《こま》の基本点《きほんてん》数《すう》・王手《おうて》・詰《つ》み」をしっかりと勉強《べんきょう》し、マスターしたのでこれを賞《しょう》します。

将棋学園《しょうぎがくえん》
校長《こうちょう》　羽生善治《はぶよしはる》
先生《せんせい》　安次嶺隆幸《あじみねたかゆき》

将男《まさお》・将子《しょうこ》「おお、すごい！　羽生校長先生《はぶこうちょうせんせい》からの免許状《めんきょじょう》だ！　明日《あした》も頑張《がんば》ろう」

解答《かいとう》…①◯　②◯　③×　④◯　⑤◯　⑥◯　⑦×　⑧×　⑨◯　⑩×

コラム2

将棋《しょうぎ》で身《み》につく力《ちから》1

相手《あいて》の気持《きも》ちを考《かんが》える力《ちから》と責任感《せきにんかん》

将棋《しょうぎ》は、考《かんが》える競技《きょうぎ》です。すべての指《さ》し手《て》は自分《じぶん》で考《かんが》え、自分《じぶん》で指《さ》し手《て》を決《き》めます。しかし、自分勝手《じぶんかって》に指《さ》し手《て》をすると負《ま》けてしまいます。相手《あいて》が何《なに》を考《かんが》えているのかを相手《あいて》の指《さ》し手《て》から想像《そうぞう》して、自分《じぶん》の手《て》を決《き》めるのです。

自分《じぶん》で決《き》めることが責任感《せきにんかん》にもつながってきます。特《とく》に負《ま》けたときは、負《ま》けた原因《げんいん》を相手《あいて》のせいにすることはできませんし、言《い》い訳《わけ》もできません。簡《かん》単《たん》にいうと、将棋《しょうぎ》は、相手《あいて》のことをしっかりと考《かんが》え続《つづ》けていなければ、負《ま》けてしまう競技《きょうぎ》なのです。

みなさんは、将棋《しょうぎ》をすることで、相《あい》手《て》の気持《きも》ちを考《かんが》える人《ひと》、相手《あいて》の気持《きも》ちを察《さっ》することができる人《ひと》になって欲《ほ》しいと願《ねが》っています。

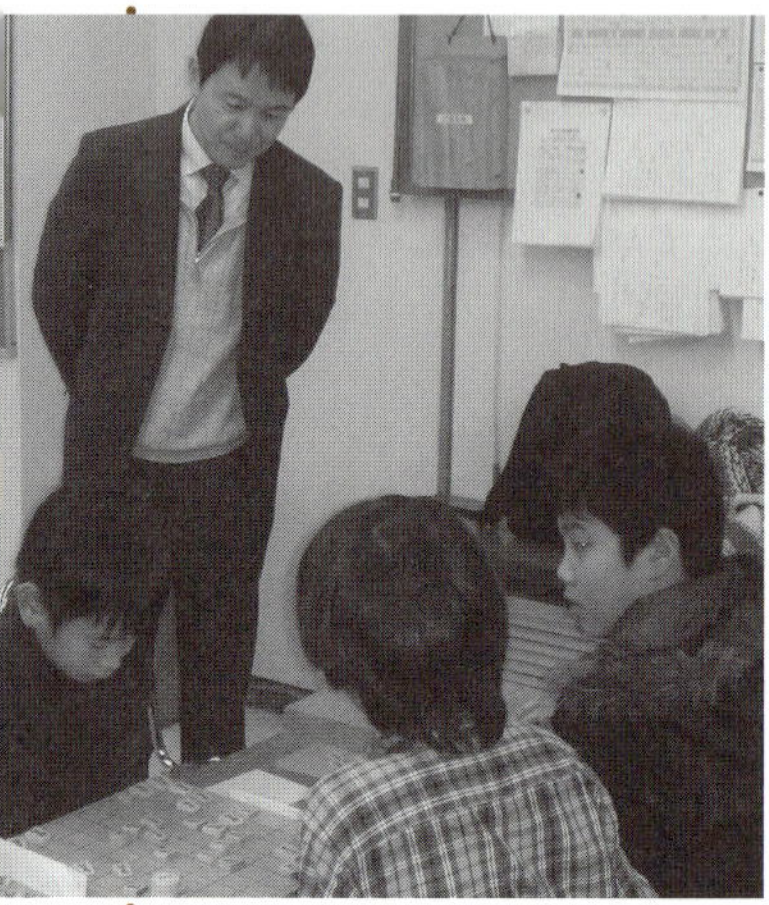

日本将棋連盟《にほんしょうぎれんめい》 2階道場《かいどうじょう》にて

第《だい》3章《しょう》

将棋学園《しょうぎがくえん》 第《だい》3日目《にちめ》

いよいよ、駒《こま》の特徴《とくちょう》と使《つか》い方《かた》を教《おそ》わります。まずは、金銀将棋《きんぎんしょうぎ》で歩《ふ》と協力《きょうりょく》して駒《こま》を前進《ぜんしん》させましょう。そして桂香将棋《けいきょうしょうぎ》で桂馬《けいま》と香車《きょうしゃ》の特技《とくぎ》をマスターだ！　最後《さいご》は、飛角将棋《ひかくしょうぎ》で大駒《おおごま》を最強《さいきょう》にしてみよう！

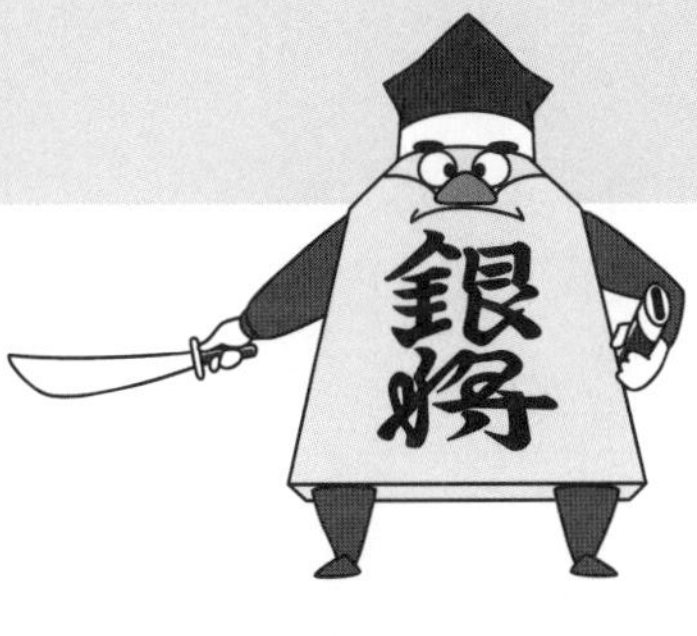

駒《こま》の特徴《とくちょう》と使《つか》い方《かた》（金将《きんしょう》・銀将《ぎんしょう》）

金銀将棋《きんぎんしょうぎ》をやってみよう！

金《きん》の動《うご》きは6か所《しょ》、銀《ぎん》の動《うご》きは5か所《しょ》

――3日目《にちめ》は、金《きん》と銀《ぎん》を使《つか》って対局《たいきょく》だよ。

将男《まさお》・将子《しょうこ》「やったぁ！」

――図《ず》❶は金銀将棋《きんぎんしょうぎ》だよ。2つの駒《こま》の使《つか》い方《かた》を練習《れんしゅう》しよう。2人《ふたり》とも、金《きん》と銀《ぎん》の動《うご》き方《かた》は覚《おぼ》えているかな？

将男《まさお》「金《きん》は、前《まえ》に3マスと、真横《まよこ》と後《うし》ろだよね」

将子《しょうこ》「銀《ぎん》は、前《まえ》に3マスと斜《なな》め後《うし》ろね」

――正解《せいかい》！　早速《さっそく》やってみようか。

3枚《まい》の駒《こま》が成《な》れたら勝《か》ちだよ！

図《ず》❶

金銀将棋《きんぎんしょうぎ》のルール

①図《ず》❶のように駒《こま》を配置《はいち》し、先手《せんて》、後手《ごて》を決《き》めます。

②交互《こうご》に自分《じぶん》の駒《こま》を動《うご》かしていって、相手《あいて》の陣地《じんち》を目指《めざ》しましょう。3枚《まい》の駒《こま》が成《な》れたら勝《か》ちです。

③利《き》きにいる相手《あいて》の駒《こま》は、取《と》ることができます。取《と》った相手《あいて》の駒《こま》は、自分《じぶん》の持《も》ち駒《ごま》として使《つか》えます。持《も》ち駒《こま》を敵陣《てきじん》に打《う》った持《も》ち駒《ごま》は、次《つぎ》に動《うご》かすときに成《な》ることができます。

④一度成《いちどな》っても、相手《あいて》に駒《こま》を取《と》られてしまったら無効《むこう》になります。取《と》られないように気《き》をつけながら攻《せ》めていきましょう。

★自分《じぶん》たちでオリジナルのルールを考《かん》えてやってみてもいいですね。

歩《ふ》の後《うし》ろから金銀《きんぎん》を追《お》いかけていくといいよ！

羽生《はぶ》校長《こうちょう》のアドバイス

【金銀将棋《きんぎんしょうぎ》のポイント】

この金銀将棋《きんぎんしょうぎ》のポイントは、**3枚《まい》の駒《こま》の動《うご》き方《かた》をマスターすること**です。

昨日《きのう》学《まな》んだ、歩《ふ》の動《うご》き、敵陣《てきじん》3段目《だんめ》に入《はい》って成《な》ることができること。また、相手《あいて》の駒《こま》を取《と》って持《も》ち駒《こま》にできること、持《も》ち駒《こま》を使《つか》って打《う》つことなどを実戦的《じっせんてき》に学《まな》んでいきます。

最初《さいしょ》は、動《うご》き方《かた》を間違《まちが》えてもかまいません。2人《ふたり》で対局《たいきょく》しながら、お互《たが》いに教《おし》え合《あ》ってくださいね。

また、敵陣《てきじん》3段目《だんめ》に打《う》った駒《こま》は、次《つぎ》に動《うご》かすときに成《な》れることもここで覚《おぼ》えておきましょう。

実戦《じっせん》＝対局《たいきょく》をすることでルールを覚《おぼ》えていくことが将棋上達《しょうぎじょうたつ》の近道《ちかみち》です。

駒《こま》の特徴《とくちょう》と使《つか》い方《かた》(桂馬《けいま》・香車《きょうしゃ》)

桂香将棋《けいきょうしょうぎ》!

桂《けい》は駒《こま》を飛《と》び越《こ》すことができる特技《とくぎ》があるよ!
香《きょう》は、直進《ちょくしん》し、戻《もど》ることはできないよ!

将男《まさお》「金銀将棋《きんぎんしょうぎ》おもしろかったなぁ」

将子《しょうこ》「先生《せんせい》、でも動《うご》き方《かた》はみんなひとつのマス目《め》だけでしたね」

――そうだね。2時間目《じかんめ》はいよいよ大《おお》きな動《うご》きができる桂《けい》と香《きょう》が登場《とうじょう》するよ。

将男《まさお》「楽《たの》しみ!」

――桂《けい》と香《きょう》の動《うご》きはわかるかな? 図《ず》❶に○をつけてみてね。

将子《しょうこ》「あれ、桂馬《けいま》は2つずつ○をつけたけど、香車《きょうしゃ》は場所《ばしょ》によって、○の数《かず》が違《ちが》うね」

図《ず》❶

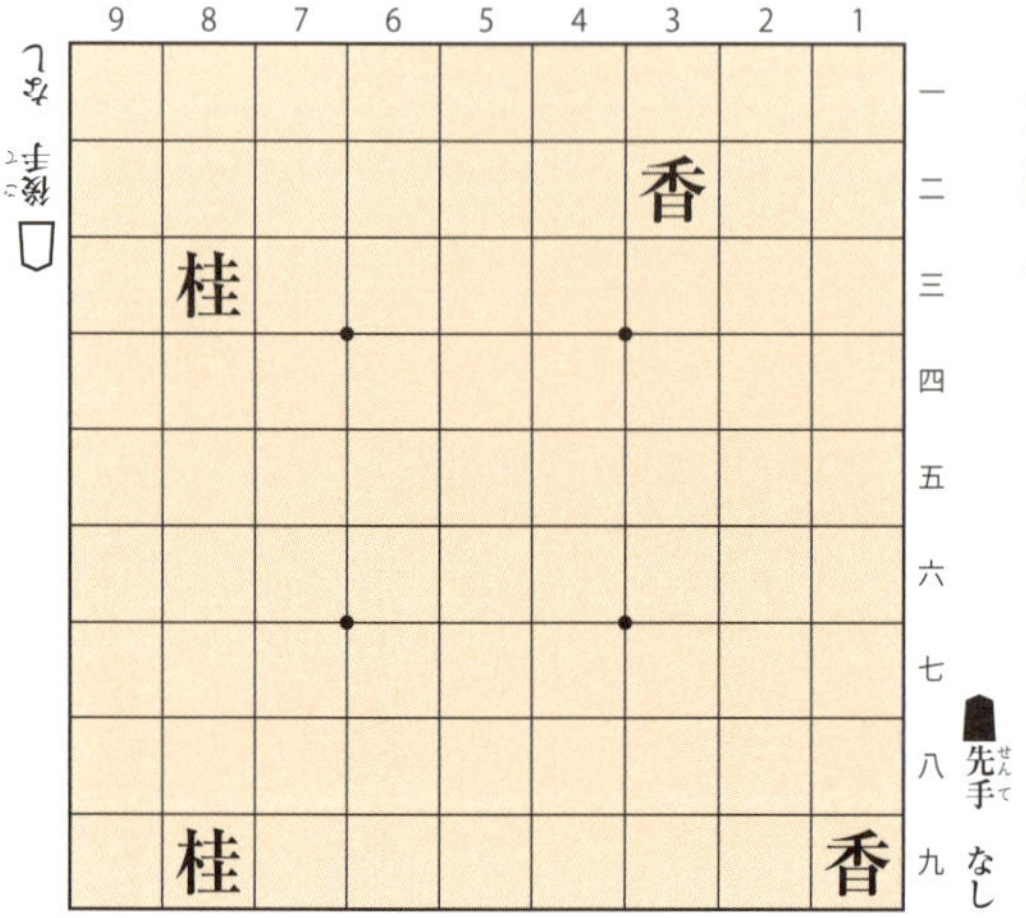

——そうなんだ。香《きょう》は下段《げだん》に置《お》くと駒《こま》の動《うご》きが多《おお》いんだ。**「下段《げだん》の香《きょう》に力《ちから》あり」「香《きょう》は下段《げだん》から打《う》て」**という格言《かくげん》もあるよ。では図《ず》❷の桂香将棋《けいきょうしょうぎ》をやってみよう！　ルールは金銀将棋《きんぎんしょうぎ》と一緒《いっしょ》だよ。

図《ず》❷

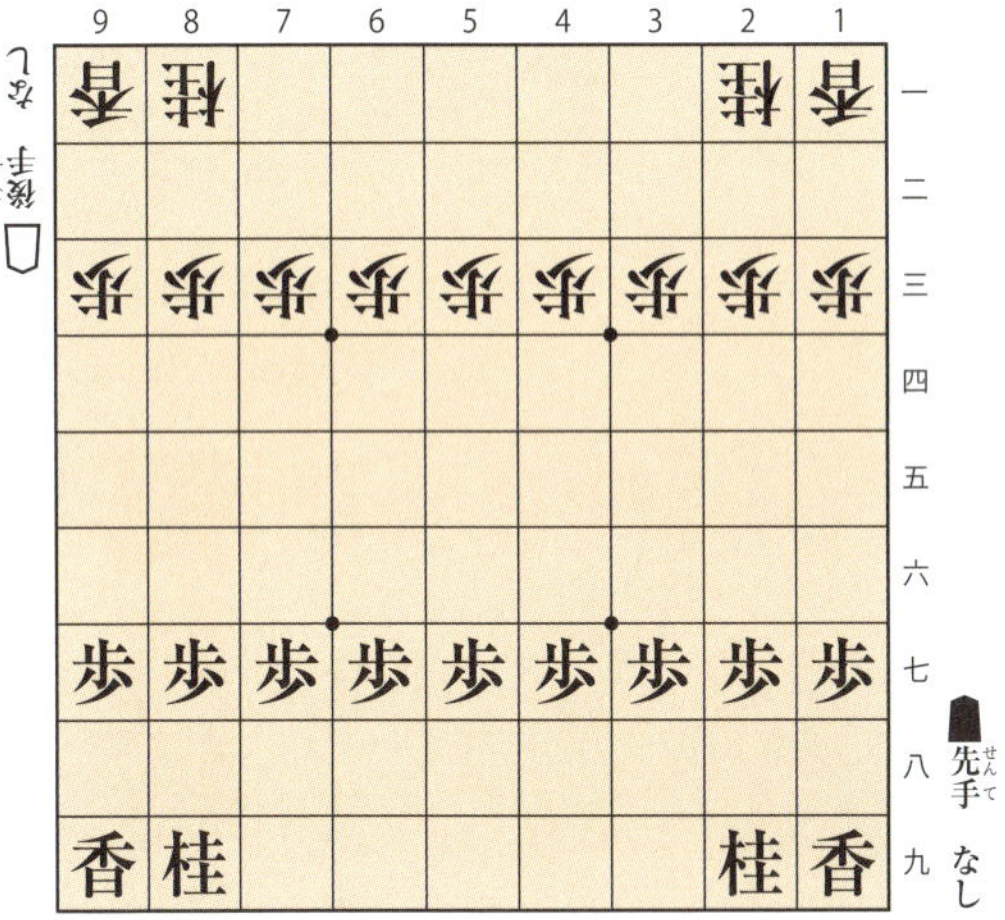

【桂香将棋《けいきょうしょうぎ》のポイント】

この桂香将棋《けいきょうしょうぎ》のポイントは、歩《ふ》を動《うご》かすことによって、桂《けい》と香《きょう》の特徴《とくちょう》を知《し》ることです。桂《けい》は歩《ふ》を動《うご》かすことで初《はじ》めて跳《と》ぶことができます。

また、香《きょう》は歩《ふ》をどんどん突《つ》いていくことで、敵陣《てきじん》へ成《な》ることができます。歩《ふ》と協力《きょうりょく》することによって桂香《けいきょう》の力《ちから》が発揮《はっき》できるのです。

桂《けい》・香《きょう》は飛《と》び道具《どうぐ》だよ！

駒《こま》の特徴《とくちょう》と使《つか》い方《かた》（飛車《ひしゃ》・角行《かくぎょう》）

飛角将棋《ひかくしょうぎ》！

大駒《おおごま》を使《つか》って、角《かく》を馬《うま》に！ 飛《ひ》を竜《りゅう》に進化《しんか》させよう！

――2時間目《じかんめ》までで、小駒《こごま》の動《うご》かし方《かた》は終了《しゅうりょう》だ。いよいよ、2人《ふたり》が好《す》きな大駒《おおごま》だ。

将子《しょうこ》「わたしは角《かく》が好《す》きだな！ ナナメに自由《じゆう》に動《うご》けるからね」

将男《まさお》「ぼくは、なんといっても飛車《ひしゃ》だな！ 十字《じゅうじ》に動《うご》いて、成《な》ると最強《さいきょう》の竜《りゅう》になるからね！」

――そうだね。大駒《おおごま》の**飛車《ひしゃ》**、**角行《かくぎょう》**をうまく使《つか》うと、勝利《しょうり》が近《ちか》づくね。では、図《ず》❶にそれぞれ動《うご》き方《かた》を○で書《か》いて確認《かくにん》してみよう。

将男《まさお》「わかった」

――動《うご》き方《かた》を確認《かくにん》したら、飛角将棋《ひかくしょうぎ》をしてみよう！

図《ず》❶

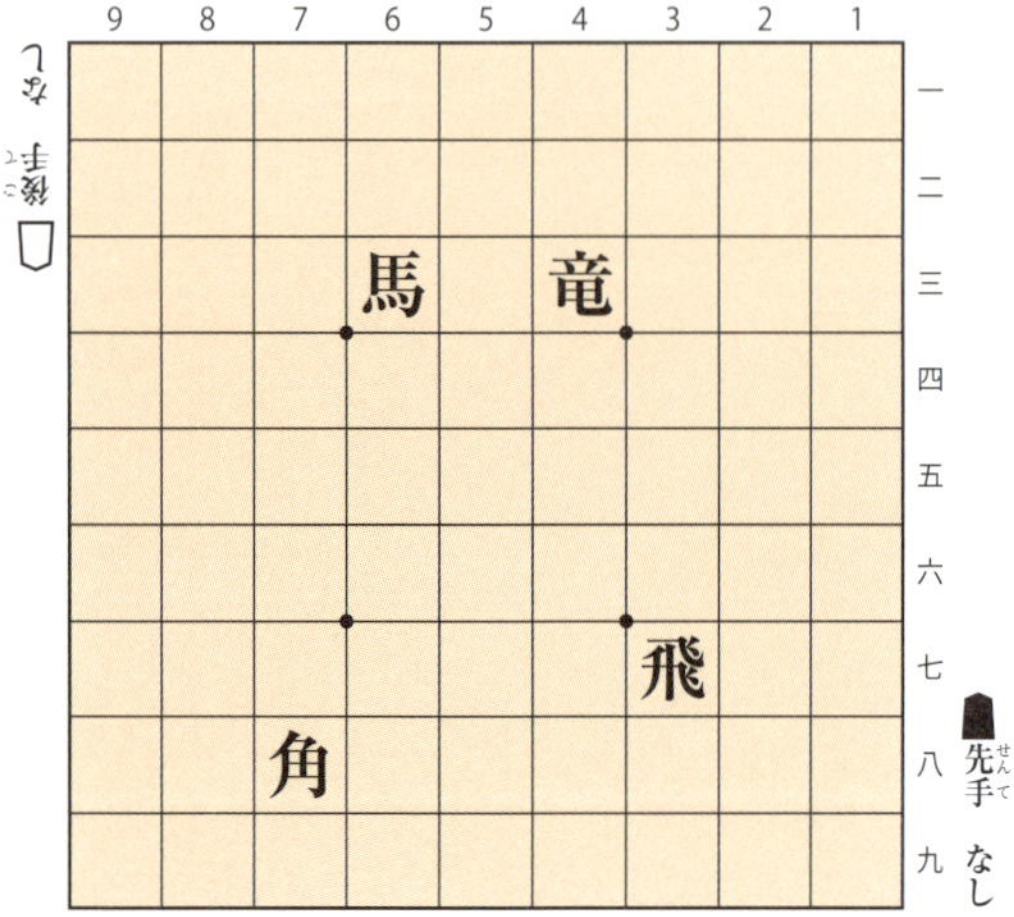

(図《ず》❷)

将男《まさお》「気《き》をつけないと大駒《おおごま》がすぐ取《と》られそうだ！」

将子《しょうこ》「うまく敵陣《てきじん》に成《な》って、パワーアップさせるわよ！」

図《ず》❷

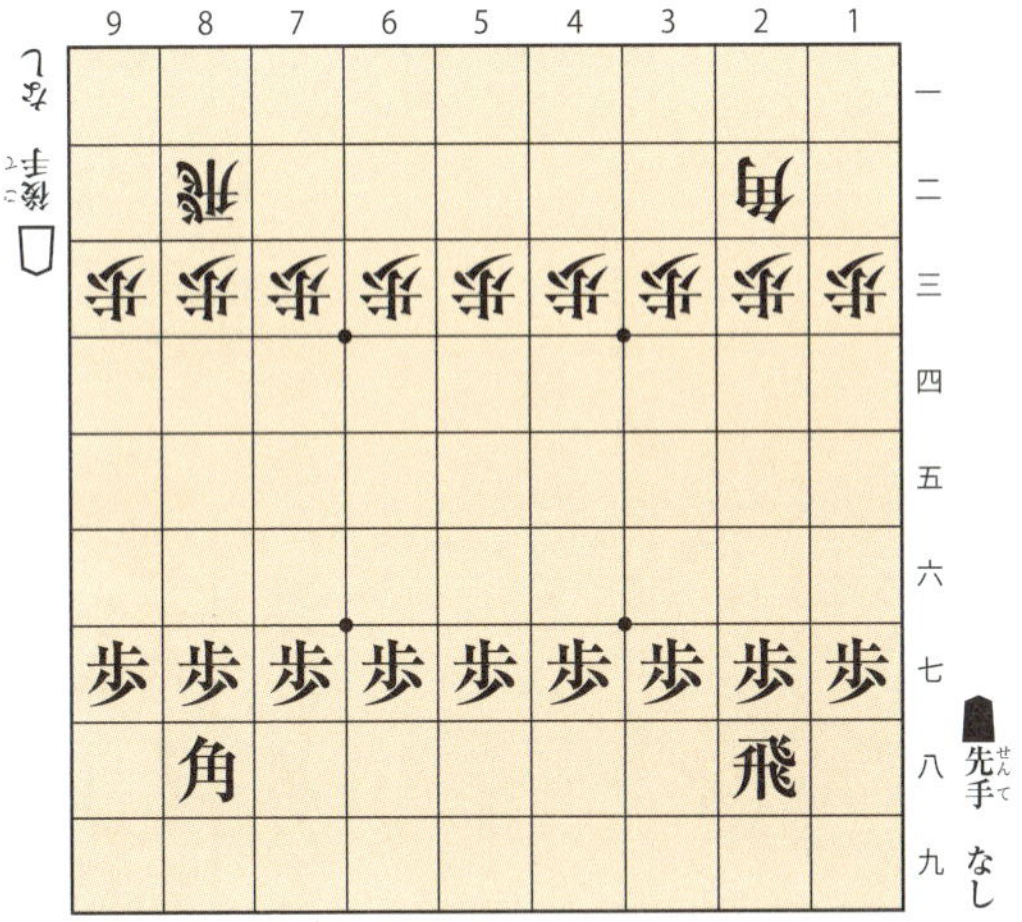

【飛角将棋《ひかくしょうぎ》のポイント】

飛車《ひしゃ》と角行《かくぎょう》は、大駒《おおごま》といいます。大きな動《うご》きをするでだけでなく、敵陣《てきじん》や自陣《じじん》に攻《せ》めにも守《まも》りにも力《ちから》を発揮《はっき》します。最初《さいしょ》のうちは、大駒《おおごま》を成《な》ることをまずおすすめします。小駒《こごま》と大駒《おおごま》の協力《きょうりょく》(目標《もくひょう》に置《お》いて指《さ》してみること)で大駒《おおごま》を成《な》ると、まわりにガードがされて力《ちから》が増《ま》します。勝利《しょうり》への第一歩《だいいっぽ》です。

大駒《おおごま》を成《な》るとまわりにガードがされる最強《さいきょう》の駒《こま》になるね！

駒《こま》の特徴《とくちょう》と使《つか》い方《かた》（玉将《ぎょくしょう》）

歩《ふ》なし将棋《しょうぎ》と小駒将棋《こごましょうぎ》

駒《こま》の動《うご》かし方《かた》の総《そう》まとめだよ

将子《しょうこ》「先生《せんせい》、次《つぎ》の授業《じゅぎょう》はなんですか？」

――じゃ～ん。図《ず》❶、❷を見《み》てごらん。

将男《まさお》「なんだが本将棋《ほんしょうぎ》に近《ちか》づいて来《き》た感《かん》じ！」

――そうでしょう。2人《ふたり》は、これまでに歩《ふ》、金《きん》、銀《ぎん》、桂《けい》、香《きょう》、飛《ひ》、角《かく》と7種類《しゅるい》の駒《こま》の動《うご》かし方《かた》を練習《れんしゅう》してきたよね。

将子《しょうこ》「そうか、いちばん大事《だいじ》な駒《こま》を忘《わす》れていたね」

――そうだね。玉《ぎょく》を忘《わす》れちゃいけないね！　玉《ぎょく》の動《うご》き方《かた》はどうだったかな。

将男《まさお》「自分《じぶん》のまわりに8か所《しょ》！」

――バッチリだね。では、図《ず》❷、❸で対局開始《たいきょくかいし》だ。

図《ず》❶

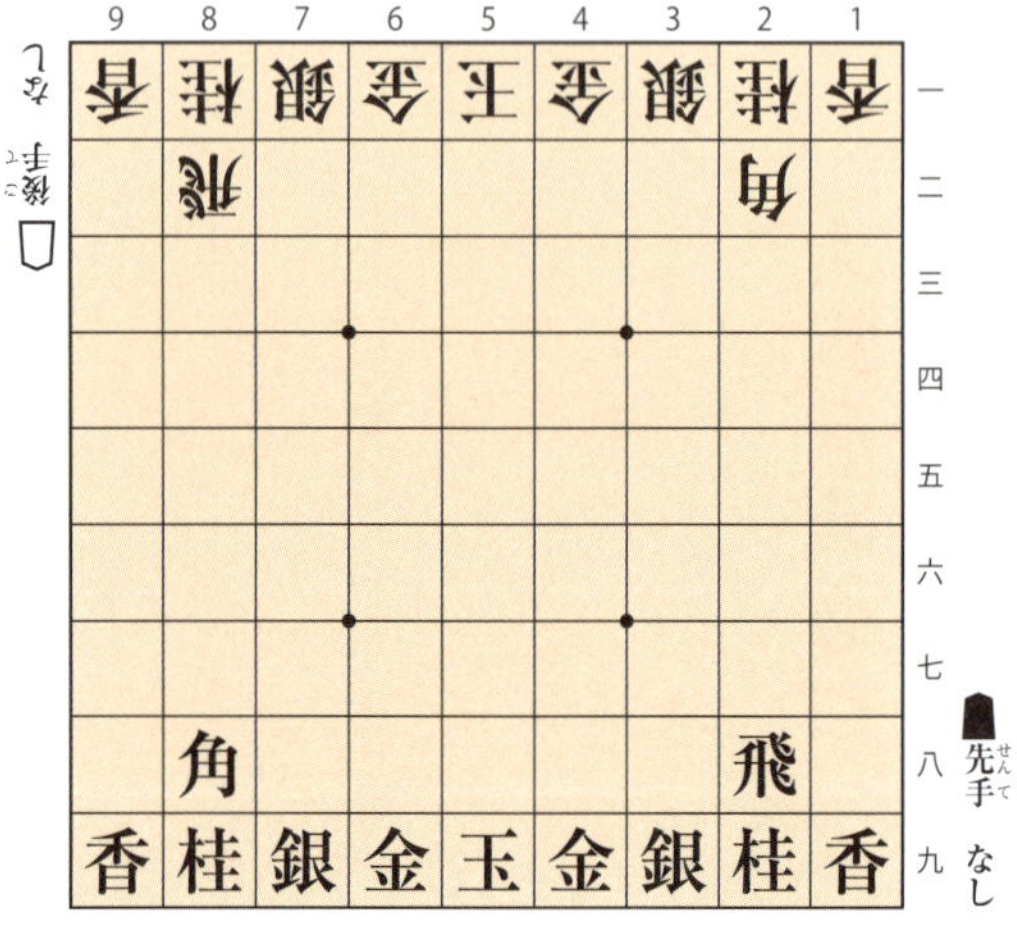

歩《ふ》なし将棋《しょうぎ》

①図《ず》❶、❷のように駒《こま》を配置《はいち》し、先手《せんて》、後手《ごて》を決《き》めます。

②交互《こうご》に自分《じぶん》の駒《こま》を動《うご》かしていって、3枚《まい》の駒《こま》が成《な》るか、相手《あいて》の玉《ぎょく》を取《と》ったら勝《か》ちです。

③利《き》きにいる相手《あいて》の駒《こま》は、取《と》ることができます。取《と》った相手《あいて》の駒《こま》は、自分《じぶん》の持《も》ち駒《こま》として使《つか》えます。持《も》ち駒《こま》を敵陣《てきじん》に打《う》ったら、次《つぎ》に動《うご》かすときに成《な》ることができます。

④一度成《いちどな》っても、相手《あいて》に駒《こま》を取《と》られてしまったら無効《むこう》になります。

⑤玉《ぎょく》を取《と》られるとその時点《じてん》で負《ま》けてしまうので、取《と》られないように気《き》をつけましょう。

【歩《ふ》なし将棋《しょうぎ》のポイント】

これは歩《ふ》がないのでいきなり大駒《おおごま》が活躍《かつやく》してしまいます。よく相手《あいて》の駒《こま》の動《うご》き＝利《き》きに気《き》を付《つ》けて指《さ》すことが大事《だいじ》です。玉《ぎょく》が入《はい》っているので王手《おうて》をかける練習《れんしゅう》だと思《おも》って指《さ》してみましょう！

図《ず》❷

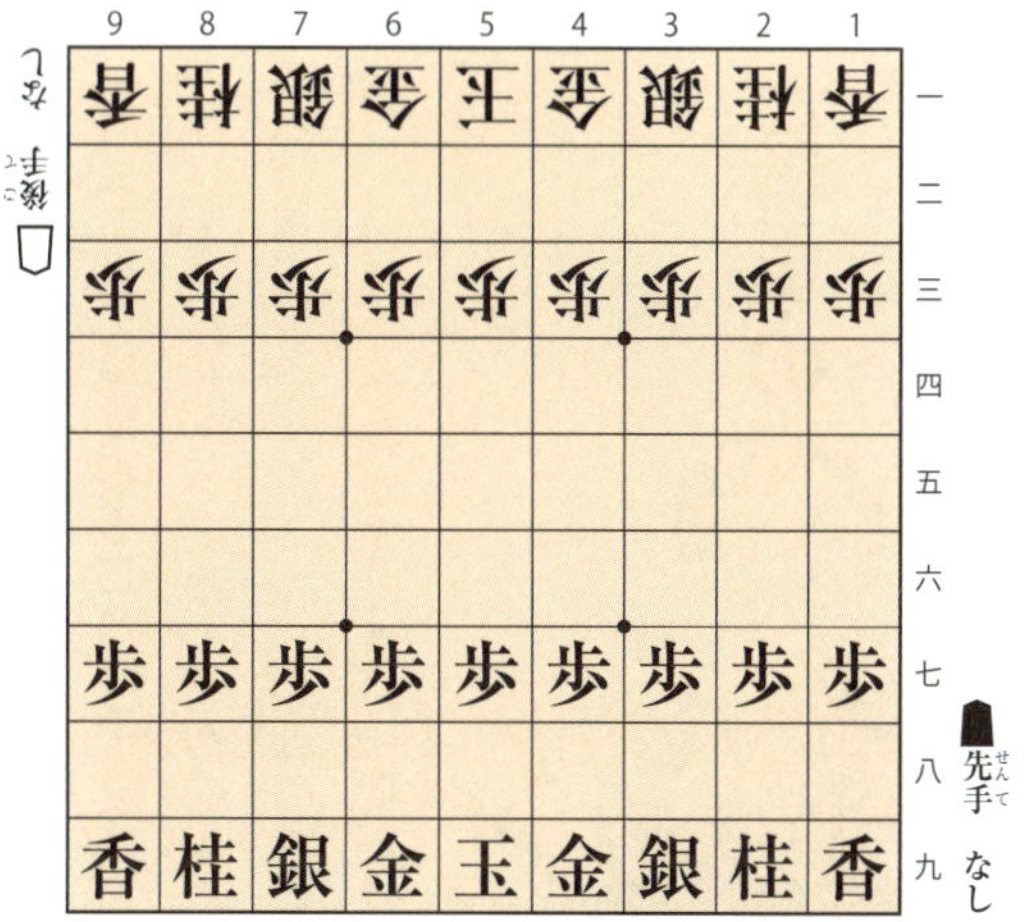

【小駒将棋《こごましょうぎ》のポイント】

これは大駒《おおごま》がありませんが、小駒《こごま》を使《つか》う練習《れんしゅう》になり、とても実戦《じっせん》の練習《れんしゅう》になります。とくに歩《ふ》を活用《かつよう》してと金《きん》をつくることができると、勝利《しょうり》が近《ちか》づいてくることでしょう。

成《な》らない方《ほう》がいいこともある

将男《まさお》「成《な》り駒《こま》をつくるのって楽《たの》しいね！」

――でも本将棋《ほんしょうぎ》の対局《たいきょく》では、**敵陣《てきじん》に入《はい》っても成《な》らないこともあるん**だよ。これを**不成《ふなり》**というよ。

将子《しょうこ》「成《な》るとパワーアップするのにどうして？」

――たとえば桂《けい》は成桂《なりけい》になると、金《きん》と同《おな》じように動《うご》けるようになるけど、ほかの駒《こま》を飛《と》び越《こ》すことができるという性格《せいかく》はなくなってしまうんだ。だいたいは成《な》る方《ほう》がいいんだけど、**その駒《こま》のままの方《ほう》がいい場合《ばあい》もあるんだ**よ。

将子《しょうこ》「**一度《いちど》成《な》ると、元《もと》に戻《もど》ることはできない**のね」

――その通《とお》り！　だからその駒《こま》の特徴《とくちょう》をよく考《かんが》えて使《つか》ってあげるようにしようね。敵陣《てきじん》のなかなら、**不成《ふなり》の駒《こま》は、いつでも動《うご》かすときに一度《いちど》だけ成《な》ることができる**よ。

不成《ふなり》では、桂馬《けいま》と香車《きょうしゃ》の不成《ふなり》がよくあるよ！

駒《こま》の効果的《こうかてき》な使《つか》い方《かた》を教《おし》えるよ！ それぞれの駒《こま》のポイントと使《つか》い方《かた》を覚《おぼ》えよう！

歩兵《ふひょう》のポイント

- 一歩《いっぽ》ずつ地道《じみち》に前《まえ》に進《すす》む駒《こま》。歩《ふ》を動《うご》かすことが将棋《しょうぎ》の基本《きほん》。
- 序盤《じょばん》は歩《ふ》を持《も》ち駒《ごま》にして、と金《きん》をつくることを目指《めざ》そう！
- 歩《ふ》を大切《たいせつ》にすることが将棋《しょうぎ》の極意《ごくい》！

と金《きん》のポイント

- 金《きん》の動《うご》きに進化《しんか》するだけでなく、金将以上《きんしょういじょう》の価値《かち》がある。
- 持《も》ち駒《ごま》が少《すく》なくても、と金《きん》で敵陣《てきじん》に迫《せま》ることが勝利《しょうり》へのコツ。
- 歩《ふ》を打《う》って、「次《つぎ》に成《な》るぞ！」と攻《せ》めていこう！

玉将《ぎょくしょう》のポイント

- 自分《じぶん》のまわりをひとつ動《うご》ける駒《こま》。
- 取《と》られてはいけない駒《こま》なので、まわりには味方《みかた》の金銀《きんぎん》の守《まも》りが必要《ひつよう》。
- 王将《おうしょう》自《みずか》ら敵陣《てきじん》に入玉《にゅうぎょく》していくこともある。
- 王将《おうしょう》は上手《うわて》（目上《めうえ》・実力《じつりょく》が上《うえ》の人《ひと》）、玉将《ぎょくしょう》は下手《したて》（年下《としした》、下位者《かいしゃ》）が持《も》つのがマナー。

常《つね》に狙《ねら》われているので安全地帯《あんぜんちたい》に囲《かこ》おう

王将《おうしょう》は、自分自身《じぶんじしん》です。まずは囲《かこ》いに入《い》れることを考《かんが》えてみましょう。王将《おうしょう》は金将《きんしょう》、銀将《ぎんしょう》を従《したが》えていくことが大事《だいじ》です。攻《せ》められたら、下段《げだん》に落《お》ちるのではなく、ときには前進《ぜんしん》していくこともあります。入玉《にゅうぎょく》（相手陣《あいてじん》に入《はい》る）すると、なかなか詰《つ》まされないことも覚《おぼ》えておきましょう。

金将《きんしょう》のポイント

- 守《まも》りと詰《つ》めに力《ちから》を発揮《はっき》する駒《こま》。
- 王将《おうしょう》のまわりに配置《はいち》すると効果的《こうかてき》。
- 詰《つ》めの基本《きほん》＝頭金《あたまきん》で詰《つ》ませる駒《こま》。
- 相手《あいて》の玉《ぎょく》の近《ちか》くの金将《きんしょう》を狙《ねら》うことが寄《よ》せのポイント。

動《うご》きは遅《おそ》いがどっしりと構《かま》える王様《おうさま》の家臣《かしん》

詰《つ》めに残《のこ》しておくといいことが多《おお》いです。金《きん》と銀《ぎん》の使《つか》い方《かた》は難《むずか》しいですが、それぞれの特徴《とくちょう》を考《かんが》えて使《つか》っていきましょう。

金将《きんしょう》は持《も》ち駒《ごま》から、王将《おうしょう》の囲《かこ》いの強化《きょうか》に打《う》って使《つか》うこともあります。王様《おうさま》にいちばん信頼《しんらい》されている駒《こま》です。

銀将《ぎんしょう》のポイント

- 守《まも》りにも、攻《せ》めにも活用《かつよう》できる駒《こま》。
- 一枚《いちまい》は守《まも》りに、飛車《ひしゃ》の側《そば》の銀《ぎん》は攻《せ》めに使《つか》うといい。
- 進《すす》むだけでなく引《ひ》いて活用《かつよう》する。
- ナナメ後《うし》ろへ移動《いどう》できるので、角《かく》と一緒《いっしょ》に活用《かつよう》することが多《おお》い。

横《よこ》には動《うご》けないが、軽快《けいかい》な動《うご》きをする駒《こま》

銀《ぎん》は、軽快《けいかい》な動《うご》きをする駒《こま》です。前《まえ》にも後《うし》ろにも自由自在《じゆうじざい》に動《うご》きまわりましょう。

欠点《けってん》は横《よこ》には動《うご》けないところです。でも、角《かく》と同《おな》じようにナナメ後《うし》ろには動《うご》けるので、角《かく》との使《つか》い道《みち》をよく考《かんが》えて使《つか》うといいでしょう。

成銀《なりぎん》のポイント

- 敵陣《てきじん》に進《すす》んで、成《な》ることが多《おお》い。
- 銀《ぎん》を一度《いちど》成《な》ると成銀《なりぎん》になって金《きん》の動《うご》きになるが、元《もと》には戻《もど》れない。
- わざと成《な》らないで、不成《ふな》りで使《つか》うこともある。

成《な》るか成《な》らないかをよく考《かんが》えよう

成銀《なりぎん》は、金将《きんしょう》と同《おな》じ動《うご》きに進化《しんか》する駒《こま》です。

相手《あいて》に渡《わた》ったときには、銀将《ぎんしょう》として攻《せ》めてくることも覚《おぼ》えておきましょう。成《な》るか、不成《ふな》りかを考《かんが》えて指《さ》しましょう。

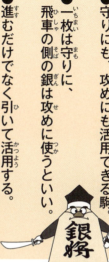

飛車《ひしゃ》のポイント

- とても強《つよ》い駒《こま》。
- 縦《たて》に使《つか》うだけでなく、横《よこ》の利《き》きで守《まも》りにも使《つか》うことがある。
- ナナメから狙《ねら》われることがあるので注意《ちゅうい》。
- 飛車交換《ひしゃこうかん》になって、相手陣《あいてじん》に打《う》ち込《こ》んで攻《せ》めに使《つか》って詰《つ》みを狙《ねら》おう。

縦横《たてよこ》に自由《じゆう》に使《つか》える、いちばん人気《にんき》の駒《こま》

攻《せ》めにも、守《まも》りも威力《いりょく》を発揮《はっき》する駒《こま》です。飛車先《ひしゃさき》の歩《ふ》をついて攻《せ》めることが多《おお》いです。敵陣《てきじん》に入《はい》って竜王《りゅうおう》になれば最強《さいきょう》の駒《こま》になります。

飛車《ひしゃ》を持《も》ち駒《ごま》にしたら、敵陣《てきじん》に打《う》ち込《こ》んで攻《せ》めていきましょう！

竜王《りゅうおう》のポイント

- 最強《さいきょう》の駒《こま》。攻《せ》めには絶大《ぜつだい》な力《ちから》を発揮《はっき》する。
- 竜《りゅう》をつくって、小駒《こごま》で詰《つ》みを狙《ねら》うのが基本《きほん》。
- 敵陣《てきじん》で活用《かつよう》することがコツ。

最強《さいきょう》の駒《こま》、詰《つ》めに威力《いりょく》を発揮《はっき》する

竜《りゅう》をつくったら、玉将《ぎょくしょう》目指《めざ》して詰《つ》めを狙《ねら》いましょう。竜《りゅう》で相手《あいて》の駒《こま》を取《と》って、戦力《せんりょく》をアップするといいです。

竜《りゅう》と小駒《こごま》で相手玉《あいてぎょく》を詰《つ》ませてみましょう！

角行《かくぎょう》のポイント

●ナナメに自由《じゆう》に移動《いどう》できる。

●王将《おうしょう》が上《うえ》に逃《に》げ出《だ》すときに、下段《げだん》から詰《つ》めることが多《おお》い。

●桂馬《けいま》と一緒《いっしょ》にナナメの利《き》きで攻《せ》めると効果的《こうかてき》。

●両取《りょうど》りを狙《ねら》って打《う》つことがポイント。

ナナメに動《うご》かして遠《とお》くから玉《ぎょく》を狙《ねら》おう！

ナナメにどこまでも行《い》ける駒《こま》です。飛車《ひしゃ》と同《おな》じく大駒《おおごま》といいます。ナナメの筋《すじ》を使《つか》って遠《とお》くから玉《ぎょく》を狙《ねら》ってみましょう。また桂馬《けいま》と協力《きょうりょく》して、相手玉《あいてぎょく》を詰《つ》ませることも多《おお》いです。玉《ぎょく》が上部《じょうぶ》に逃《に》げようとするのを、角《かく》の威力《いりょく》で引《ひ》き戻《もど》すこともあります。

竜馬《りゅうま》のポイント

●「竜《りゅう》（竜王《りゅうおう》）は敵陣《てきじん》、馬《うま》（竜馬《りゅうま》）は自陣《じじん》に」というように、守《まも》りにも威力《いりょく》を発揮《はっき》する。

●角交換《かくこうかん》して、敵陣《てきじん》に打《う》ち込《こ》み、自陣《じじん》に引《ひ》きつけると守《まも》りが強《つよ》くなる。

●攻《せ》めにも威力《いりょく》を発揮《はっき》する。

角《かく》を成《な》って馬《うま》にすれば守《まも》りも威力《いりょく》を発揮《はっき》

馬《うま》は、攻《せ》めにも守《まも》りにも使《つか》える駒《こま》です。馬《うま》を自陣《じじん》に引《ひ》きつけて守《まも》りを固《かた》めると、最強《さいきょう》の囲《かこ》いになります。馬《うま》は遠《とお》くまで利《き》きを通《とお》すことができるので、守《まも》りながら攻《せ》めることが出来《でき》ます。馬《うま》の利《き》きには気《き》をつけていくことが大事《だいじ》です。

桂馬《けいま》のポイント

- 駒《こま》の中《なか》で、唯一駒《ゆいいつこま》を飛《と》び越《こ》えて移動《いどう》できる駒《こま》。
- 両取《りょうど》りに打《う》つことがコツ。
- 直接両取《ちょくせつりょうど》りでなくても、次《つぎ》に両取《りょうど》りになるように打《う》つこともある。
- 角《かく》と一緒《いっしょ》に使《つか》って詰《つ》みを狙《ねら》うと効果的《こうかてき》。

飛《と》び越《こ》える特技《とくぎ》を使《つか》って逆転《ぎゃくてん》を狙《ねら》おう

桂馬《けいま》だけは、駒《こま》を飛《と》び越《こ》えていく特技《とくぎ》の持《も》ち主《ぬし》。角《かく》と一緒《いっしょ》に使《つか》うと、逆転勝《ぎゃくてんが》ちになることも多《おお》いです。

また、桂馬《けいま》を何枚《なんまい》か使《つか》って相手《あいて》の玉《ぎょく》を攻《せ》めることもあります。格言《かくげん》に「三桂《さんけい》あって詰《つ》まぬことなし」ということもあるので、覚《おぼ》えておきましょう。

成桂《なりけい》のポイント

- 敵陣《てきじん》で成《な》りこんで詰《つ》めに活用《かつよう》することが多《おお》い。
- 桂馬《けいま》の特性《とくせい》＝不成《ふな》りのまま使《つか》うこともある。
- 桂《けい》の両取《りょうど》りを考《かんが》え、成込《なりこ》みを狙《ねら》おう。

相手《あいて》に渡《わた》ったときには桂《けい》になる

桂馬《けいま》を不成《ふな》りで使《つか》うこともありますが、相手陣《あいてじん》に入《はい》ったときには、成桂《なりけい》として使《つか》うことも多《おお》いです。

桂馬《けいま》として早《はや》く相手《あいて》の玉《ぎょく》に迫《せま》って、成桂《なりけい》と進化《しんか》して相手《あいて》の玉《ぎょく》を攻《せ》めていきましょう。

香車《きょうしゃ》のポイント

●一直線《いっちょくせん》に前《まえ》に進《すす》むことができるが、後《うし》ろには戻《もど》れない。
●下段《げだん》から打《う》つと効果的《こうかてき》。
●相手《あいて》に歩《ふ》が無《な》いとき、打《う》って串刺《くしざ》しを狙《ねら》うといい。
●香車《きょうしゃ》を2枚重《まいかさ》ねて相手陣《あいてじん》を狙《ねら》おう！

まっすぐに槍《やり》のように進《すす》んでいく駒《こま》

香車《きょうしゃ》は別名《べつめい》、槍《やり》ともいいます。一直線《いっちょくせん》に進《すす》む駒《こま》。だけど欠点《けってん》は、戻《もど》ることができないこと。持《も》ち駒《こま》から使《つか》うときは、下段《げだん》から打《う》つと効果《こうか》があります。

香《きょう》は桂馬《けいま》と角行《かくぎょう》とかの頭《あたま》を狙《ねら》って使《つか》うといいでしょう。歩《ふ》切《ぎ》れ（相手《あいて》の持《も》ち駒《こま》に歩《ふ》がないとき）は狙《ねら》い目《め》！

成香《なりきょう》のポイント

●香車《きょうしゃ》は後《うし》ろには戻《もど》れないので、敵陣《てきじん》で成《な》って金《きん》の動《うご》きを狙《ねら》おう。
●金銀《きんぎん》の合駒《あいごま》でなく、相手《あいて》に渡《わた》しても価値《かち》が低《ひく》い合駒《あいごま》に使《つか》うこともある。
●不成《ふな》りのまま使《つか》って、わざと成香《なりきょう》にならないこともある。

敵陣《てきじん》に入《はい》ったら、成《な》るか不成《ふな》りか考《かんが》えよう

香車《きょうしゃ》を成《な》って、成香《なりきょう》に進化《しんか》させよう。金将《きんしょう》と同《おな》じ動《うご》きができます。成香《なりきょう》も相手《あいて》に渡《わた》ったら、香車《きょうしゃ》として攻《せ》めてくることも覚《おぼ》えておきましょう。

成香《なりきょう》をつくって、相手玉《あいてぎょく》に迫《せま》っていきましょう！

—みなさん、第《だい》3日目《にちめ》はいかがでしたか？
将男《まさお》「たくさん対局《たいきょく》して楽《たの》しかったな！」
将子《しょうこ》「わたし今日《きょう》、将男《まさお》くんと2人《ふたり》で復習《ふくしゅう》してくる約束《やくそく》したんだよね」
—それはえらいね！　将棋《しょうぎ》は毎日《まいにち》欠《か》かさず勉《べん》強《きょう》することで、強《つよ》くなっていくんだよ。たとえ負《ま》けても、その悔《くや》しい分《ぶん》、心《こころ》も棋力《きりょく》（将棋《しょうぎ》の力《ちから》）も強《つよ》くなるのを忘《わす》れないでね。

将棋《しょうぎ》学園《がくえん》小《しょう》テスト②

将棋《しょうぎ》は指《さ》せば指《さ》すほど、負《ま》ければ負《ま》けるほど強《つよ》くなる

【将棋学園《しょうぎがくえん》　小《しょう》テスト②】

次《つぎ》の文章《ぶんしょう》があっていれば○を、間違《まちが》いだと思《おも》ったら×を（　）に書《か》きなさい。

①将棋《しょうぎ》の駒《こま》は全部《ぜんぶ》で8種類《しゅるい》である。成《な》り駒《ごま》の性能《せいのう》を入《い》れると14種類《しゅるい》になる。…（　）

②初《はじ》めに指《さ》す方《ほう》は、後手《ごて》、次《つぎ》に指《さ》す方《ほう》は先手《せんて》という。…（　）

③歩《ふ》の駒《こま》は全部《ぜんぶ》で20枚《まい》ある。…（　）

④歩《ふ》は敵陣《てきじん》の3段目《だんめ》に入《はい》ると成《な》って「と金《きん》」になることができる。…（　）

⑤王将《おうしょう》の動《うご》き方《かた》は、全部《ぜんぶ》で8か所移動《しょいどう》できる。
…（　）
⑥金将《きんしょう》の動《うご》きは、全部《ぜんぶ》で6か所移動《しょいどう》できる。
…（　）
⑦銀将《ぎんしょう》の動《うご》きは、全部《ぜんぶ》で6か所移動《しょいどう》できる。
…（　）
⑧敵陣《てきじん》3段目《だんめ》に入《はい》ったら必《かなら》ず成《な》らなければいけない。…（　）
⑨飛車《ひしゃ》は成《な》ると、どこにでも動《うご》ける最強《さいきょう》の駒《こま》になる。…（　）
⑩香車《きょうしゃ》は、下段《かだん》から打《う》つのが効果的《こうかてき》だ。
…（　）

1問《もん》、10点《てん》。80点以上《てんいじょう》で合格《ごうかく》です！

さあ、どうだったかな？　もしわからなかったらもう一度《いちど》授業《じゅぎょう》にもどって確認《かくにん》すればいいよ。合格《ごうかく》した人《ひと》は、次《つぎ》のステージへゴー！

ぼく、わたしの点数《てんすう》…（　　　）点《てん》

駒《こま》の動《うご》かし方免許状《かためんきょじょう》

さん

あなたは、将棋学園《しょうぎがくえん》の「駒《こま》の動《うご》かし方《かた》」をしっかりと勉強《べんきょう》し、マスターしたのでこれを賞《しょう》します。

将棋学園《しょうぎがくえん》　校長《こうちょう》　羽生善治《はぶよしはる》
先生《せんせい》　安次嶺隆幸《あじみねたかゆき》

将男《まさお》・将子《しょうこ》「おお！　すごい！　羽生校長先生《はぶこうちょうせんせい》からの免許状《めんきょじょう》2枚目《まいめ》ゲットだ。明日《あした》もやるぞ」

解答《かいとう》…①◯　②×　③×　④◯　⑤◯　⑥◯　⑦×　⑧×　⑨×　⑩◯

コラム③

将棋《しょうぎ》で身《み》につく力《ちから》②

考《かんが》え方《かた》の基本《きほん》「3手《て》の読《よ》み」とは？

将棋《しょうぎ》には、**3手《て》の読《よ》み**という考《かんが》えの基本《きほん》があります。

まず、自分《じぶん》の手《て》を考《かんが》える。そして相手《あいて》の指《さ》し手《て》を考《かんが》え、自分《じぶん》の3手目《てめ》を決定《けってい》します。これが3手《て》の読《よ》み。自分《じぶん》が指《さ》したい手《て》を指《さ》す前《まえ》に、少《すこ》しだけ相手《あいて》がどう来《く》るかを予想《よそう》してみましょう。

「こう来《き》たらいいな！」という自分本位《じぶんほんい》の考《かんが》えではなく、自分《じぶん》が相手《あいて》の立場《たちば》だったら、どうするのが最善《さいぜん》かを考《かんが》えることができれば、実力《じつりょく》アップ間違《まちが》いなしです。

相手《あいて》の立場《たちば》になって考《かんが》えることができれば、3手目《てめ》の指《さ》し手《て》もおのずとわかってくるものなのです。すぐに指《さ》す前《まえ》に、一度《いちど》立《た》ち止《ど》まって考《かんが》えるこの「3手《て》の読《よ》み」を実戦《じっせん》で試《ため》してください。

暁星《ぎょうせい》小学校《しょうがっこう》将棋《しょうぎ》クラブに
羽生《はぶ》善治《よしはる》先生《せんせい》来校《らいこう》

第《だい》4章《しょう》

将棋学園《しょうぎがくえん》第《だい》4日目《にちめ》

ここでは先生《せんせい》がいろいろな囲《かこ》いを教《おし》えてくれるよ。矢倉囲《やぐらがこ》いと美濃囲《みのがこ》い、対振《たいふ》り飛車用《びしゃよう》・船囲《ふながこ》いなど、囲《かこ》い方を覚《おぼ》えていこう。そして、まとめは戦法《せんぽう》を勉強《べんきょう》しよう！

囲《かこ》いをつくろう!(矢倉囲《やぐらがこ》い)

囲《かこ》いの王道《おうどう》 矢倉囲《やぐらがこ》いで玉《ぎょく》を守《まも》ろう!

——おはようございます。いよいよ今日《きょう》から戦《せん》術《じゅつ》を教《おし》えるね。ところで、昨日《きのう》の小《しょう》テストはどうだった?

将男《まさお》「ぼくね、一発合格《いっぱつごうかく》の80点《てん》だったよ!」

——おお、すごいじゃないか! 駒《こま》の能力《のうりょく》と効果《こうか》的《てき》な使《つか》い方《かた》を知《し》っていると、優勢《ゆうせい》に指《さ》し進《すす》めることができるんだよ。将子《しょうこ》ちゃんは?

将子《しょうこ》「わたしも80点《てん》でした。少《すこ》し難《むずか》しかったです」

——大丈夫《だいじょうぶ》だよ。2人《ふたり》とも免許状《めんきょじょう》2枚《まい》ゲットできたので、今日《きょう》は将棋《しょうぎ》でいちばん大事《だいじ》なこと、「負《ま》けにくい」ためのコツがあるんだけどわかる?

将男《まさお》「なんだろう?」

——将棋《しょうぎ》の駒《こま》でいちばん大事《だいじ》な駒《こま》はなんだっけ?

将男《まさお》「それはもちろん、飛車《ひしゃ》だ!」

将子《しょうこ》「違《ちが》うでしょう。王将《おうしょう》がとられたらダメじゃない!」

——そうだよね。だから玉《ぎょく》を詰《つ》められないように、安全《あんぜん》なところに守《まも》ってあげるんだ。これを知《し》っているだけで、レベルがまた上《あ》がるよ。

将男《まさお》「そうか。将棋《しょうぎ》は、玉《ぎょく》を詰《つ》めるゲームだよね!」

玉《ぎょく》の囲《かこ》い

①将棋《しょうぎ》でいちばん大切《たいせつ》な駒《こま》は、**王将《おうしょう》＝玉《ぎょく》**です。これを詰《つ》められたら、いくら駒《こま》が山《やま》のようにあっても負《ま》けてしまいます。ですから、将棋《しょうぎ》に負《ま》けないためには、**玉《ぎょく》の守《まも》り＝「囲《かこ》い」を覚《おぼ》えることが近道《ちかみち》**です。

②相手《あいて》はこちらの玉《ぎょく》を詰《つ》ませようとします。そこで、相手《あいて》の攻《せ》めに強《つよ》い形《かたち》に**玉《ぎょく》を囲《かこ》う必要《ひつよう》**があります。

③玉《ぎょく》の囲《かこ》いには、**金《きん》、銀《ぎん》3枚《まい》が必要《ひつよう》**です。

④囲《かこ》いの基本《きほん》は、**金銀《きんぎん》の連携《れんけい》**です。連携《れんけい》のいい金《きん》銀《ぎん》の形《かたち》をつくって、その奥《おく》に玉《ぎょく》を収《おさ》めて囲《かこ》いの完成《かんせい》となります。囲《かこ》いにはいくつもの種類《しゅるい》があります。

⑤盤《ばん》の**右《みぎ》か左《ひだり》のどちらか片方《かたほう》に囲《かこ》います**。なるべく戦《たたか》いから遠《とお》い場所《ばしょ》、戦《たたか》いの起《お》きる可能性《かのうせい》が低《ひく》い、**自分《じぶん》の飛車《ひしゃ》と反対側《はんたいがわ》に囲《かこ》います**。

――では、順番《じゅんばん》に説明《せつめい》するよ。図《ず》❶を見《み》てね。これは、**矢倉囲《やぐらがこ》い**の途中図《とちゅうず》です。初手《しょて》からの手順《てじゅん》を書《か》いてみるよ（手順《てじゅん》は先手《せんて》のみ）。自分《じぶん》で並《なら》べてみてね。

☗7六歩《ろくふ》 ☗6八銀《はちぎん》 ☗7七銀《ななぎん》 ☗2六歩《ろくふ》
☗4八銀《はちぎん》 ☗7八金《はちきん》 ☗6九玉《きゅうぎょく》（図《ず》❶）

図《ず》❶

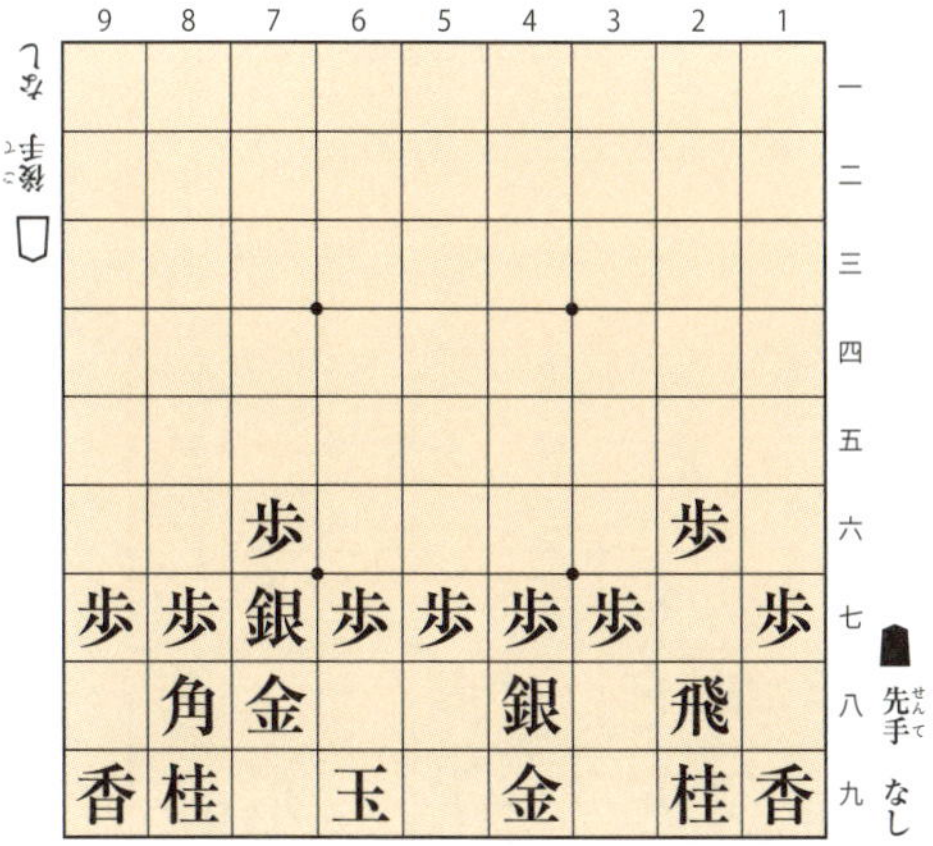

——上手《じょうず》に棋譜《きふ》を並《なら》べられたね。では、次《つぎ》の手順《てじゅん》を教《おし》えるね。

図《ず》❶からの指《さ》し手《て》

☗5六歩《ろくふ》　☗5八金《はちきん》　☗3六歩《ろくふ》　☗7九角《きゅうかく》
☗6六歩《ろくふ》　☗6七金右《ななきんみぎ》　☗6八角《はちかく》　☗7九玉《きゅうぎょく》
☗8八玉《はちぎょく》（図《ず》❷）

——途中《とちゅう》の☗6七金右《ななきんみぎ》の指《さ》し手《て》はわかったかな？　これは、6七《なな》の場所《ばしょ》へ右《みぎ》の5八《はち》にある右《みぎ》の金《きん》を移動《いどう》するという意味《いみ》だよ。

将子《しょうこ》「じゃあ、7八《はち》の金《きん》を動《うご》かすときは、☗6七《なな》金左《きんひだり》だね」

——将子《しょうこ》ちゃんすごいね！　そう、棋譜《きふ》には「右《みぎ》」とか「左《ひだり》」、「直《すぐ》」とか「上《あ》がる」、「引《ひ》く」などがでてくるけれど、それは移動《いどう》する駒《こま》がいくつかあるときに使《つか》うので、その度《たび》に覚《おぼ》えるといいね。

将男《まさお》「囲《かこ》いができると、玉《ぎょく》が守《まも》られている感《かん》じがするね」

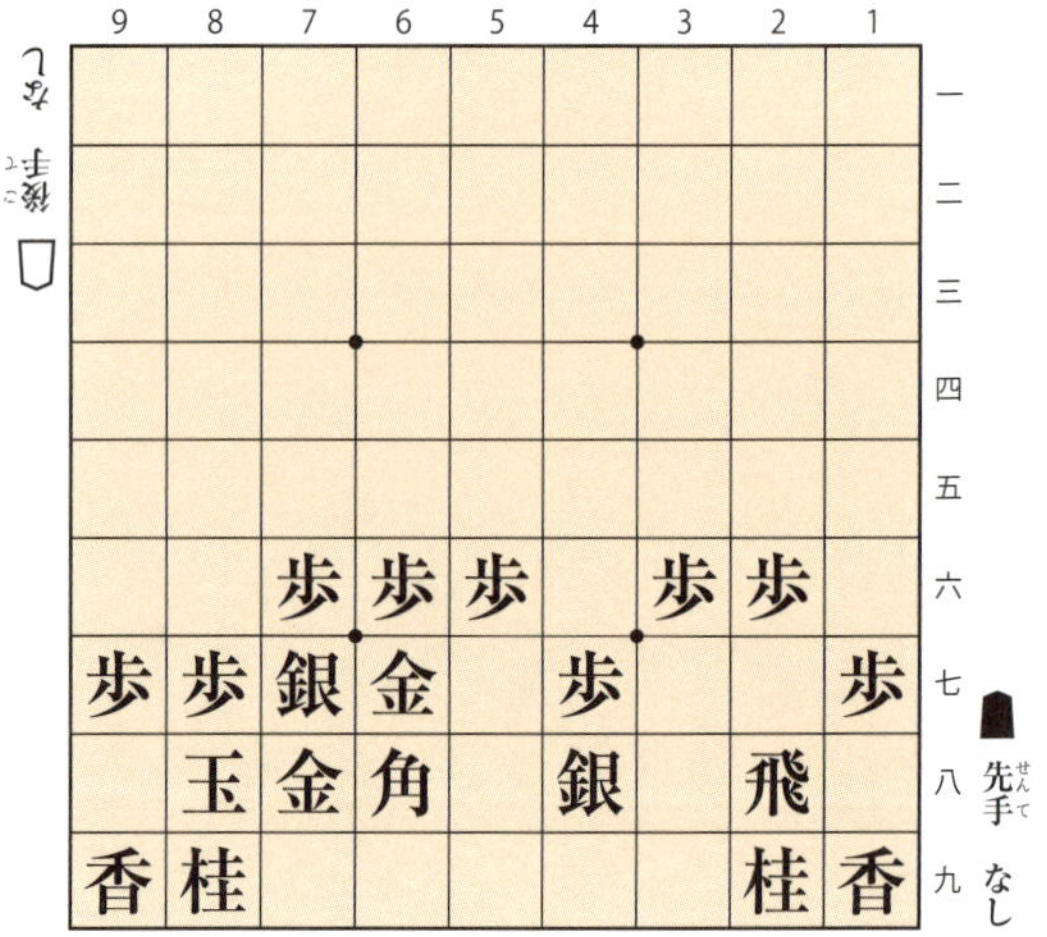

図《ず》❷

——この図《ず》❷を金矢倉《きんやぐら》と呼《よ》びます。これは羽生校《はぶこう》長先生《ちょうせんせい》もよく使《つか》う囲《かこ》いだから、覚《おぼ》えておくといいね。

将子《しょうこ》「わぁ、すごい！　羽生校長先生《はぶこうちょうせんせい》と同《おな》じ囲《かこ》いをすれば負《ま》けないね」

——じゃあ、図《ず》❸を見《み》てごらん。さっきとどこか違《ちが》うけどわかるかな？

将男《まさお》「ええっと。同《おな》じように見《み》えるけど……。わかった！ 金《きん》と銀《ぎん》が違《ちが》う」

——そうだね。6七金《ななきん》の代《か》わりに、銀《ぎん》が置《お》かれているね。これを**銀矢倉**《ぎんやぐら》といいます。

図《ず》❸

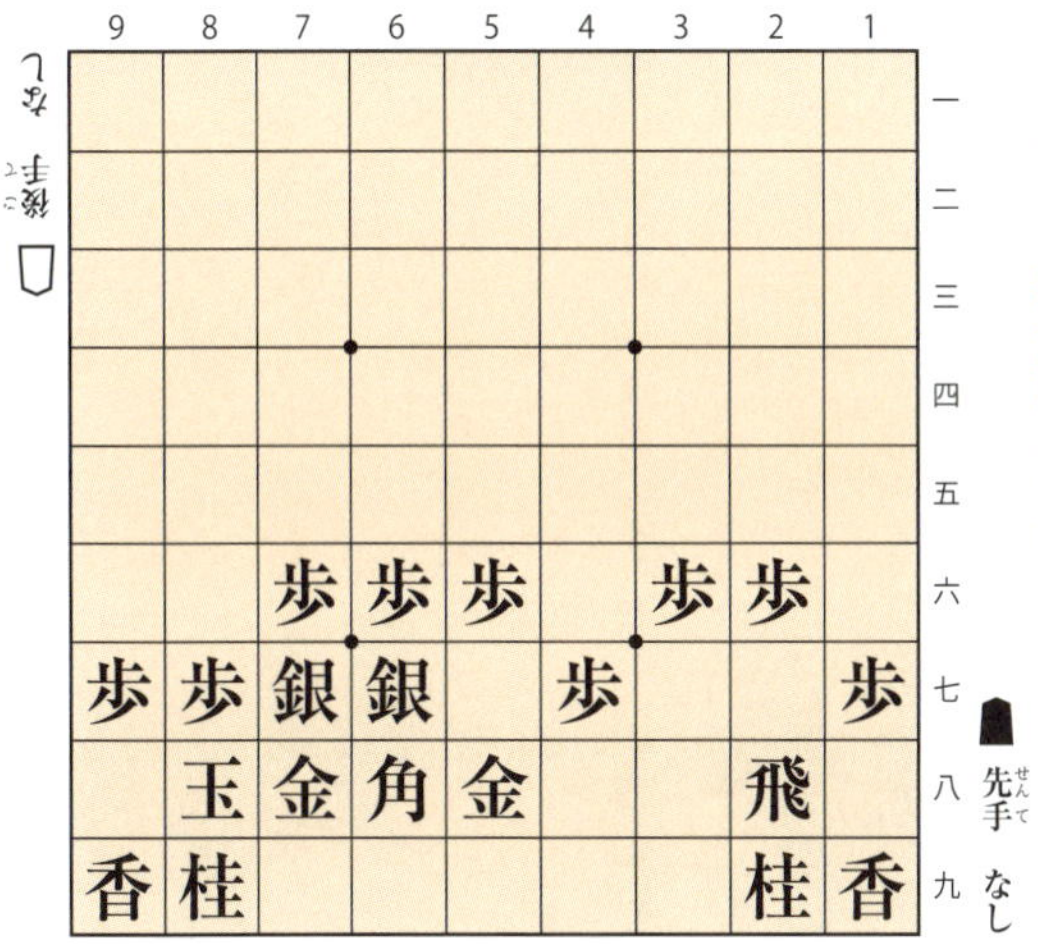

——図《ず》❹は、金矢倉《きんやぐら》の7八金《はちきん》と8八玉《はちぎょく》がひとつ右《みぎ》に寄《よ》った形《かたち》で、これを**片矢倉**《かたやぐら》といいます。

将子《しょうこ》「矢倉囲《やぐらがこ》いにも、いろいろな種類《しゅるい》があるんですね」

図《ず》❹

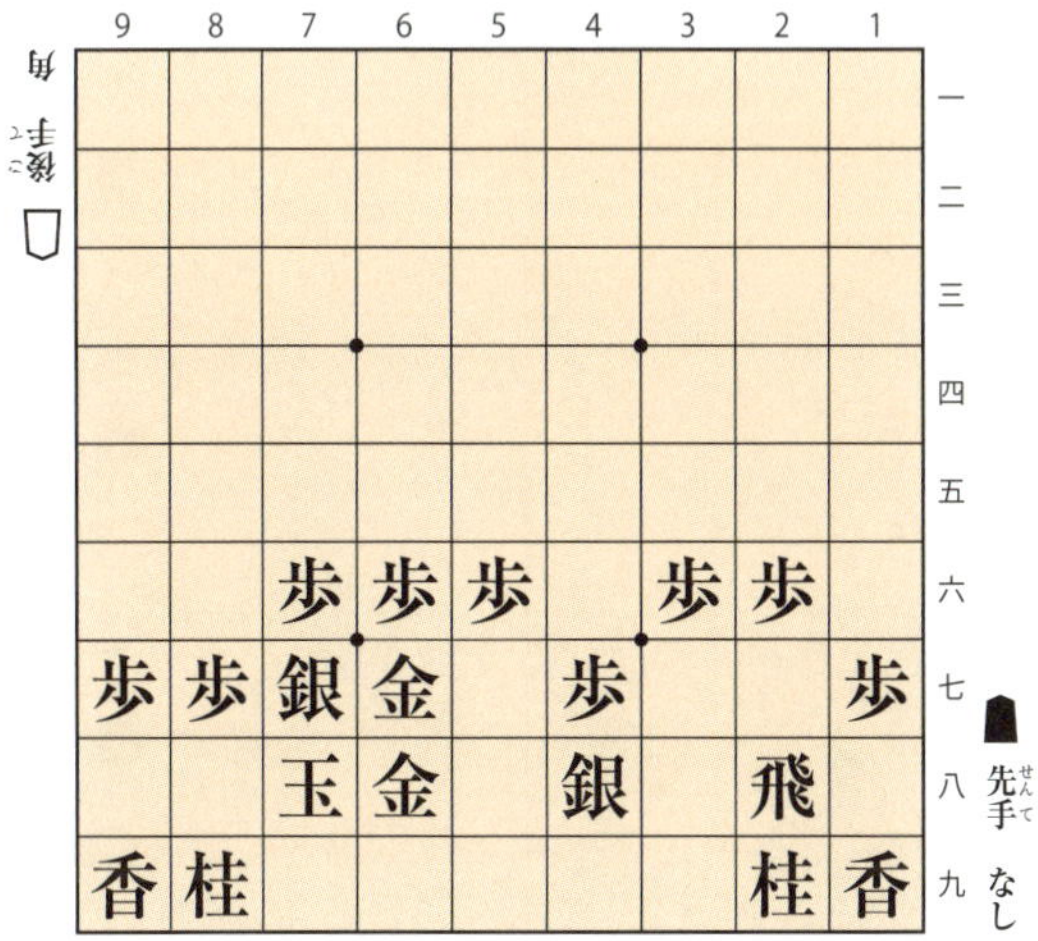

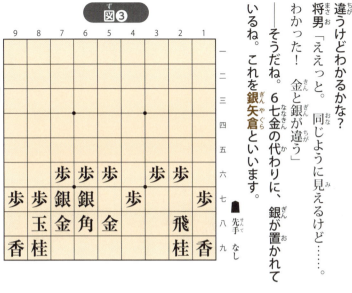

矢倉囲《やぐらがこ》いの特徴《とくちょう》

①居飛車《いびしゃ》（飛車《ひしゃ》の位置《いち》はそのまま）のもっともオーソドックスな囲《かこ》いで、上《うえ》からの攻《せ》めに強《つよ》い。
②囲《かこ》うのに手数《てかず》がかかる。
③横《よこ》からの攻《せ》めには、やや弱《よわ》い。

――では、教《おし》えた金矢倉《きんやぐら》の手順《てじゅん》で、棋譜《きふ》を見《み》てもう一度《いちど》並《なら》べてみてね。そして、これはチャレンジ問題《もんだい》だよ。銀矢倉《ぎんやぐら》はどうやったらできるか、図《ず》❺から並《なら》べてごらん。なるべく手数《てかず》がかからないように囲《かこ》えるといいね。

銀矢倉《ぎんやぐら》への手順《てじゅん》（先手《せんて》だけの指《さ》し手《て》）

☗7六歩《ろくふ》 ☗6八銀《はちぎん》 ☗7七銀《ななぎん》 ☗2六歩《ろくふ》
☗4八銀《はちぎん》 ☗7八金《はちきん》 ☗6九玉《きゅうぎょく》（図《ず》❺）

図《ず》❺

☖後手《ごて》 なし

	9	8	7	6	5	4	3	2	1
一									
二									
三									
四									
五									
六			歩					歩	
七	歩	歩	銀	歩	歩	歩	歩		歩
八		角	金			銀		飛	
九	香	桂		玉		金		桂	香

☗先手《せんて》 なし

図《ず》5から銀矢倉《ぎんやぐら》への手順《てじゅん》

☗5八金《はちきん》　☗7九角《きゅうかく》　☗4六歩《ろくふ》　☗4七銀《ななぎん》
☗6六歩《ろくふ》　☗5六銀《ろくぎん》　☗6七銀《ななぎん》　☗6八角《はちかく》
☗7九玉《きゅうぎょく》　☗8八玉《はちぎょく》（図《ず》6）

――手順《てじゅん》はこれ以外《いがい》にもあるけれど、自分《じぶん》で駒《こま》を動《うご》かして、囲《かこ》いに玉《ぎょく》を入《い》れてあげてね。

将子《しょうこ》「片矢倉《かたやぐら》はどうやったらいいかわからないわ」

――いいところに気《き》づいたね。片矢倉《かたやぐら》は、角《かく》を交換《こうかん》したときによく使《つか》う囲《かこ》いなんだ。相手《あいて》に角《かく》を打《う》たせないように、囲《かこ》いがひとつ右《みぎ》に寄《よ》っているんだ。角《かく》がないと片矢倉《かたやぐら》にしやすいでしょう。

将子《しょうこ》「相手《あいて》によって囲《かこ》いは変《か》わっていくんですね」

――その通《とお》り！

図《ず》6

後手《ごて》　なし

	9	8	7	6	5	4	3	2	1
一									
二									
三									
四									
五									
六			歩	歩		歩		歩	
七	歩	歩	銀	銀	歩		歩		歩
八		玉	金	角	金			飛	
九	香	桂						桂	香

☗先手《せんて》　なし

矢倉囲《やぐらがこ》いは代表的《だいひょうてき》な囲《かこ》い。歩《ふ》が前《まえ》に出《で》て、金銀《きんぎん》3枚《まい》で守《まも》っているのがわかるね

羽生校長《はぶこうちょう》のアドバイス

囲《かこ》いをつくろう！（美濃囲《みのがこ》い）

美濃囲《みのがこ》いへの手順《てじゅん》を覚《おぼ》えて囲《かこ》いを進化《しんか》させよう！

——矢倉囲《やぐらがこ》いの手順《てじゅん》は、わかったかな？　次《つぎ》は人気《にんき》の美濃囲《みのがこ》いを紹介《しょうかい》しよう。図《ず》❶を見《み》てね。これが美濃囲《みのがこ》いの途中図《とちゅうず》です。初手《しょて》から図《ず》❶まで手順《てじゅん》を見《み》ていこう。

☗7六歩《ろくふ》　☗6六歩《ろくふ》　☗7八銀《はちぎん》　☗7七角《ななかく》
☗6八飛《はちひしゃ》（図《ず》❶）

図《ず》❶

☖後手《ごて》 なし

9	8	7	6	5	4	3	2	1	
									一
									二
									三
									四
									五
		歩	歩						六
歩	歩	角		歩	歩	歩	歩	歩	七
		銀	飛						八
香	桂		金	玉	金	銀	桂	香	九

☗先手《せんて》 なし

――ここから次《つぎ》のように進《すす》めて、美濃囲《みのがこ》いを目指《めざ》すよ。

▲4八玉《はちぎょく》　▲3八玉《はちぎょく》　▲2八玉《はちぎょく》　▲3八銀《はちぎん》
▲1六歩《ろくふ》（図《ず》❷）

図《ず》❷

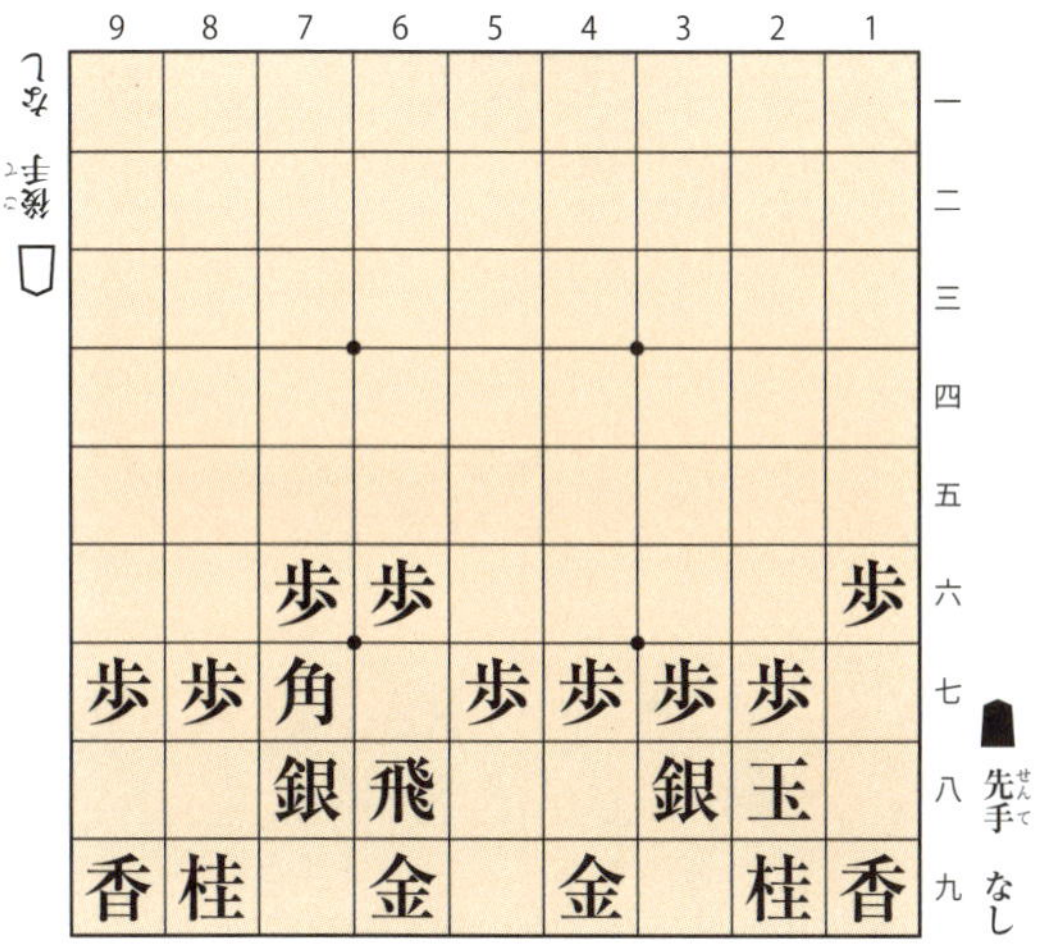

――図《ず》❷。これが美濃囲《みのがこ》いの基本形《きほんけい》です。

将男《まさお》「基本形《きほんけい》？」

将子《しょうこ》「ここから美濃囲《みのがこ》いが進化《しんか》するんですね！」

図《ず》❷から、▲5八金左《はちきんひだり》とした図《ず》❸は、よく用《もち》いられるオーソドックスな美濃囲《みのがこ》いです。

図《ず》❸

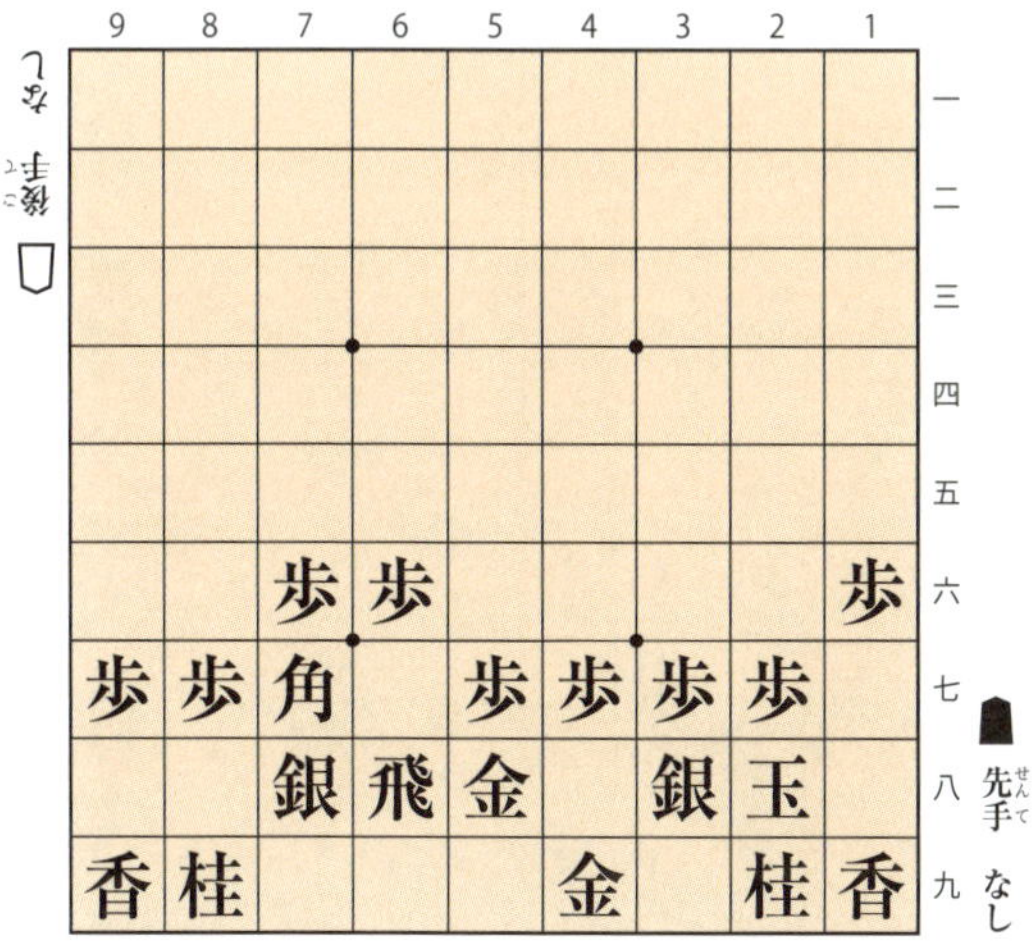

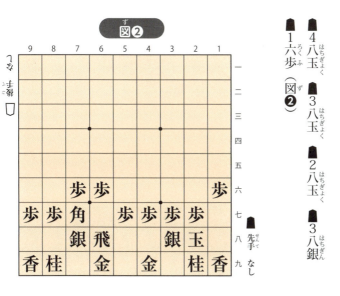

図《ず》❸から、☗4六《ろく》歩《ふ》、☗3六《ろく》歩《ふ》、☗4七《なな》金《きん》と進《すす》んだ図《ず》❹は、**高美濃囲い**《たかみのがこい》といいます。

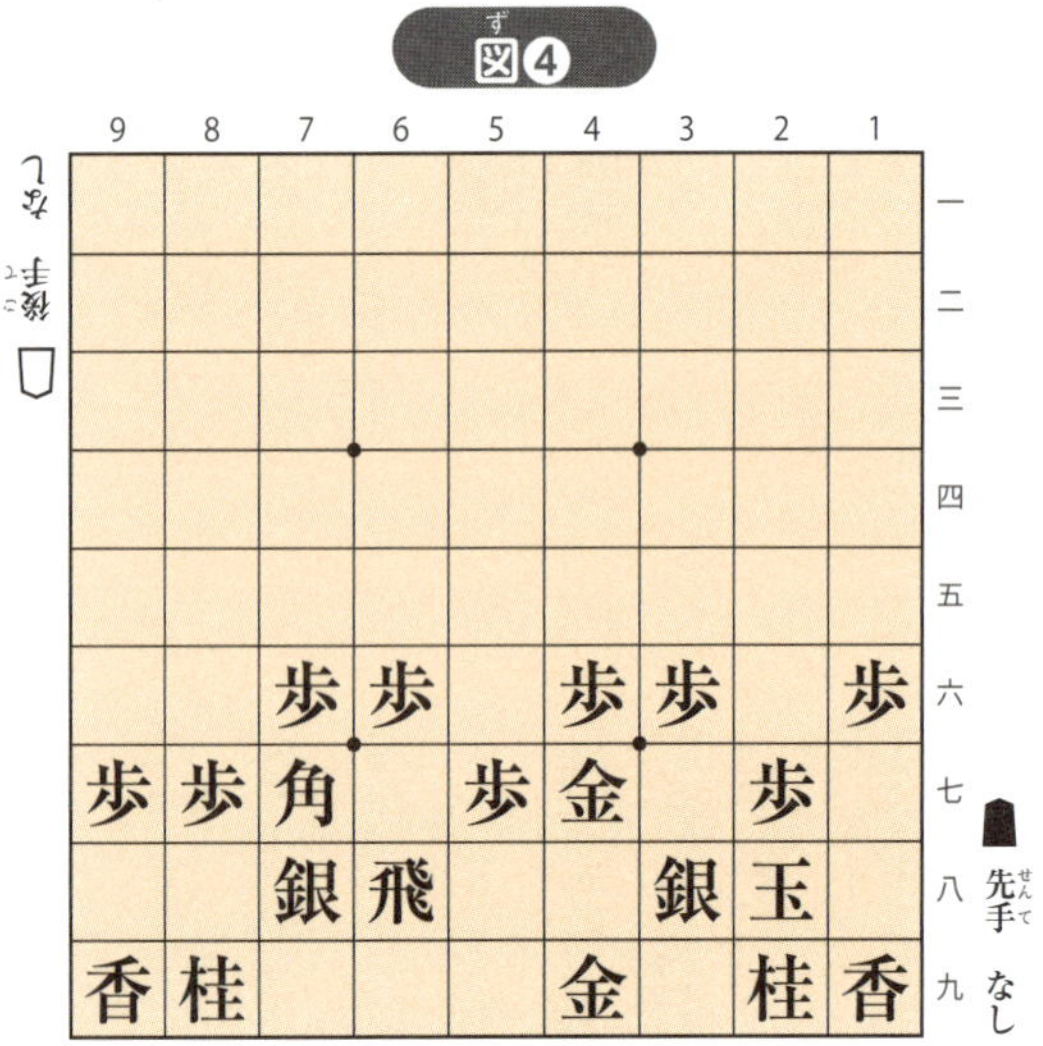

図《ず》❹から、☗2六《ろく》歩《ふ》、☗2七《なな》銀《ぎん》、☗3八《はち》金《きん》と進《すす》んだ図《ず》❺は、**銀冠**《ぎんかんむり》といいます。図《ず》❸⬇高《たか》美《み》濃《の》囲《がこ》い⬇銀《ぎん》冠《かんむり》の順《じゅん》に守《まも》りが堅《かた》くなります。

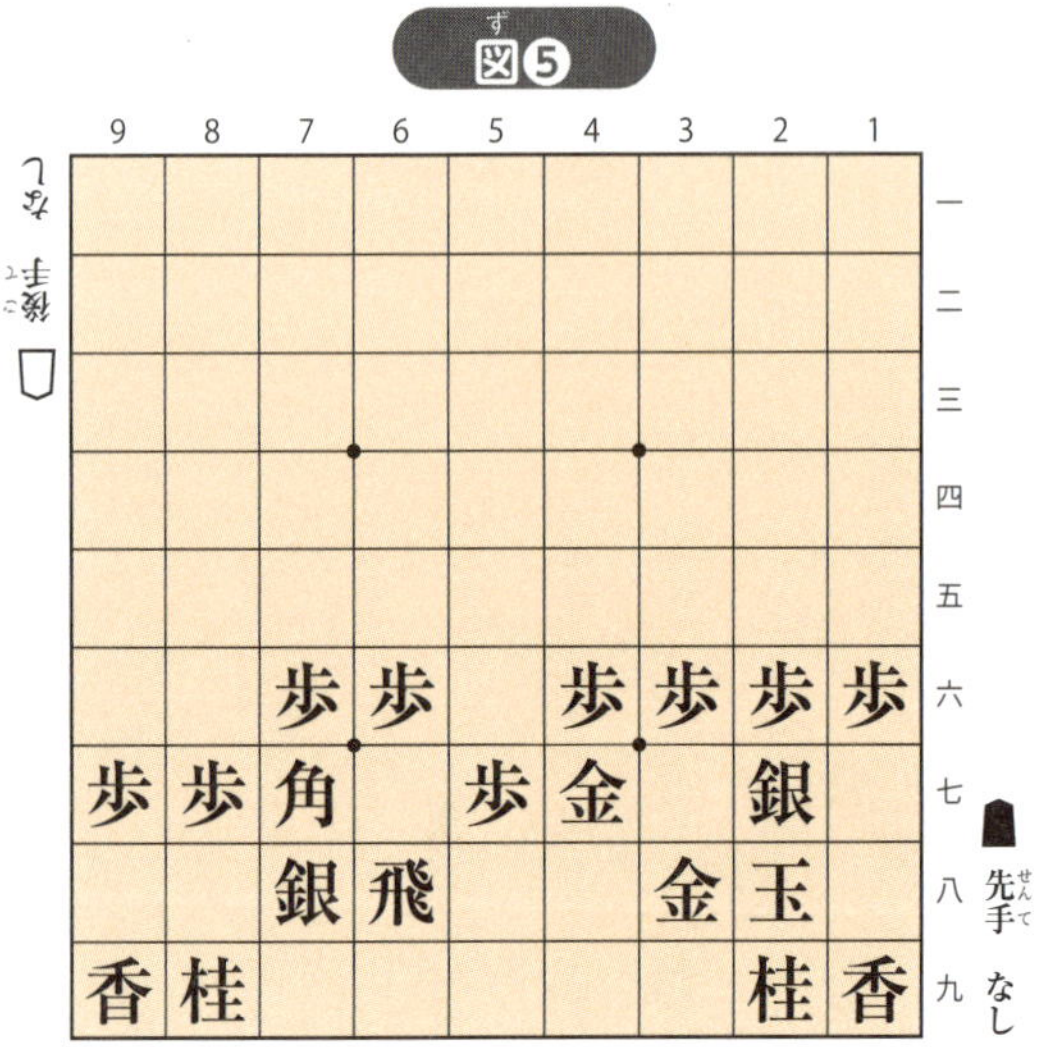

図《ず》❻は図《ず》❸の高美濃《たかみの》の4七《なな》の金《きん》を銀《ぎん》に代《か》えた銀《ぎん》美濃《みの》です。

図《ず》❻

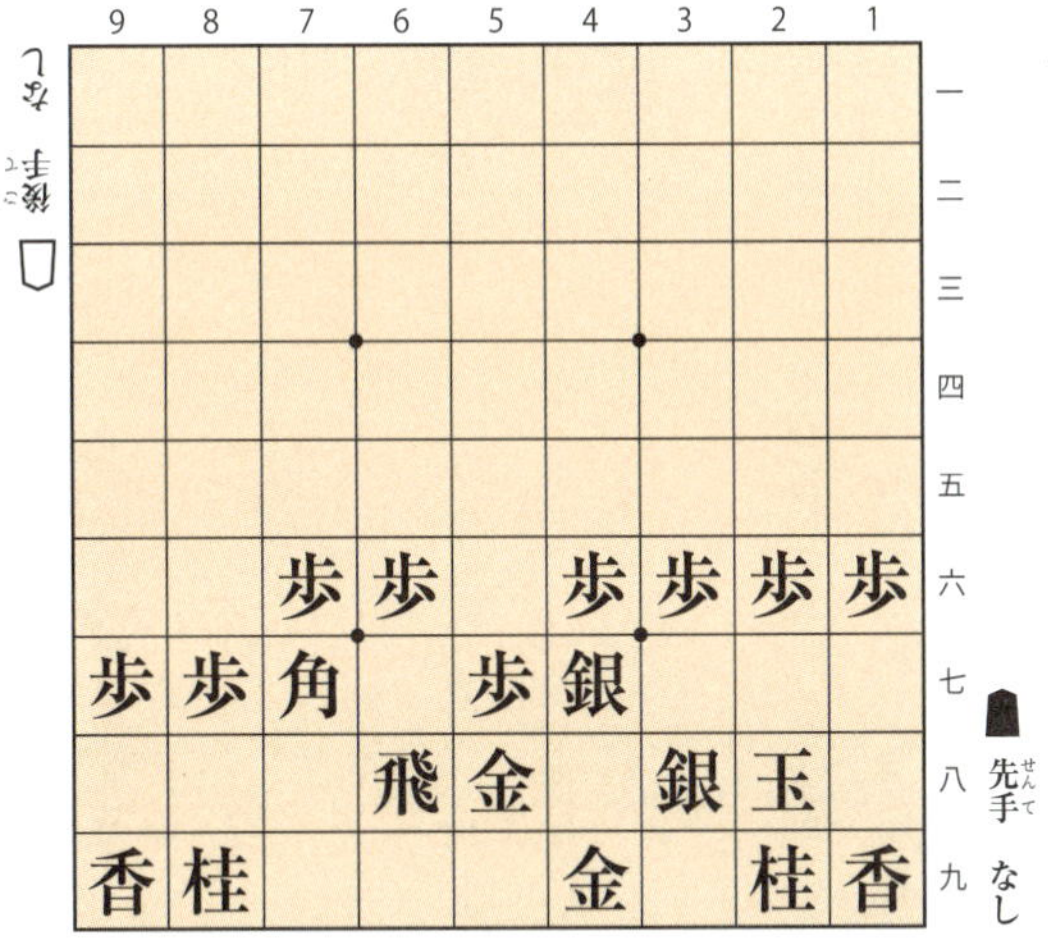

美濃囲《みのがこ》いの特徴《とくちょう》

①横《よこ》からの攻《せ》めに強《つよ》い。
②駒組《こまぐ》みが簡単《かんたん》で、覚《おぼ》えやすく早《はや》く囲《かこ》える。
③上《うえ》からの攻《せ》めには弱《よわ》い。
④さらに堅《かた》い形《かたち》に囲《かこ》いをレベルアップさせることができる。
⑤美濃囲《みのがこ》いは、主《おも》に振《ふ》り飛車《びしゃ》のときに使《つか》う。

矢倉囲《やぐらがこ》いも美濃囲《みのがこ》いも王様《おうさま》を囲《かこ》いの中《なか》に入《い》れることが大切《たいせつ》だよ

陣形《じんけい》の基本《きほん》を覚《おぼ》えよう！

攻《せ》めの陣形《じんけい》と守《まも》りの陣形《じんけい》を合《あ》わせて「戦法《せんぽう》」という

将子《しょうこ》「玉《ぎょく》の囲《かこ》いがいろいろわかったわ」
将男《まさお》「ぼくは、美濃囲《みのがこ》いで全部《ぜんぶ》いくよ！」
将子《しょうこ》「じゃあ、わたしは矢倉囲《やぐらがこ》いでいくわ！」
——それもいいけれど……この時間《じかん》は**陣形《じんけい》の基本《きほん》と戦法《せんぽう》**を教《おし》えるからね。
将子《しょうこ》「戦法《せんぽう》？」
——将棋《しょうぎ》では、攻《せ》めの陣形《じんけい》と、守《まも》りの陣形《じんけい》を合《あ》わせて駒組《こまぐ》みを**戦法《せんぽう》**というんだ。そして、ある戦法《せんぽう》を組《く》み上《あ》げるまでの手順《てじゅん》や、その後《あと》の**攻防《こうぼう》の手《て》順《じゅん》でいちばんいいと思《おも》われるもの**を**定跡《じょうせき》**というんだ。少《すこ》し説明《せつめい》するね。

陣形《じんけい》の基本《きほん》

①戦法《せんぽう》は、大《おお》きく分《わ》けて飛車《ひしゃ》の位置《いち》で決《き》まります。初形《しょけい》のままの位置《いち》、または3筋《すじ》、4筋《すじ》で戦《たたか》うのを**居飛車戦法《いびしゃせんぽう》**。早《はや》く5筋《すじ》より左側《ひだりがわ》に飛車《ひしゃ》を移動《いどう》させるのを**振《ふ》り飛車戦法《びしゃせんぽう》**といいます。
②その他《ほか》にもいろいろな戦法《せんぽう》がありますが、そのほとんどは、居飛車《いびしゃ》と振《ふ》り飛車《びしゃ》が基本《きほん》になっています。
③玉《ぎょく》は、戦《たたか》いが起《お》こる場所《ばしょ》から遠《とお》いところ、つまり飛車《ひしゃ》と反対《はんたい》の方《ほう》へ囲《かこ》います。居飛車《いびしゃ》なら左側《ひだりがわ》

へ、振《ふ》り飛車《びしゃ》なら右側《みぎがわ》へ囲《かこ》います。

④将棋《しょうぎ》の格言《かくげん》に**「攻《せ》めは飛車角銀桂《ひしゃかくぎんけい》、守《まも》りは金銀《きんぎん》3枚《まい》」**とあるように、すべての戦法《せんぽう》は、これが基本《きほん》になります。

⑤今日教《きょうおし》えた囲《かこ》いは、すべて**金銀《きんぎん》3枚《まい》で囲《かこ》いができている**ことを確認《かくにん》してください。

⑥囲《かこ》いは、金《きん》と銀《ぎん》が入《い》れ替《か》わる場合《ばあい》（金矢倉《きんやぐら》と銀《ぎん》矢倉《やぐら》、高美濃《たかみの》と銀美濃《ぎんみの》）はありますが、金《きん》と銀《ぎん》が逆《ぎゃく》の形《かたち》で、連絡《れんらく》がないのは悪《わる》い形《かたち》です。

図《ず》❶の飛車《ひしゃ》と玉《ぎょく》の位置《いち》に注目《ちゅうもく》してください。先《せん》手《て》も後手《ごて》も矢倉《やぐら》（金矢倉《きんやぐら》）に囲《かこ》った、居飛車戦法《いびしゃせんぽう》で、**相矢倉《あいやぐら》**と呼《よ》ばれる代表的《だいひょうてき》な戦法《せんぽう》です。

先手《せんて》の陣形《じんけい》は5筋《すじ》から右《みぎ》が攻《せ》め、左《ひだり》が守《まも》りです。角《かく》は左側《ひだりがわ》にいますが、ナナメに大《おお》きく動《うご》けば、右《みぎ》に利《き》いていますから攻《せ》めの駒《こま》です。

このあと、4五歩《ごふ》、3五歩《ごふ》、2四歩《よんふ》、4五歩《ごふ》、1五歩《ごふ》など、歩《ふ》を突《つ》きすてて攻《せ》めていきます。

図《ず》❶

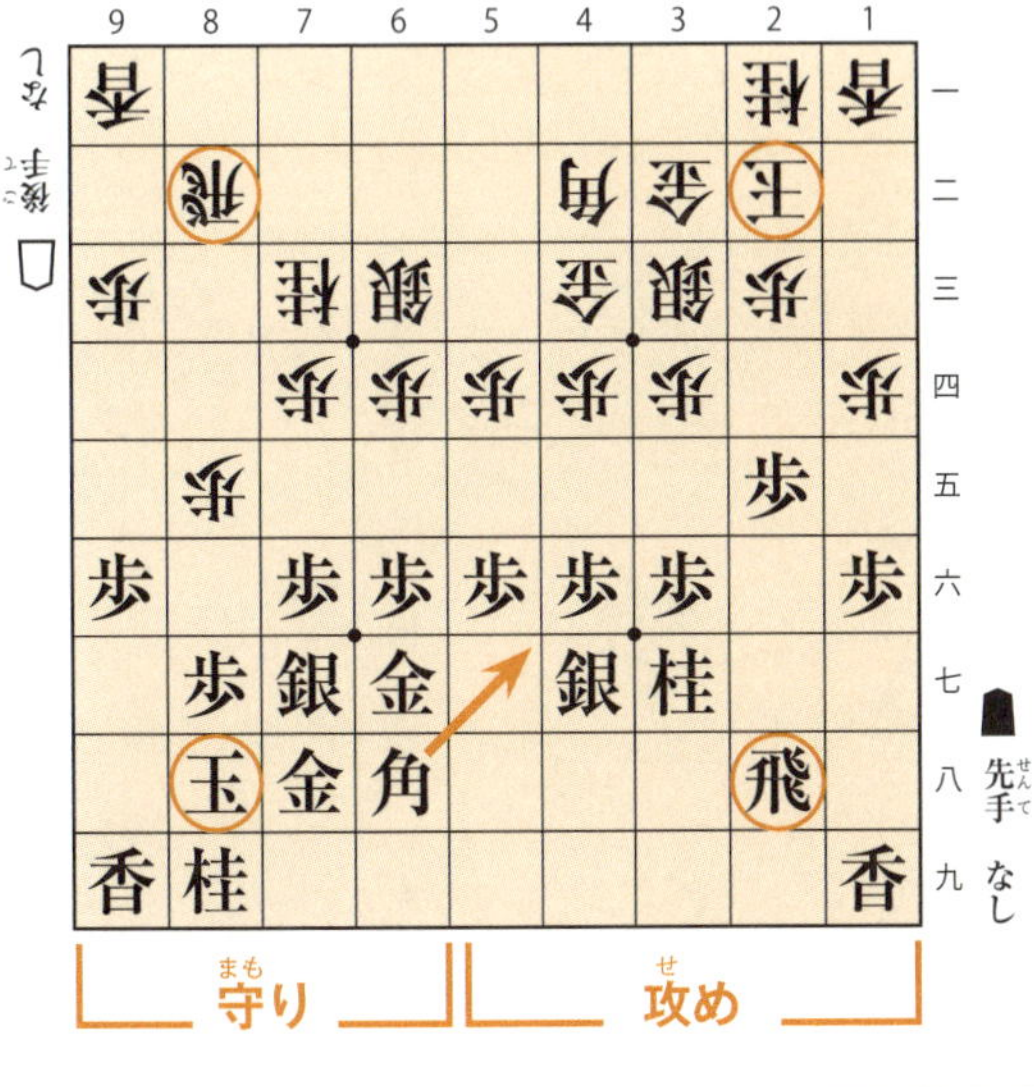

図《ず》❷は、先手《せんて》が居飛車戦法《いびしゃせんぽう》、後手《ごて》が振《ふ》り飛車戦法《びしゃせんぽう》です。先手《せんて》は急戦《きゅうせん》を仕掛《しか》けようと、玉《ぎょく》の囲《かこ》いを簡単《かんたん》にして早《はや》く攻《せ》めようという陣形《じんけい》です。先手《せんて》の陣形《じんけい》は、角《かく》と銀《ぎん》と金《きん》2枚《まい》の船《ふね》の上《うえ》に7八玉《はちぎょく》が乗《の》っているので**船囲《ふながこ》い**といいます。

図《ず》❷

このあとの展開《てんかい》としては、☗3五歩《ごふ》☖3二飛《にひ》☗5五歩《ごふ》☖同歩《どうふ》☗3六飛《ろくひ》☖3五歩《ごふ》☗同銀《どうぎん》（図《ず》❸）と攻《せ》める狙《ねら》いがあります。居飛車《いびしゃ》は銀《ぎん》を前《まえ》に進《すす》めて押《お》さえ込《こ》めば有利《ゆうり》に、振《ふ》り飛車《びしゃ》は攻《せ》められる筋《すじ》に飛車《ひしゃ》を移動《いどう》してさばき（駒交換《こまこうかん》）を狙《ねら》います。

図《ず》❸

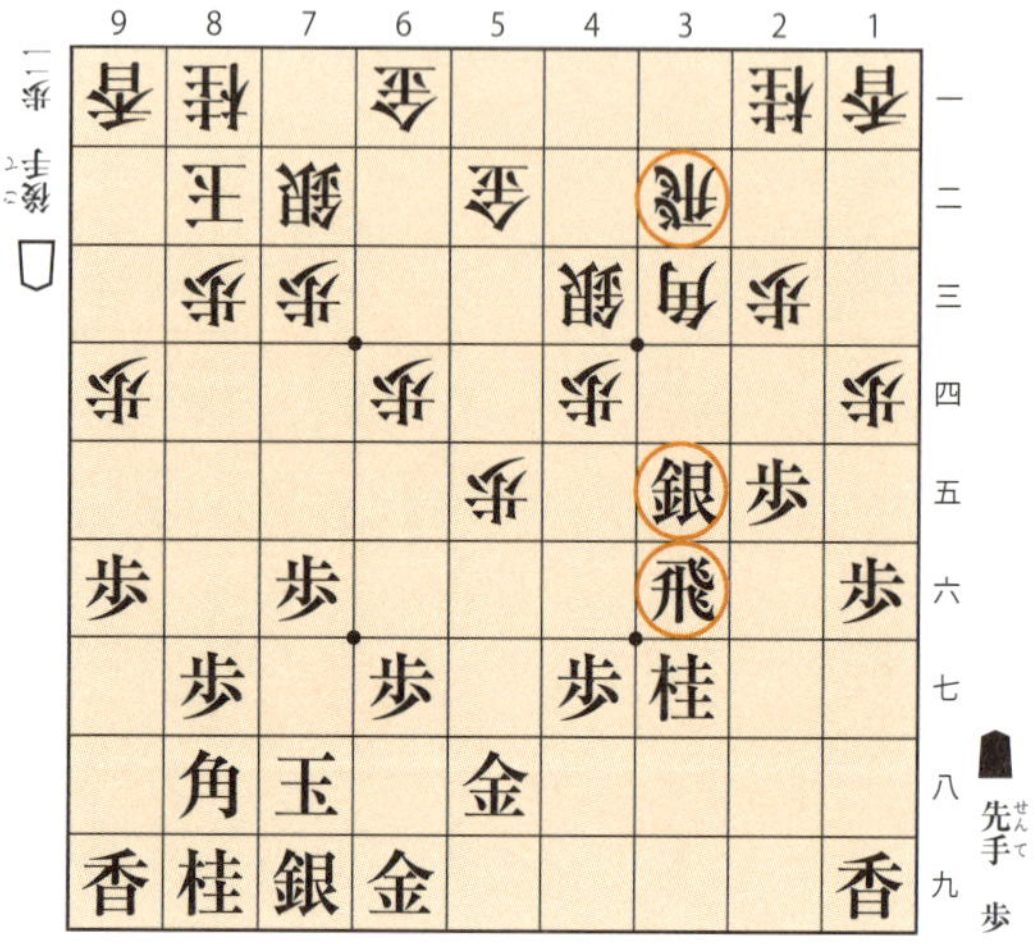

金銀《きんぎん》の悪形《あくがた》

続《つづ》いて、陣形《じんけい》の悪《わる》い形《かたち》も見《み》ながら考《かんが》えていきましょう。

図《ず》❹は、4一金《いちきん》が玉《ぎょく》から離《はな》れています。玉《ぎょく》の横腹《よこばら》が空《あ》いているので、相手《あいて》に飛車《ひしゃ》を持《も》たれるとすぐ王手《おうて》がかかってしまいます。4一金《いちきん》が3二金《にきん》としまっていればいい形《かたち》です。

図《ず》❺は7九《きゅう》の地点《ちてん》が空《あ》いていて、駒《こま》の連絡《れんらく》が悪《わる》い形《かたち》です。8七銀《しちぎん》―7八金《はちきん》ならいい形《かたち》です。

図《ず》❻は、4九金《きゅうきん》にヒモがついていない（連絡《れんらく》がない）ので、終盤《しゅうばん》になるとこの金《きん》を狙《ねら》われやすい形《かたち》。玉頭《ぎょくとう》の2七《しち》の地点《ちてん》も弱点《じゃくてん》です。3八銀《はちぎん》―4九《きゅう》金《きん》ならいい形《かたち》です。

図《ず》❹

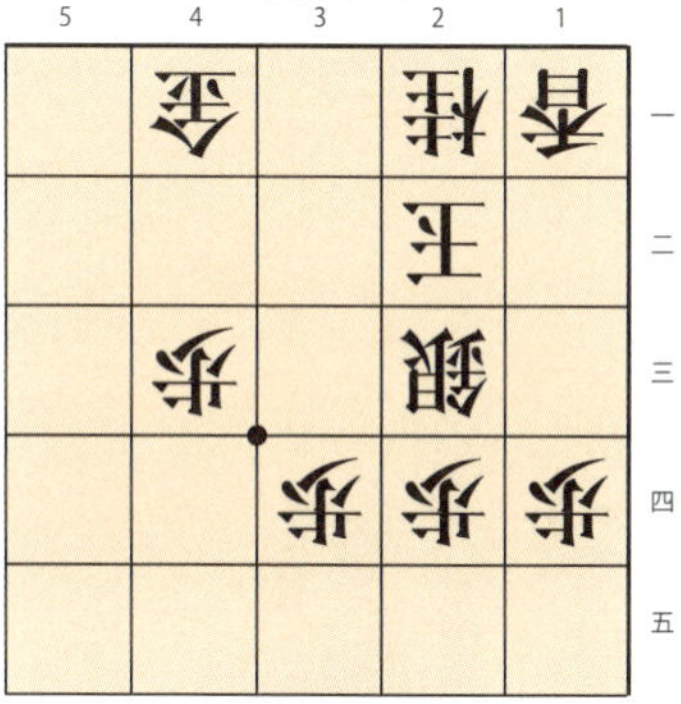

図《ず》❺

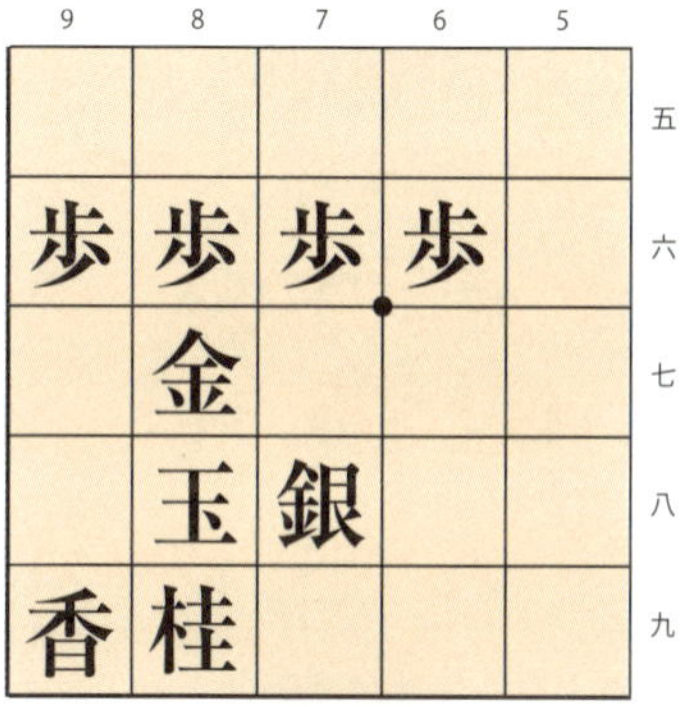

図《ず》❻

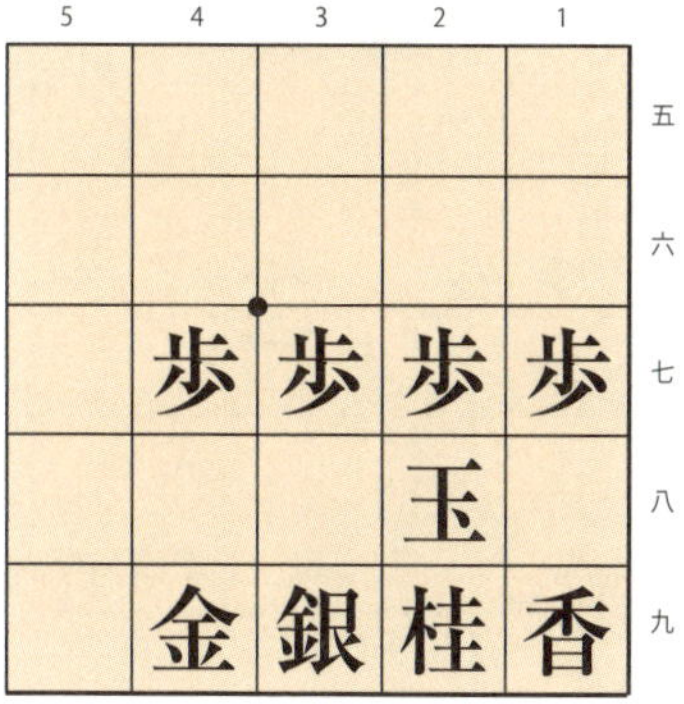

——さあ、よい形《かたち》と悪《わる》い形《かたち》が分《わ》かったかな？
では確認《かくにん》テストだ！
将男《まさお》「やったー。おれテスト大好《だいす》き！」
将子《しょうこ》「へー。ほんとかな～」
——2人《ふたり》ともやる気満々《きまんまん》だね！　では、図《ず》を見《み》てね。どこか教《おし》えたことと違《ちが》うよ。間違《まちが》い探《さが》しをしてみよう。ヒントは、今《いま》まで教《おし》えた利《き》きのことを思《おも》い出《だ》してね。それと将棋《しょうぎ》でいちばん大事《だいじ》な駒《こま》は、どこに置《お》けばいいかを考《かんが》えてみよう！
将男《まさお》「そうか、玉《ぎょく》の場所《ばしょ》をまず確認《かくにん》することが大《だい》事《じ》なんだね！」
将子《しょうこ》「あと、金銀《きんぎん》の連携《れんけい》が大事《だいじ》だね！」
将男《まさお》「よ～し！　やるぞ！」

問題《もんだい》1

後手《ごて》 なし

	9	8	7	6	5	4	3	2	1
一									
二									
三									
四									
五								歩	
六			歩	歩	歩		歩		歩
七	歩	歩	銀	金		歩	銀		
八		角	金	玉				飛	
九	香	桂						桂	香

先手《せんて》 なし

よい形《かたち》はしっかりと利《き》きが手《て》をつないでいるよ。よい形《かたち》をたくさん覚《おぼ》えよう！

問題《もんだい》②

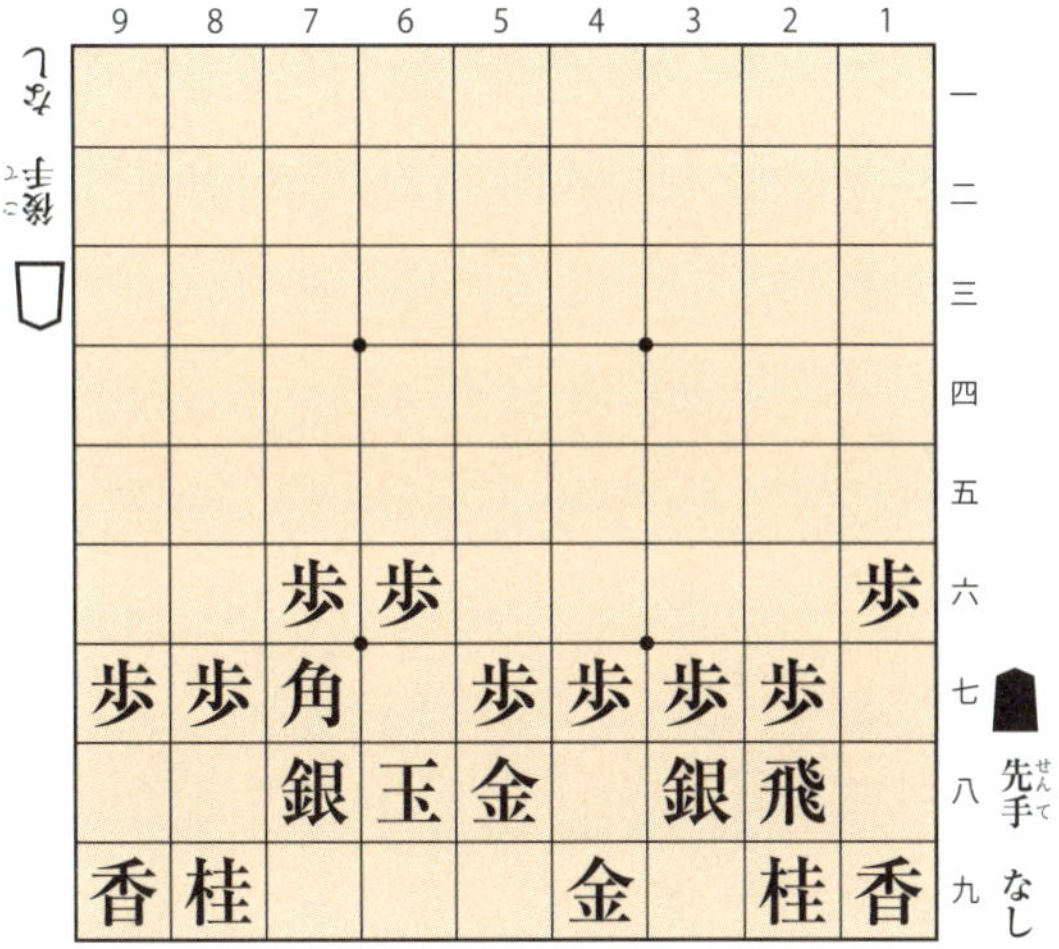

問題《もんだい》③

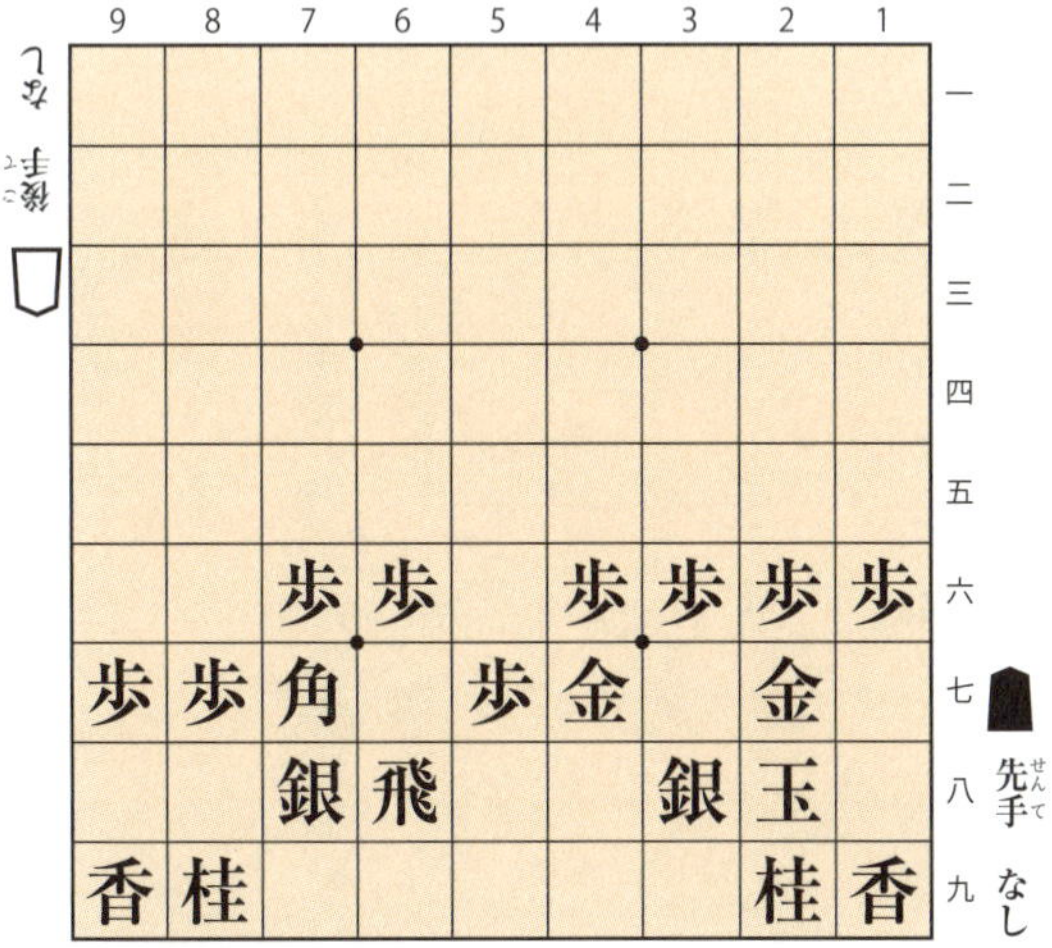

【解答《かいとう》】

問題《もんだい》①
角《かく》と玉《ぎょく》を入《い》れ替《か》える。これは金矢倉《きんやぐら》です。玉《ぎょく》をしっかり囲《かこ》ってあげよう。

問題《もんだい》②
飛《ひ》と玉《ぎょく》を入《い》れ替《か》える。美濃囲《みのがこ》いの基本形《きほんけい》です。ここからいろいろな形《かたち》に発展《はってん》させていくよ。

問題《もんだい》③
2七金《ななきん》と3八銀《はちぎん》を入《い》れ替《か》える。これは銀冠《ぎんかんむり》。金《きん》と銀《ぎん》がしっかり手《て》をつないでいるね。

穴熊囲《あなぐまがこ》い

終盤《しゅうばん》に威力《いりょく》を発揮《はっき》する最強《さいきょう》の囲《かこ》いを使《つか》ってみよう！

―4時間目《じかんめ》は、人気《にんき》の最強《さいきょう》の囲《かこ》いを教《おし》えるよ。

将男《まさお》「やったー」

将子《しょうこ》「わかった！　穴熊囲《あなぐまがこ》いでしょう」

―よく知《し》っているね。昔《むかし》からあった囲《かこ》いなんだけど、囲《かこ》いに手数《てかず》がかかることと、王様《おうさま》の動《うご》きが狭《せま》いので、あまりいい囲《かこ》いとはされない時期《じき》もあったけれど、今《いま》は穴熊囲《あなぐまがこ》いはプロでも人気《にんき》なんだ。

将男《まさお》「そうなんだぁ～」

―でも、王将《おうしょう》の動《うご》き方《かた》がよくわかるまでは、秘《ひ》密《みつ》の囲《かこ》いにすることをおすすめするよ。

穴熊囲《あなぐまがこ》いの特徴《とくちょう》

①穴熊《あなぐま》の特徴《とくちょう》は、いきなり王手《おうて》がかからないことです。終盤《しゅうばん》に威力《いりょく》を発揮《はっき》します。

②囲《かこ》いに時間《じかん》（手順《てじゅん》）がかかることが弱点《じゃくてん》。玉《ぎょく》の逃《に》げる場所《ばしょ》がないので、王手《おうて》がかかると弱《よわ》い。

③囲《かこ》うことができれば、飛車《ひしゃ》や角《かく》を捨《す》ててでも相《あい》手《て》に攻撃《こうげき》をかけていくことも可能《かのう》です。

図《ず》❶が**振《ふ》り飛車穴熊《びしゃあなぐま》**、図《ず》❷が**居飛車穴熊《いびしゃあなぐま》**です。玉《ぎょく》が金銀桂《きんぎんけい》 香《きょう》 歩《ふ》の穴《あな》の中《なか》に入《はい》っています。

初手《しょて》から振《ふ》り飛車穴熊《びしゃあなぐま》までの手順《てじゅん》

(先手《せんて》のみの指《さ》し手《て》)

☗7六歩《ろくふ》　☗6六歩《ろくふ》　☗7八銀《はちぎん》　☗6八飛《はちひ》
☗4八玉《はちぎょく》　☗3八玉《はちぎょく》　☗2八玉《はちぎょく》　☗1八香《はちきょう》
☗1九玉《きゅうぎょく》　☗2八銀《はちぎん》　☗3九金《きゅうきん》　☗5八金《はちきん》
☗4八金寄《はちきんより》　☗3八金寄《はちきんより》(図《ず》❶)

図《ず》❶

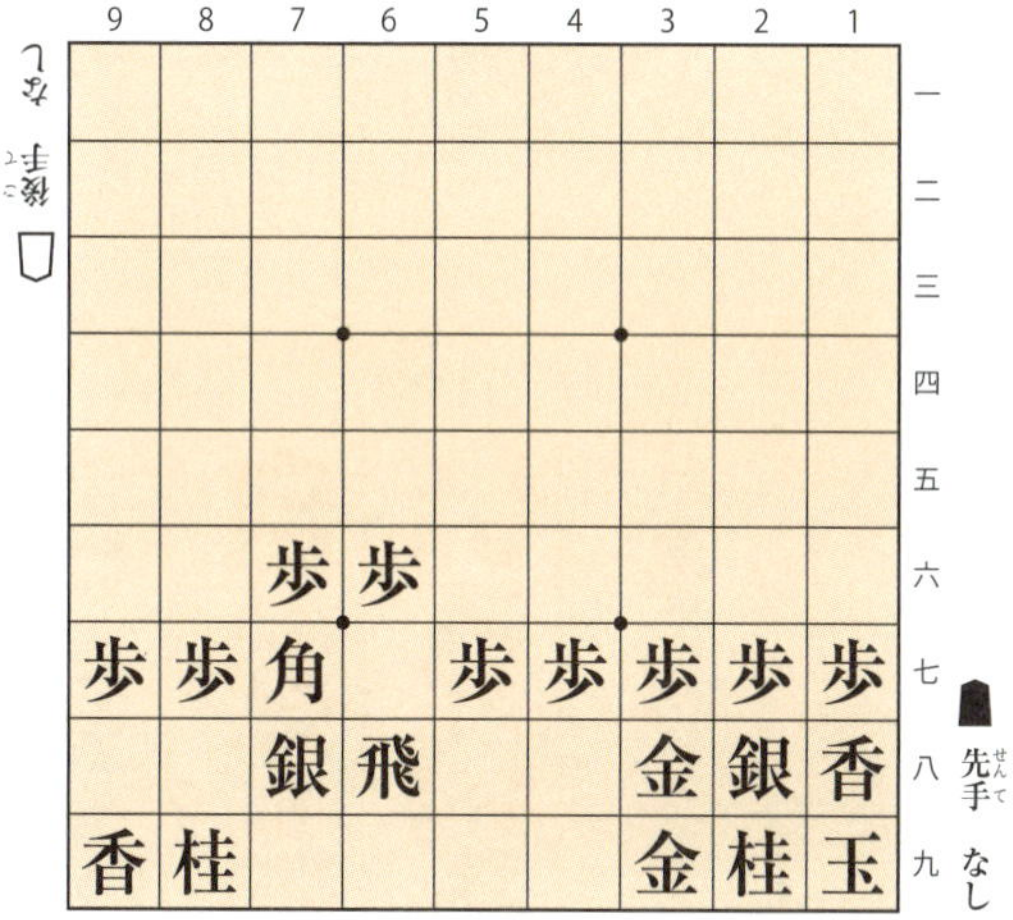

初手《しょて》から居飛車穴熊《いびしゃあなぐま》までの手順《てじゅん》

(先手《せんて》のみの指《さ》し手《て》)

☗7六歩《ろくふ》　☗2六歩《ろくふ》　☗2五歩《ごふ》　☗4八銀《はちぎん》
☗5六歩《ろくふ》　☗6八玉《はちぎょく》　☗7八玉《はちぎょく》　☗5七銀《しちぎん》
☗7七角《しちかく》　☗8八玉《はちぎょく》　☗9八香《はちきょう》　☗9九玉《きゅうぎょく》
☗8八銀《はちぎん》　☗7九金《きゅうきん》　☗5八金《はちきん》　☗6八金寄《はちきんより》
☗7八金寄《はちきんより》(図《ず》❷)

図《ず》❷

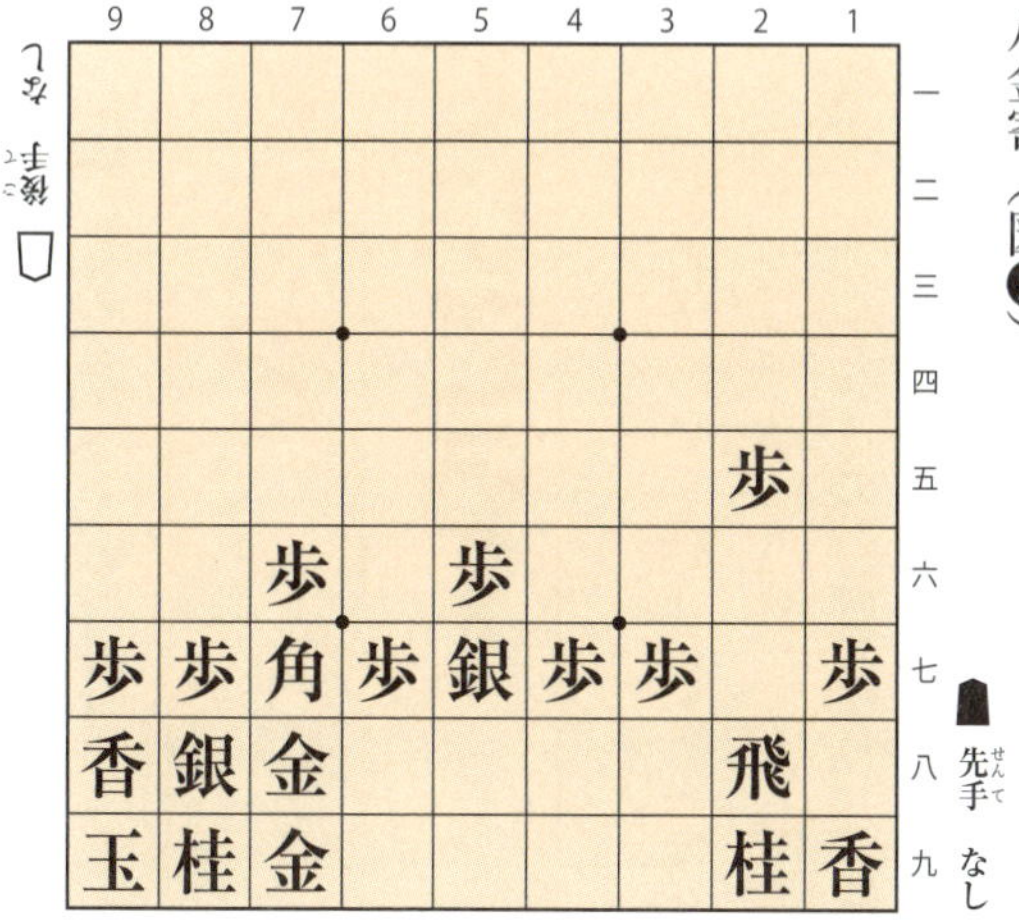

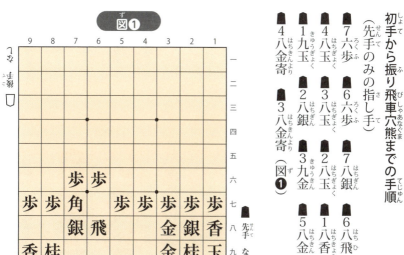

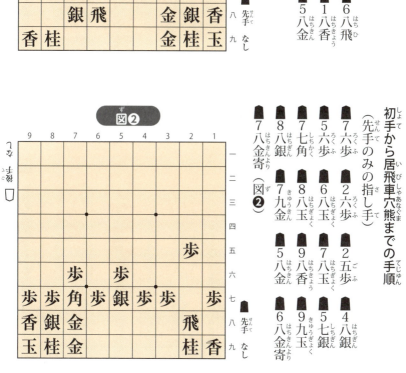

プロが使《つか》っている戦法《せんぽう》・囲《かこ》いを教《おし》えるよ！

自分《じぶん》で囲《かこ》いや戦法《せんぽう》をいろいろ試《ため》していこう！

——いよいよ、第《だい》4日目《にちめ》の最後《さいご》の授業《じゅぎょう》です。基本《きほん》の囲《かこ》いや陣形《じんけい》、戦法《せんぽう》を教《おし》えたけど、まだまだあるので紹介《しょうかい》するよ。

将子《しょうこ》「プロが使《つか》っている戦法《せんぽう》を、わたしも使《つか》っていいんですか？」

——もちろんだよ！　将棋《しょうぎ》はプロでも将子《しょうこ》ちゃんでも自由《じゆう》に戦法《せんぽう》を使《つか》っていいんだよ。それから、自分《じぶん》で囲《かこ》いや戦法《せんぽう》をつくって、新定跡《しんじょうせき》を打《う》ち立《た》ててもいいんだ。

将男《まさお》「へ～！　じゃあぼくの将男囲《まさおがこ》いをつくってもいいかぁ～！」

——では、まずは、プロが使《つか》っている戦法《せんぽう》をいくつか教《おし》えるね。今《いま》まで教《おし》えた囲《かこ》いがもとになって、**戦型《せんけい》＝戦法《せんぽう》**になっているのもあるからね。**攻《せ》めと守《まも》りの陣形《じんけい》をよく見《み》てね。**

矢倉戦法《やぐらせんぽう》

図《ず》❶は先手《せんて》も後手《ごて》も矢倉囲《やぐらがこ》いをしている**相矢倉《あいやぐら》**。先手《せんて》は銀《ぎん》と桂《けい》と飛車《ひしゃ》で攻《せ》めを目指《めざ》して、後手《ごて》は銀《ぎん》が飛車《ひしゃ》の先《さき》に棒《ぼう》のように出《で》て攻《せ》めようとしている**棒《ぼう》銀《ぎん》**の攻《せ》めを目指《めざ》しています。

図《ず》❶

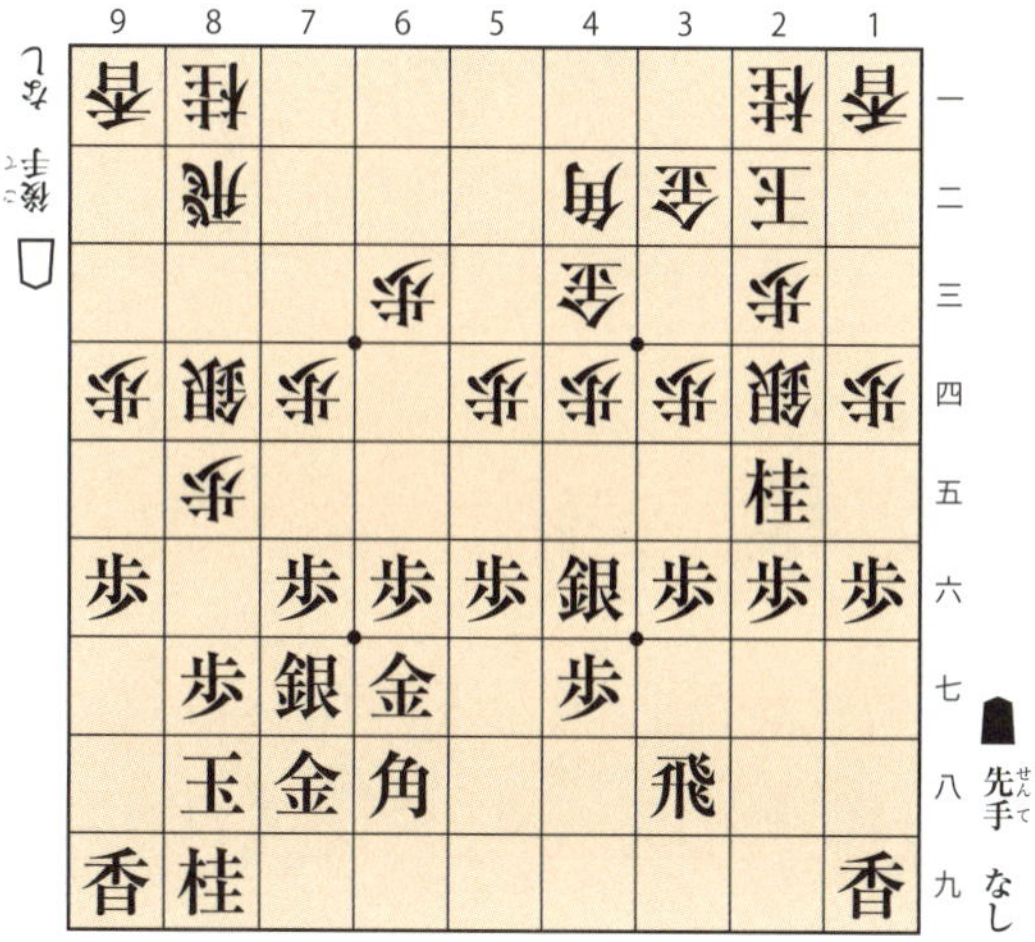

両方《りょうほう》の陣形《じんけい》がしっかりと金銀《きんぎん》3枚《まい》で囲《かこ》いに入《はい》って、攻《せ》めも飛車角銀桂香《ひしゃかくぎんけいきょう》を使《つか》っています。

この後《あと》の指《さ》し手《て》で、もし後手《ごて》が☖9三香《さんきょう》なら、☗5五歩《ごふ》、☖同歩《どうふ》、☗1五歩《ごふ》、☖同歩《どうふ》、☗3五《ご》歩《ふ》、☖同歩《どうふ》と「開戦《かいせん》は歩《ふ》の突《つ》き捨《す》てから」という格言《かくげん》もあるように、歩《ふ》を突《つ》き捨《す》てます。そのあとは、☗3五同銀《ごどうぎん》、☖同銀《どうぎん》、☗同角《どうかく》（図《ず》❷）と攻《せ》めていくことも可能《かのう》です。

図《ず》❷

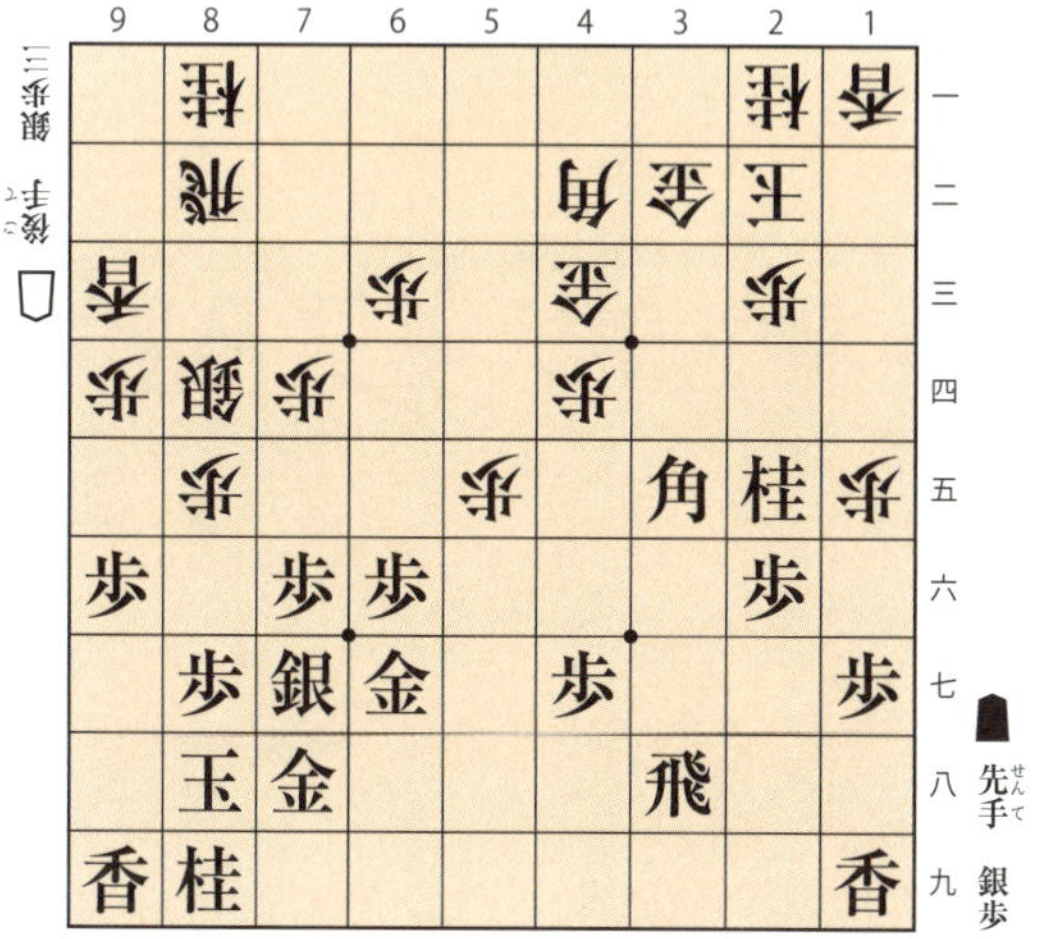

横《よこ》歩《ふ》取《ど》り戦《せん》法《ぽう》

図《ず》❸は、横《よこ》歩《ふ》取《ど》り戦《せん》法《ぽう》。お互《たが》いの持《も》ち駒《ごま》は歩《ふ》2枚《まい》ですが、よく見《み》ると先手《せんて》は全部《ぜんぶ》で10枚《まい》、後手《ごて》は8枚《まい》で駒損《こまぞん》をしています。先手《せんて》が3四《よん》に合《あ》った相《あい》手《て》の歩《ふ》を取《と》ったのですが、取《と》るまでに飛車《ひしゃ》に手《て》を使《つか》いました。その分《ぶん》後手《ごて》は、指《さ》し手《て》を進《すす》めています。この歩得《ふどく》（相手《あいて》より歩《ふ》を多《おお》く持《も》つこと）を生《い》かすか、手得《てどく》（相手《あいて》よりも無駄《むだ》な駒《こま》の移動《いどう》をしないこと）を生《い》かすかの戦《たたか》い。

この後《あと》の一例《いちれい》として、以下《いか》、☖9四歩《よんふ》、☗3六《ろく》歩《ふ》、☖8六歩《ろくふ》、☗同歩《どうふ》、☖同飛《どうひ》、☗3五歩《ごふ》、☖8五飛（図《ず》❹）という歩《ふ》を狙《ねら》いながら、角交換《かくこうかん》※をいつ実行《じっこう》するかを考《かんが》える展開《てんかい》が予想《よそう》されます。

図《ず》❸

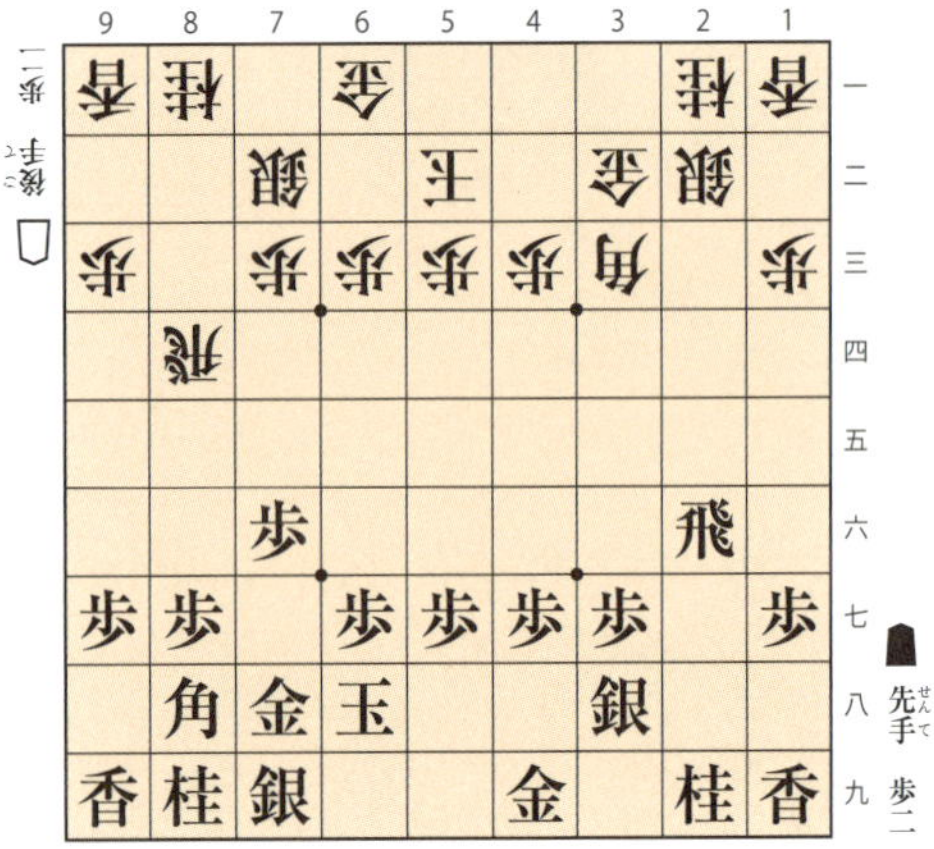

図《ず》❹

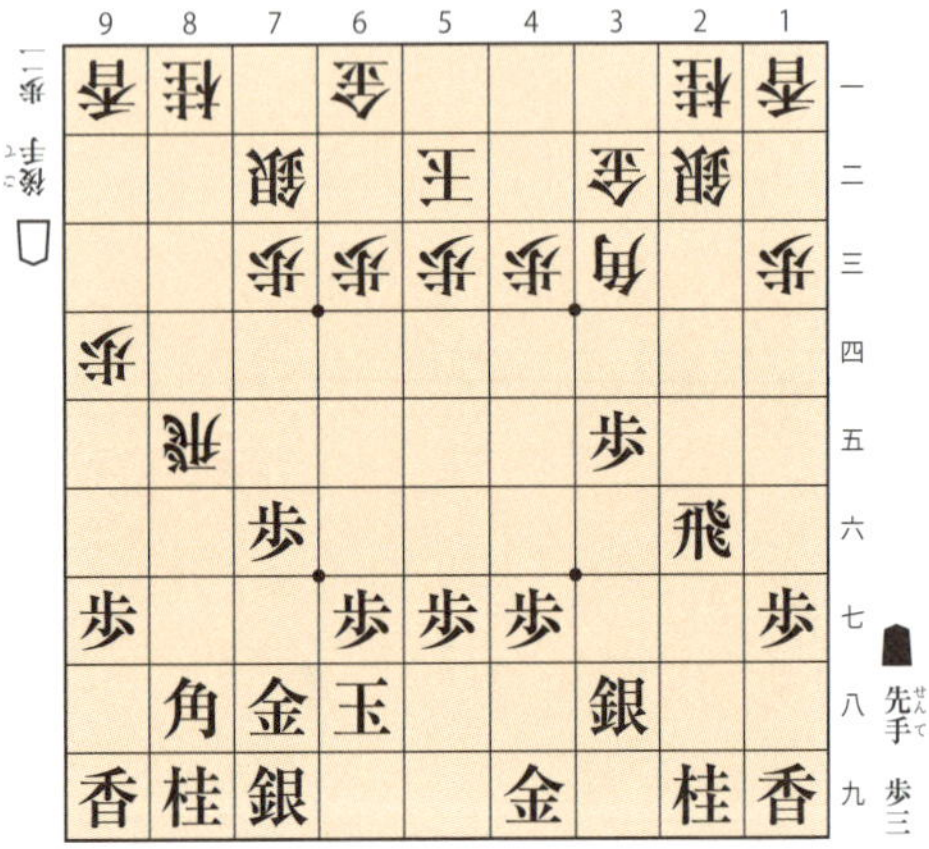

※お互《たが》いに角同士《かくどうし》を交換《こうかん》して持《も》ち駒《ごま》にすること

図《ず》❺

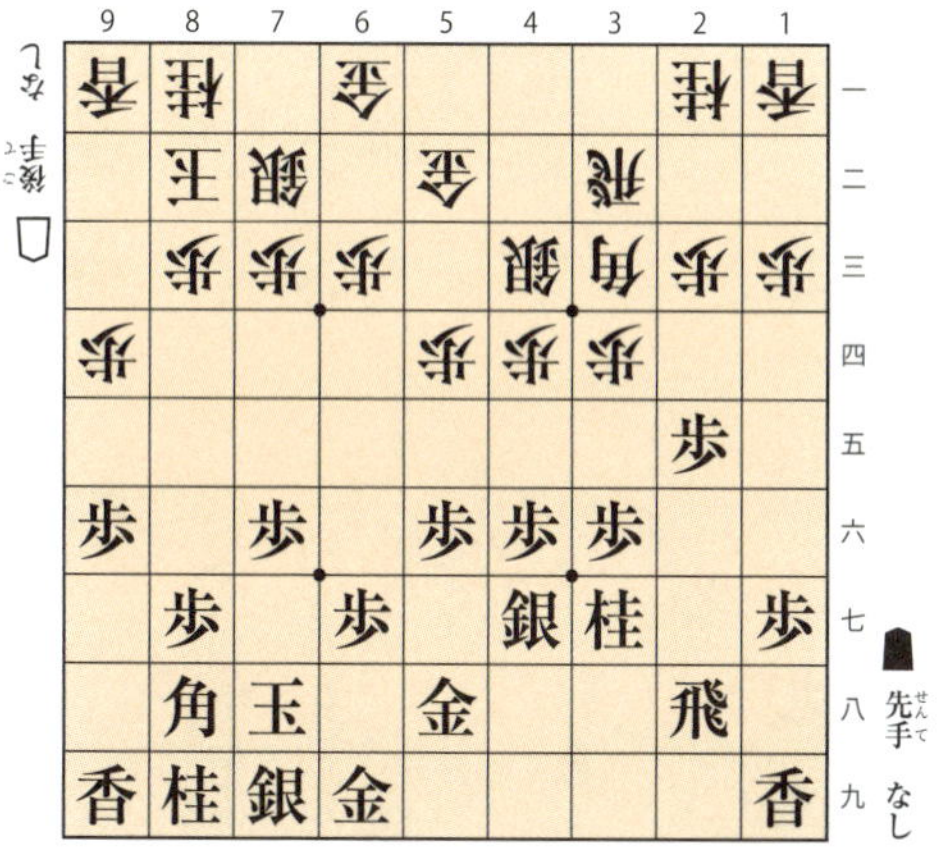

居飛車急戦《いびしゃきゅうせん》対振《たいふ》り飛車戦法《びしゃせんぽう》

図《ず》❺は、居飛車急戦船囲《いびしゃきゅうせんふながこ》い対三間飛車美濃囲《たいさんけんびしゃみのがこ》いの戦《たたか》いです。先手《せんて》は、4五歩《ごふ》と着《つ》いて、角交換《かくこうかん》を狙《ねら》って、飛車先《ひしゃさき》を突破《とっぱ》を狙《ねら》います。後手《ごて》は、相《あい》手《て》の攻《せ》めを利用《りよう》しながら、駒《こま》を交換《こうかん》（これをさばくといいます）。そして美濃囲《みのがこ》いの堅《かた》さを利用《りよう》して勝負《しょうぶ》します。

手順《てじゅん》としては、☗1六歩《ろくふ》、☖1四歩《よんふ》、☗4五《ご》歩《ふ》、☖同歩《どうふ》なら、☗3三角成《さんかくなり》、☖同桂《どうけい》、☗2四《よん》歩《ふ》、☖同歩《どうふ》、☗同飛《どうひ》（図《ず》❻）と2筋《すじ》を突破《とっぱ》する狙《ねら》いです。振《ふ》り飛車側《びしゃがわ》としては、そうならないように、攻《せ》められている筋《すじ》に飛車《ひしゃ》をまわりながら交《こう》換《かん》をうまくする方針《ほうしん》で指《さ》し手《て》を進《すす》めていきます。

図《ず》❻

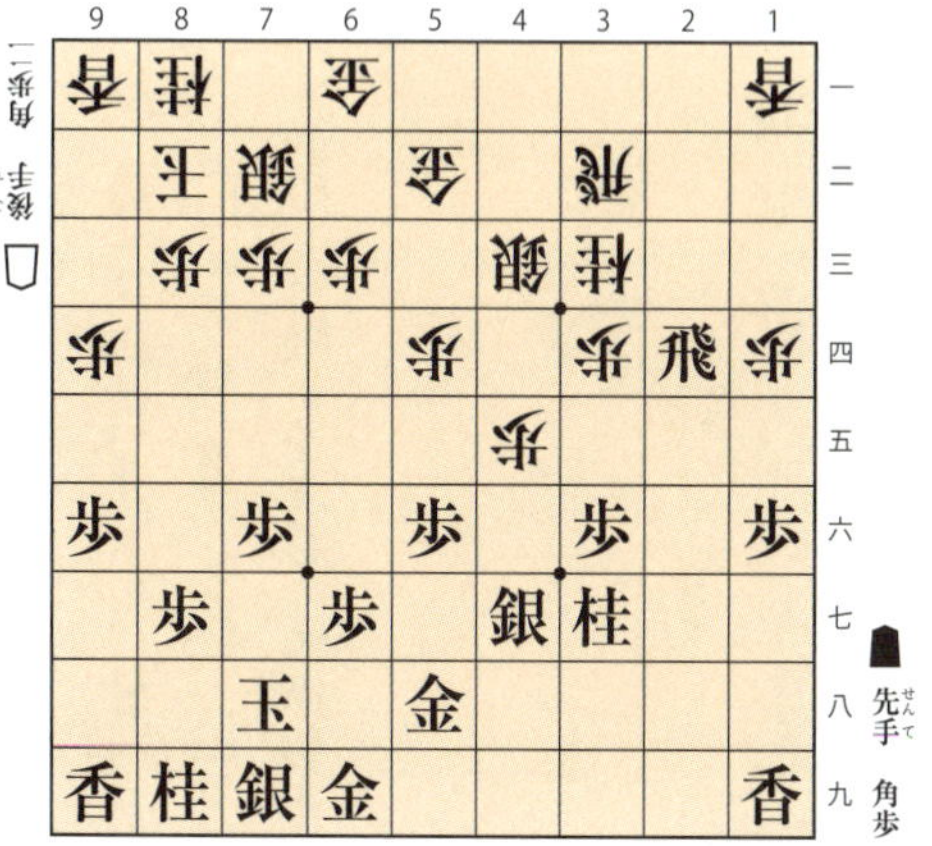

角交換《かくこうかん》振《ふ》り飛車《びしゃ》

図《ず》❼は、最近大流行《さいきんだいりゅうこう》の角交換型中飛車《かくこうかんがたなかびしゃ》です。振《ふ》り飛車《びしゃ》から角交換《かくこうかん》をして、角《かく》を手持《ても》ちにして居飛《いび》車《しゃ》を陣《じん》の隙《すき》をつく形《かたち》です。居飛車穴熊対策《いびしゃあなぐまたいさく》としてプロのタイトル戦《せん》でも指《さ》されています。

図《ず》❼

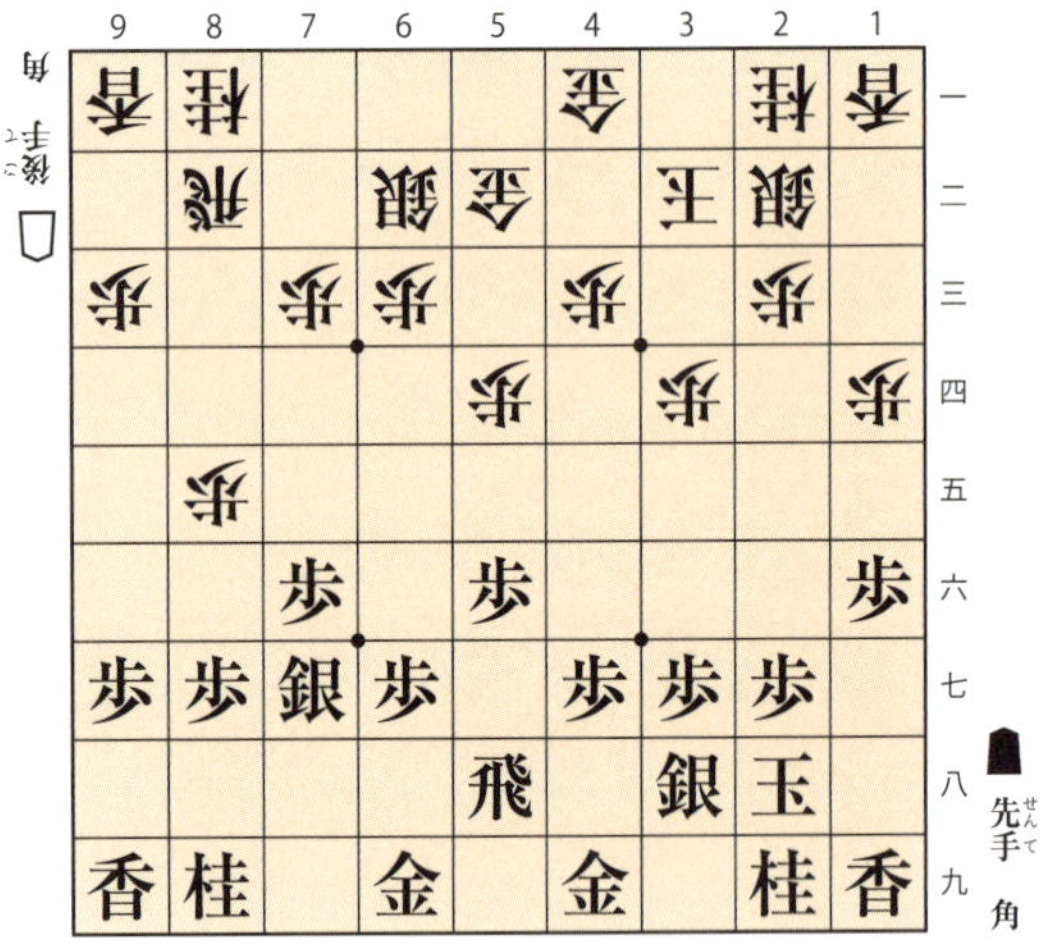

以下《いか》の手順《てじゅん》の一例《いちれい》では、☖5三銀《さんぎん》、☗7八金《はちきん》、☖4四歩《よんふ》、☗6六銀《ろくぎん》、☖8六歩《ろくふ》、☗同歩《どうふ》、☖同飛《どうひ》、☗8七歩《ななふ》、☖8二飛《にひ》、☗7七桂《ななけい》、☖7四歩《よんふ》、☗8九飛《きゅうひ》（図《ず》❽）と飛車《ひしゃ》をまわって逆襲《ぎゃくしゅう》する狙《ねら》いもあります。

図《ず》❽

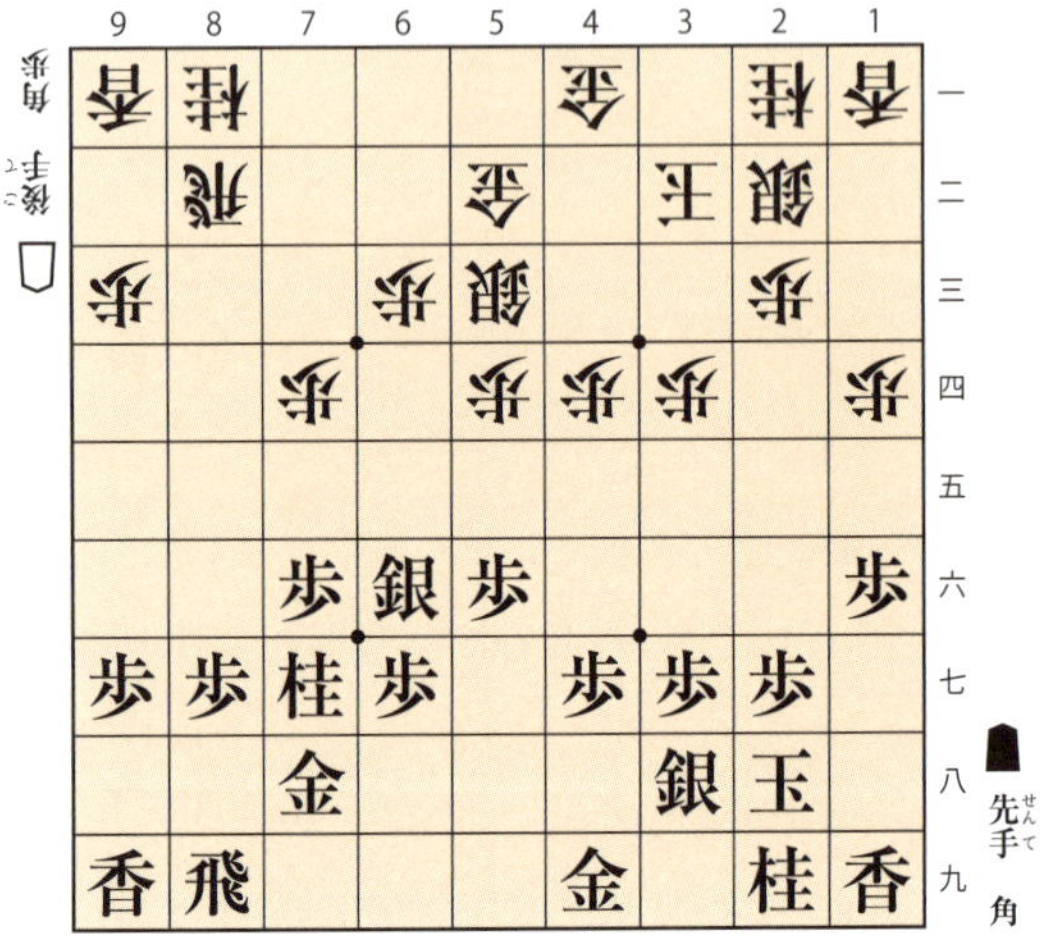

自分戦法《じぶんせんぽう》・自分囲《じぶんがこ》い？

——いろいろ見《み》てきたけれどどうだった？

将子《しょうこ》「なんだか、難《むずか》しくなってきたなぁ」

——そんなに不安《ふあん》になることはないんだ。戦法《せんぽう》を決《き》めるのは自分《じぶん》だし、指《さ》してみてうまくいかないときは、違《ちが》う戦法《せんぽう》を試《ため》してみるといいよ。自分《じぶん》がうまくいかないときは、相手《あいて》が上手《じょうず》に指《さ》している戦法《せんぽう》を、次《つぎ》に使《つか》うようにするといいんだ。将棋《しょうぎ》はどうすれば、強《つよ》くなるって教《おし》えたか覚《おぼ》えている？

将子《しょうこ》「あっそうか！『将棋《しょうぎ》は負《ま》ければ負《ま》けるほど強《つよ》くなる』って先生《せんせい》教《おし》えてくれたよね！」

——そうだよ！　いろいろと実戦《じっせん》で試《ため》して、相手《あいて》に教《おし》えてもらう、そして次《つぎ》の自分《じぶん》の対局《たいきょく》で、その戦法《せんぽう》・囲《かこ》いを使《つか》ってみる。これでますます将棋《しょうぎ》が面白《おもしろ》くなってくるんだ。

将男《まさお》「ぼく、将男《まさお》戦法《せんぽう》をつくって、羽生校長先生《はぶこうちょうせんせい》にチャレンジしようかな！」

——いや〜大《おお》きくでたね！

戦法《せんぽう》・囲《かこ》いには長所《ちょうしょ》と短所《たんしょ》があるんだ。それをよく理解《りかい》して使《つか》うといいよ！

羽生校長《はぶこうちょう》のアドバイス

――みなさん、第《だい》4日目《にちめ》はいかがでしたか?

将男《まさお》「なんだか、どんどん将棋《しょうぎ》が指《さ》したくなったなぁ」

将子《しょうこ》「わたしも!」

――いいね! 負《ま》けを恐《おそ》れずにどんどん強《つよ》い人《ひと》と指《さ》すといいよ。それから礼儀《れいぎ》も忘《わす》れずにね。

将男《まさお》「3つの礼《れい》『お願《ねが》いします』『負《ま》けました』『ありがとうございました』だね!」

――そうだよ! じゃあ、小《しょう》テスト頑張《がんば》ってね!

将棋学園《しょうぎがくえん》小《しょう》テスト③

少《すこ》し難《むずか》しいけど、囲《かこ》い・戦法《せんぽう》を覚《おぼ》えると将棋《しょうぎ》が面白《おもしろ》くなる!

【将棋学園《しょうぎがくえん》 小《しょう》テスト③】

問題《もんだい》、次《つぎ》の文章《ぶんしょう》があっていれば○を、間違《まちが》いだと思《おも》ったら×を( )に書《か》きなさい。

①将棋《しょうぎ》の駒《こま》でいちばん大切《たいせつ》なのは飛車《ひしゃ》である。…( )

②囲《かこ》いは飛車《ひしゃ》と反対方向《はんたいほうこう》に囲《かこ》うといい。…( )

③囲《かこ》いは金銀《きんぎん》2枚《まい》で囲《かこ》おう。…( )

④囲《かこ》いのなかには飛車《ひしゃ》を入《い》れて置《お》こう。…( )

⑤振《ふ》り飛車戦法《びしゃせんぽう》で、振《ふ》り飛車側《びしゃがわ》がよく使《つか》う囲《かこ》いは船囲《ふながこ》いだ。…( )

⑥美濃囲《みのがこ》いは、高美濃囲《たかみのがこ》い、銀冠《ぎんかんむり》など進化《しんか》することができる。…（　）

⑦穴熊囲《あなぐまがこ》いは、手数《てかず》がかかるが守《まも》りは最強《さいきょう》だ。…（　）

⑧囲《かこ》いは戦法《せんぽう》によって、替《か》えることが大事《だいじ》だ。…（　）

⑨金銀《きんぎん》の利《き》きを連携《れんけい》させることが大事《だいじ》。…（　）

⑩負《ま》けても実戦《じっせん》で学《まな》ぶことが多《おお》いので、どんどん指《さ》すことが大事《だいじ》。…（　）

1問《もん》10点《てん》。80点以上《てんいじょう》で合格《ごうかく》です！　どうだったかな？　わからなかったらもう一度授業《いちどじゅぎょう》に戻《もど》って確認《かくにん》しよう。合格《ごうかく》した人《ひと》は、次《つぎ》のステージへ。

ぼく、わたしの点数《てんすう》…（　　）点《てん》

将男《まさお》・将子《しょうこ》「羽生校長先生《はぶこうちょうせんせい》からの免許状《めんきょじょう》3枚目《まいめ》ゲット！　明日《あした》の授業《じゅぎょう》はなんだろう？」

囲《かこ》い・戦法免許状《せんぽうめんきょじょう》

さん

あなたは、将棋学園《しょうぎがくえん》の「囲《かこ》い・戦法《せんぽう》」をしっかりと勉強《べんきょう》し、マスターしたのでこれを賞《しょう》します。

将棋学園《しょうぎがくえん》
校長《こうちょう》　羽生善治《はぶよしはる》
先生《せんせい》　安次嶺隆幸《あじみねたかゆき》

解答《かいとう》…①×　②○　③×　④×　⑤×　⑥○　⑦○　⑧○　⑨○　⑩○

コラム④

将棋《しょうぎ》で身《み》につく力《ちから》③

待《ま》つ力《ちから》を養《やしな》おう！

将棋《しょうぎ》は、20枚《まい》8種類《しゅるい》の駒《こま》を1手《て》ずつ交互《こうご》に指《さ》して、勝利《しょうり》を目指《めざ》す競技《きょうぎ》です。そして持《も》ち時間《じかん》がそれぞれ決《き》まっていて、その時間内《じかんない》に自分《じぶん》で考《かんが》えて、指《さ》し手《て》を決断《けつだん》していくのです。これが決断《けつだん》力《りょく》を養《やしな》うことにつながるのはもちろん、もうひとつとても大切《たいせつ》な力《ちから》が、この交《こう》互《ご》に指《さ》す中《なか》で養《やしな》われているのです。

それは「相手《あいて》の手番《てばん》を待《ま》つ」という行為《こうい》なのです。持《も》ち時間《じかん》＝考慮時間《こうりょじかん》は自分《じぶん》の指《さ》し手《て》のときに使《つか》われます。1手指《てさ》して、相手《あいて》の手番《てばん》になれば持《も》ち時《じ》間《かん》は相手《あいて》の方《ほう》が減《へ》っていきます。自分《じぶん》の方《ほう》の時間《じかん》は減《へ》りません。しかし、そのときこそ「相手《あいて》が何《なに》を考《かんが》えて指《さ》し手《て》を決《き》めているか」を考《かんが》える時間《じかん》なのです。

つまり、相手《あいて》の指《さ》し手《て》を待《ま》っている時間《じかん》を過《す》ごすことで、「待《ま》つ力《ちから》」が養《やしな》われるのです。待《ま》つときにじっくりと考《かんが》えられる人《ひと》になって欲《ほ》しいと思《おも》っています。

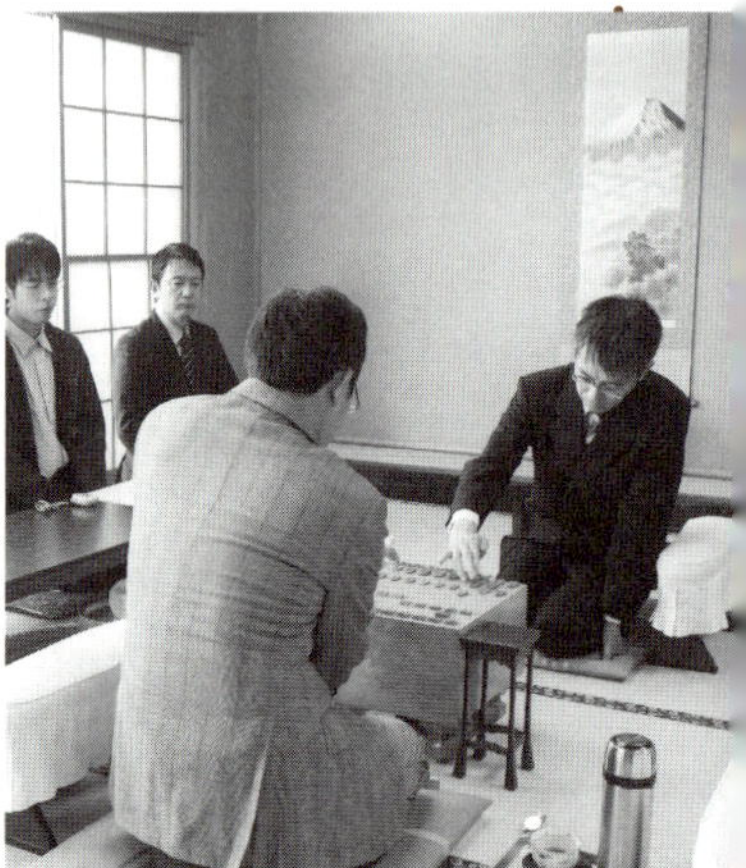

棋王戦《きおうせん》
共同通信《きょうどうつうしん》　羽生《はぶ》 VS 佐藤戦《さとうせん》　観戦《かんせん》

第《だい》5章《しょう》

将《しょう》棋《ぎ》学《がく》園《えん》
第《だい》5日《にち》目《め》

いよいよまとめ。先生《せんせい》が攻《せ》め・詰《つ》みを教《おし》えてくれるよ。頭金《あたまきん》・腹金《はらきん》・尻金《しりきん》など詰《つ》めの基本《きほん》を覚《おぼ》えよう。そして、2つの駒《こま》を使《つか》っての攻《せ》めを覚《おぼ》えるよ。最後《さいご》は、受《う》けと守《まも》りで勝利《しょうり》へGO!　そして、防《ふせ》ぎの問題《もんだい》にチャレンジだ。

詰《つ》みの基本《きほん》

玉《ぎょく》を詰《つ》ませる頭金《あたまきん》・腹金《はらきん》・尻金《しりきん》をマスターしよう！

——いよいよ最終日《さいしゅうび》。今日《きょう》は詰《つ》みの勉強《べんきょう》するよ！

将男《まさお》「ぼくね、詰《つ》め将棋《しょうぎ》を始《はじ》めたんだ」

——おお、すごいね。

将子《しょうこ》「わたしも！　1人《ひとり》でもできるのがいいね」

——そうだね。詰《つ》め将棋《しょうぎ》は、王手《おうて》の連続《れんぞく》で相手《あいて》玉《ぎょく》を詰《つ》ませる問題《もんだい》なんだ。では、2人《ふたり》は詰《つ》みについてはよくわかっているんだね？

将男《まさお》「実《じつ》は、あまりよくわからないんだよぉ。とりあえず王手《おうて》をすればいいんでしょ？」

——そうだね。第《だい》2日目《にちめ》に簡単《かんたん》に説明《せつめい》したけれど、今日《きょう》はいろいろな詰《つ》みのパターンを紹介《しょうかい》するね。

金《きん》で詰《つ》ませる

①将棋《しょうぎ》の駒《こま》のなかで、玉《ぎょく》と金《きん》は動《うご》き方《かた》が似《に》ています。玉《ぎょく》は自分《じぶん》の回《まわ》り8か所《しょ》、金《きん》はナナメ後《うし》ろへは動《うご》けないけれど6か所《しょ》動《うご》けます。なので、最《さい》後《ご》の玉《ぎょく》を詰《つ》ませるときに、よく金《きん》が活躍《かつやく》します。

②玉《ぎょく》の頭《あたま》から**金《きん》を打《う》って詰《つ》ませることを頭金《あたまきん》**といいます。金《きん》ではなく、**盤《ばん》の上《うえ》にいる駒《こま》を成《な》って詰《つ》ませることもあります**。頭金《あたまきん》は詰《つ》みのなかではいちばんの基本《きほん》となります。

③**金《きん》を玉《ぎょく》の横《よこ》から打《う》って詰《つ》ませるのを腹金《はらきん》、真後《まうし》**

ろからなら尻金《しりきん》といいます。玉《ぎょく》を人《ひと》の体《からだ》にたとえ、金《きん》の位置《いち》で名前《なまえ》がつけられています。この2つも、盤《ばん》の上《うえ》にいる駒《こま》を成《な》って詰《つ》ませることもあり、詰《つ》みの基本《きほん》になっています。

④玉《ぎょく》は相手《あいて》から見《み》て、下《した》へ下《した》へと追《お》うのがうまい寄《よ》せ方《かた》です。将棋《しょうぎ》の格言《かくげん》に**「玉《ぎょく》は下段《げだん》に追《お》え！」**というものがあります。

図《ず》❶

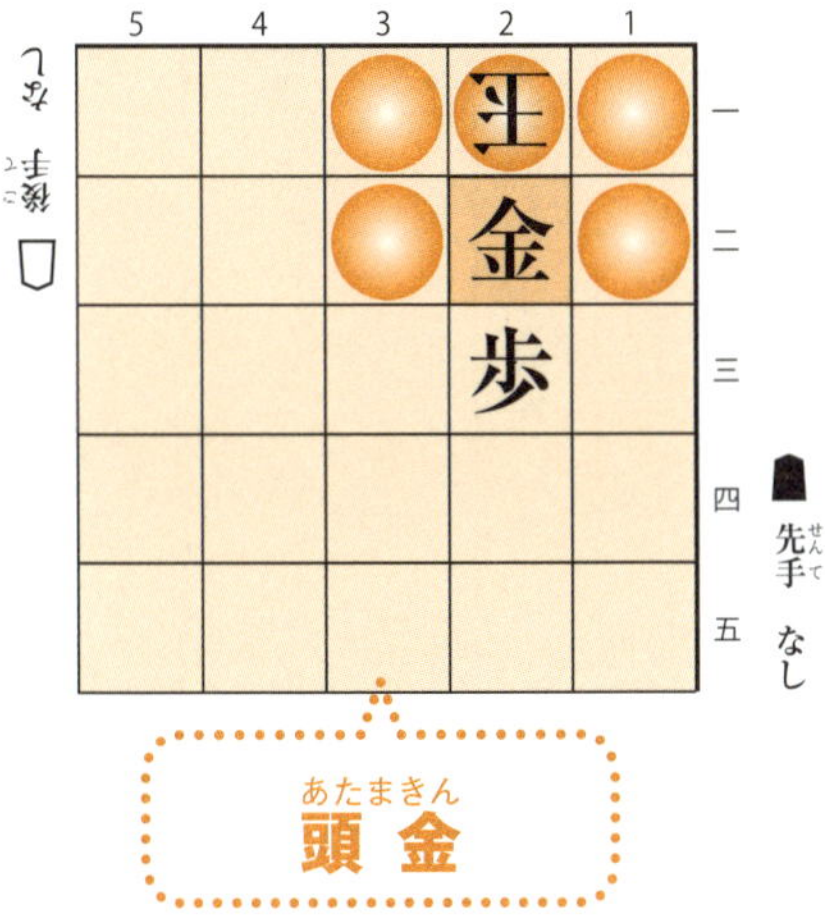

図《ず》❶を見《み》てください。これが**頭金《あたまきん》の詰《つ》み**です。玉《ぎょく》はどこにも逃《に》げることができません。よく頭《あたま》に入《い》れてください。このイメージを持《も》って攻《せ》めていくことが大事《だいじ》です。何度《なんど》もいいますが、相手《あいて》の玉《ぎょく》を詰《つ》めることが将棋《しょうぎ》の目的《もくてき》なのです。

図《ず》❷の2二金《にきん》は**腹金《はらきん》の詰《つ》み**です。玉《ぎょく》の横《よこ》を腹《はら》にたとえて名前《なまえ》がついています。**右《みぎ》からでも左《ひだり》からでも腹金《はらきん》**といいます。

図《ず》❷

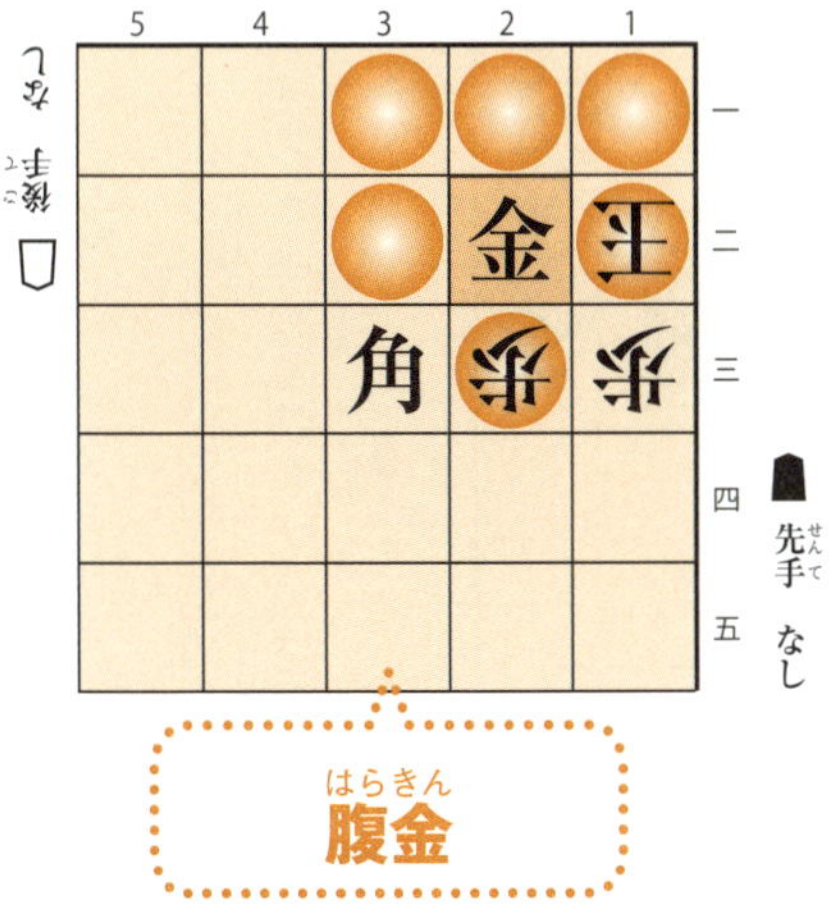

図《ず》❸は、1一金《いちきん》とした**尻金《しりきん》の詰《つ》み**です。玉《ぎょく》の真《ま》後《うし》ろをお尻《しり》にたとえて名《な》がついています。

この場合《ばあい》は、飛車《ひしゃ》でも詰《つ》みです（図《ず》❹）。ちなみに尻飛車《しりびしゃ》とはいいません。3三角《さんかく》の利《き》きが1一《いち》の地点《ちてん》まであるので、金《きん》や飛車《ひしゃ》を取《と》られないことを確認《かくにん》してください。

腹金《はらきん》や尻金《しりきん》は、玉《ぎょく》を隅《すみ》に追《お》い詰《つ》めたときによく出《で》てきますので覚《おぼ》えておいてください。

図《ず》❸

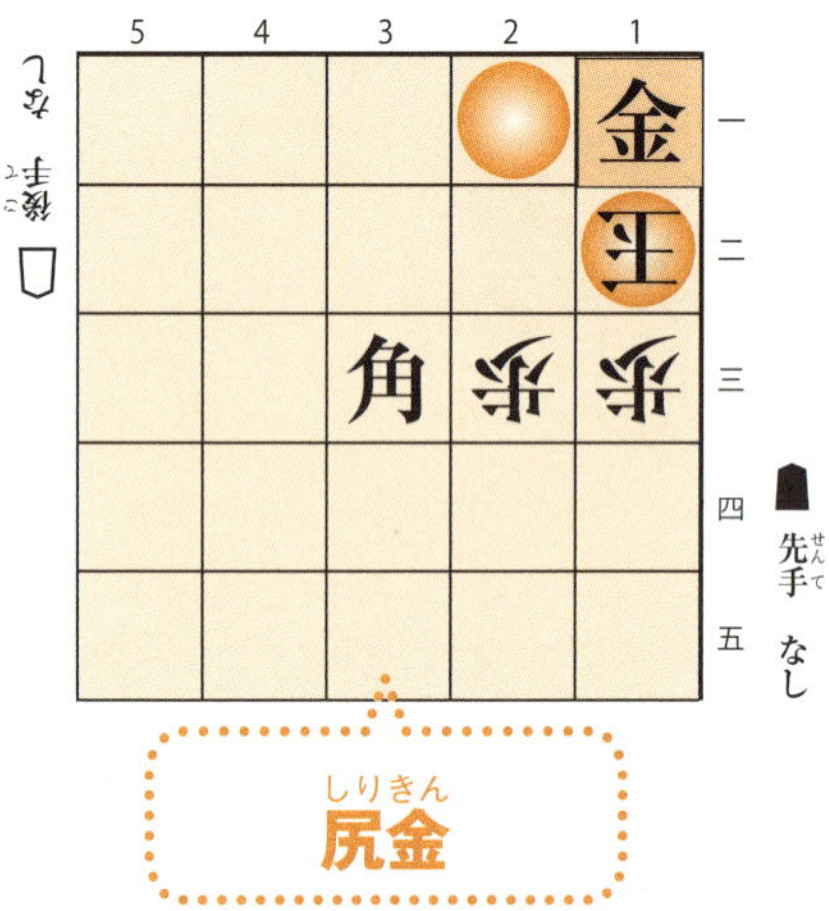

図《ず》❹

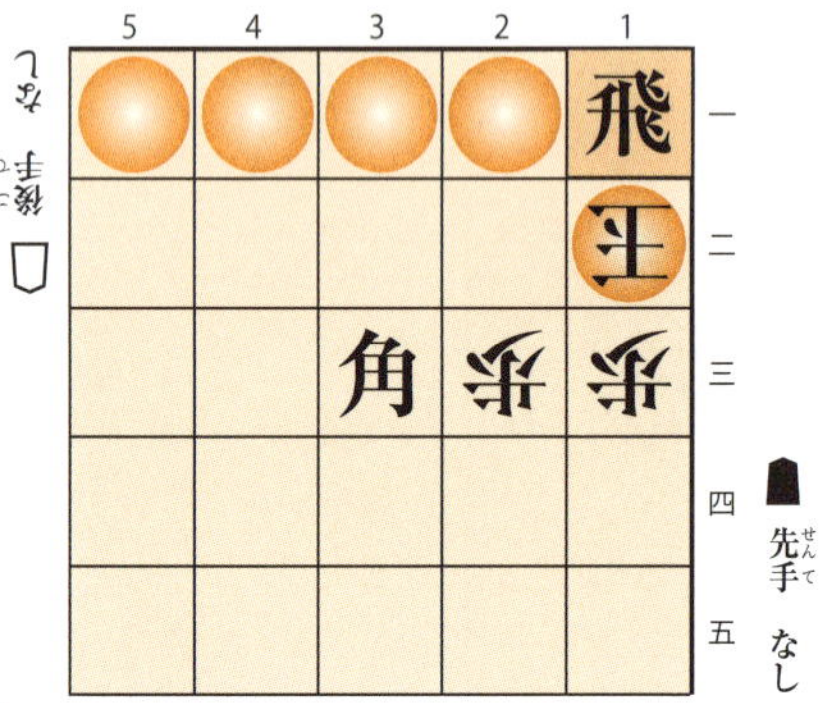

頭金《あたまきん》は詰《つ》めの基本《きほん》！ 詰《つ》めは仲間《なかま》と一緒《いっしょ》に行《い》くことがコツだよ！

攻《せ》め・詰《つ》みを覚《おぼ》えよう！
駒《こま》2枚《まい》で協力《きょうりょく》し合《あ》って詰《つ》ませよう！

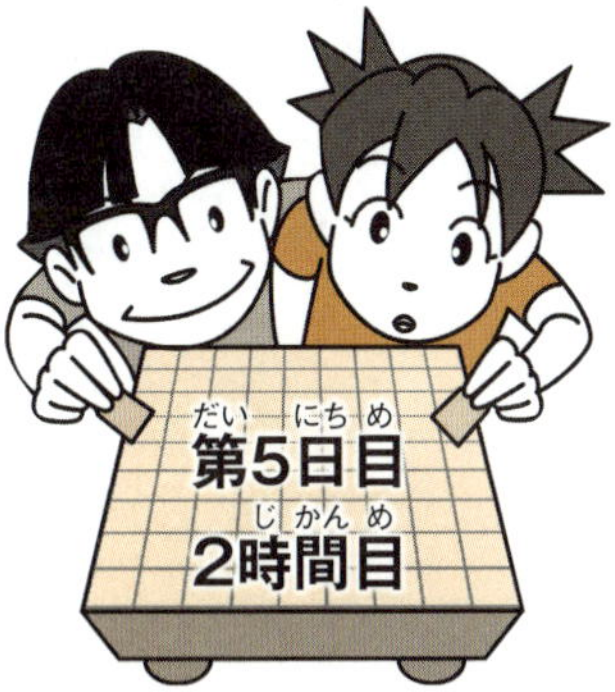

——頭金《あたまきん》、腹金《はらきん》、尻金《しりきん》はわかったかな？

将男《まさお》「あははは！　尻金《しりきん》はうけた」

将子《しょうこ》「将男《まさお》くんは下品《げひん》だから、いやだなぁ！」

——まあ、まあ2人《ふたり》とも仲《なか》よくしてね。将棋用語《しょうぎようご》には、普段使《ふだんつか》う言葉《ことば》と意味合《いみあ》いが違《ちが》う言葉《ことば》がいくつかあるけど、それはそのうち覚《おぼ》えていけばいいので、楽《たの》しんで使《つか》ってみてね。さあ、2時間目《じかんめ》は、金以外《きんいがい》の駒《こま》で詰《つ》ます詰《つ》みだよ。

将男《まさお》「がんばるぞ！」

——ところで、前《まえ》の時間《じかん》での羽生校長先生《はぶこうちょうせんせい》のアドバイスは覚《おぼ》えている？「詰《つ》めは仲間《なかま》と一緒《いっしょ》に行《い》くことがコツ」とおっしゃっていたよね。図《ず》❶は、何《なに》と何《なに》が一緒《いっしょ》に詰《つ》めを狙《ねら》っているかな？

図《ず》❶

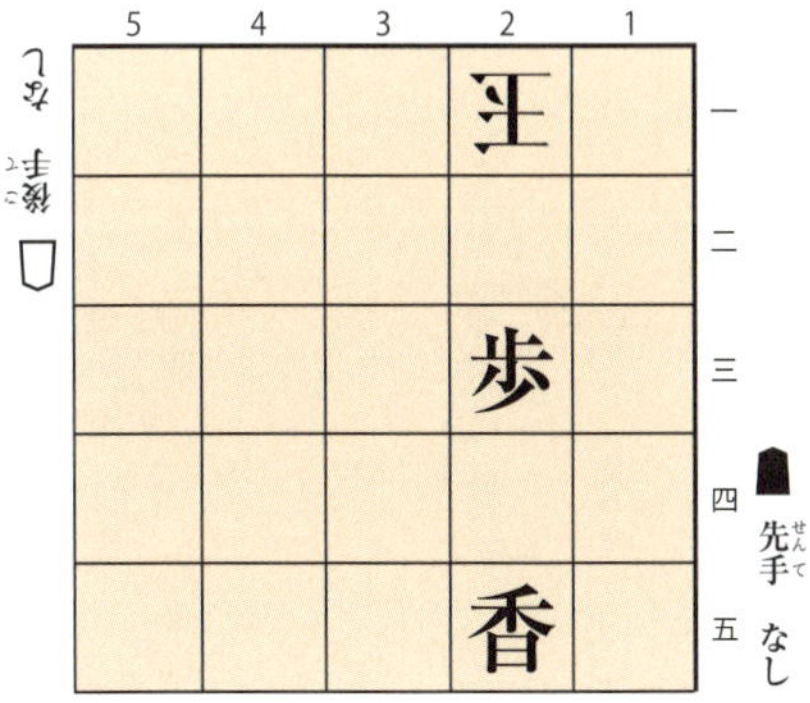

将子《しょうこ》「これは歩《ふ》と香《きょう》ね！」
——正解《せいかい》！ 詰《つ》めには最低《さいてい》2枚《まい》の駒《こま》の協力《きょうりょく》が必要《ひつよう》なんだよ。香《きょう》の利《き》きと歩《ふ》の成《な》りを利用《りよう》して、1手《て》で後手《ごて》を詰《つ》ましてみましょう！
将男《まさお》「わかった！ 2二《に》歩《ふ》成《な》りです」
——大正解《だいせいかい》！ やるね。

図《ず》❶で後手玉《ごてぎょく》を詰《つ》ますには、2三《さん》にいる歩《ふ》を2二《に》歩《ふ》成《なり》（図《ず》❷）とします。

図《ず》❷

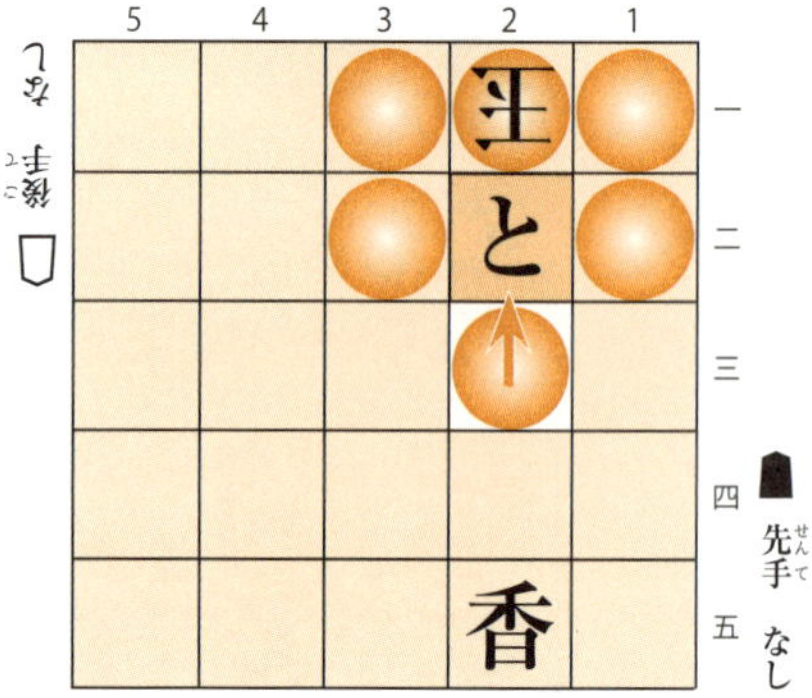

と金《きん》は金《きん》と同《おな》じ動《うご》き方《かた》なので、これは頭金《あたまきん》と同《おな》じ形《かたち》になります。実戦《じっせん》では、駒《こま》を成《な》って詰《つ》ますのはよく出《で》てきます。

では、例題《れいだい》を2問《もん》出《だ》しますので、考《かん》えてみましょう。

例題《れいだい》❶

持《も》ち駒《ごま》の金《きん》と銀《ぎん》を打《う》つ順序《じゅんじょ》に注意《ちゅうい》して、後手玉《ごてぎょく》を詰《つ》ませてみましょう。

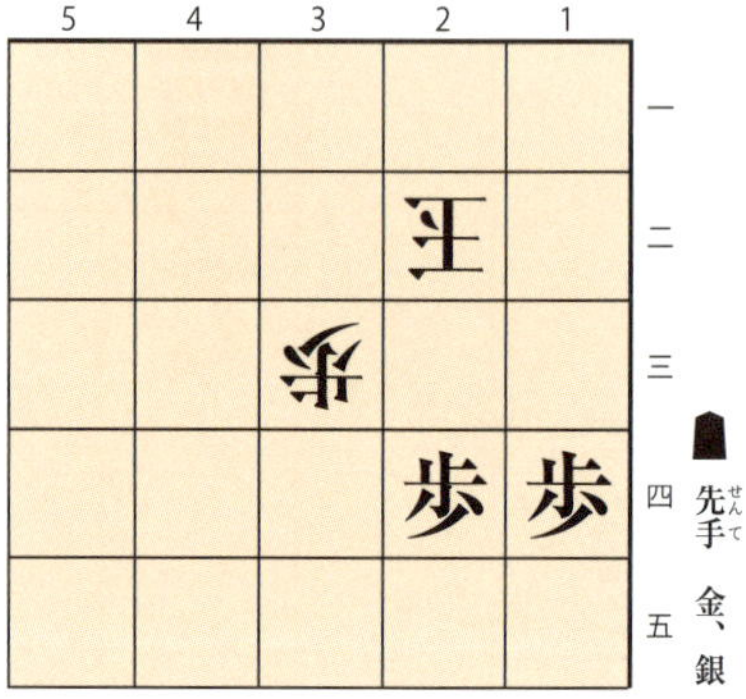

【例題《れいだい》❶の答《こた》え】

☗2三銀《さんぎん》、☖3一玉《いちぎょく》、☗3二金《にきん》（図《ず》❸）までの3手詰《てづ》みです。最後《さいご》の3二金《にきん》は頭金《あたまきん》です。

まず銀《ぎん》を打《う》ちますが、初手《しょて》☗2三金《さんきん》ではだめでしょうか（図《ず》❹）。金《きん》は歩《ふ》の利《き》きがあって取《と》れないので、玉《ぎょく》の逃《に》げ場所《ばしょ》は1一《いち》と2一《いち》と3一《いち》の3か所《しょ》です。

しかし、☖1一《いち》に逃《に》げると☗2二銀《にぎん》でも、☗1二銀《にぎん》でも詰《つ》みです。☖2一《いち》に逃《に》げても☗2二《に》銀《ぎん》で詰《つ》みです。

でも気《き》をつけてほしいのが、☖2一玉《いちぎょく》と逃《に》げたとき☗3二銀《にぎん》と打《う》つと、☖1一玉《いちぎょく》と逃《に》げられてしまいます（図《ず》❺）。☗1二金《にきん》としても、☖同玉《どうぎょく》、☗2三歩成《さんふなり》、☖1一玉《いちぎょく》（図《ず》❻）で詰《つ》まないので注意《ちゅうい》しましょう。☖3一玉《いちぎょく》と逃《に》げた場合《ばあい》も☗3二《に》銀《ぎん》、☖4二玉《にぎょく》で詰《つ》みません。

ですから、金《きん》を残《のこ》して頭金《あたまきん》を狙《ねら》うのが正解《せいかい》です。

図《ず》❸

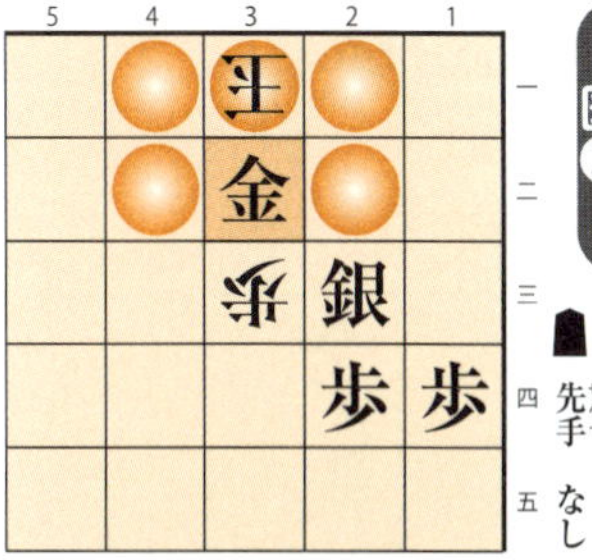

図《ず》❹

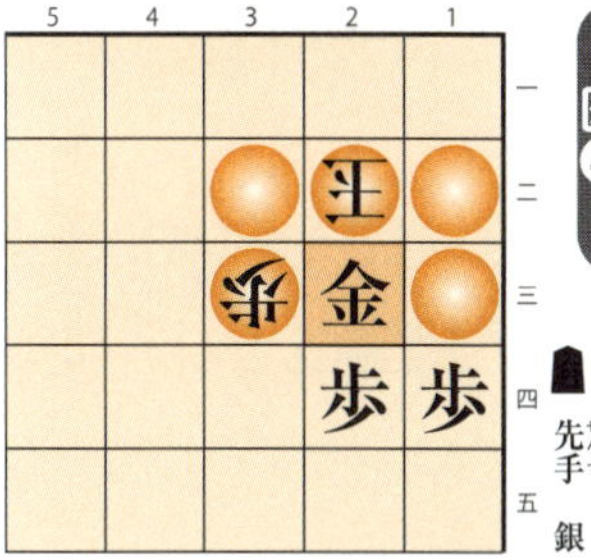

図《ず》❺

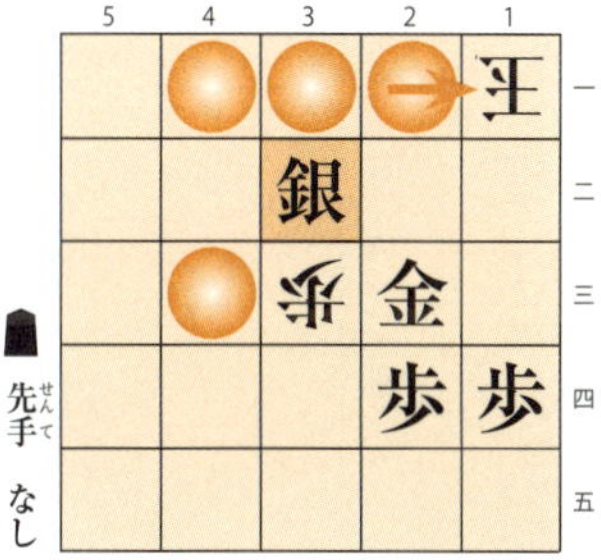

図《ず》❻

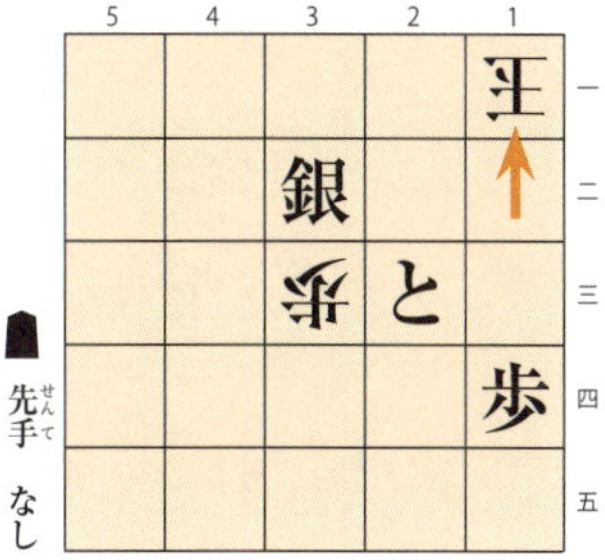

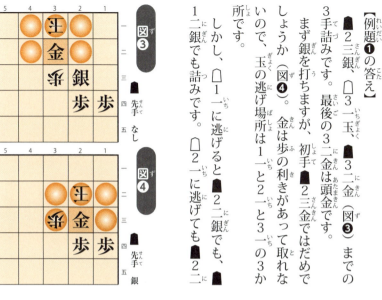

羽生校長《はぶこうちょう》のアドバイス

詰《つ》めの基本《きほん》は金《きん》と銀《ぎん》、成《な》り駒《ごま》を使《つか》うといいね！

例題《れいだい》❷

「尻金《しりきん》」を応用《おうよう》して、後手玉《ごてぎょく》を詰《つ》ませてみましょう。

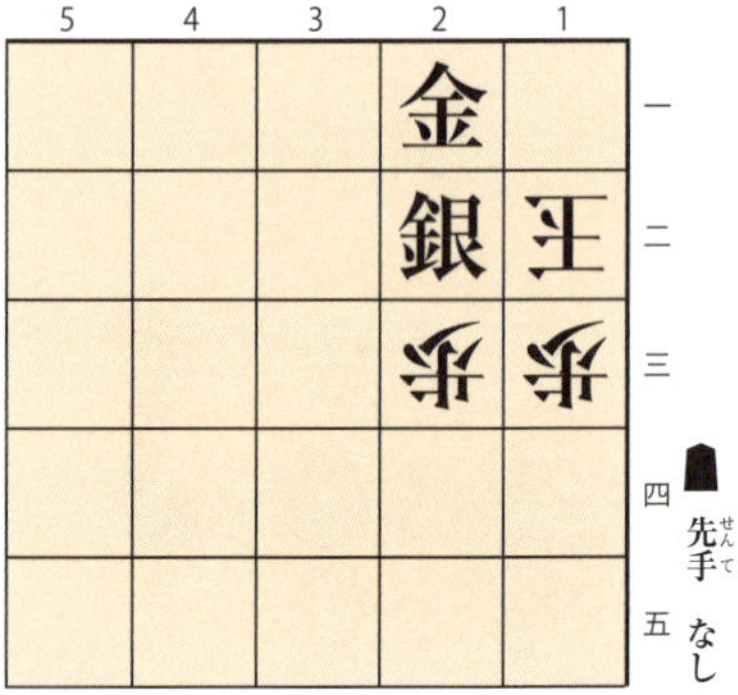

【例題《れいだい》❷の答《こた》え】

☗1一銀成《いちぎんなり》（図《ず》❼）までの1手詰《てづ》みです。

初手《しょて》☗1一金《いちきん》と寄《よ》るのは（図《ず》❽）、☖2二玉《にぎょく》と銀《ぎん》を取《と》られて逃《に》げられてしまいます。☗1一銀《いちぎん》成《なり》なら2一《いち》の金《きん》と連絡《れんらく》がとれて、玉《ぎょく》を詰《つ》ますことができます。

図《ず》❼

詰《つ》み

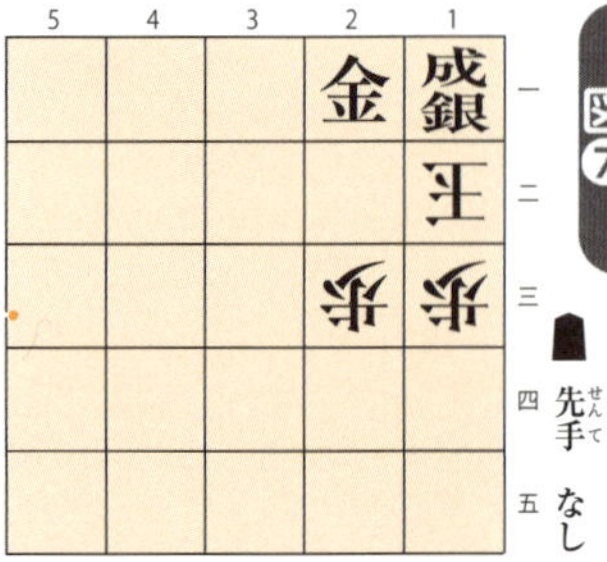

図《ず》❽

失敗《しっぱい》

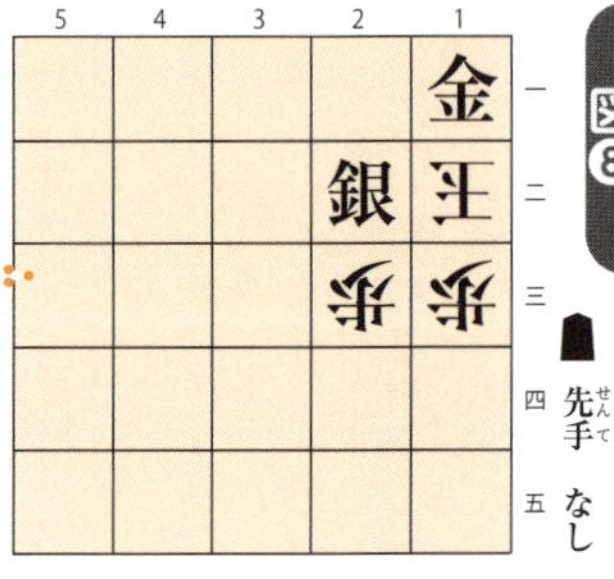

受《う》け・守《まも》りの基本《きほん》

守《まも》りながら攻《せ》め方《かた》を学《まな》ぶ。「3つの防《ふせ》ぐ」を覚《おぼ》えよう

将子《しょうこ》「攻《せ》め方《かた》・詰《つ》め方《かた》が少《すこ》しわかったわ。でも攻《せ》められたら、どうしたらいいのかしら……」

——そうだよね。攻《せ》めだけ知《し》っていても、攻《せ》められたらどうしたらいいかを知《し》っておくことが、次《つぎ》の攻《せ》めにもつながるんだ。しっかりと受《う》け方《かた》、守《まも》り方《かた》を知《し》っておくといいね。

将男《まさお》「おれは攻《せ》めだけでいくぞう！」

将子《しょうこ》「だめだよ。将男《まさお》くん、囲《かこ》いもしないで攻《せ》めてばかりなんだから……」

——この間《あいだ》、教《おし》えた囲《かこ》いも、守《まも》りの一種《いっしゅ》なんだけど、相手《あいて》の攻《せ》め手《て》をうまく受《う》けること、守《まも》りのコツを覚《おぼ》えると勝利《しょうり》が近《ちか》づいてくるからね。

いろいろな守《まも》り方《かた》

①攻《せ》めて勝《か》つためには、守《まも》りも大切《たいせつ》です。

②守《まも》りの目的《もくてき》は次《つぎ》の3つ。

・取《と》られるのを防《ふせ》ぐ
・成《な》られるのを防《ふせ》ぐ
・詰《つ》まされるのを防《ふせ》ぐ

どれも自分《じぶん》が損《そん》をすることを事前《じぜん》に回避《かいひ》するためです。

③守《まも》りには、次《つぎ》の3通《とお》りがあります。

・持《も》ち駒《ごま》を打《う》って守《まも》る
・盤上《ばんじょう》の駒《こま》を動《うご》かして守《まも》る
・盤上《ばんじょう》の駒《こま》をかわして守《まも》る
④攻《せ》められてからどう受《う》けようかではなく、相手《あいて》がどう攻《せ》めてくるのかを読《よ》み、攻《せ》められる前《まえ》に受《う》けるのが上手《じょうず》な受《う》け方《かた》です。

図《ず》❶

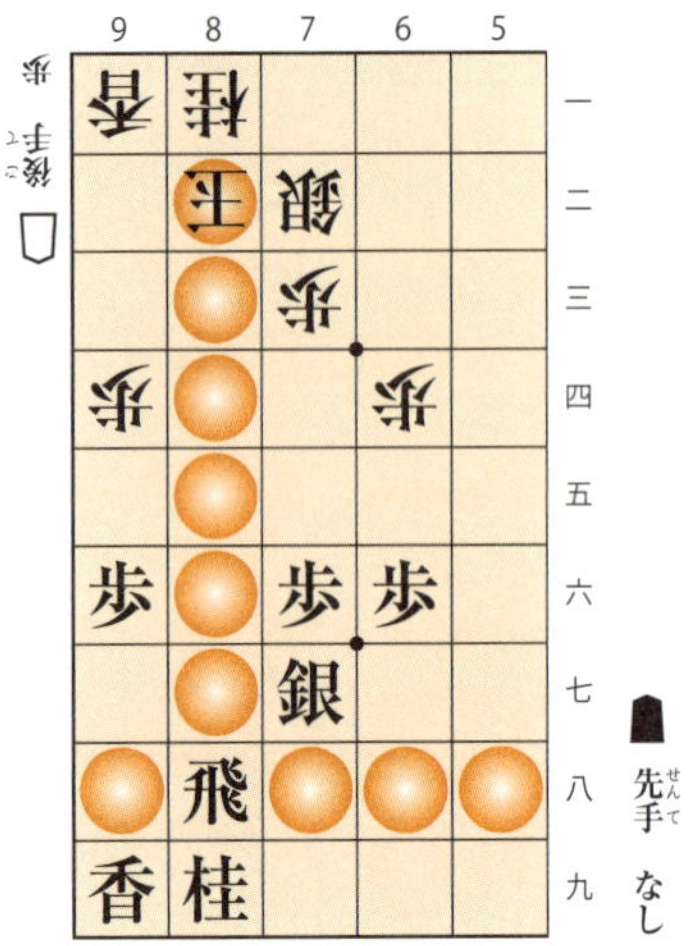

持《も》ち駒《ごま》を打《う》って守《まも》る

図《ず》❶を見《み》てください。先手《せんて》が飛車《ひしゃ》で王手《おうて》をかけたところです。後手《ごて》はどう守《まも》るのがいいでしょう。図《ず》❷は、後手《ごて》が**☖8三歩《さんふ》**と、歩《ふ》を打《う》ちました。これを**合《あ》い駒《ごま》といいます**。飛車《ひしゃ》の大《おお》きな動《うご》きの間《あいだ》に、**持《も》ち駒《ごま》を打《う》って利《き》きを止《と》め、王手《おうて》を防《ふせ》いだ**ものです。

図《ず》❷

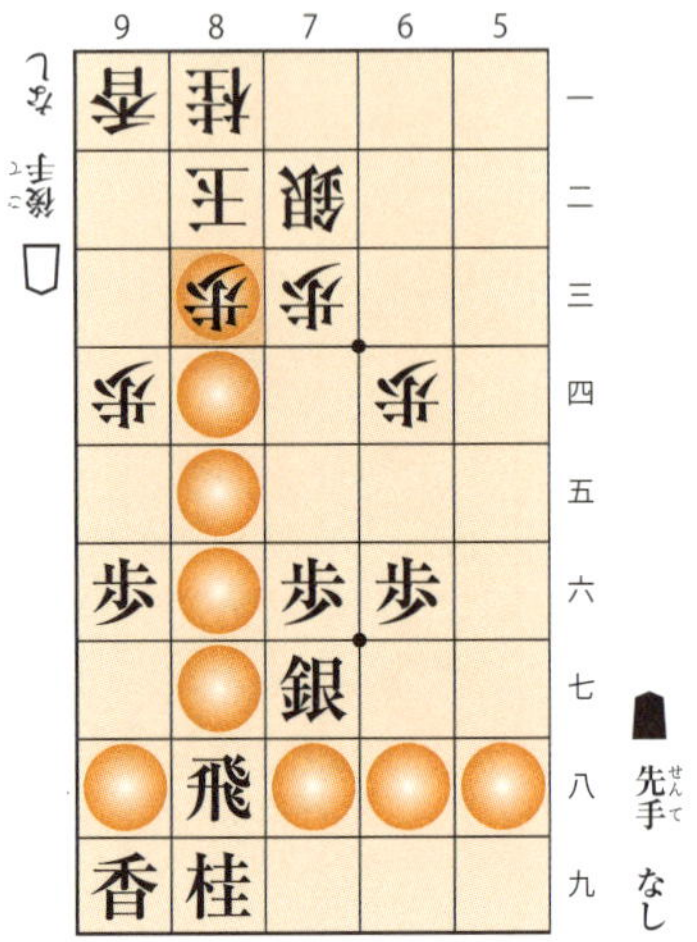

盤上《ばんじょう》の駒《こま》を動《うご》かして守《まも》る

図《ず》❸を見《み》てください。図《ず》❶から持《も》ち駒《ごま》の歩《ふ》を打《う》たないで、盤上《ばんじょう》にいた7二《に》の銀《ぎん》を、☖8三銀《さんぎん》と上《あ》がりました。これも図《ず》❷の☖8三《さん》歩《ふ》と同《おな》じ意《い》味《み》で、飛車《ひしゃ》の大《おお》きな利《き》きを止《と》めたものです。

図《ず》❸

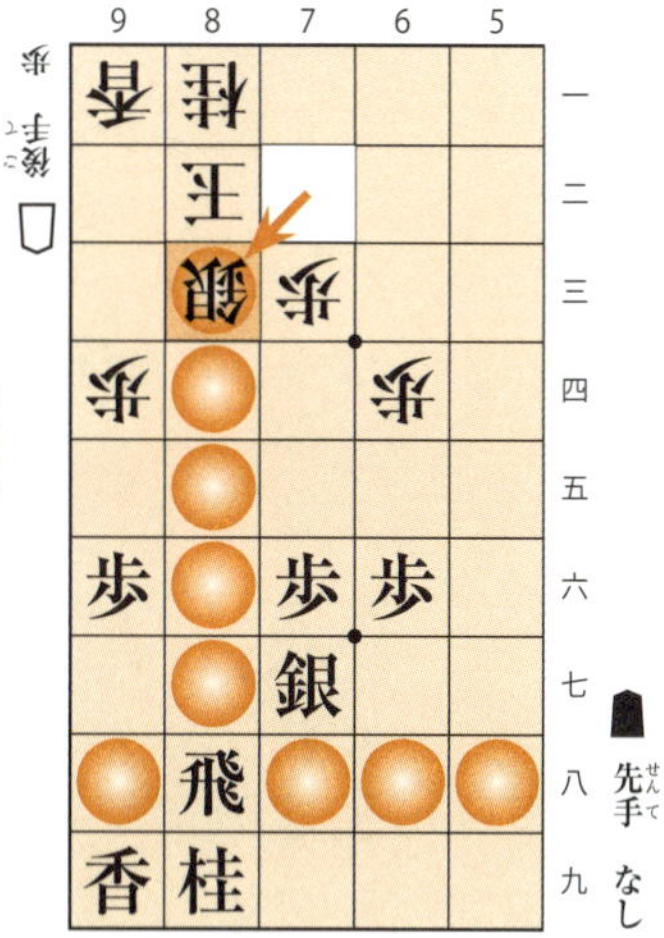

盤上《ばんじょう》の駒《こま》をかわして守《まも》る

図《ず》❹を見《み》てください。後手《ごて》は☖7一玉《いちぎょく》とかわして、飛車《ひしゃ》の利《き》きからはずれました。☖7一玉《いちぎょく》では、☖9二玉《にぎょく》、あるいは☖9三玉《さんぎょく》でも飛車《ひしゃ》の利《き》きから逃《に》げているので防《ふせ》げます。ただし、8三《さん》玉《ぎょく》は、飛車《ひしゃ》の利《き》きのままなのでいけません。

図《ず》❹

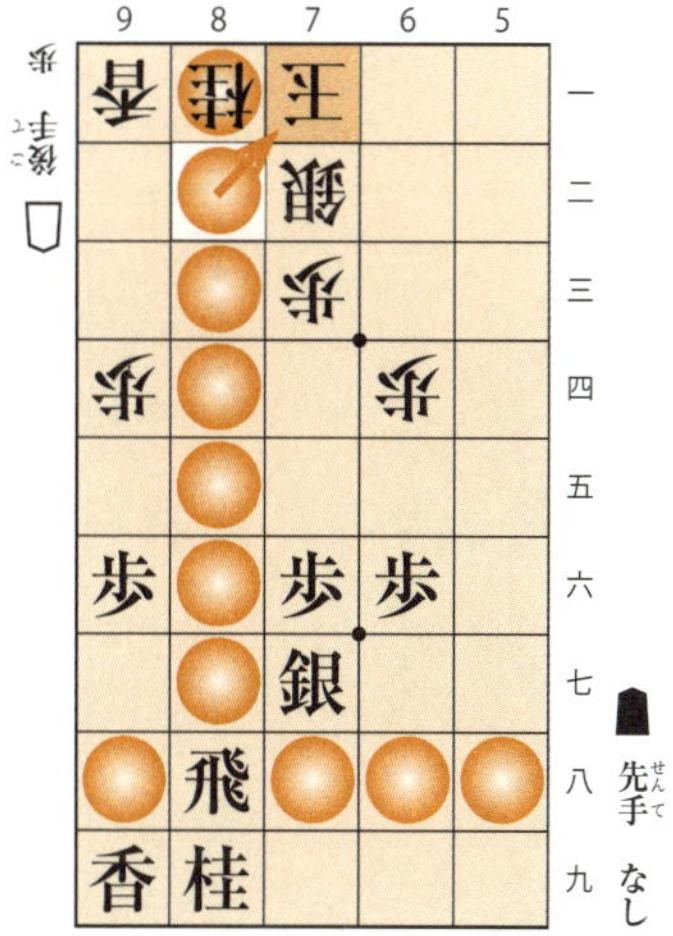

羽生校長《はぶこうちょう》のアドバイス

守《まも》り方《かた》を覚《おぼ》えると攻《せ》め方《かた》も強《つよ》くなれるよ

正《ただ》しい受《う》け方《かた》を覚《おぼ》えよう！

相手《あいて》の攻《せ》めを防《ふせ》ぐ手《て》が攻《せ》めの力《ちから》をたくわえる！

―4時間目《じかんめ》は、3時間目《じかんめ》までの確認《かくにん》をするよ。

将男《まさお》「ぼくやっぱり防《ふせ》ぎ方《かた》が苦手《にがて》だぁ。攻《せ》められるとドキドキする」

将子《しょうこ》「わたしもそうだな」

―そうだよね。将棋《しょうぎ》の大名人《だいめいじん》、大山康晴十五世《おおやまやすはるじゅうごせい》名人《めいじん》は「受《う》けの大山《おおやま》」といわれたんだけど、一手《いって》前《まえ》に受《う》けるのかコツだということだよ。

将男《まさお》「それどういうこと？」

―そうだね。まずは相手《あいて》がどう攻《せ》めてくるかを考《かんが》えておいて、その準備《じゅんび》をしておくことがまず大事《だいじ》ということかな。

将子《しょうこ》「相手《あいて》のことを見《み》ないで、自分《じぶん》のことだけ考《かんが》えるのではいけないんだね」

―次《つぎ》の図《ず》❶で考《かんが》えてみよう。

図《ず》❶、どう防《ふせ》ぎますか。

後手《ごて》が飛車先《ひしゃさき》を☖**8五歩**《ごふ》と、伸《の》ばしてきたところです。次《つぎ》の狙《ねら》いは**8六歩**《ろくふ》と、先手《せんて》の角《かく》の頭《あたま》8七《なな》を狙《ねら》っています。なので、☗**7八金**《はちきん》（図《ず》❷）と、守《まも》ります。

これで、☖8六歩《ろくふ》なら、☗同歩《どうふ》、☖同飛《どうひ》、☗8七歩《ななふ》（図《ず》❸）。後手《ごて》の飛車《ひしゃ》は引《ひ》くしかありませんので、守《まも》れます。

図《ず》❶

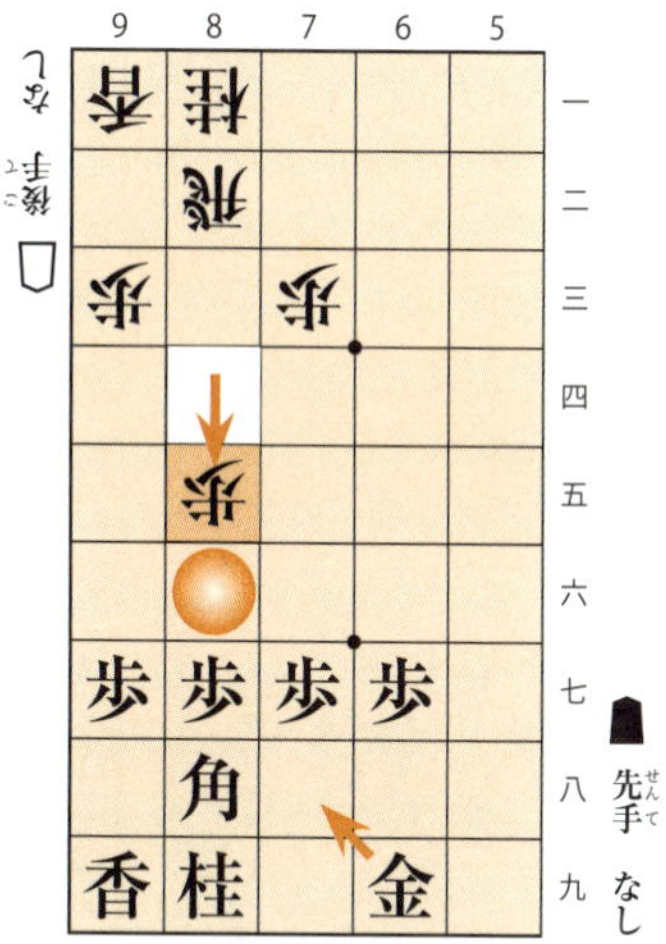

図《ず》❷

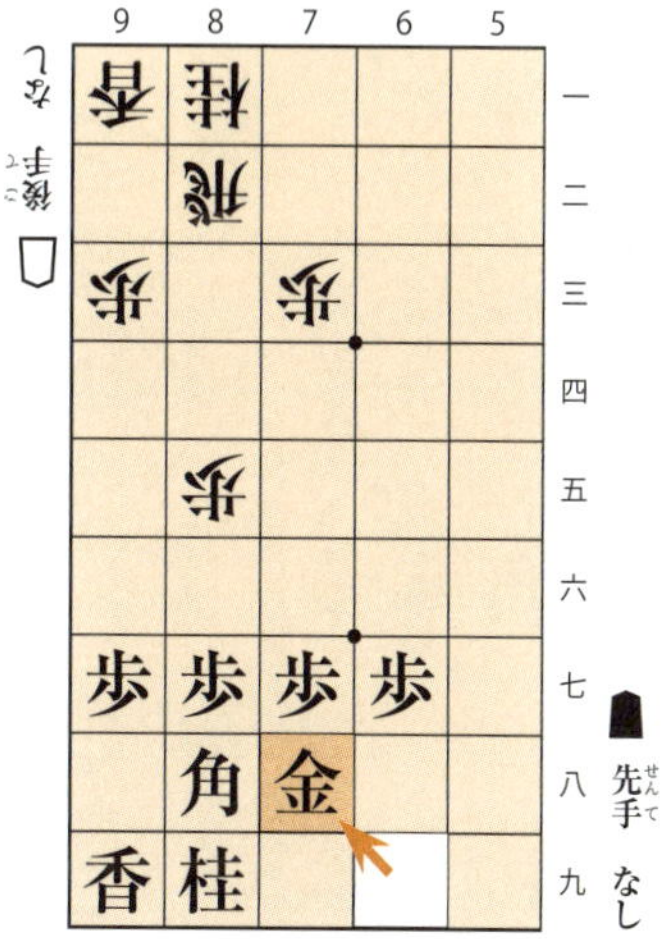

図《ず》❸

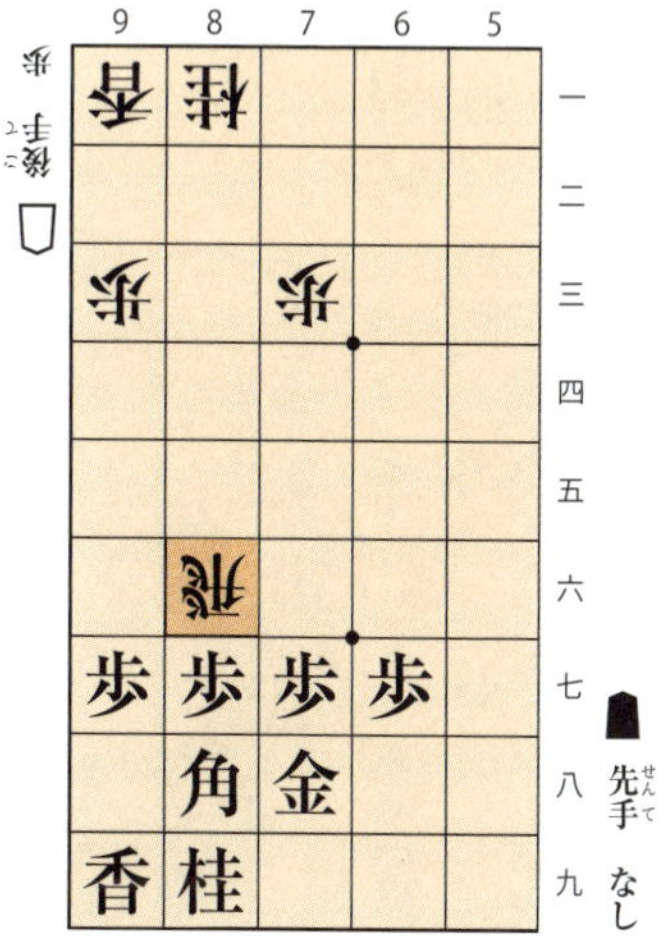

図《ず》❹、どう防《ふせ》ぎますか。後手《ごて》が、次《つぎ》に☖8六歩《ろくふ》を狙《ねら》っています。盤上《ばんじょう》の駒《こま》を動《うご》かして、これを防《ふせ》いでください。

図《ず》❹

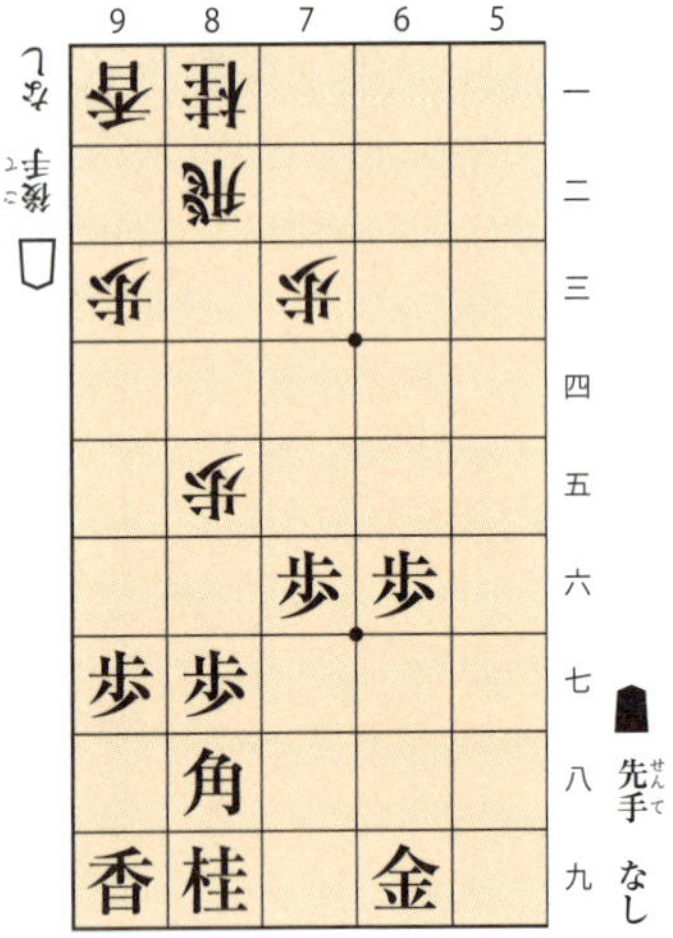

正解《せいかい》は☗7七角《ななかく》（図《ず》❺）です。これで☖8六《ろく》歩《ふ》を防《ふせ》いでいます。☖8六歩《ろくふ》と突《つ》いてくれば、どういう展開《てんかい》になるかを考《かんが》えてみましょう。

図《ず》❺

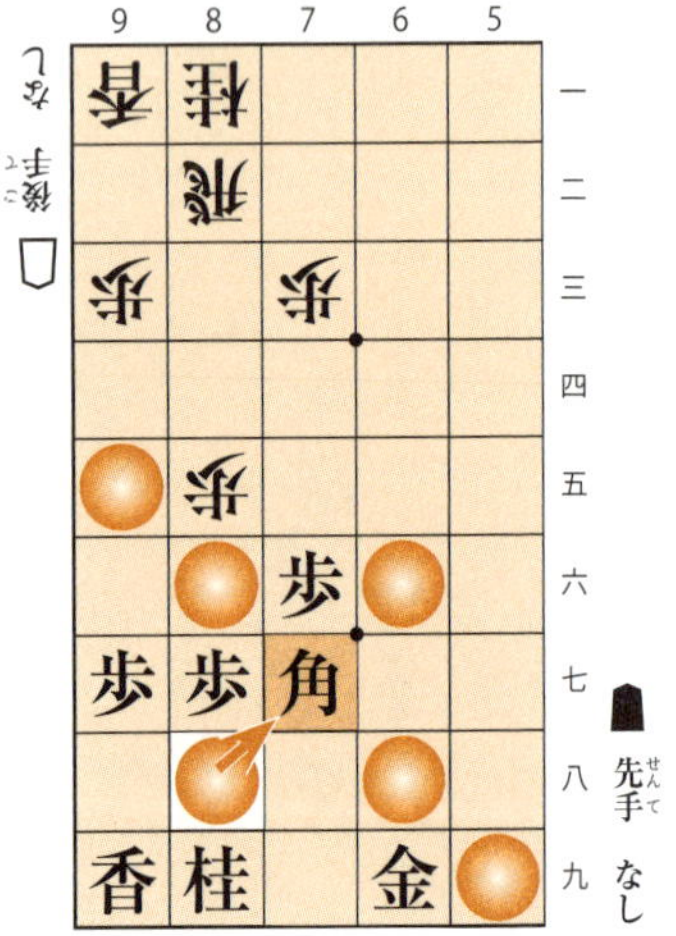

☖8六歩《ろくふ》以下《いか》、☗同歩《どうふ》、☖同飛《どうひ》、☗同角《どうかく》、と飛車《ひしゃ》を取《と》れるので（図《ず》❻）、後手《ごて》は飛車先《ひしゃさき》から攻《せ》めることができません。

図《ず》❻

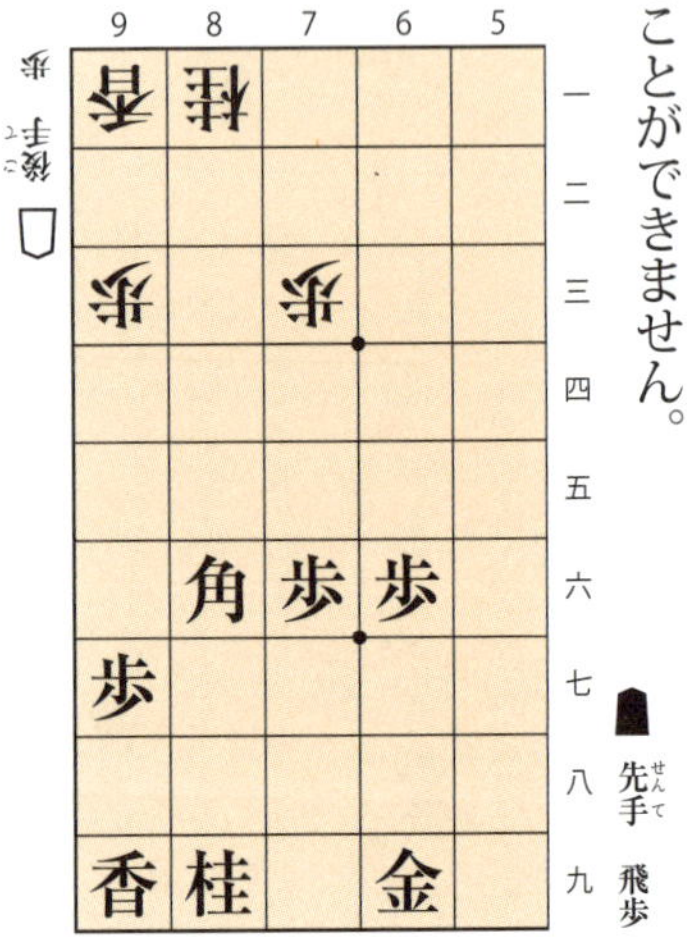

図《ず》❼は、どう防《ふせ》ぎますか。
後手《ごて》が☖7五桂《ごけい》と跳《は》ねてきました。6七《なな》の銀《ぎん》取《と》りと8七《なな》に成《な》る両方《りょうほう》を狙《ねら》っています。

図《ず》❼

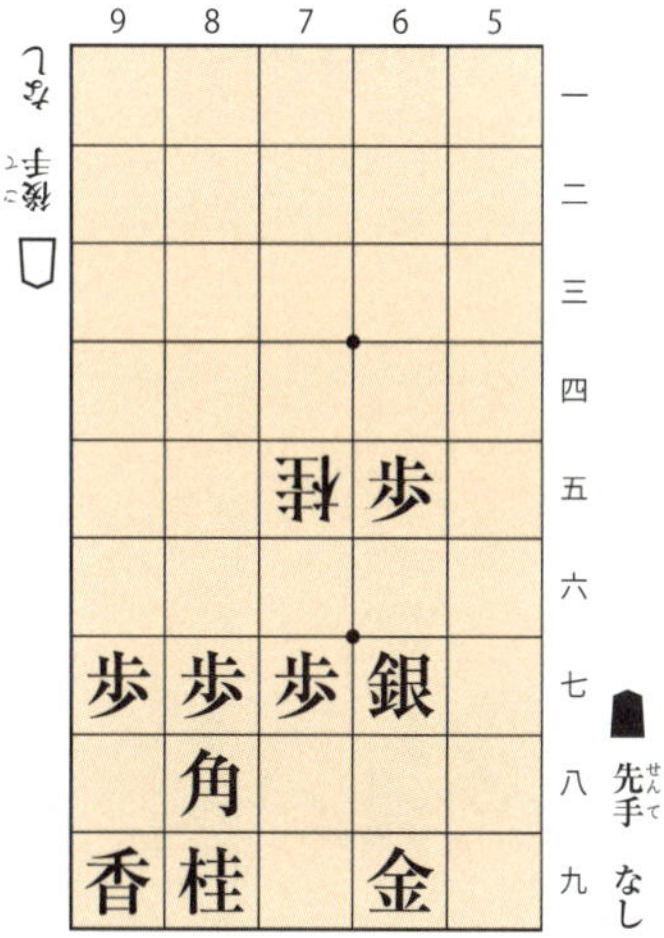

正解《せいかい》は、☗7六銀《ろくぎん》（図《ず》❽）と上《あ》がり、銀取《ぎんと》りを逃《に》げつつ、8七《なな》の地点《ちてん》を守《まも》れます。桂《けい》が8七《なな》と跳《は》ねても銀《ぎん》で取《と》れるます。銀《ぎん》のナナメ後《うし》ろに下《さ》がれる動《うご》きを利用《りよう》した☗7六銀《ろくぎん》の代《か》わりに、☗7八銀《はちぎん》（図《ず》❾）と引《ひ》くのも、銀《ぎん》を逃《に》げつつ、8七《なな》の地点《ちてん》を守《まも》っていますので、いい守《まも》り方《かた》です。

図《ず》❽

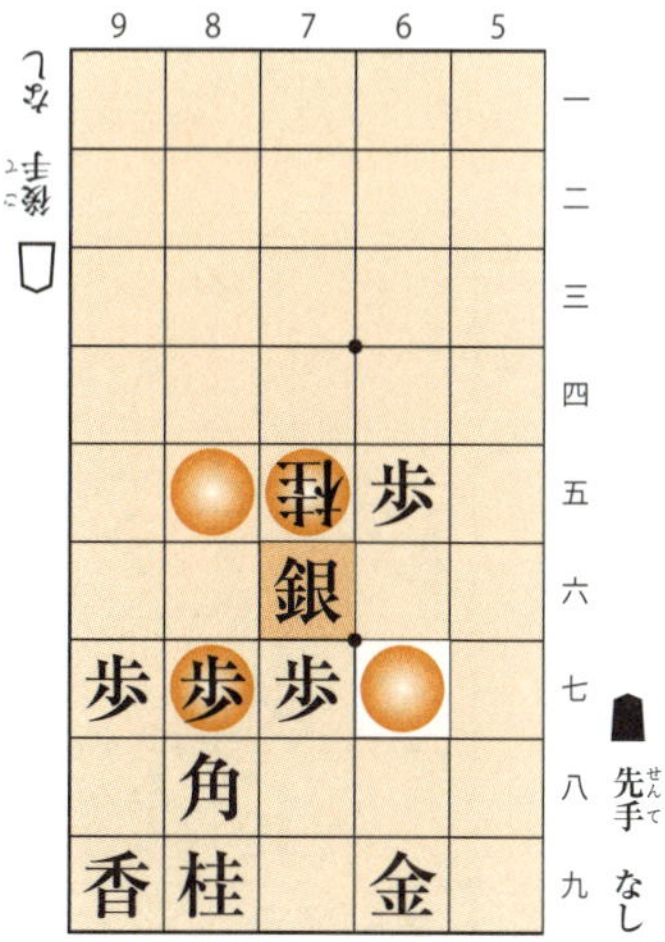

図《ず》❾

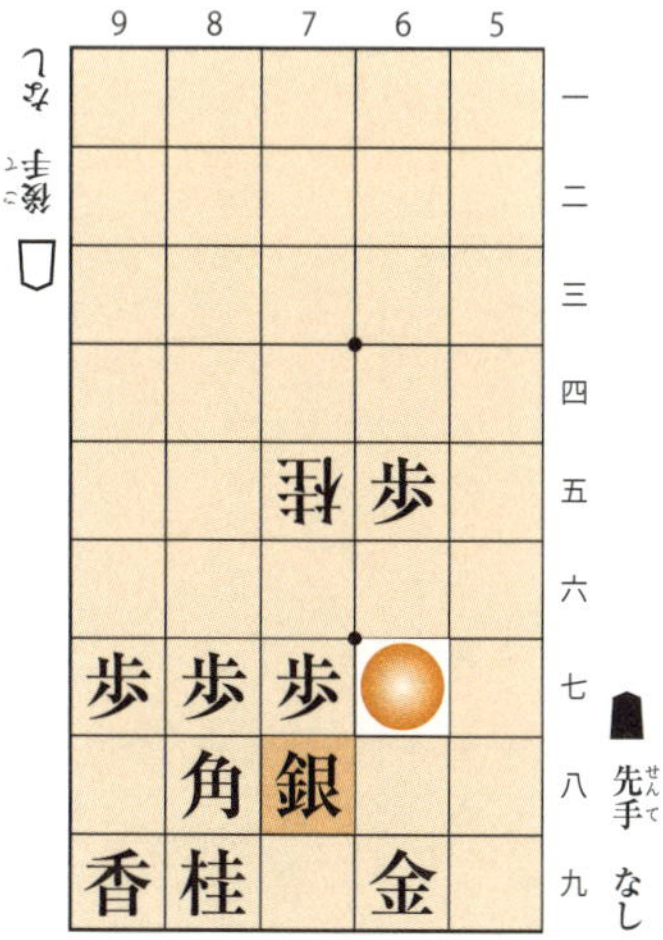

駒《こま》の利《き》きをよく思《おも》い出《だ》して防《ふせ》ぎの手《て》を指《さ》そう！

将子《しょうこ》「相手《あいて》がどんな手《て》を指《さ》してくるか予想《よそう》しないといけないから、難《むずか》しいなあ」

将男《まさお》「でも防《ふせ》ぎの手《て》って、なんかかっこいいね」

——そうだね、防《ふせ》ぎの手《て》を指《さ》せるようになることは、相手《あいて》のことを考《かんが》えていることになるんだよ。将棋《しょうぎ》は、絶《た》えず相手《あいて》のこと（指《さ》し手《て》）を考《かんが》え続《つづ》ける競技《きょうぎ》なんだ。では、防《ふせ》ぎの例題《れいだい》を4問《もん》やってみよう。

例題《れいだい》❶

王手《おうて》がかかっています。駒《こま》を打《う》って守《まも》ってください。

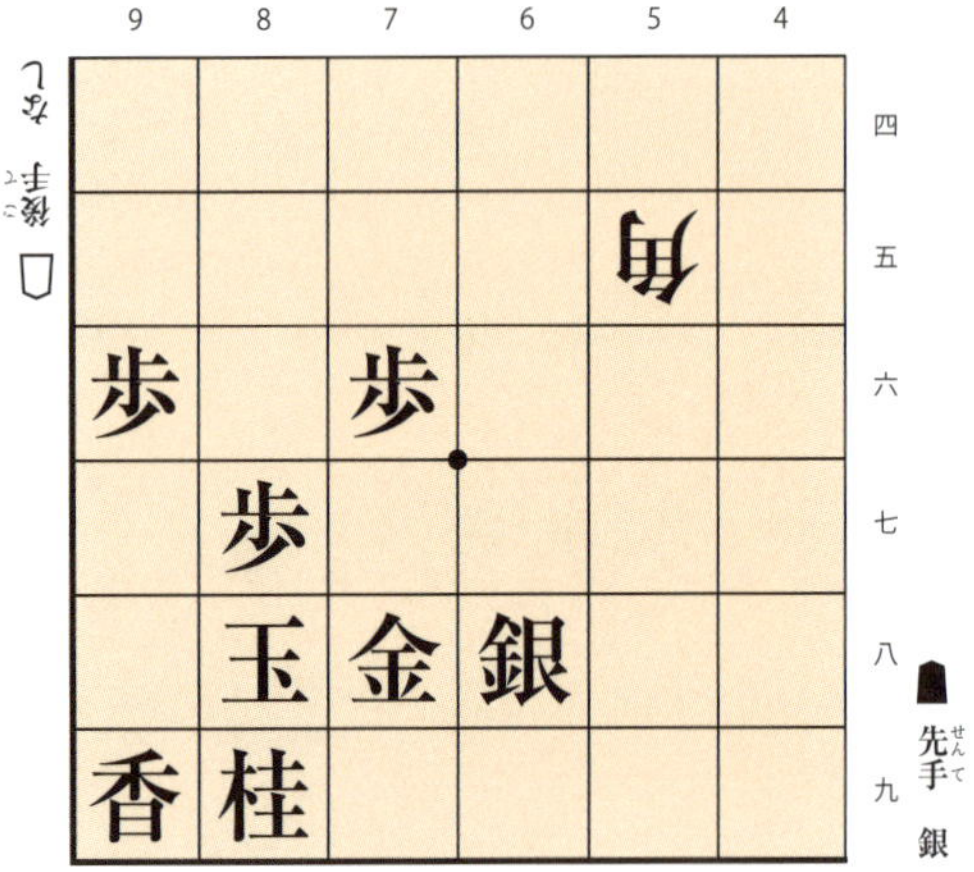

例題《れいだい》❷

例題《れいだい》❶と同《おな》じ駒《こま》の配置《はいち》ですが、持《も》ち駒《ごま》がないので、盤上《ばんじょう》の駒《こま》を動《うご》かして防《ふせ》ぎましょう。

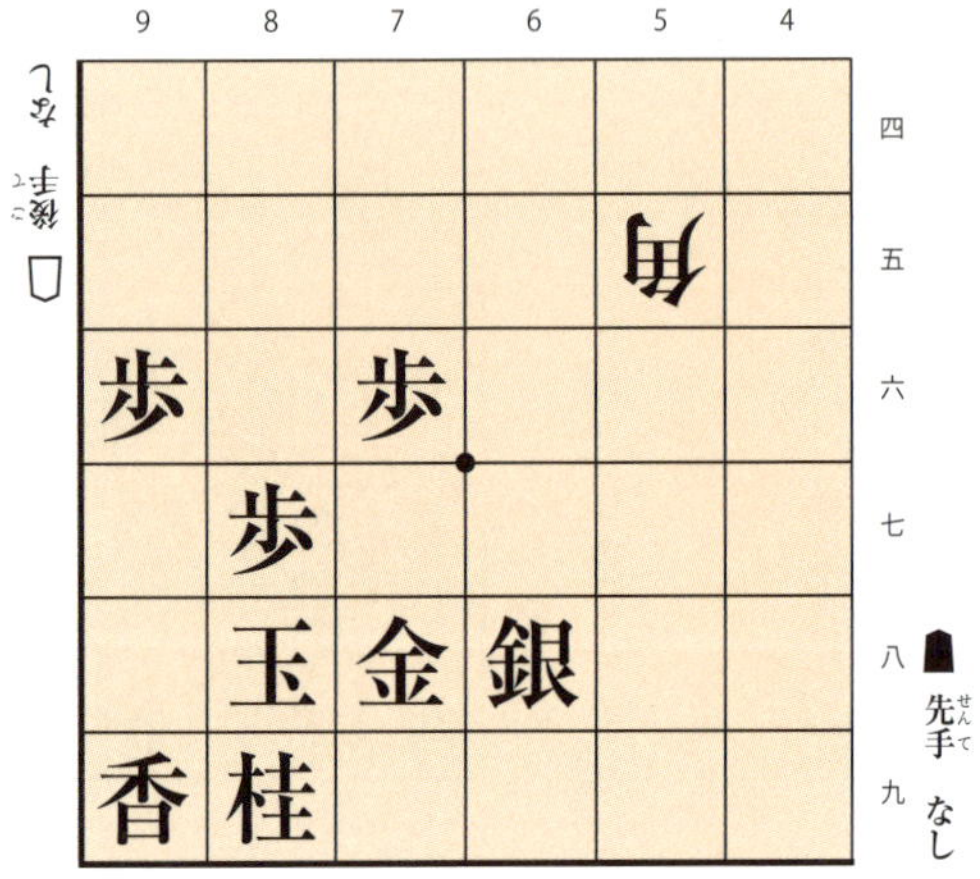

例題《れいだい》③

王手《おうて》がかかっています。3枚《まい》の持《も》ち駒《ごま》のうちどれを使《つか》うといいでしょうか。

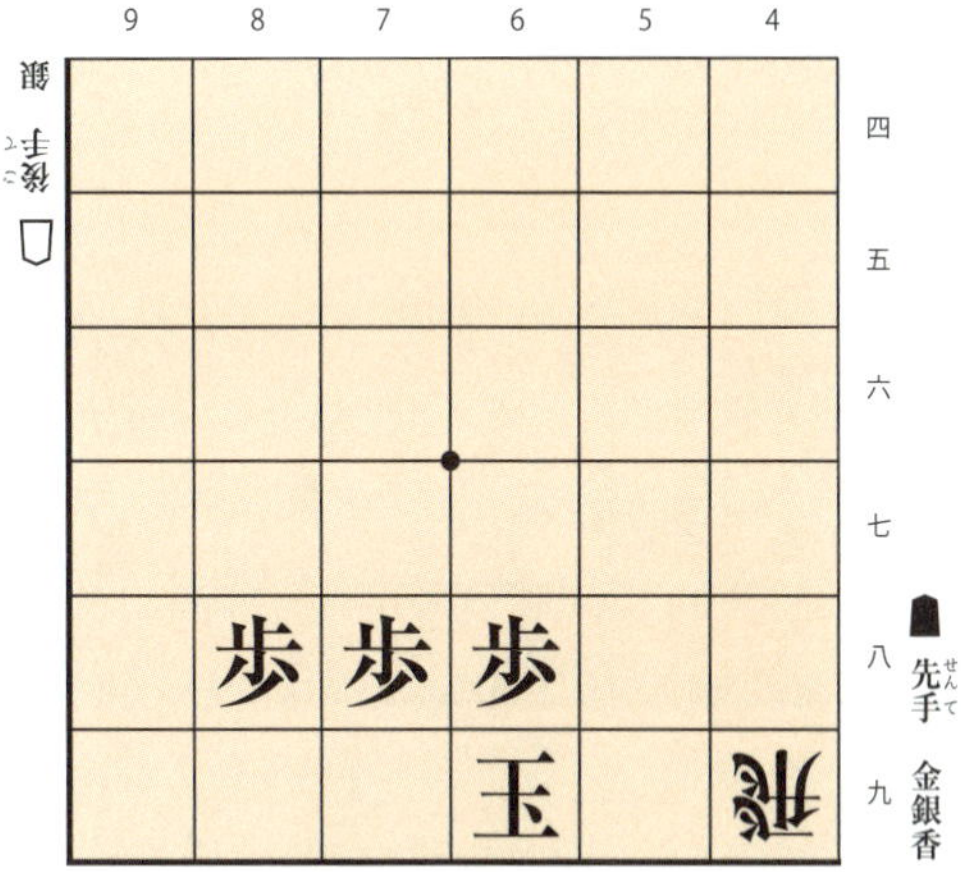

例題《れいだい》④

☖1三角《さんかく》ののぞきに対《たい》して、☗5八金右《はちきんみぎ》と上《あ》がって防《ふせ》いだところ、このあと、☖4五桂《ごけい》と跳《は》ねてきたら、どう守《まも》りますか。

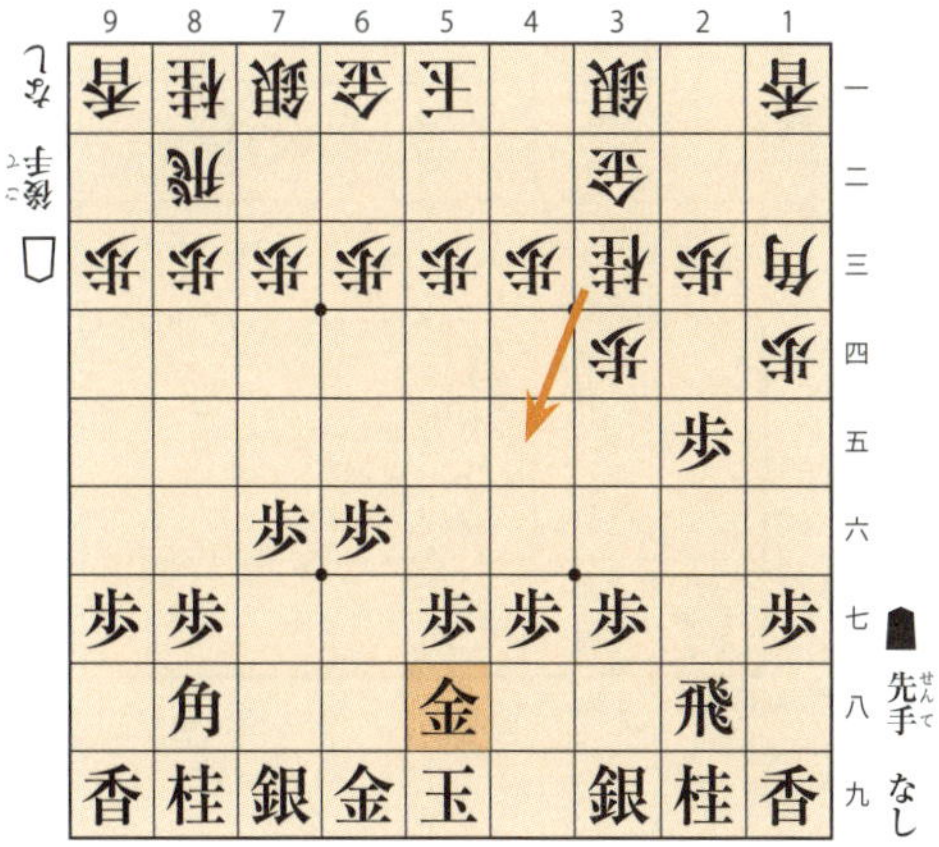

【例題《れいだい》❶の答《こた》え】

正解《せいかい》は☗7七銀打《ななぎんうち》です（図《ず》⑩）。☗6六銀《ろくぎん》と打《う》つのは、☖同角《どうかく》とタダで取《と》られて受《う》けになりません。

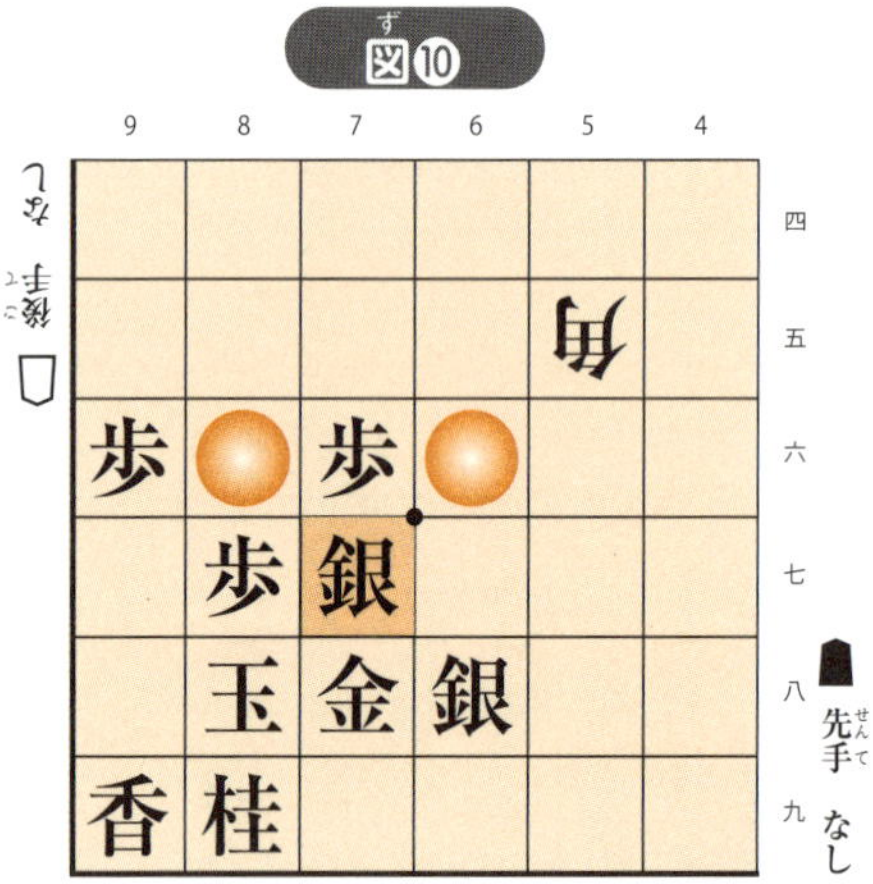

【例題《れいだい》❷の答《こた》え】
正解《せいかい》は、☗7七銀《ななぎん》です（図《ず》⑪）。☗7七金《ななきん》・☗7七銀《ななぎん》・☗7七桂《ななけい》と角《かく》の利《き》きを遮断《しゃだん》するなかでも、☗7七銀《ななぎん》がいちばんいい形《かたち》です。

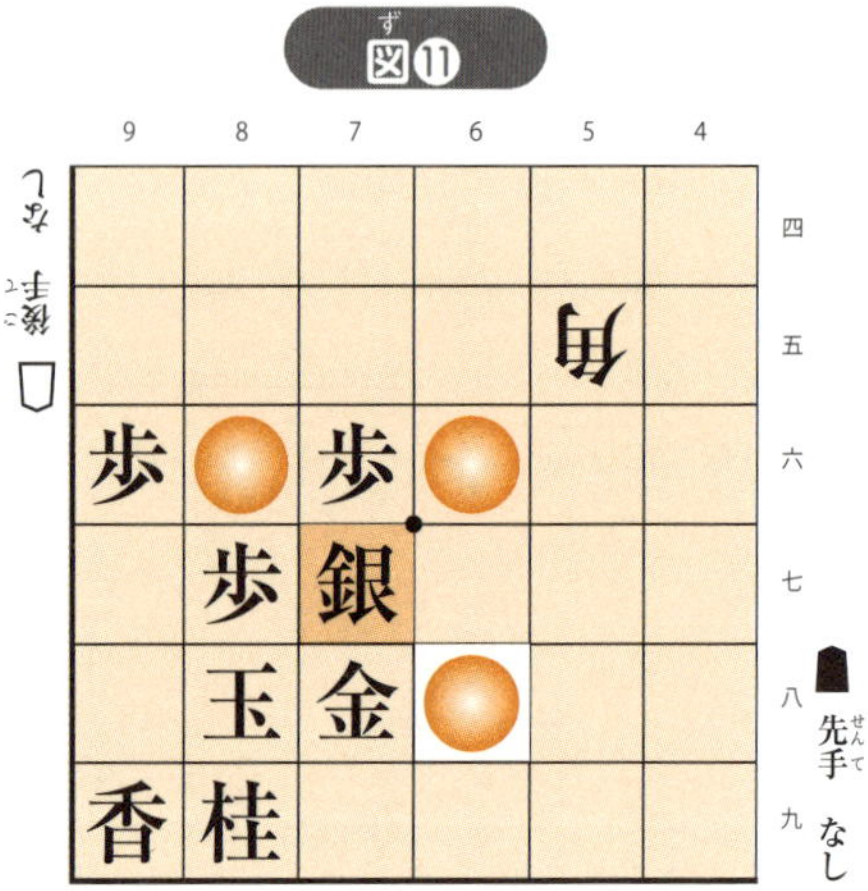

【例題《れいだい》❸の答《こた》え】
持《も》ち駒《ごま》は金《きん》・銀《ぎん》・香《きょう》の3枚《まい》ありますが、☗5九《きゅう》銀《ぎん》の守《まも》りには、☖4八銀《はちぎん》と攻《せ》められます（図《ず》⑫）。☗同銀《どうぎん》と取《と》れば、飛車《ひしゃ》で玉《ぎょく》を取《と》られてしまいます。☗5九銀《きゅうぎん》の代《か》わりに☗5九香《きゅうきょう》と受《う》けても、同《おな》じように☖4八銀《はちぎん》と打《う》たれていけません。正解《せいかい》は、☗5九金《きゅうきん》です（図《ず》⑬）。これなら飛車《ひしゃ》取《と》りなので、☖4八銀《はちぎん》には、☗4九金《きゅうきん》で飛車《ひしゃ》が取《と》れます（図《ず》⑭）。

【例題《れいだい》❹の答《こた》え】

☖4五桂《ごけい》は、次《つぎ》に☖5七桂成《ななけいなり》、☗同金《どうきん》、☖同角《どうかく》成《なり》を狙《ねら》ったものです（図《ず》⑮）。これは先手《せんて》が5七《なな》の守《まも》りに金《きん》1枚《まい》しかないためです。角《かく》と桂《けい》の2枚《まい》の攻《せ》めには、先手《せんて》も守《まも》りをもう1枚足《まいた》して、2対《たい》2にしておけばいいのです。5七《なな》の地点《ちてん》を守《まも》るには、いくつかの方法《ほうほう》がありますが、☗4八銀《はちぎん》がいい形《かたち》です。6八《はち》〜7八《はち》と玉《ぎょく》を逃《に》げられるからです。

図《ず》⑮

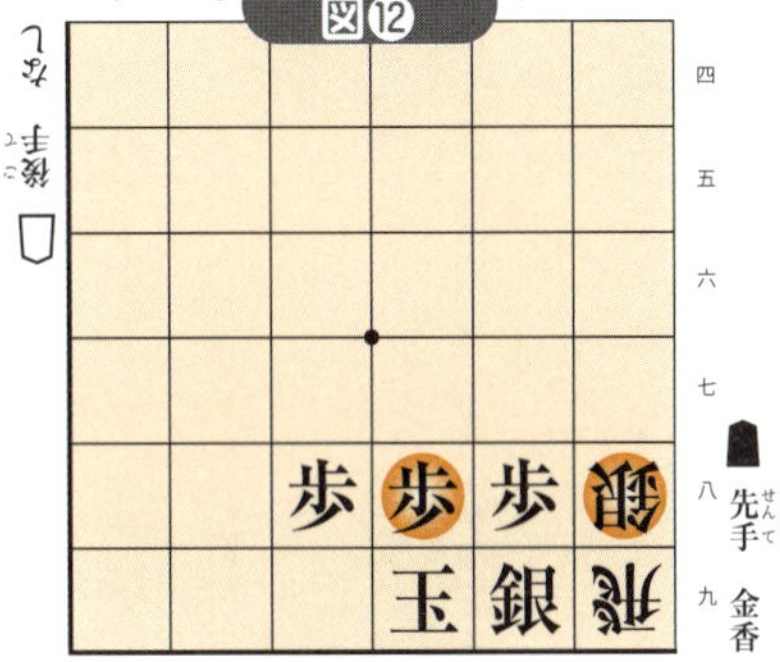
図《ず》⑫

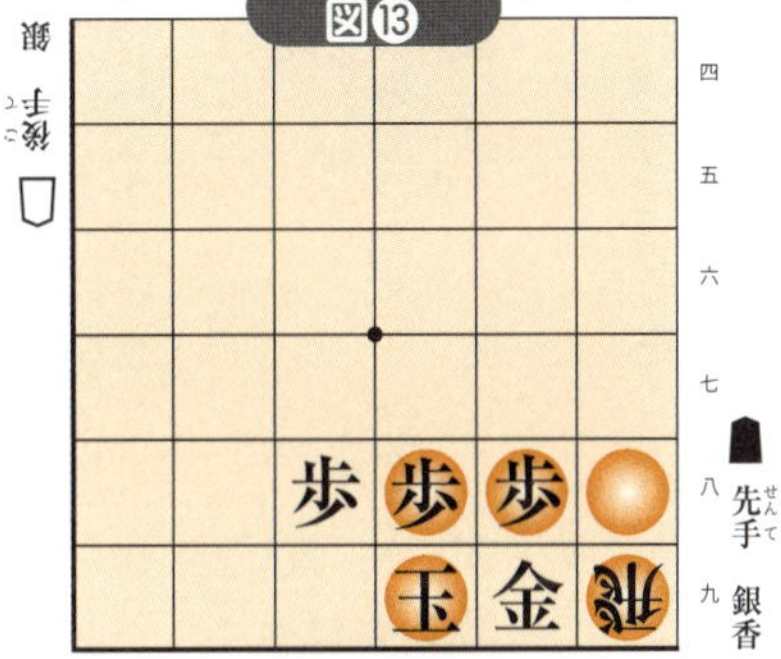
図《ず》⑬

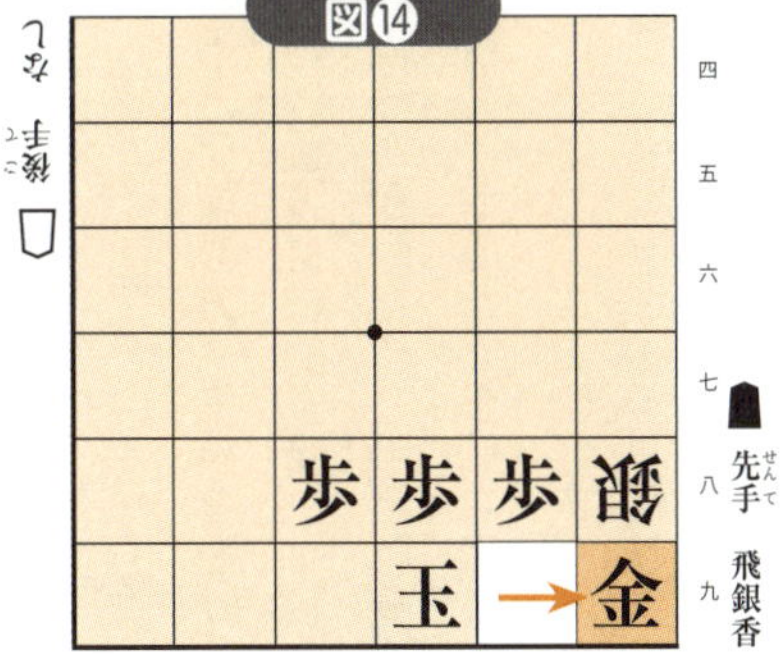
図《ず》⑭

羽生校長《はぶこうちょう》のアドバイス

防《ふせ》ぐ手《て》といい形《かたち》を
たくさん覚《おぼ》えるといいね！

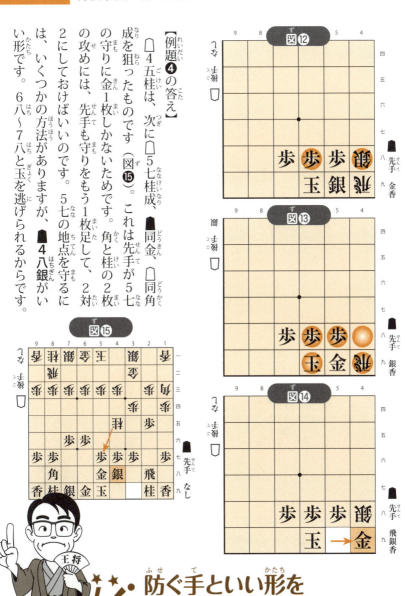

詰《つ》め将棋《しょうぎ》をやってみよう！

王手《おうて》の連続《れんぞく》で詰《つ》める。駒《こま》を捨《す》てることを考《かんが》えよう！

——いよいよ、5日目《かめ》の最後《さいご》の授業《じゅぎょう》です。明日《あす》は、羽生校長先生《はぶこうちょうせんせい》からの修了問題《しゅうりょうもんだい》だからね。

将子《しょうこ》「ええっ！　羽生先生《はぶせんせい》が教室《きょうしつ》に来《く》るの？」

——そうだよ！　修了問題《しゅうりょうもんだい》に合格《ごうかく》したら進級《しんきゅう》だから、先生《せんせい》ともお別《わか》れの時間《じかん》が近《ちか》づいてきているんだよ。

将男《まさお》「ええっ、先生《せんせい》とお別《わか》れ……さみしいなぁ」

——大丈夫《だいじょうぶ》だよ。もう2人《ふたり》には将棋《しょうぎ》の基本《きほん》を教《おし》えたからね。もう他《ほか》の学年《がくねん》のお兄《にい》さんやお姉《ねえ》さんと将棋《しょうぎ》が指《さ》したいでしょう？　最後《さいご》に、詰《つ》め将棋《しょうぎ》を教《おし》えるね。

詰《つ》め将棋《しょうぎ》の考《かんが》え方《かた》

①詰《つ》め将棋《しょうぎ》は王手《おうて》の連続《れんぞく》で、最後《さいご》は相手《あいて》の玉《ぎょく》を詰《つ》める問題《もんだい》です。

②**玉《ぎょく》を詰《つ》める方《ほう》を攻《せ》め方《かた》**、**王手《おうて》を受《う》ける方《ほう》を受《う》け方《かた》**、あるいは**玉方《ぎょくかた》**といいます。

③1手目《てめ》に攻《せ》め方《かた》が王手《おうて》、2手目《てめ》に受《う》け方《かた》が防《ふせ》ぎ、3手目《てめ》に攻《せ》め方《かた》が玉《ぎょく》を詰《つ》ませる。これを**3手詰《てづ》め**といい、長《なが》いものでは百手《ひゃくて》を超《こ》える詰《つ》め将棋《しょうぎ》もあります。

④持《も》ち駒《ごま》を確認《かくにん》してください。攻《せ》め方《かた》の持《も》ち駒《ごま》は

指定《してい》されています。受け方は指定がない限《かぎ》り、問題《もんだい》で使《つか》われていない玉《ぎょく》以外《いがい》の全部《ぜんぶ》の駒《こま》です。

⑤**攻《せ》め方《かた》はいちばん短《みじか》い手順《てじゅん》で詰《つ》ませ、受《う》け方《かた》はいちばん長《なが》い手順《てじゅん》で逃《に》げる**ようにします。ただし、タダで取《と》られてしまって意味《いみ》のない合《あ》い駒《ごま》をしてはいけません。そして、最後《さいご》に詰《つ》みになれば正解手順《せいかいてじゅん》です。

図《ず》❶を見《み》てください。☗1二《に》金《きん》と打《う》って、頭金《あたまきん》で詰《つ》んでいます。この局面《きょくめん》をよく覚《おぼ》えて、図《ず》❷を見《み》てください。

図《ず》❷は3手詰《てづ》めの問題《もんだい》です。図《ず》❶のように、頭《あたま》金《きん》の形《かたち》にするにはどうしたらいいでしょう。王手《おうて》➡受《う》ける➡王手《おうて》で詰《つ》ませてください。

正解《せいかい》は、☗1一《いち》飛成《ひなり》、☖同玉《どうぎょく》、☗1二《に》金《きん》までの3手詰《てづ》めです。

図《ず》①

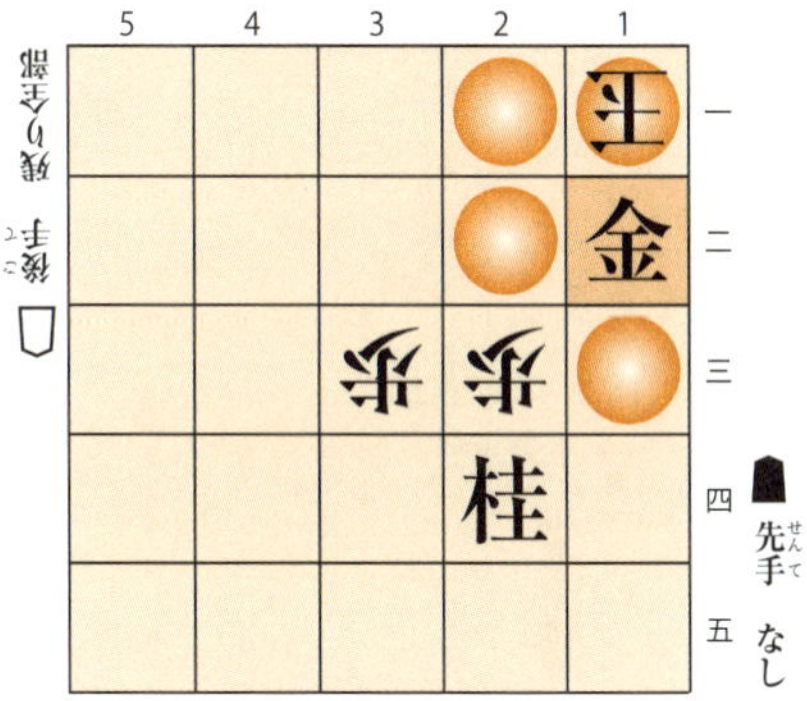

図《ず》②

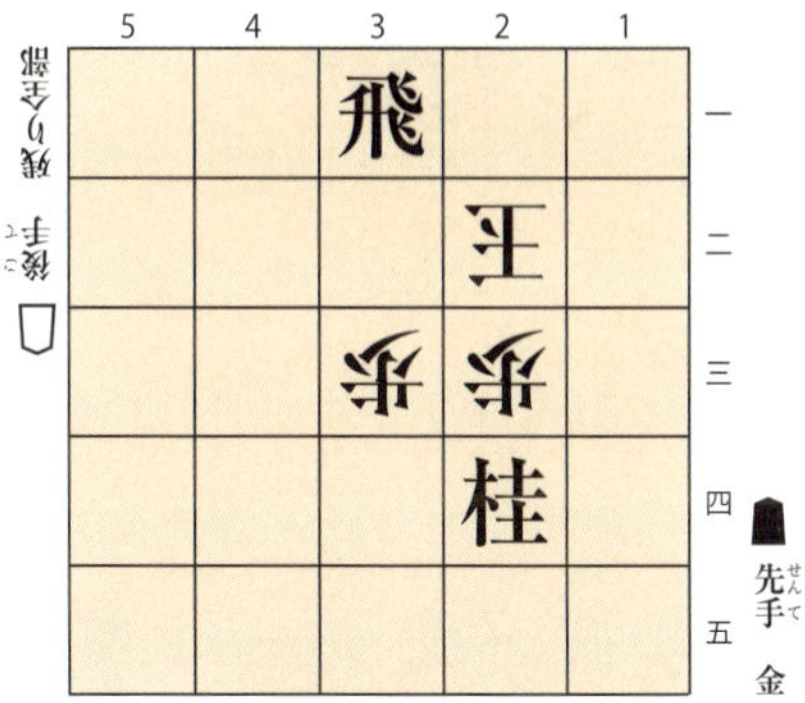

頭金《あたまきん》を狙《ねら》って、大駒《おおごま》を捨《す》ててみよう!

図《ず》③

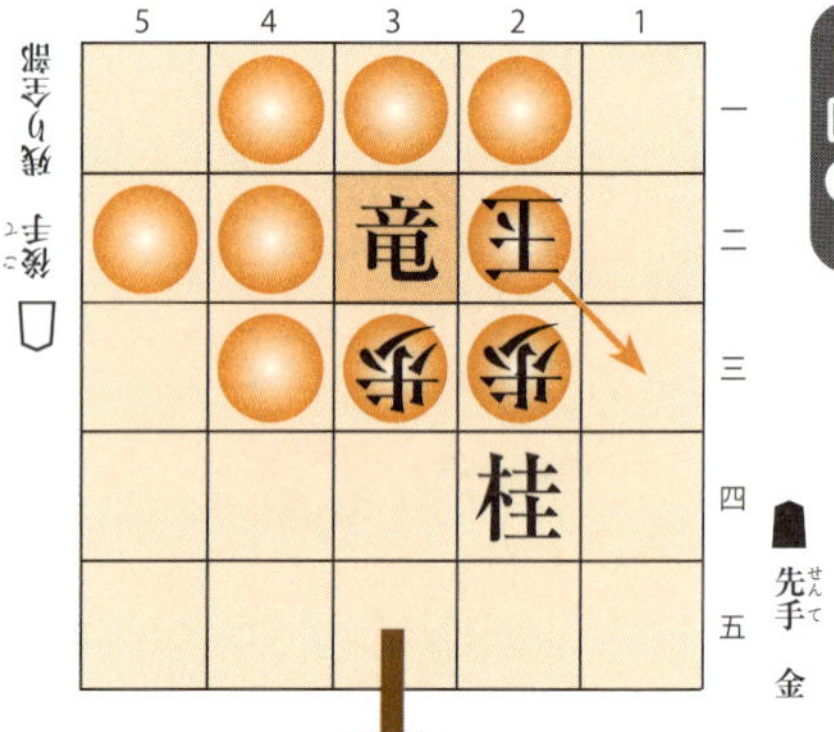

図《ず》④

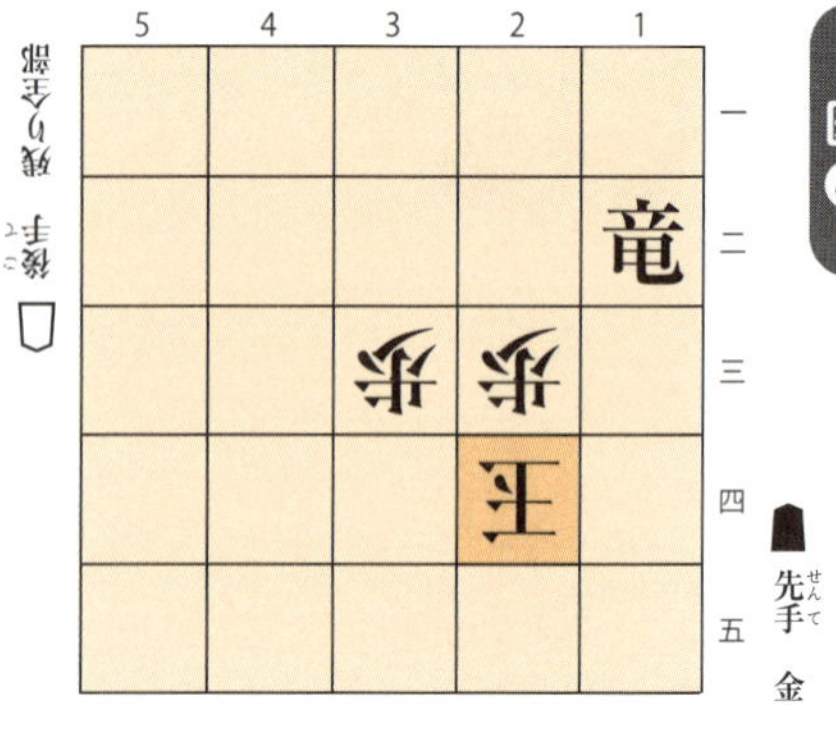

図《ず》⑤

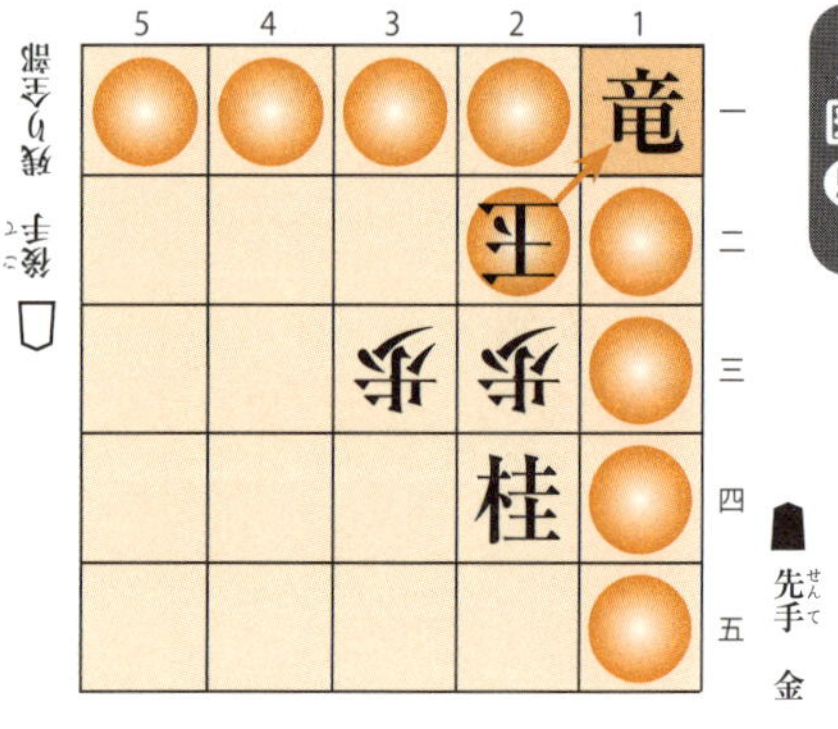

☗1一飛成《いちひなり》ではなく、☗3二飛成《にひなり》（図《ず》③）は、☖1三玉《さんぎょく》、☗1二竜《にりゅう》、☖2四玉《よんぎょく》と、広《ひろ》い上部《じょうぶ》に逃《に》げ出《だ》されて詰《つ》みません（図《ず》④）。

そこで、☗1一飛成《いちひなり》（図《ず》⑤）が1三《さん》に逃《に》がさない**捨《す》て駒《ごま》**の好手《こうしゅ》（いい手《て》）です。詰《つ》め将棋《しょうぎ》にはこの捨《す》て駒《ごま》のようなポイントになる手《て》が必《かなら》ず入《はい》っています。

図《ず》⑤は、1三《さん》に竜《りゅう》が利《き》いていますから、上部《じょうぶ》に逃《に》げ出《だ》すことはできません。また、3二《に》には桂《けい》、3一《いち》には竜《りゅう》が利《き》いていますから、☖1一同玉《いちどうぎょく》と取《と》る1手《て》になります。そこで、☗1二金《にきん》と打《う》てば、図《ず》①と同《おな》じ形《かたち》で詰《つ》みとなります。

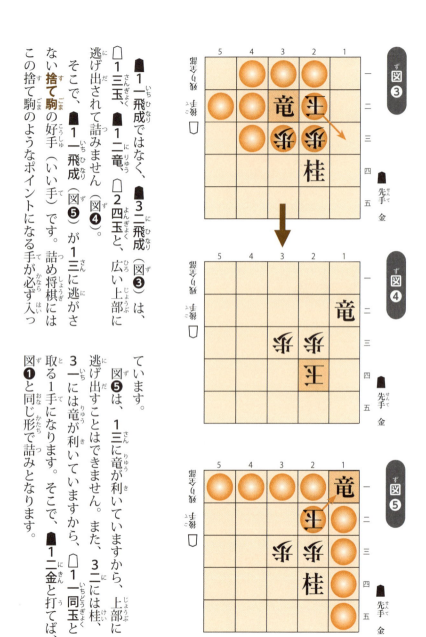

将子《しょうこ》「詰《つ》め将棋《しょうぎ》ってパズルみたいで面白《おもしろ》いね」
将男《まさお》「もっとやりたいなあ！」
――2人《ふたり》ともその意気《いき》だよ！　詰《つ》め将棋《しょうぎ》をたくさん解《と》くと、終盤《しゅうばん》が強《つよ》くなるからね。じゃあ詰《つ》め将《しょう》棋《ぎ》の例題《れいだい》を2問《もん》出《だ》すよ。解《と》いてみて、明日《あした》の修《しゅう》了問題《りょうもんだい》に備《そな》えようね。

例題《れいだい》❶

3手詰《てづ》めです。詰《つ》め手順《てじゅん》を考《かんが》えてください。大駒《おおごま》を動《うご》かして捨《す》ててみよう。

後手《ごて》　残り全部

	5	4	3	2	1
一		銀	王	銀	
二					
三			と		
四					馬
五					

先手《せんて》　銀

例題《れいだい》❷

3手詰《てづ》めです。詰《つ》め手順《てじゅん》を考《かんが》えてください。駒《こま》を取《と》らないで王手《おうて》をしてみよう。

後手《ごて》　残り全部

	5	4	3	2	1
一			角	桂	王
二					歩
三				金	
四					
五			桂	香	

先手《せんて》　なし

詰《つ》め将棋《しょうぎ》は捨《す》て駒《ごま》がポイント、不成《ふな》りもよく使《つか》うよ！

【例題《れいだい》❶の答《こた》え】

☗3二馬《にうま》、☖同銀右《どうぎんみぎ》（左《ひだり》）、☗4二《に》（2二《に》）銀《ぎん》までの3手詰《てづ》めです。

初手《しょて》に☗3二銀《にぎん》と打《う》つのは、☖同銀右《どうぎんみぎ》で、☗同《どう》と☖同銀《どうぎん》（図《ず》❻）で詰《つ》みません。

そこで、☗3二馬《にうま》（図《ず》❼）のタダ捨《す》てが好手《こうしゅ》（いい手《て》）です。☖3二同銀右《にどうぎんみぎ》なら、☗4二銀《にぎん》、☖同銀左《どうぎんひだり》なら、☗2二銀《にぎん》と、いずれも銀《ぎん》を打《う》って詰《つ》みになります（図《ず》❽、❾）。馬《うま》をタダで捨《す》てることにより、受《う》け方《かた》の銀《ぎん》を無力化《むりょくか》させるのがポイントです。

図《ず》❻

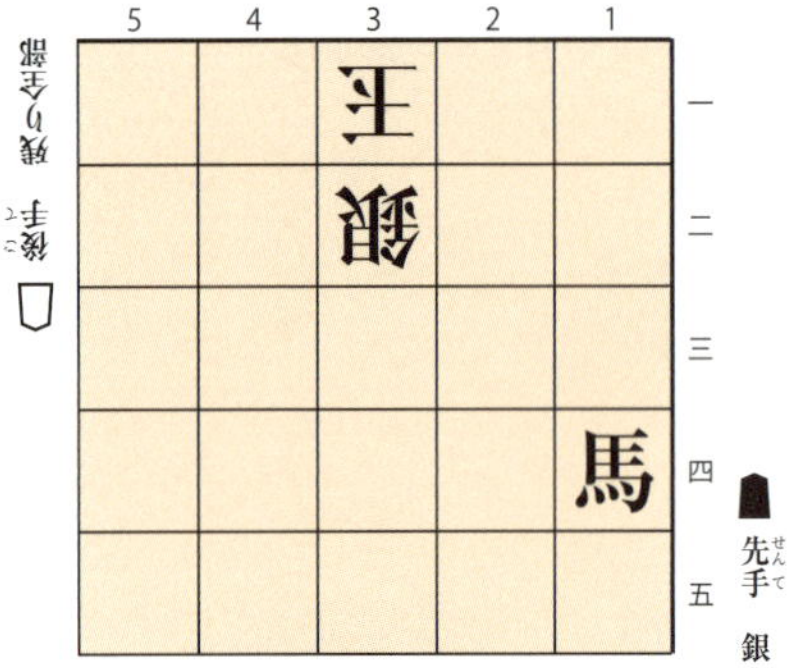

図《ず》❼

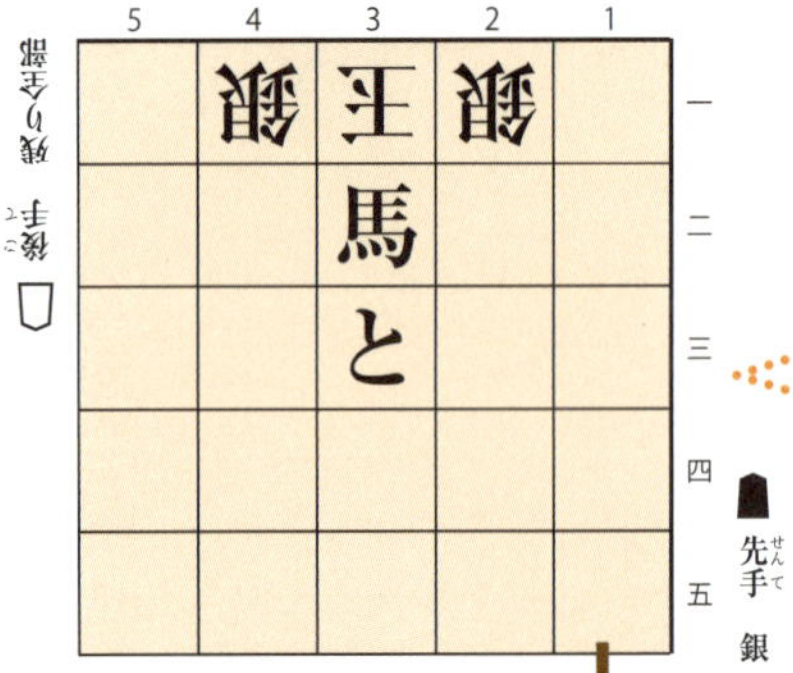

馬《うま》のタダ捨《す》てが好手《こうしゅ》

図《ず》❽

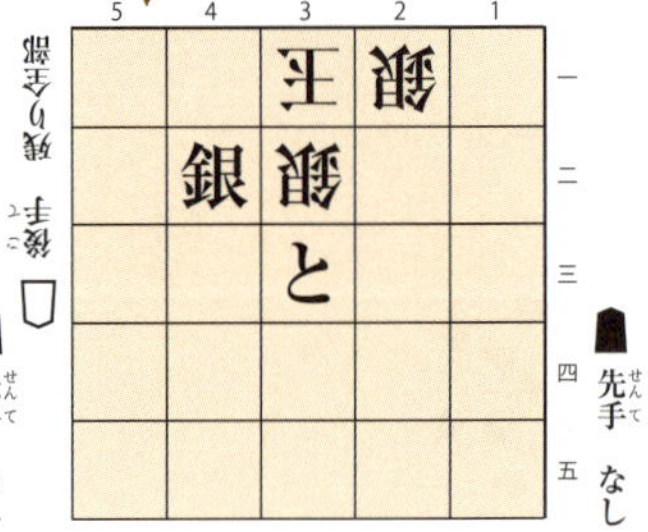

図《ず》❾

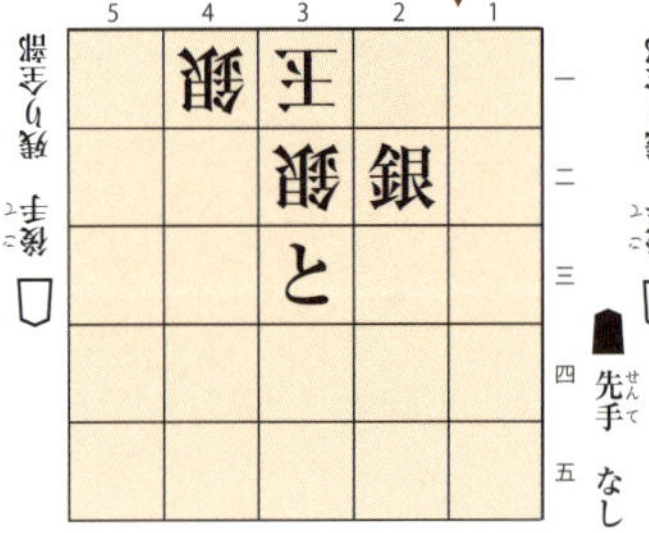

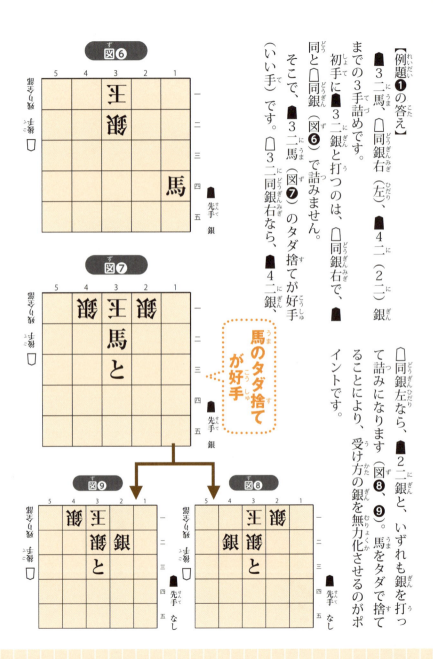

【例題《れいだい》❷の答《こた》え】

▲2二《に》金《きん》、△同角《どうかく》、▲2三《さん》桂《けい》不《ふ》成《なり》まで三手詰《さんてづ》めです。

初手《しょて》▲1二《に》金《きん》は、△同玉《どうぎょく》、▲2三《さん》桂《けい》成《なり》、△1一玉《いちぎょく》で、▲1二《に》歩《ふ》は**打《う》ち歩《ふ》詰《づ》め**になりますから、失敗《しっぱい》です（図《ず》⑩）。

打《う》ち歩《ふ》詰《づ》めの禁《きん》じ手《て》！

図《ず》⑩

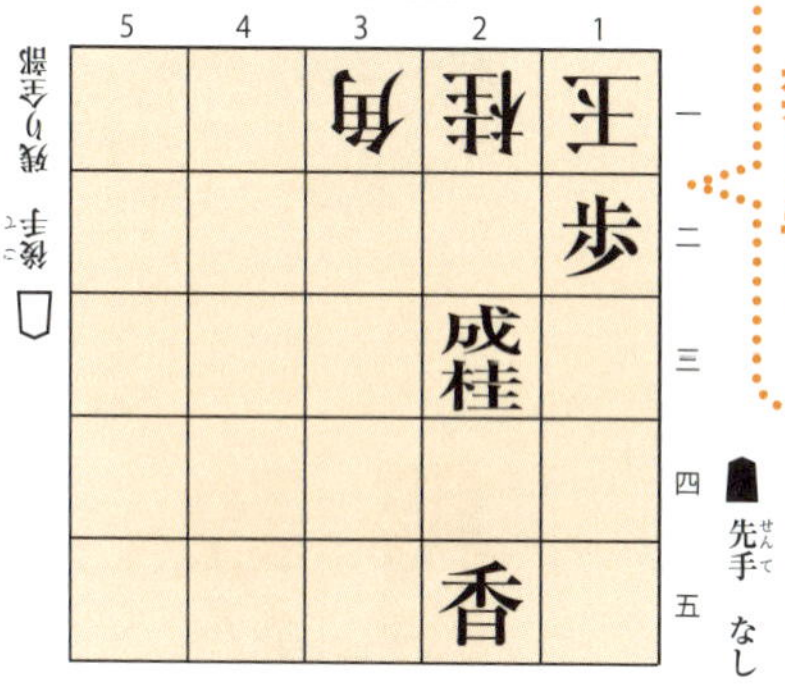

▲2二《に》金《きん》のタダ捨《す》てには、△同角《どうかく》と応《おう》じる1手《て》。ここで、▲同香成《どうきょうなり》と角《かく》を欲張《よくば》っては、△同《どう》玉《ぎょく》で上部《じょうぶ》に逃《に》がしてしまいます（図《ず》⑪）。そこで、▲2三《さん》桂《けい》不《ふ》成《なり》（図《ず》⑫）が、桂《けい》の飛《と》び越《こ》える動《うご》きを利用《りよう》した1手《て》。これで詰《つ》み上《あ》がりになります。

図《ず》⑪

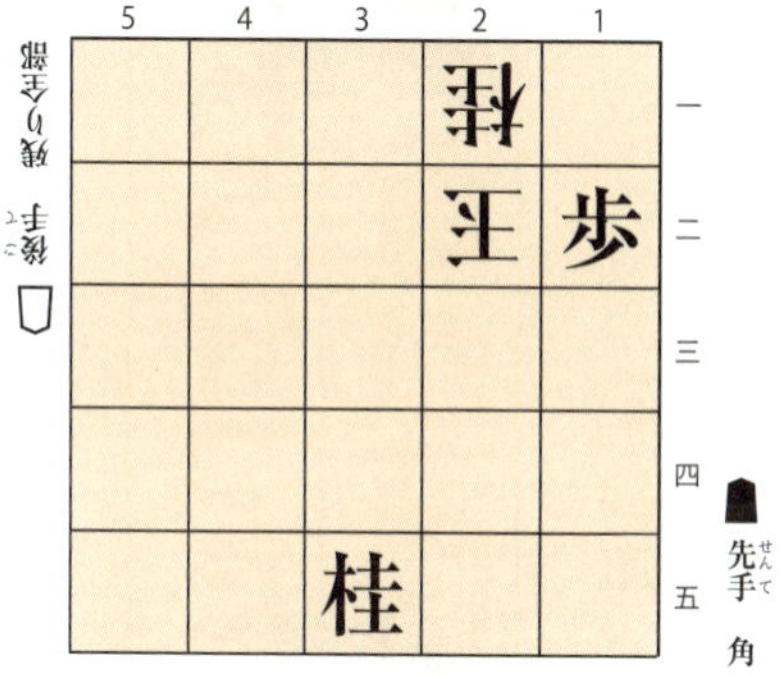

桂《けい》の不《ふ》成《な》りで詰《つ》み

図《ず》⑫

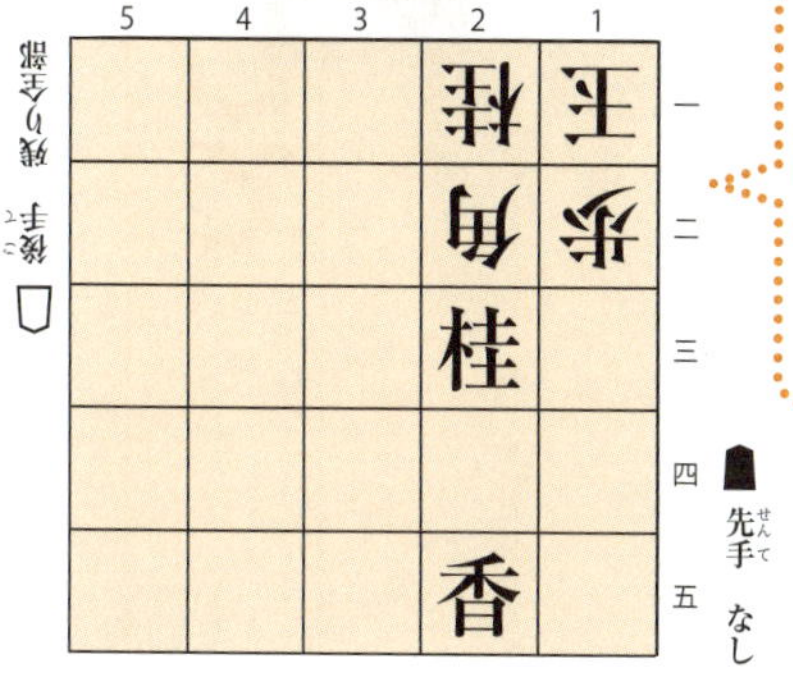

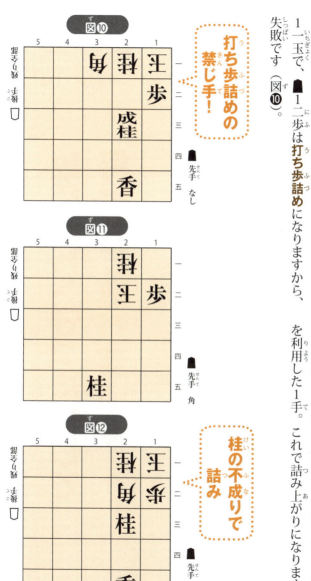

―みなさん、第《だい》5日目《にちめ》はどうだった？　これで将棋《しょうぎ》が指《さ》せるよ！

将男《まさお》「なんだか、わくわくしてきたなぁ」

将子《しょうこ》「わたしは、明日《あした》の羽生《はぶ》先生《せんせい》の試験問題《しけんもんだい》が心《しん》配《ぱい》だわ……」

―大丈夫《だいじょうぶ》だよ。2人《ふたり》は本当《ほんとう》に頑張《がんば》ったからね。ではいつもの小《しょう》テストでまとめをしようね。

将男《まさお》・将子《しょうこ》「は～い！」

将棋《しょうぎ》学園《がくえん》小《しょう》テスト④

攻《せ》めたり、守《まも》ったりして将棋《しょうぎ》って奥《おく》が深《ふか》いね！

【将棋学園《しょうぎがくえん》　小《しょう》テスト④】

問題《もんだい》、次《つぎ》の文章《ぶんしょう》があっていれば○を、間違《まちが》いだと思《おも》ったら×を（　）に書《か》きなさい。

①詰《つ》めの基本《きほん》は頭銀《あたまぎん》だ。…（　）

②玉《ぎょく》の横《よこ》から金《きん》を打《う》つのは腹金《はらきん》という。…（　）

③詰《つ》めの基本《きほん》は2枚《まい》の利《き》きを使《つか》う。…（　）

④玉《ぎょく》は広《ひろ》い方《ほう》へ追《お》った方《ほう》がいい。…（　）

⑤将棋《しょうぎ》は攻《せ》めて勝《か》つことが大事《だいじ》なので守《まも》りはいらない。…（　）

⑥防《ふせ》ぐ手《て》を覚《おぼ》えることが大事《だいじ》。…（　　）

⑦詰《つ》め将棋《しょうぎ》は捨《す》て駒《ごま》がよく出《で》てくる。…（　　）

⑧詰《つ》め将棋《しょうぎ》をやると終盤《しゅうばん》が強《つよ》くなる。…（　　）

⑨詰《つ》め将棋《しょうぎ》は連続王手《れんぞくおうて》でなくてもいい。…（　　）

⑩将棋《しょうぎ》をもっとやりたくなった人《ひと》は○。…（　　）

1問《もん》10点《てん》だよ！
80点以上《てんいじょう》で合格《ごうかく》です。

さあ、どうだったかな？　もしわからなかったらもう一度授業《いちどじゅぎょう》に戻《もど》って、確認《かくにん》すればいいよ。合格《ごうかく》した人《ひと》は、修了問題《しゅうりょうもんだい》にチャレンジ！

ぼく、わたしの点数《てんすう》…（　　　）点《てん》

攻《せ》め・守《まも》り免許状《めんきょじょう》

さん

あなたは、将棋学園《しょうぎがくえん》の「攻《せ》め・守《まも》り」をしっかりと勉強《べんきょう》し、マスターしたのでこれを賞《しょう》します。

将棋学園《しょうぎがくえん》　校長《こうちょう》　羽生善治《はぶよしはる》
先生《せんせい》　安次嶺隆幸《あじみねたかゆき》

解答《かいとう》…①×　②○　③○　④×　⑤×　⑥○　⑦○　⑧○　⑨×　⑩○

コラム5

詰《つ》め将棋《しょうぎ》は実戦《じっせん》に役立《やくだ》つ？

藤井聡太《ふじいそうた》さんは詰《つ》め将棋《しょうぎ》で強《つよ》くなった！

プロデビューから公式戦《こうしきせん》29連勝《れんしょう》の新《しん》記録《きろく》を樹立《じゅりつ》した藤井聡太《ふじいそうた》さん。彼《かれ》は詰《つ》め将棋《しょうぎ》で強《つよ》くなったといわれています。詰《つ》め将棋《しょうぎ》は、将棋《しょうぎ》の終盤《しゅうばん》だけを取《と》り上《あ》げて、王手《おうて》の連続《れんぞく》で玉《ぎょく》を詰《つ》ませる問題《もんだい》です。必《かなら》ず詰《つ》むというゴールが決《き》まっているので、1人《ひとり》でもできて「読《よ》みの訓練《くんれん》になる」ということで多《おお》くのプロ棋士《きし》もやっています。

将棋《しょうぎ》が強《つよ》くなるには、①実戦《じっせん》できたえる。②棋譜《きふ》を並《なら》べる。③詰《つ》め将棋《しょうぎ》を解《と》く。これが将棋《しょうぎ》の効果的《こうかてき》な3つの方《ほう》法《ほう》。詰《つ》め将棋《しょうぎ》は、あまり長《なが》い問題《もんだい》ではなく、実戦型《じっせんがた》の3手《て》〜7手詰《てづ》めの問題《もんだい》をたくさん解《と》いてみるといいでしょう。

詰《つ》め将棋《しょうぎ》は、自分《じぶん》の手《て》だけでなく、相手《あいて》の最善《さいぜん》の手《て》を考《かんが》えることがとてもよい訓練《くんれん》になるのです。捨《す》て駒《ごま》や、駒《こま》運《はこ》びの手筋《てすじ》を知《し》るよい機会《きかい》となることが上達《じょうたつ》につながるのです。

将棋《しょうぎ》は最後《さいご》で間違《まちが》えると負《ま》けてしまう厳《きび》しいものです。終盤《しゅうばん》をきたえるために詰《つ》め将棋《しょうぎ》をコツコツと解《と》いていくといいでしょう。

第《だい》6章《しょう》

詰《つ》め将棋《しょうぎ》&
修了問題《しゅうりょうもんだい》

羽生善治校長先生《はぶよしはるこうちょうせんせい》に挑戦《ちょうせん》だ!

最終日《さいしゅうび》は、羽生校長先生《はぶこうちょうせんせい》からのレッスンだ。今《いま》まで先生《せんせい》に教《おし》えてもらったことを総復習《そうふくしゅう》。まずは、詰《つ》め将棋《しょうぎ》10問《もん》でウォーミングアップ。それから、羽生《はぶ》校長先生《こうちょうせんせい》の出題《しゅつだい》する修了問題《しゅうりょうもんだい》5問《もん》にチャレンジしてみよう！　きっと将棋《しょうぎ》が指《さ》したくなるよ。頑張《がんば》ってね！

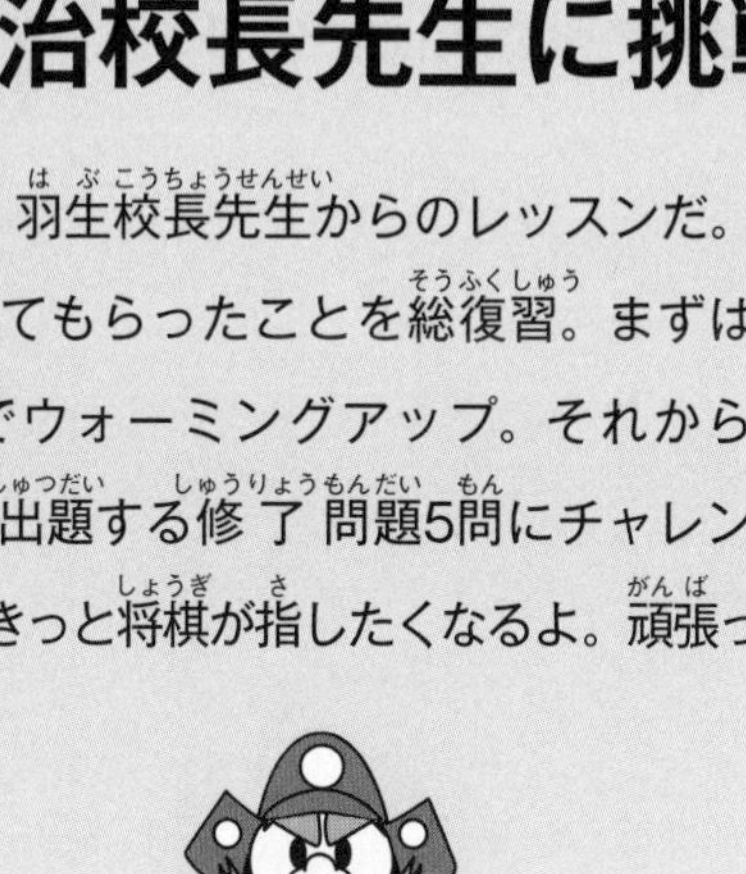

詰《つ》め将棋《しょうぎ》と次《つぎ》の1手《て》で問題《もんだい》で総《そう》まとめ

まずは、詰《つ》め将棋《しょうぎ》で準備運動《じゅんびうんどう》をしよう！

——いよいよ、将棋学園《しょうぎがくえん》の最終授業《さいしゅうじゅぎょう》だよ。この1週間《しゅうかん》みんなよく頑張《がんば》ったね！

将男《まさお》「ドキドキするなぁ」

将子《しょうこ》「わたしも！　だって問題解《もんだいと》けなかったどうしようかなと考《かんが》えちゃうんだ」

——大丈夫《だいじょうぶ》だよ。今日《きょう》はみんなのあこがれの羽生《はぶ》善治校長先生《よしはるこうちょうせんせい》から、直接教《ちょくせつおし》えてもらえるからね。

将男《まさお》「でも、難《むずか》しい問題《もんだい》だったらどうしよう……」

——大丈夫《だいじょうぶ》、安心《あんしん》してね。問題《もんだい》は、次《つぎ》の1手《て》といって、自分《じぶん》なら何《なに》を指《さ》すかを考《かんが》えて1手《て》だけ答《こた》えればいいんだ。それから羽生先生《はぶせんせい》は優《やさ》しいから、候《こう》補手《ほしゅ》を3つ用意《ようい》してくれる。そのなかから1手《て》を選《えら》べばいいよ。

将子《しょうこ》「そうか、それならなんとかなりそう。でも、きちんと考《かんが》えないとだめね」

——そうだね。では、羽生校長先生《はぶこうちょうせんせい》を呼《よ》ぶ前《まえ》に、まずは詰《つ》め将棋《しょうぎ》で準備運動《じゅんびうんどう》をしよう。先生《せんせい》が出題《しゅつだい》する次《つぎ》の10問《もん》にチャレンジしてみよう！

将男《まさお》・将子《しょうこ》「先生《せんせい》、お願《ねが》いしま〜す！」

第《だい》1問《もん》（3手《て》詰《づ》め）

——持《も》ち駒《ごま》を打《う》って、頭金《あたまきん》を狙《ねら》おう！

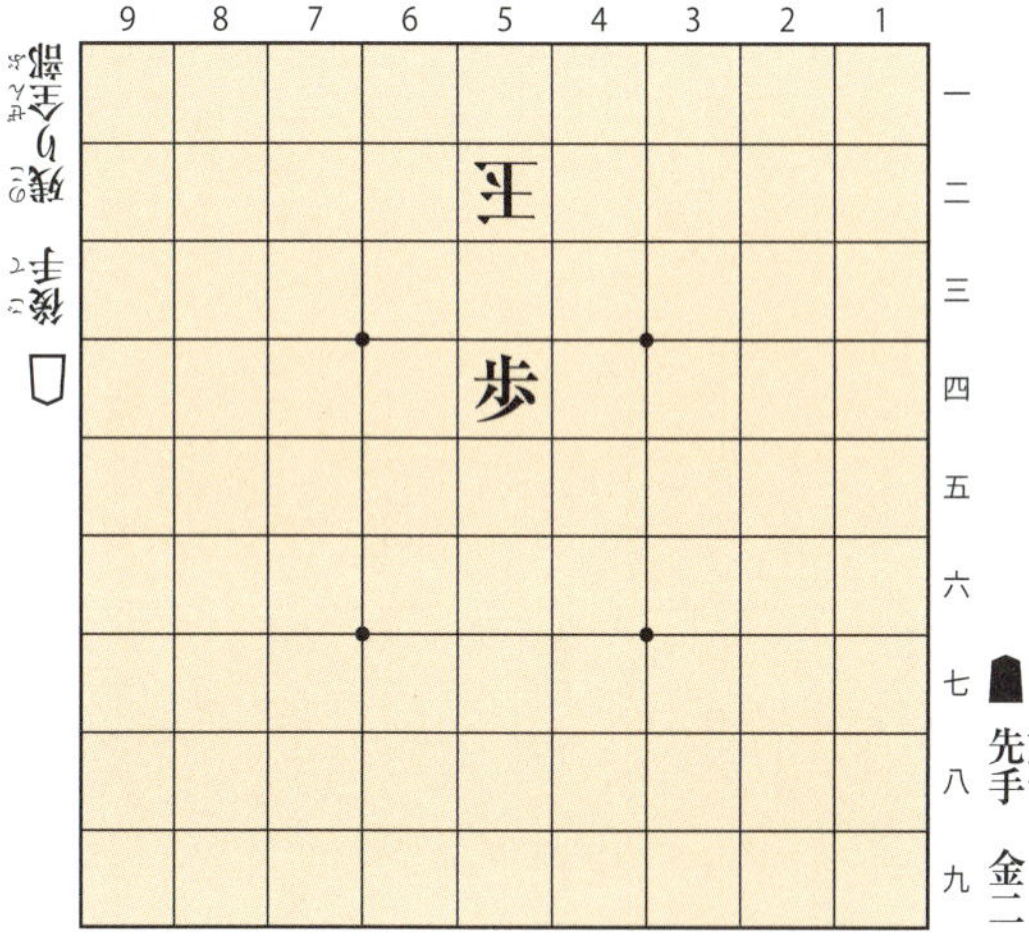

第《だい》2問《もん》（3手《て》詰《づ》め）

——どちらの持《も》ち駒《ごま》を先《さき》に打《う》つかが大事《だいじ》だよ。

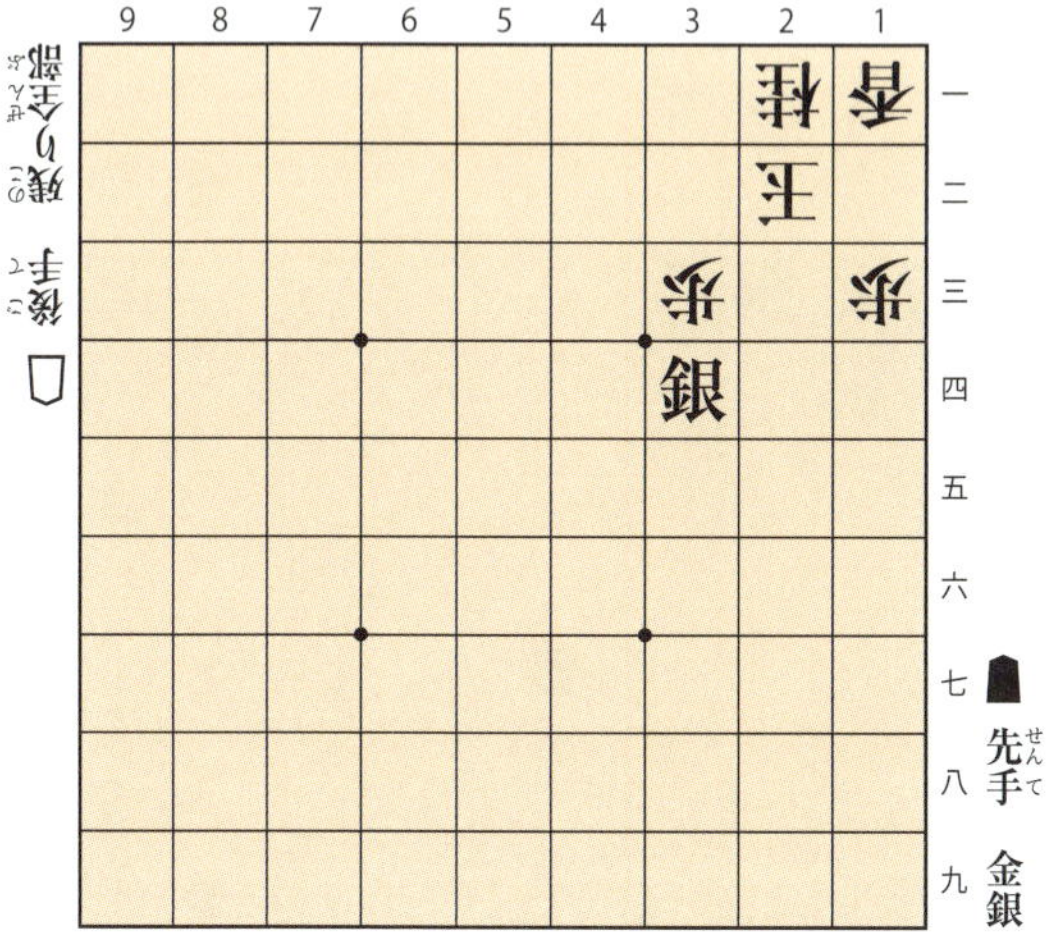

第《だい》1問《もん》　解答《かいとう》と解説《かいせつ》

☗5三金《さんきん》、☖4一玉《いちぎょく》☗4二金《にきん》打《う》ちまでの3手詰《てづ》め。

初手《しょて》は、☗5三金《さんきん》と打《う》ちます。☖5一玉《いちぎょく》なら、☗5二金《にきん》打《う》ちで詰《つ》み。☖6一玉《いちぎょく》と逃《に》げても、☗6二《に》金《きん》打《う》ちで詰《つ》みます。これでも正解《せいかい》です。頭金《あたまきん》は詰《つ》めの基本《きほん》です。

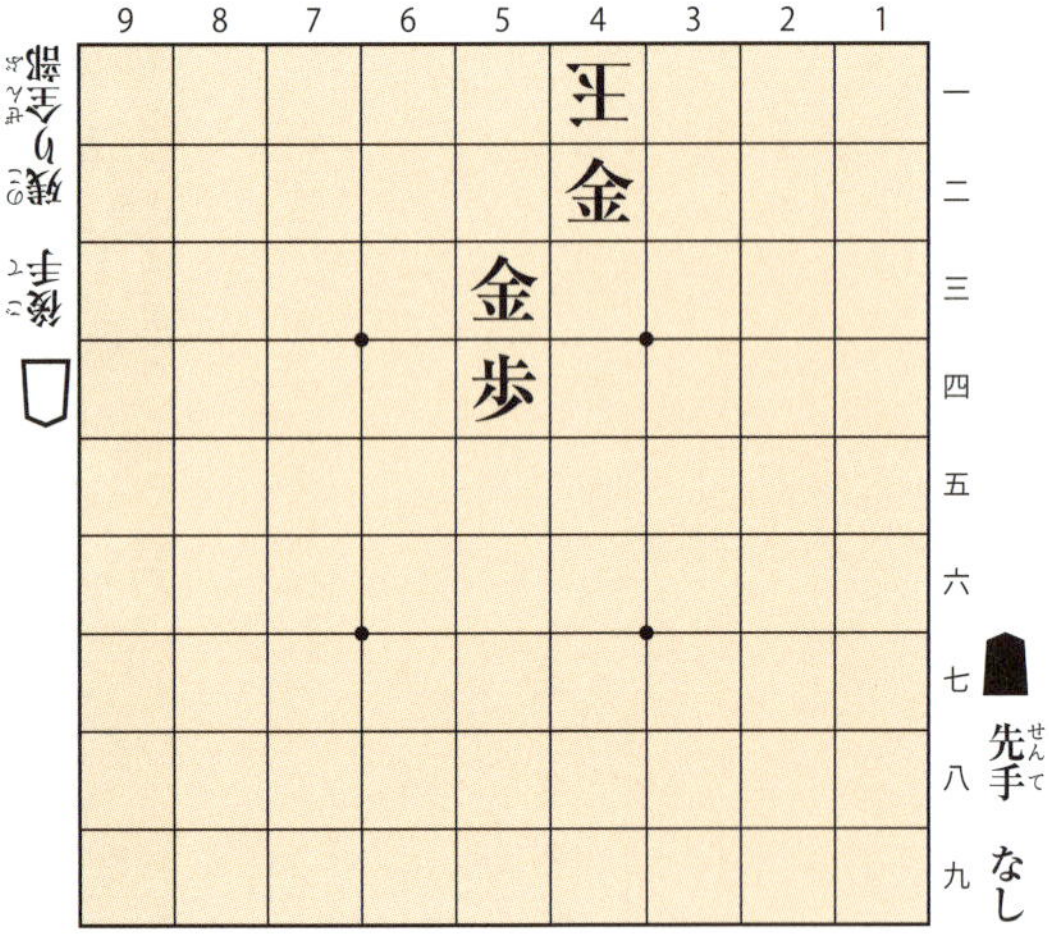

第《だい》2問《もん》　解答《かいとう》と解説《かいせつ》

☗2三銀《さんぎん》打《う》ち、☖3一玉《いちぎょく》☗3二金《にきん》までの3手詰《てづ》め。

これは先《さき》に☗2三金《さんきん》と打《う》つと、☖3一玉《いちぎょく》、☗3二《に》銀《ぎん》と打《う》っても、☖4二玉《にぎょく》と上《あ》がられ、その後《あと》☗4三銀成《さんぎんなり》と王手《おうて》をしても、☖5一玉《いちぎょく》と逃《に》げられてしまいます。これも最後《さいご》に頭金《あたまきん》を狙《ねら》う問題《もんだい》でした。

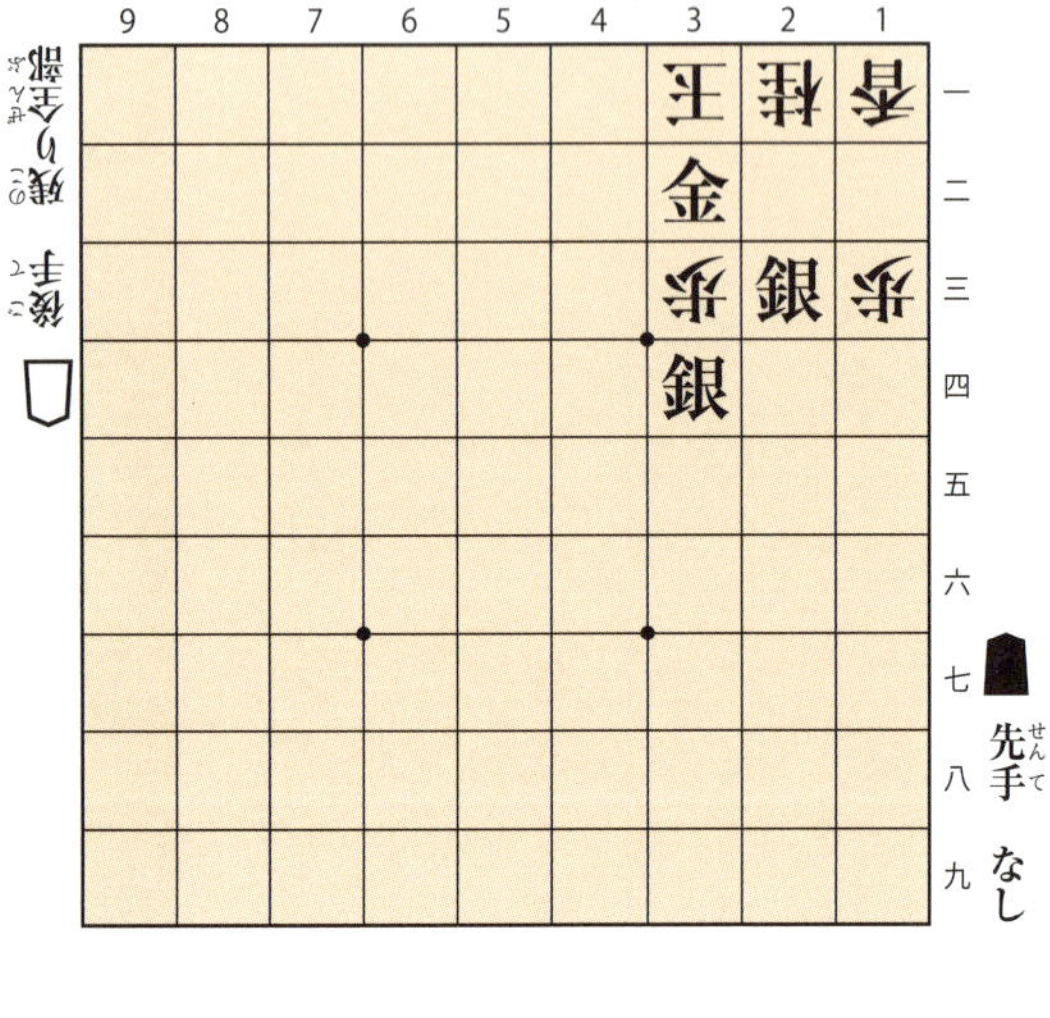

第《だい》3問《もん》（3手《て》詰《づ》め）

―今度《こんど》は飛車《ひしゃ》をパワーアップさせて詰《つ》ませよう。相手《あいて》は合駒《あいごま》があるよ。

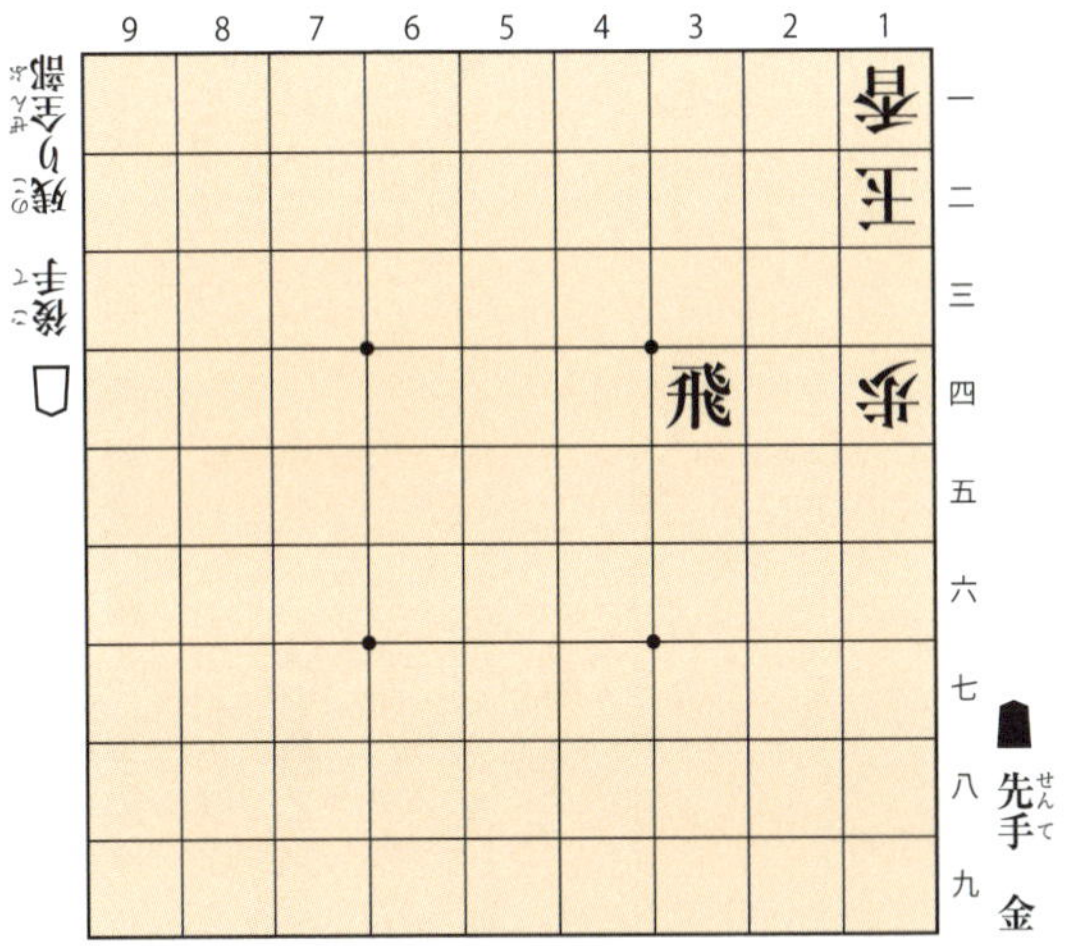

第《だい》4問《もん》（3手《て》詰《づ》め）

―今度《こんど》は竜《りゅう》で詰《つ》ませてみよう。どこに動《うご》かしたらいいかな。

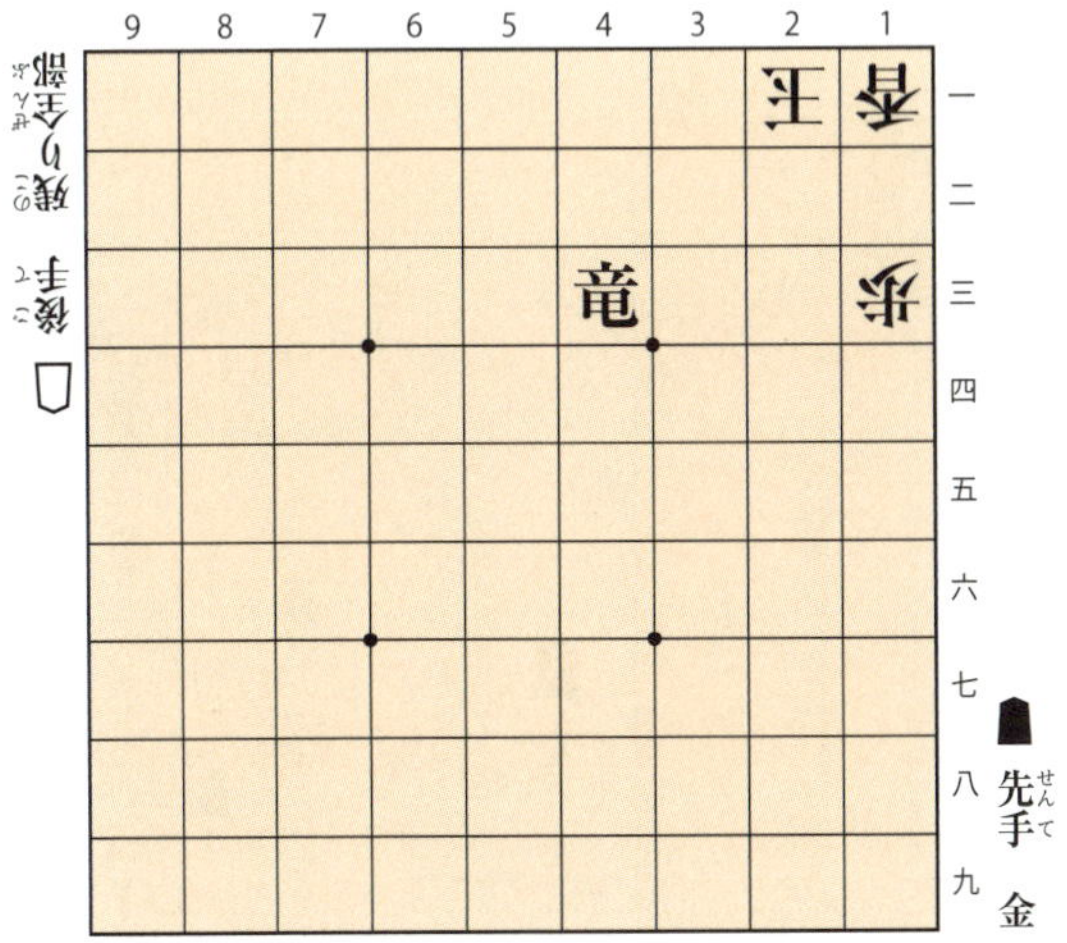

第《だい》3問《もん》　解答《かいとう》と解説《かいせつ》

☗3二飛成《にひなり》、☖2二合駒金《にあいごまきん》、☗2三金《さんきん》までの3手《て》詰《づ》め。飛車《ひしゃ》を成《な》って竜《りゅう》にして玉《ぎょく》を詰《つ》ませます。二《に》手目《てめ》、☖1三玉《さんぎょく》と逃《に》げると、これも☗2三金《さんきん》で詰《つ》みですので、持《も》ち駒《こま》を使《つか》って合駒《あいごま》をしますが、これも☗2三金《さんきん》で竜《りゅう》と金《きん》の力《ちから》で詰《つ》んでしまいます。

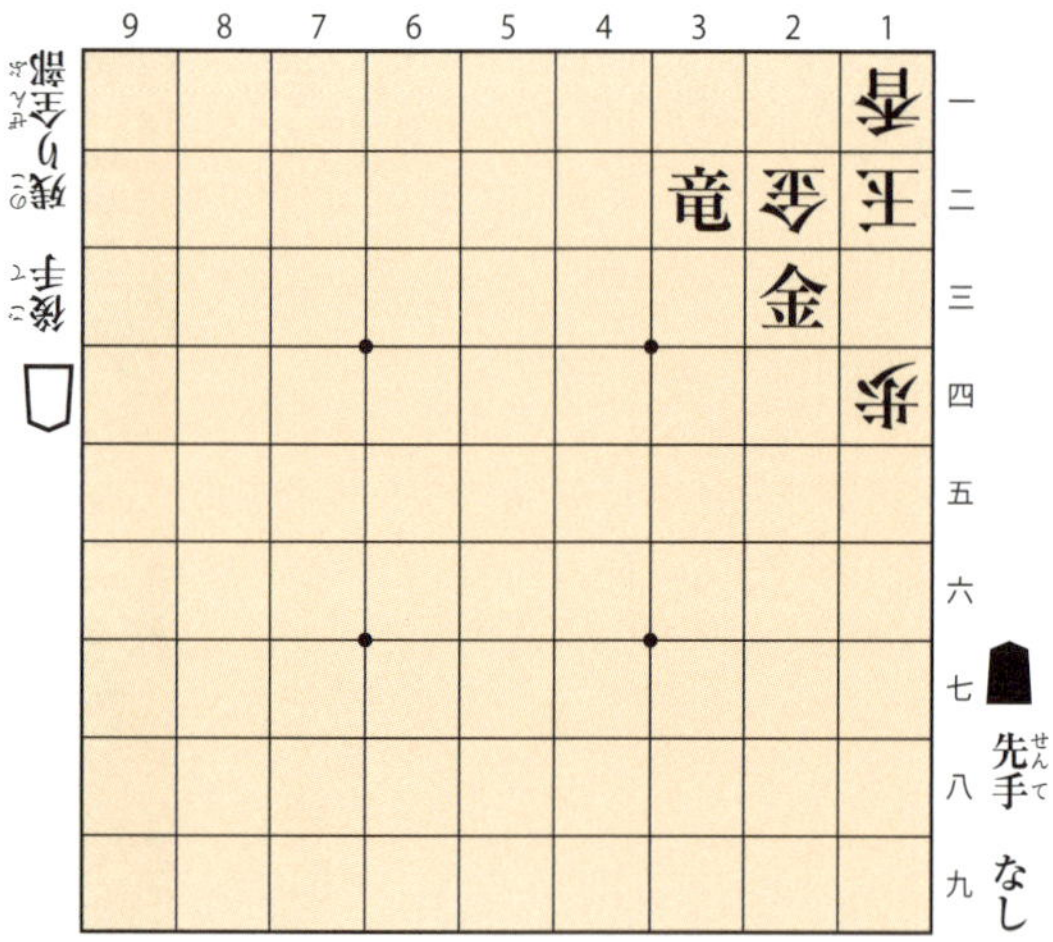

第《だい》4問《もん》　解答《かいとう》と解説《かいせつ》

☗2三竜《さんりゅう》、☖2二合駒金《にあいごまきん》、☗3二金《にきん》までの3手詰《てづ》め。今度《こんど》は竜《りゅう》を縦《たて》に使《つか》います。初手《しょて》☗4一竜《いちりゅう》と王手《おうて》をすると、☖3一合駒《いちあいごま》で☗3二金《にきん》としても、☖1二玉《にぎょく》で詰《つ》みません。

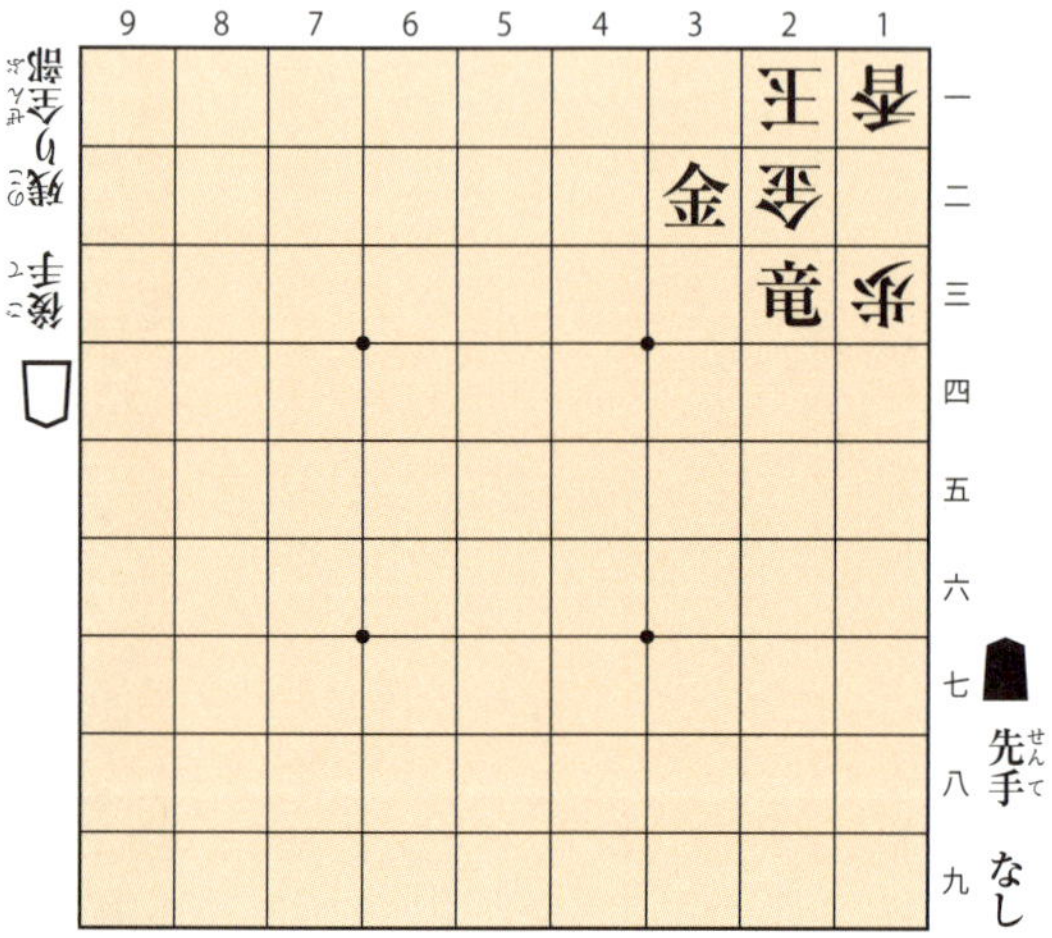

第《だい》5問《もん》（3手《て》詰《づ》め）

――今度《こんど》は飛車《ひしゃ》を活用《かつよう》してみよう。どこから打《う》つといいかな。

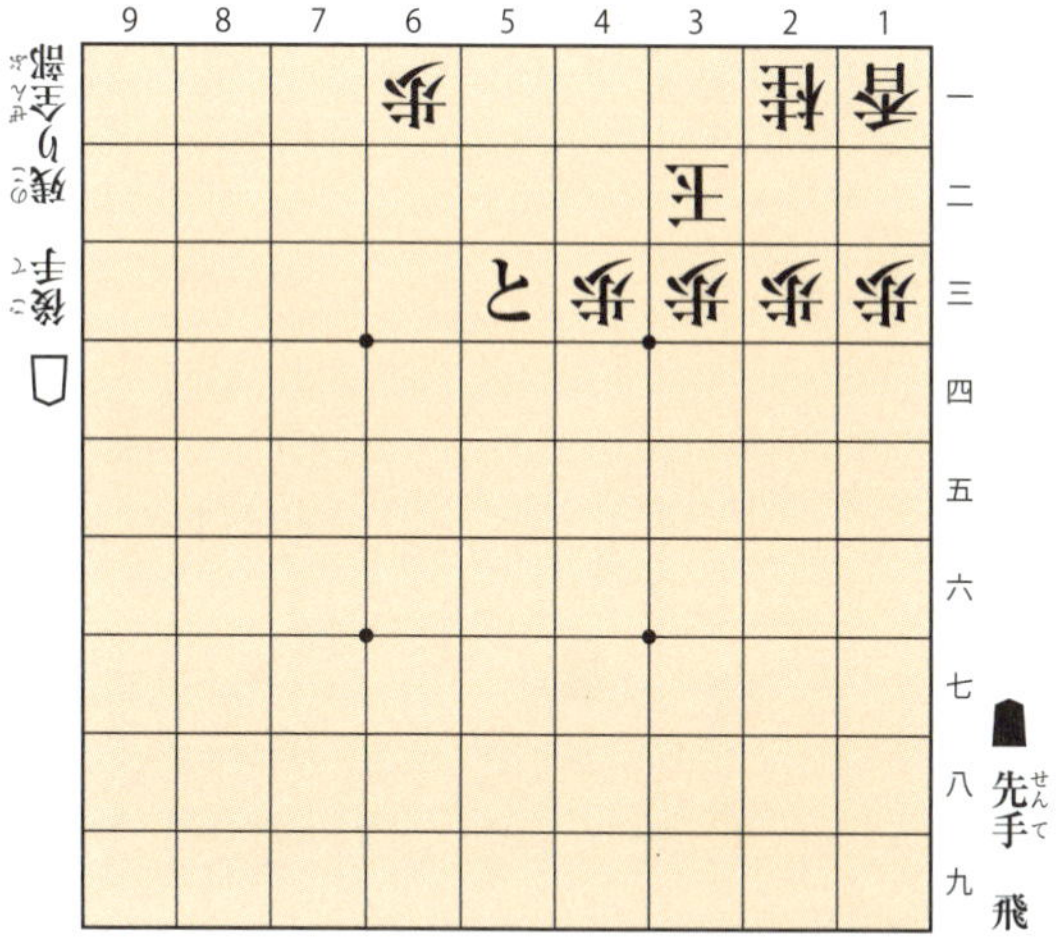

第《だい》6問《もん》（3手《て》詰《づ》め）

――角《かく》を活用《かつよう》して詰《つ》ませてみよう。どこから打《う》つといいかな。

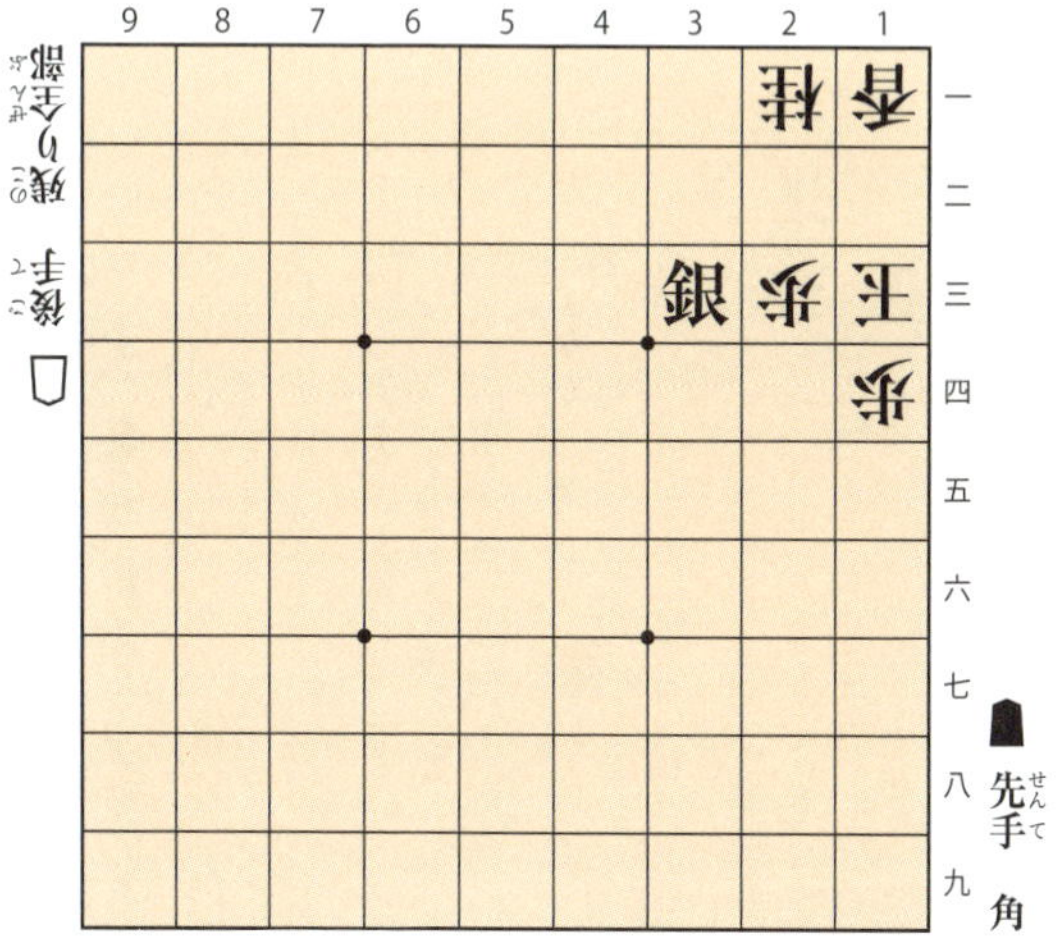

第《だい》5問《もん》　解答《かいとう》と解説《かいせつ》

☗5二飛《にひ》、☖3一玉《いちぎょく》☗4二飛成《にひなり》までの3手詰《てづ》め。初手《しょて》☗4二飛《にひ》とすると、☖3一玉《いちぎょく》としたときに詰《つ》まなくなります。飛車《ひしゃ》の特徴《とくちょう》を最大限《さいだいげん》に使《つか》った問題《もんだい》でした。

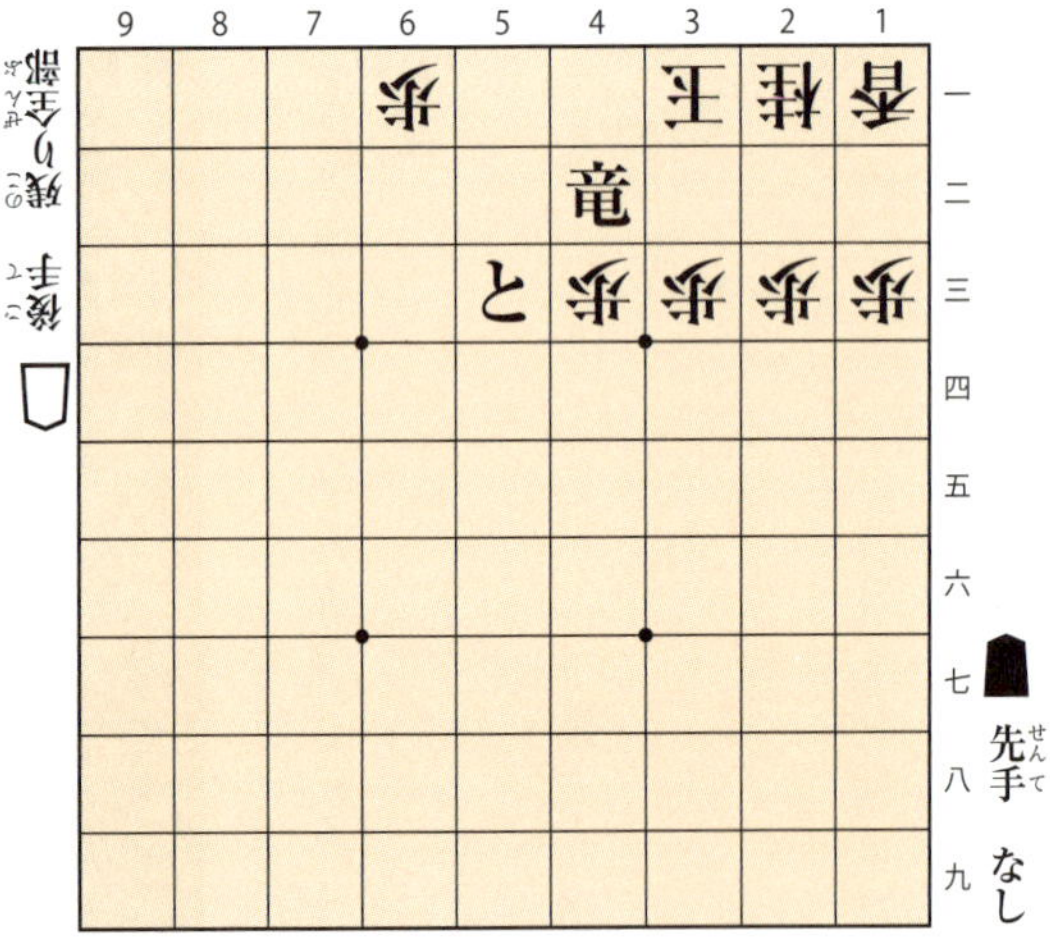

第《だい》6問《もん》　解答《かいとう》と解説《かいせつ》

☗3一角《いちかく》、☖1二玉《にぎょく》、☗2二角成《にかくな》りまでの3手詰《てづ》め。これは角《かく》の活用《かつよう》の問題《もんだい》。初手《しょて》☗2二角《にかく》とすると、☖1二玉《にぎょく》のとき困《こま》ってしまいます。角《かく》を離《はな》して打《う》って、馬《うま》にします。なお、2手目《てめ》、2二《に》に合駒《あいごま》をするのはタダで取《と》られてしまいます。これを「無駄合《むだあ》い」といいます。

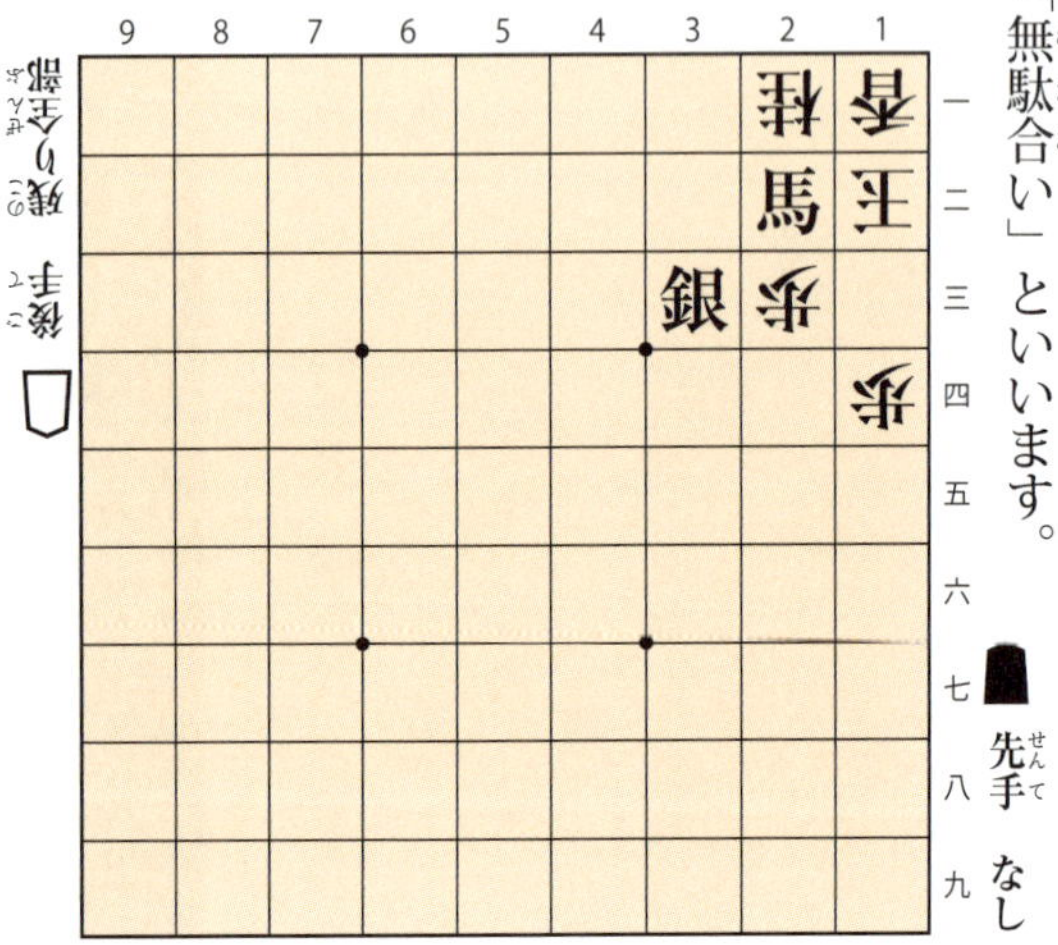

第《だい》7問《もん》（3手詰《てづ》め）

——今度《こんど》は、桂《けい》と金《きん》のコンビで詰《つ》ませてみよう。どっちを先《さき》に打《う》つかな。

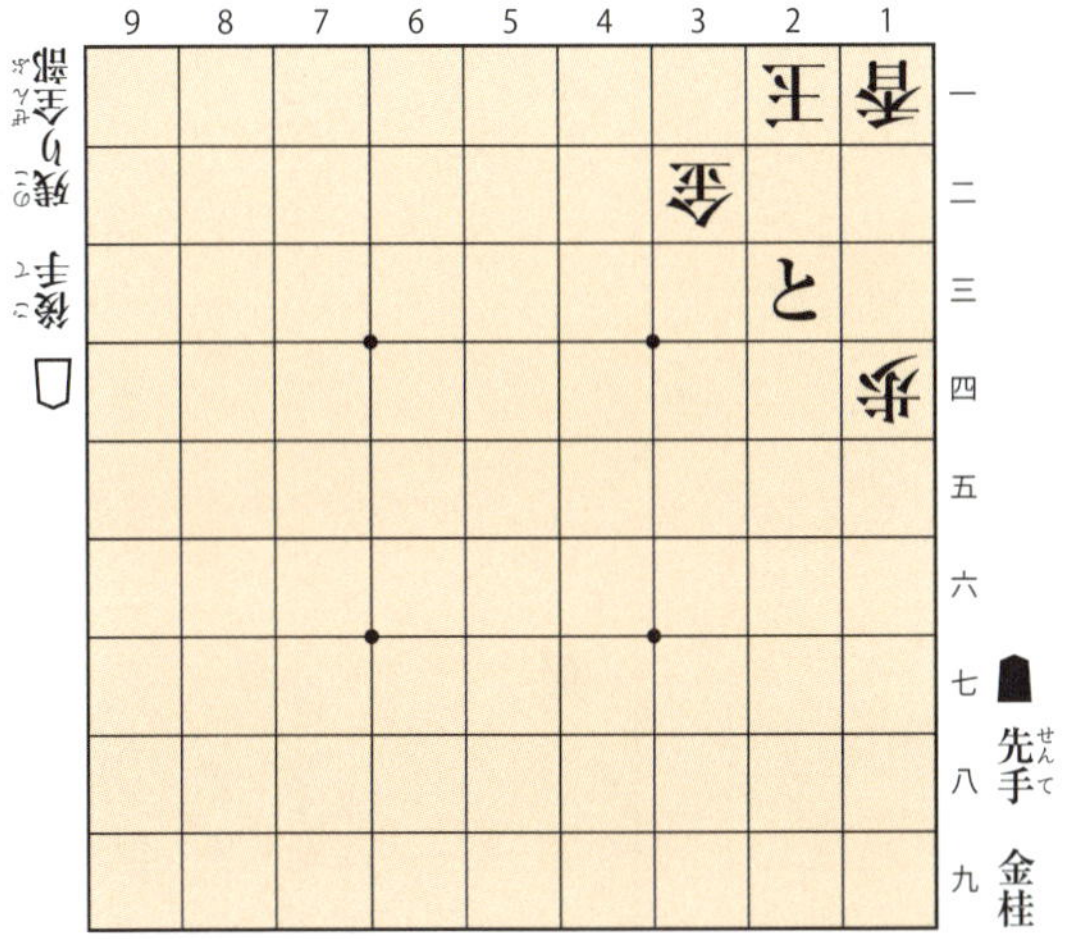

第《だい》8問《もん》（3手詰《てづ》め）

——今度《こんど》は、銀《ぎん》と桂《けい》のコンビで詰《つ》ませてみよう。

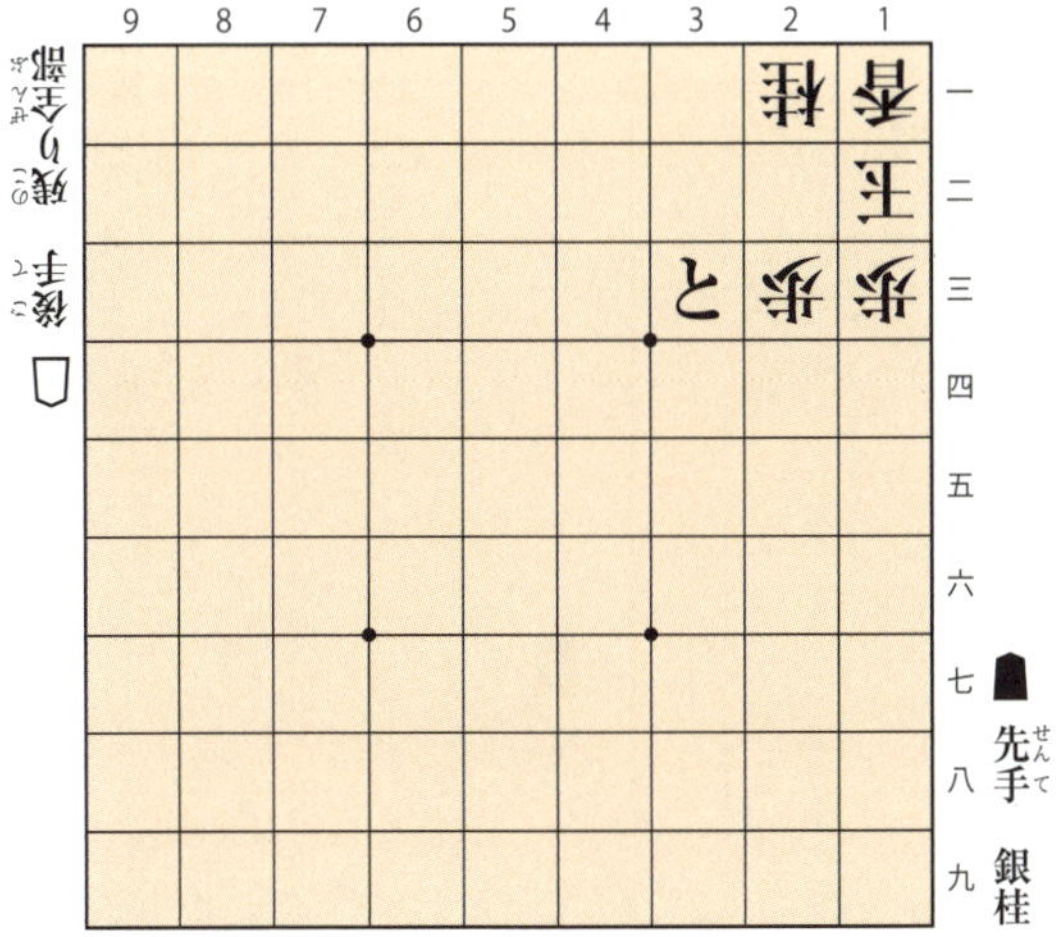

第7問《だいもん》 解答《かいとう》と解説《かいせつ》

☗3三桂《さんけい》、☖同金《どうきん》、☗2二金《にきん》までの3手詰《てづ》め。2手目《てめ》☖4一玉《いちぎょく》なら☗5一金《いちきん》で詰《つ》み。これも正解《せいかい》です。桂《けい》と金《きん》のコンビネーションで詰《つ》ます基本手筋《きほんてすじ》です。

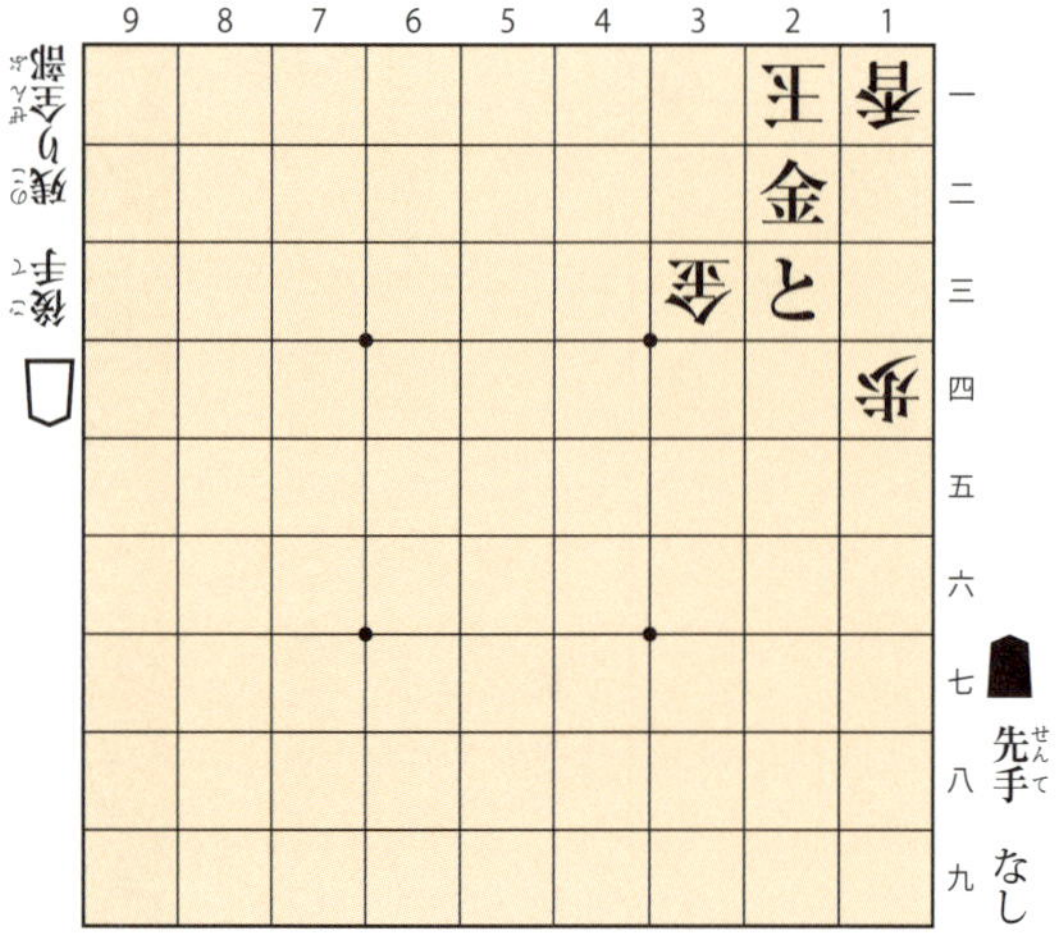

第8問《だいもん》 解答《かいとう》と解説《かいせつ》

☗2四桂《よんけい》、☖同歩《どうふ》、☗2三銀《さんぎん》までの3手詰《てづ》め。これは桂《けい》と銀《ぎん》のコンビネーションの問題《もんだい》。桂《けい》を捨《す》てて、銀《ぎん》で王手《おうて》をする隙間《すきま》をつくることで、2三《さん》の地点《ちてん》を空《あ》ける問題《もんだい》でした。

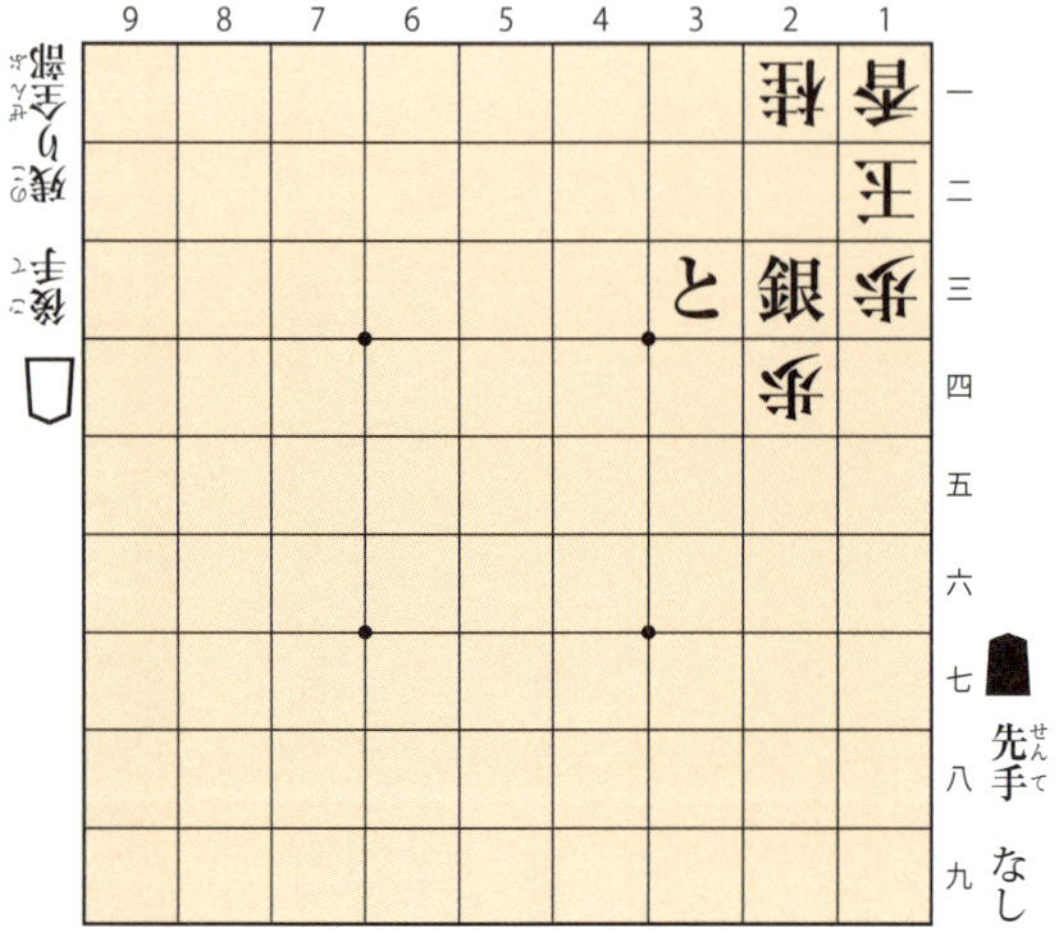

第《だい》9問《もん》（5手詰《てづ》め）

——持《も》ち駒《ごま》に、飛《ひ》と金《きん》があるね。どちらを捨《す》てるか考《かんが》えよう！

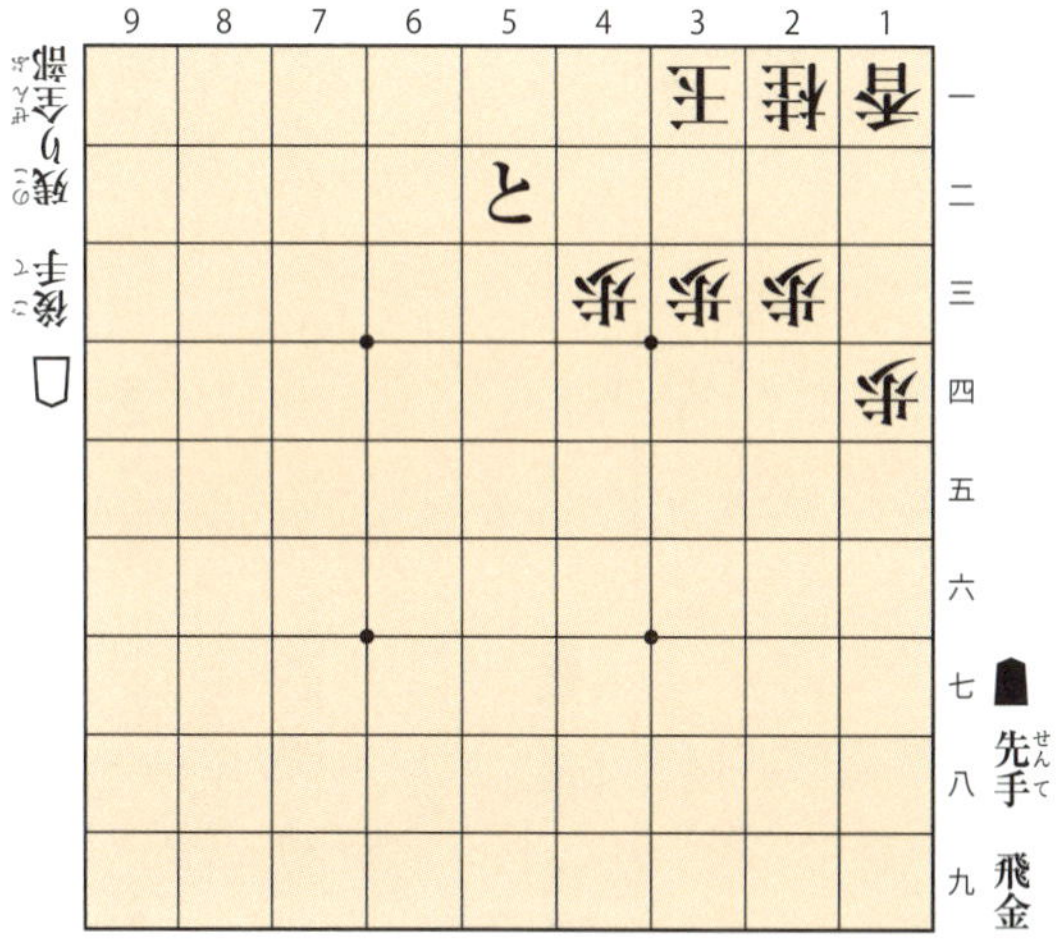

第《だい》10問《もん》（5手詰《てづ》め）

——詰《つ》め将棋《しょうぎ》も最後《さいご》の問題《もんだい》。ヒントは、逃《に》げ道《みち》に捨《す》て駒《ごま》をしてみよう！

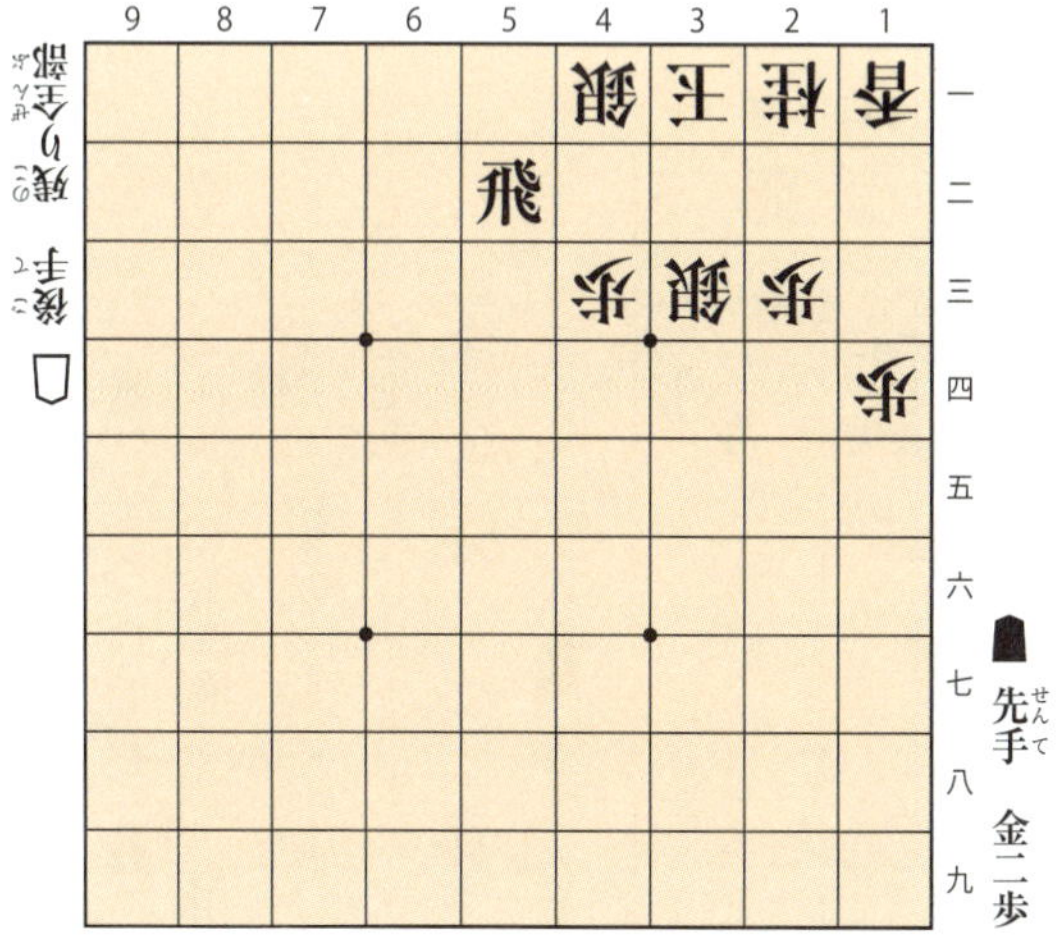

☗第9問《だいもん》 解答《かいとう》と解説《かいせつ》

☗3二金《にきん》、☖同玉《どうぎょく》、☗4二飛《にひ》、☖3一玉《いちぎょく》☗4一《いち》とまで5手詰《てづ》め。これは金《きん》を捨《す》てることで、飛《ひ》の力《ちから》で玉《ぎょく》を逃《に》がさないように攻《せ》める問題《もんだい》。初手《しょて》に飛《ひ》車《しゃ》を使《つか》って王手《おうて》をすると、王様《おうさま》を2二《に》へ逃《に》がしてしまい詰《つ》みません。

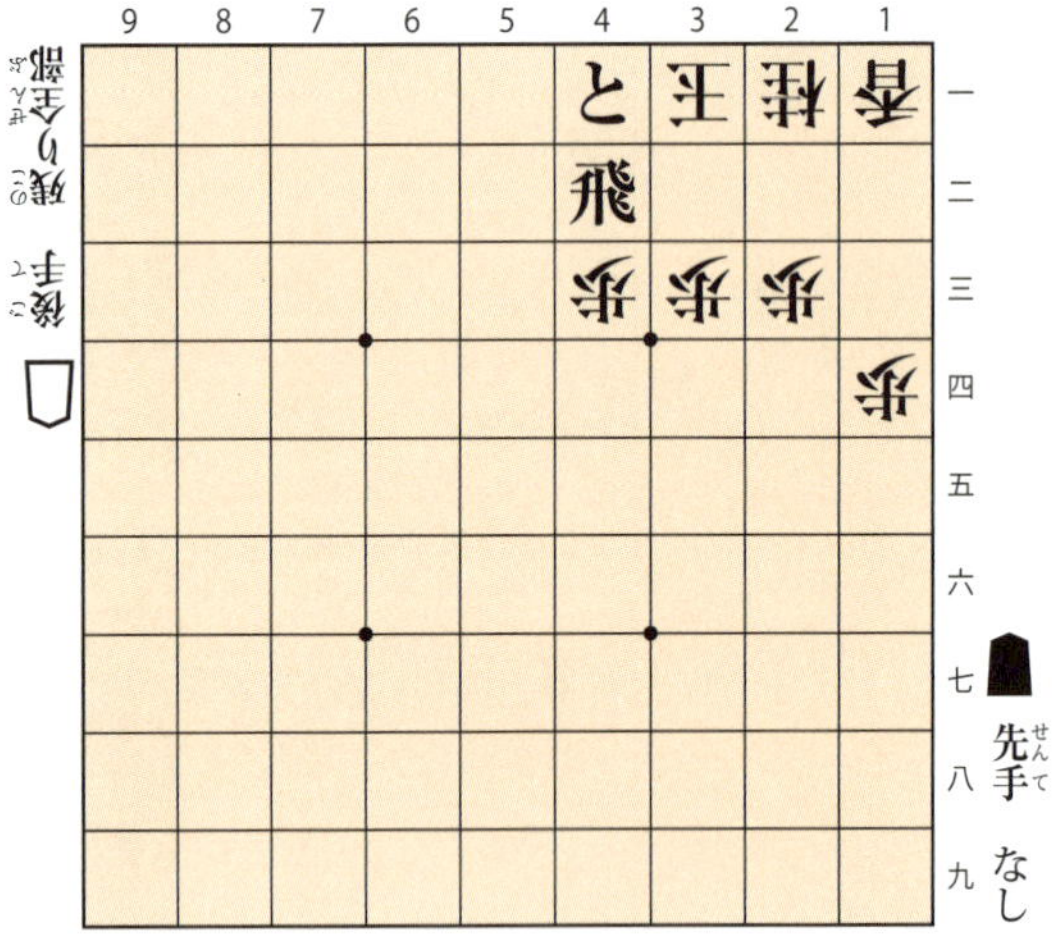

☗第10問《だいもん》 解答《かいとう》と解説《かいせつ》

☗2二金《にきん》、☖同銀《どうぎん》、☗3二歩《にふ》、☖同銀《どうぎん》、☗4二金《にきん》までの5手詰《てづ》め。これは持《も》ち駒《ごま》を捨《す》てて、相手陣《あいてじん》の銀《ぎん》の守《まも》りの威力《いりょく》を弱《よわ》めて詰《つ》める問題《もんだい》。初手金《しょてきん》を捨《す》てて相手《あいて》の逃《に》げ道《みち》を防《ふせ》いで、歩《ふ》をうち捨《す》てて銀《ぎん》の守《まも》りを弱《よわ》め、最後《さいご》は金《きん》で詰《つ》みとなります。

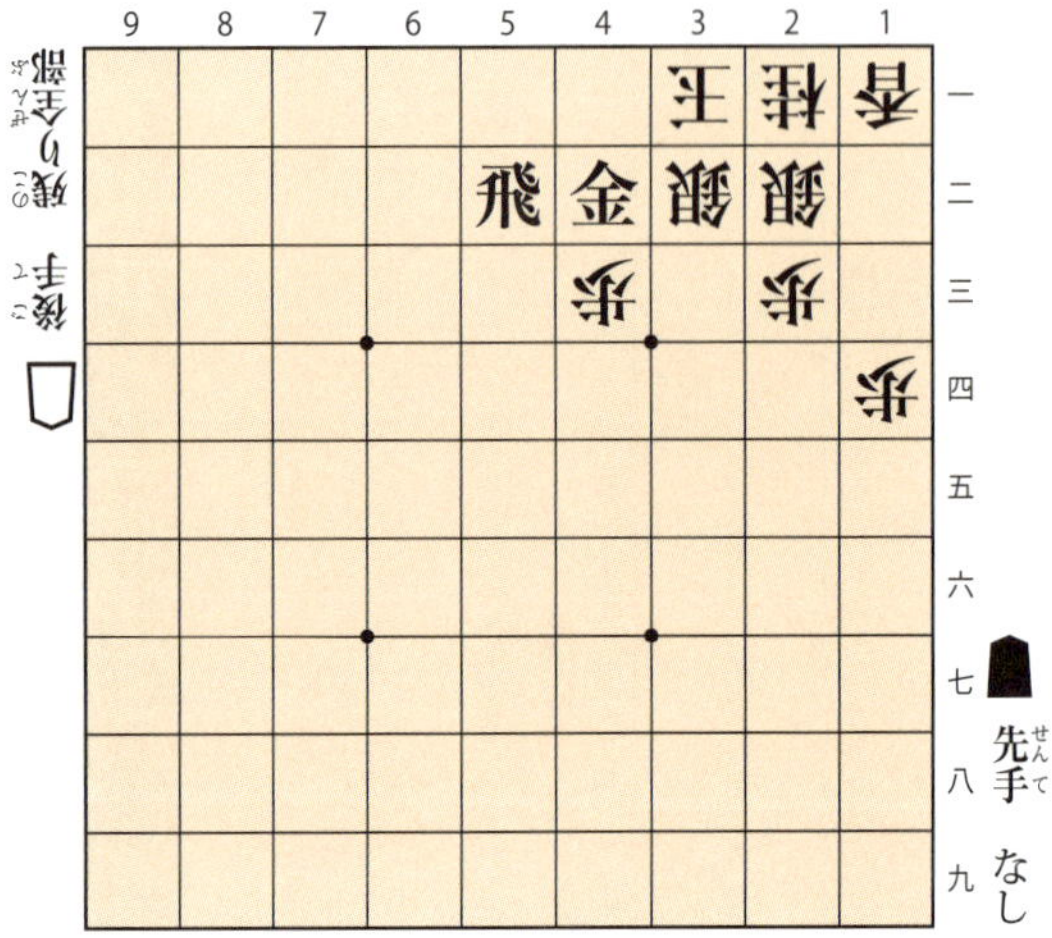

修了問題《しゅうりょうもんだい》①

羽生《はぶ》「おはようございます。羽《は》生善治《ぶよしはる》です。みなさん、この1週間《しゅうかん》、先生《せんせい》に将棋《しょうぎ》の面白《おもしろ》さを教《おし》えてもらったね。すぐにでも将《しょう》棋《ぎ》が指《さ》したいでしょう? その気持《きも》ちが大事《だいじ》だね。では早速《さっそく》、問題《もんだい》を出《だ》します。すべて校長先《こうちょうせん》生《せい》が対局《たいきょく》した棋譜《きふ》からの出題《しゅつだい》です。でも安心《あんしん》してください。3つのなかから、どれがよさそうかを**少《すこ》しでも先《さき》を考《かんが》える=読《よ》んで指《さ》し手《て》を選《えら》んで**ほしいんだ。**ちょっと考《かんが》える=読《よ》みを入《い》れること**が将棋《しょうぎ》の力《ちから》がつく近道《ちかみち》だからね! では、第《だい》1問《もん》」

昭和《しょうわ》60年《ねん》4月《がつ》5日《にち》
東京《とうきょう》都《と》将棋会館《しょうぎかいかん》
第《だい》8回若駒戦《かいわかこません》
先手《せんて》 羽生善治《はぶよしはる》 二段《にだん》
後手《ごて》 高田尚平《たかだしょうへい》 二段《にだん》

羽生《はぶ》「これは、奨励会《しょうれいかい》二段《にだん》のときの対局《たいきょく》です。今《いま》、後手《ごて》が6二角《にかく》と引《ひ》いたところです。さて、問題《もんだい》、先手《せんて》の次《つぎ》の手《て》はどうするのがいいでしょうか。囲《かこ》いに大切《たいせつ》な駒《こま》を入《い》れてください。次《つぎ》の3つから選《えら》べます」

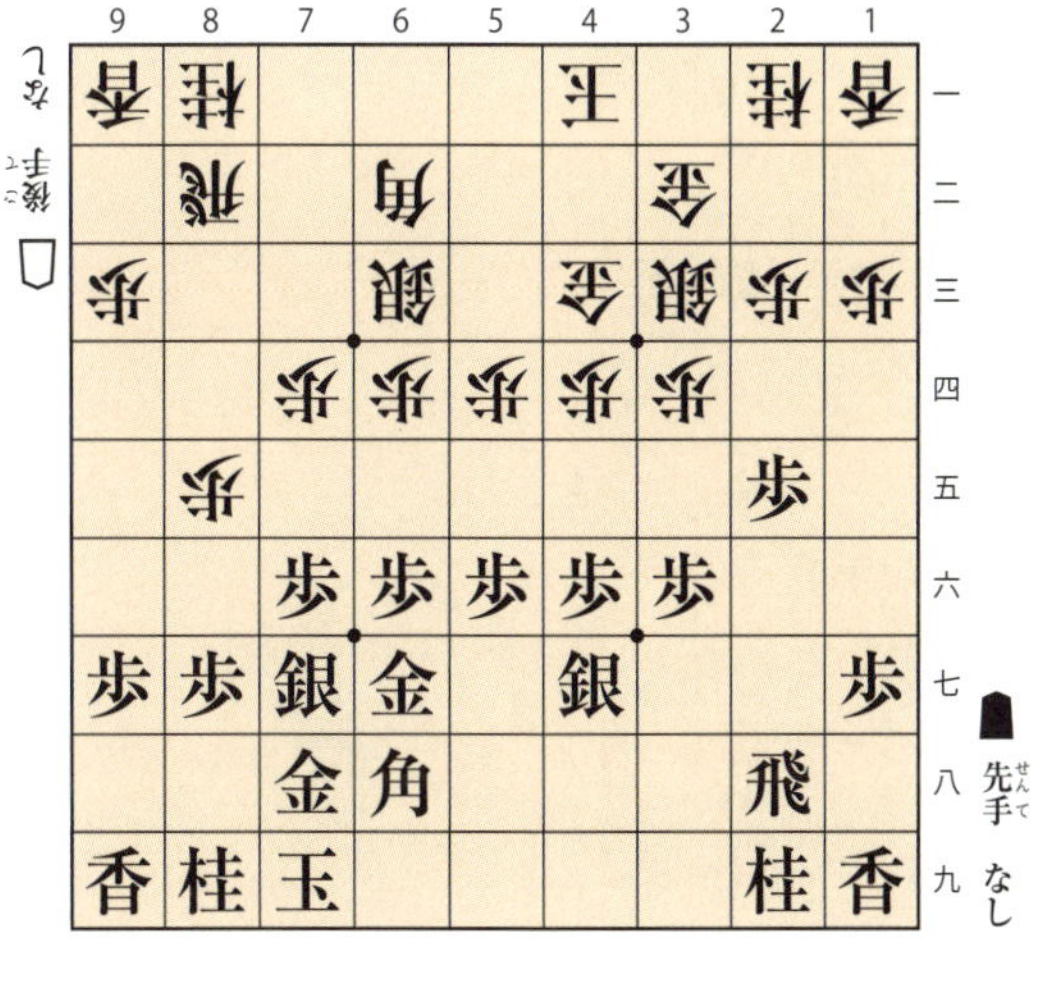

① 6九玉《きゅうぎょく》
② 8八玉《はちぎょく》
③ 8八銀《はちぎん》

修了問題《しゅうりょうもんだい》①　解答《かいとう》と解説《かいせつ》

正解《せいかい》は、②▲8八玉《はちぎょく》です。

先手《せんて》の囲《かこ》い、後手《ごて》の囲《かこ》いともに矢倉囲《やぐらがこ》いです。これは相矢倉《あいやぐら》の戦《たたか》いです。金銀《きんぎん》3枚《まい》で囲《かこ》った部屋《へや》に、いちばん大事《だいじ》な駒《こま》＝玉《ぎょく》を入《い》れましょう。②を選《えら》んだ人《ひと》は、10点《てん》ゲットです。

①の▲6九玉《きゅうぎょく》は、せっかくの矢倉《やぐら》の囲《かこ》いから遠《とお》くなってしまうので残念《ざんねん》。でも、相手《あいて》の攻撃《こうげき》が迫《せま》ってきたときは、このように逃《に》げることもあるので5点《てん》をあげましょう。

③の▲8八銀《はちぎん》は、囲《かこ》いのなに玉《ぎょく》が入《はい》れなくなっています。「壁銀《かべぎん》」といって、あまりいい形《かたち》ではありません。でも次《つぎ》に▲7七桂《ななけい》として、▲8九玉《きゅうぎょく》と入《はい》れば立派《りっぱ》な囲《かこ》いになるので、5点《てん》あげましょう。

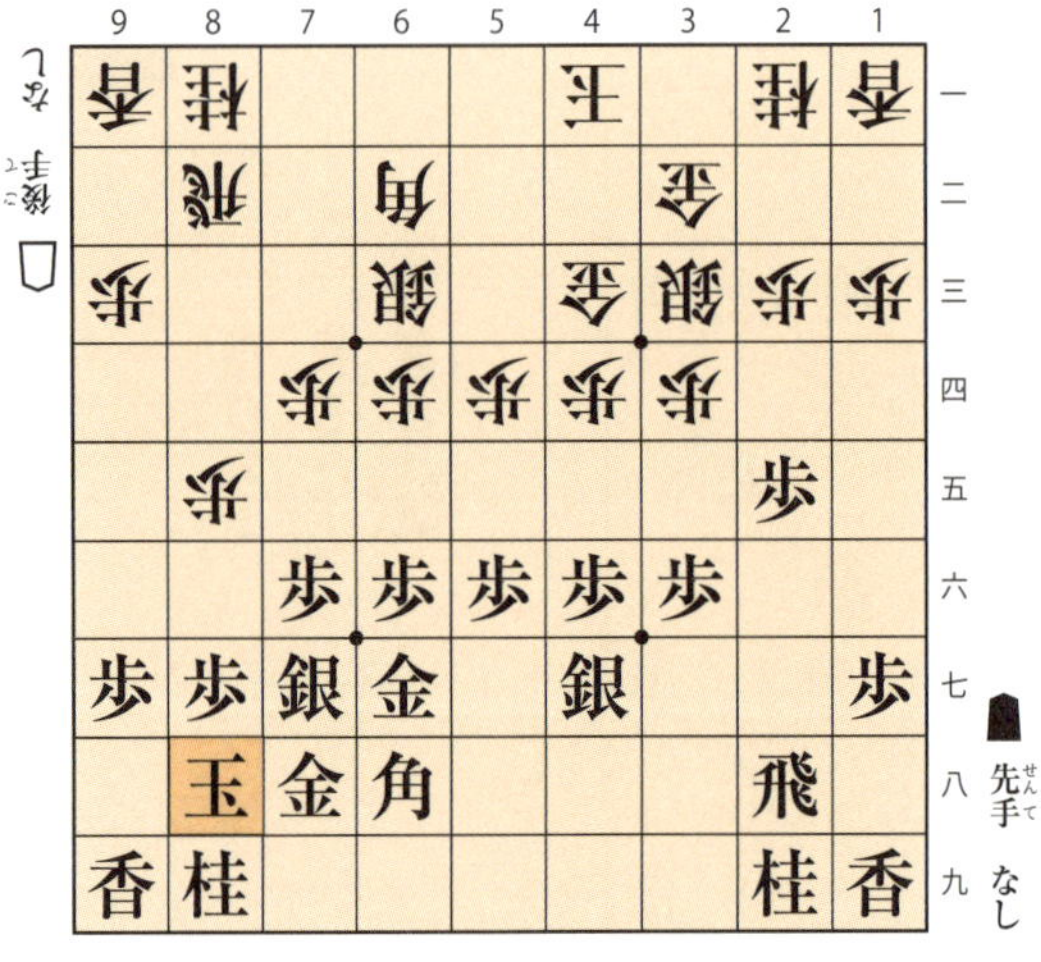

修了問題《しゅうりょうもんだい》②

羽生《はぶ》「第《だい》1問目《もんめ》は、どうでしたか？　矢倉囲《やぐらがこ》いに玉《ぎょく》を入《い》れることで、次《つぎ》の攻《せ》めが安心《あんしん》してできます。では第《だい》2問《もん》にいきます」

昭和《しょうわ》61年《ねん》1月《がつ》31日《にち》
東京都将棋会館《とうきょうとしょうぎかいかん》
第《だい》63期王将戦《きおうしょうせん》
先手《せんて》　宮田利男《みやたとしお》
後手《ごて》　羽生善治《はぶよしはる》

羽生《はぶ》「これは、プロ公式戦《こうしきせん》のデビュー戦《せん》。まだ中学生《ちゅうがくせい》だったからとても緊張《きんちょう》してました。でも対局《たいきょく》が始《はじ》まったら、次第《しだい》に落《お》ち着《つ》いて指《さ》すことができました。みんなも緊張《きんちょう》をしたときには、背筋《せすじ》を伸《の》ばして、深呼吸《しんこきゅう》して気《き》持《も》ちを落《お》ち着《つ》けてみよう。

　さて、本当《ほんとう》は校長先《こうちょうせん》生《せい》が後手《ごて》だったけれど、分《わ》かりやすいように、局面《きょくめん》は先後逆《せんこうぎゃく》になっていますので、先手側《せんてがわ》の手《て》を考《かんが》えてください。

今《いま》▲6四馬《よんうま》と、銀《ぎん》を取《と》って、△同銀《どうぎん》としたところです。

　ヒントは、持《も》ち駒《ごま》を使《つか》って**両取《りょうど》り**を狙《ねら》ってみよう」

① ▲7一銀《いちぎん》
② ▲7三銀《さんぎん》
③ ▲7四桂《よんけい》

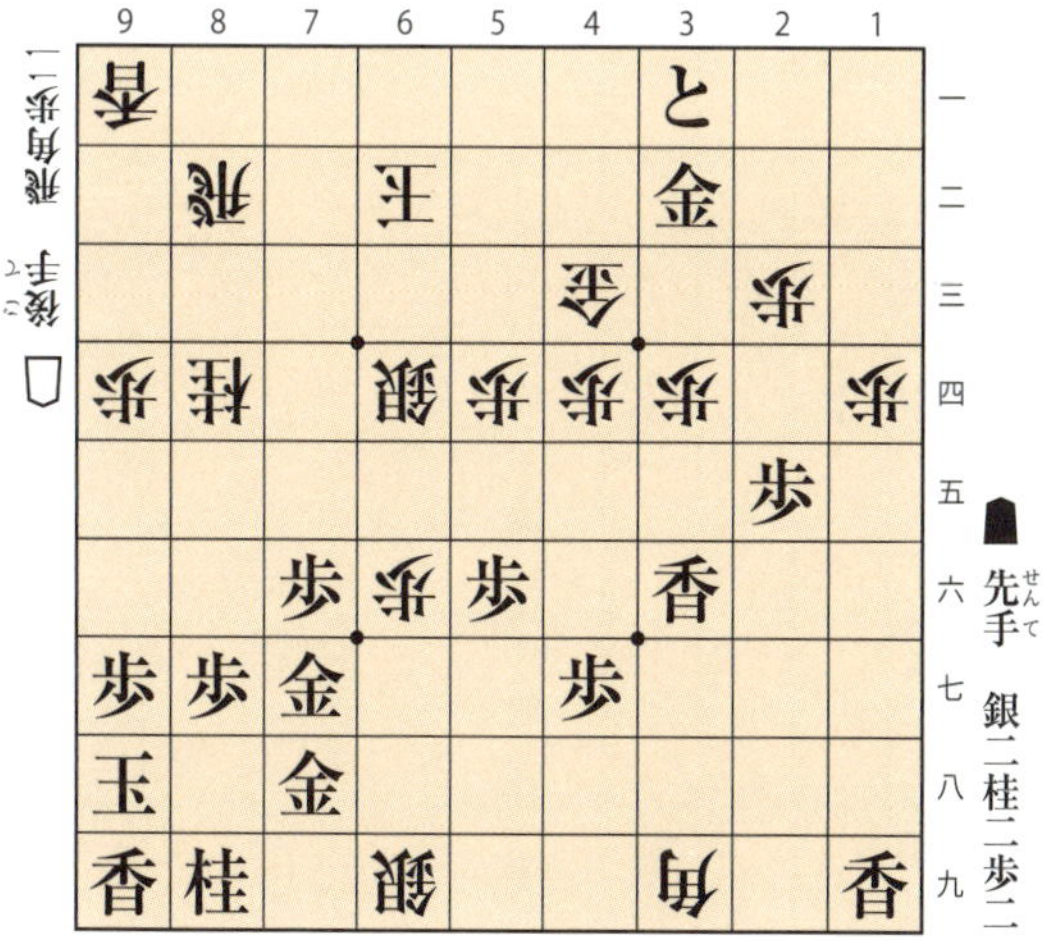

修了問題《しゅうりょうもんだい》② 解答《かいとう》と解説《かいせつ》

正解《せいかい》は、③▲7四桂《よんけい》です。

これで、王手《おうて》と飛車《ひしゃ》の両取《りょうど》りです。これを「王手飛車《おうてひしゃ》（取《と》り）」がかかったといいます。

これから実戦《じっせん》では、△5三玉《さんぎょく》、▲8二桂成《にけいなり》として、飛車《ひしゃ》を使《つか》って公式戦初勝利《こうしきせんはつしょうり》になりました。

③を選《えら》んだ人《ひと》は、10点《てん》ゲット。

①の▲7一銀《いちぎん》も王手飛車取《おうてひしゃと》りです。でも、△同玉《どうぎょく》と取《と》られてしまいます。もし、7一《いち》になにか味方《みかた》の利《き》きがあればこれも両取《りょうど》りですので、5点《てん》あげましょう。

②の▲7三銀《さんぎん》も王手《おうて》と飛車取《ひしゃと》りと銀取《ぎんど》りです。でもこれも△同玉《どうぎょく》や△同銀《どうぎん》と取《と》られるといいけません。これは3点《てん》。

▲先手《せんて》 銀二桂一歩二

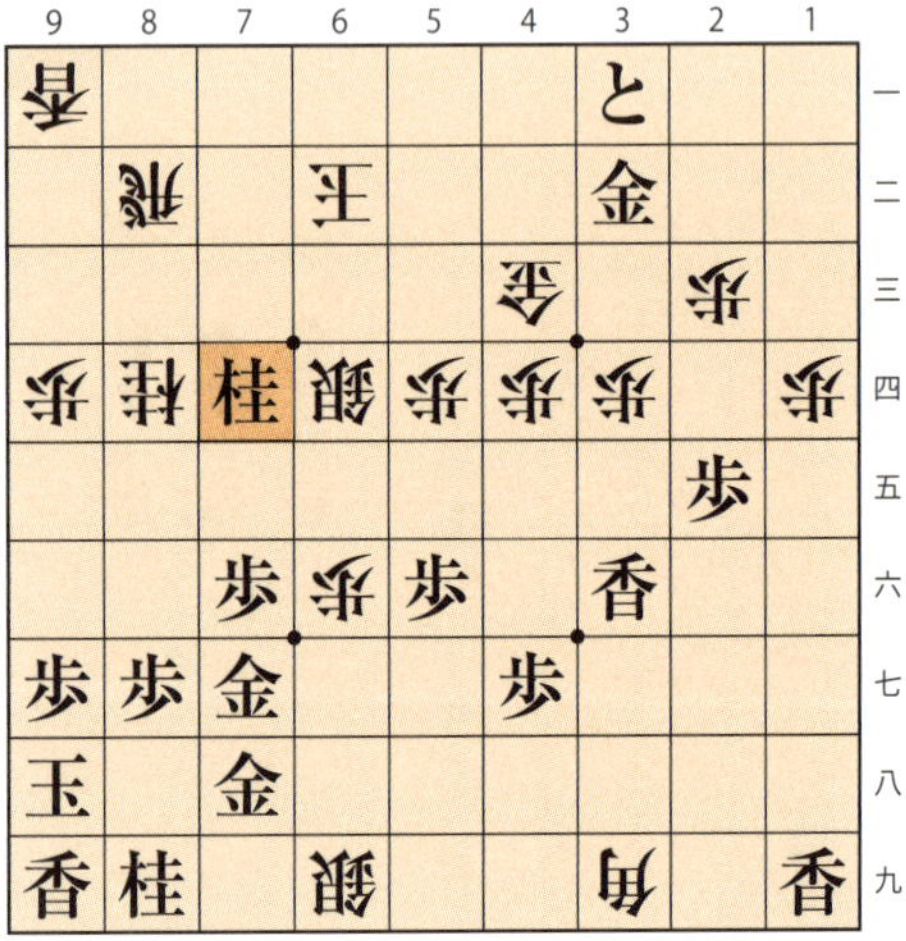

△後手《ごて》 飛角歩二

修了問題《しゅうりょうもんだい》③

羽生《はぶ》「第《だい》2問目《もんめ》のように両取《りょうど》りがかかると気持《きも》ちいいですね。でも、プロはわざと王手飛車《おうてひしゃ》をかけさせることもあります。将棋《しょうぎ》は、飛車《ひしゃ》を取《と》るのが目的《もくてき》ではないから。では、第《だい》3問《もん》にいきます」

平成元年《へいせいがんねん》12月《がつ》26、27日《にち》
東京都《とうきょうと》　東京《とうきょう》グランドホテル
第《だい》2期竜王戦七番勝負第《きりゅうおうせんしちばんしょうぶだい》8局《きょく》
先手《せんて》　羽生善治《はぶよしはる》
後手《ごて》　島朗《しまあきら》

羽生《はぶ》「これは初《はじ》めてのタイトル戦竜王位《せんりゅうおうい》を獲《と》ったときの対局《たいきょく》。七番勝負《ななばんしょうぶ》は途中《とちゅう》、持将棋《じしょうぎ》（引《ひ》き分《わ》け）もあり、ここまで3勝《しょう》3敗《ぱい》1持将棋《じしょうぎ》で、第《だい》8局《きょく》となりました。局面《きょくめん》をみると、先手《せんて》の校長先《こうちょうせん》生が途中《とちゅう》の手順《てじゅん》で、一《いち》度《ど》飛車《ひしゃ》を▲2五飛車《ごひしゃ》と浮《う》いて、その後《あと》▲2八《はち》飛《ひ》と引《ひ》いています。この戦法《せんぽう》は角《かく》をお互《たが》いに持《も》ち合《あ》っているので、角換《かくが》わり、そして後手《ごて》の銀《ぎん》を見《み》ていると、歩《ふ》の上《うえ》に腰掛《こしか》けていますので**角換《かくが》わり腰掛《こしか》け銀《ぎん》**戦法《せんぽう》です。これがヒント」

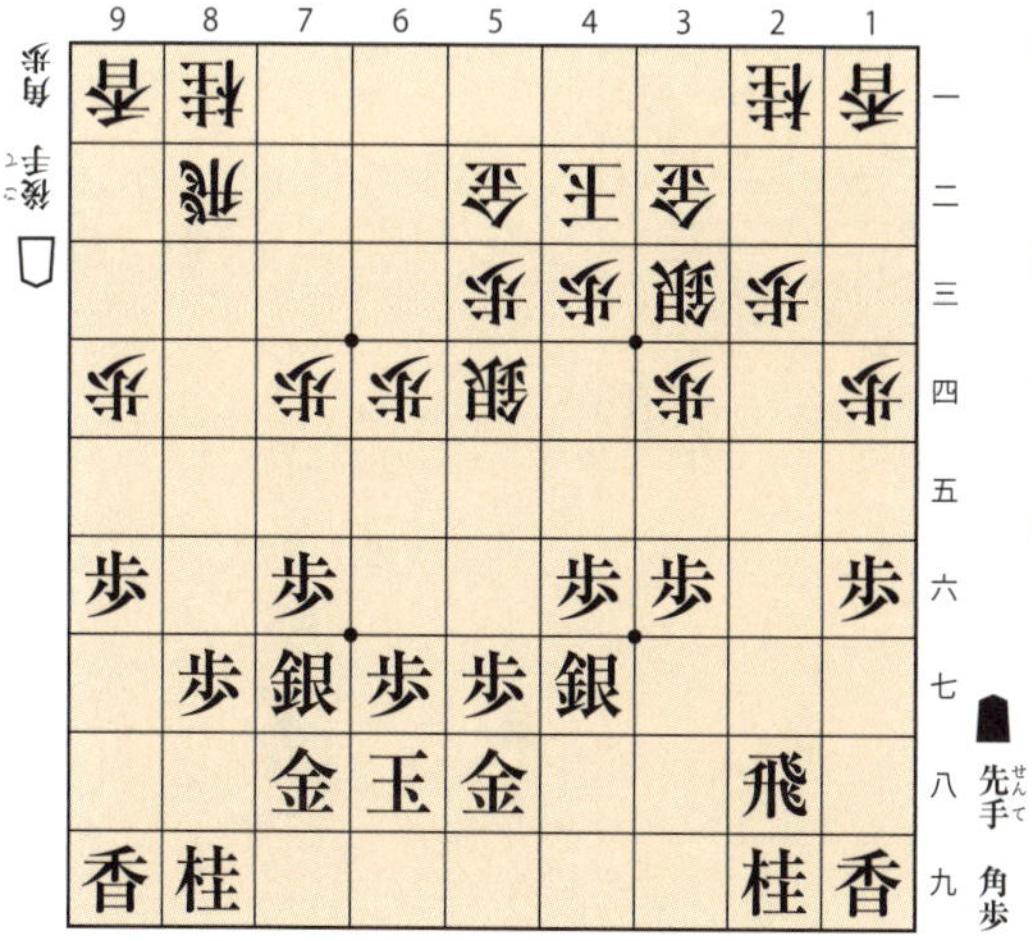

① ▲5六銀《ろくぎん》
② ▲5六歩《ろくふ》
③ ▲6六銀《ろくぎん》

修了問題《しゅうりょうもんだい》③ 解答《かいとう》と解説《かいせつ》

正解《せいかい》は、①☗5六銀《ろくぎん》です。

お互《たが》いに相手《あいて》と同《おな》じように、銀《ぎん》を腰掛《こしか》けます。相手《あいて》の出方《でかた》によっては☗4五銀《ごぎん》と出《で》たり、☗3七桂《しちけい》と跳《は》ねて桂馬《けいま》を活用《かつよう》したり、☗4五歩《ごふ》とついてから、☗4六角《ろくかく》と打《う》って相手《あいて》の飛車《ひしゃ》を狙《ねら》う指《さ》し方《かた》もあります。正解《せいかい》した人《ひと》は10点《てん》。

②の☗5六歩《ろくふ》は、ちょっと危険《きけん》な手《て》。相手《あいて》に角《かく》があるので、すぐに☖3九角《きゅうかく》と打《う》たれて、☗3八飛《はちひ》としても、☖8四角成《よんかくなり》と馬《うま》をつくられてしまいます。ですから、3点《てん》。

③の☗6六銀《ろくぎん》も、6七《なな》の上《うえ》に腰掛《こしか》けていますが、腰掛《こしか》け銀《ぎん》という場合《ばあい》は、5筋《すじ》の歩《ふ》の上《うえ》に銀《ぎん》が置《お》かれた状態《じょうたい》のことをいいます。この場合《ばあい》は、勢《いきお》いがあるのですが、少《すこ》し8筋《すじ》が弱《よわ》くなってしまい、☖6五歩《ごふ》とつかれると

また、☗7七銀《ななぎん》ともどることになるので、少《すこ》し損《そん》な意味《いみ》があります。でもわざと☖6五歩《ごふ》とつかせる高等戦術《こうとうせんじゅつ》の意味《いみ》もあるので、5点《てん》です。

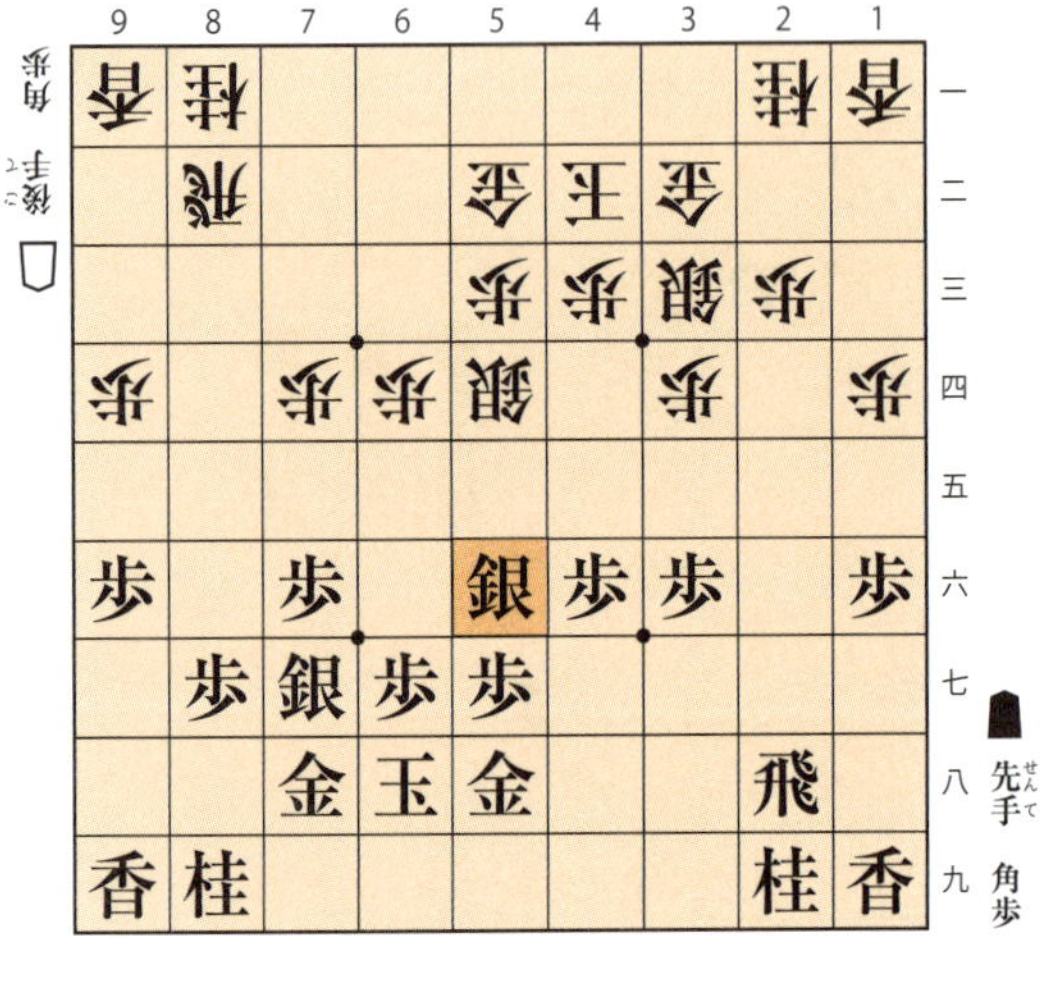

修了問題《しゅうりょうもんだい》④

羽生《はぶ》「さて、3問目《もんめ》の角換《かくが》わり腰掛《こしか》け銀《ぎん》の対局《たいきょく》の続《つづ》きが次《つぎ》の問《もん》題《だい》です」

平成元年《へいせいがんねん》12月《がつ》26、27日《にち》
東京都《とうきょうと》　東京《とうきょう》グランドホテル
第《だい》2期竜王戦七番勝負第《きりゅうおうせんしちばんしょうぶだい》8局《きょく》
先手《せんて》　羽生善治《はぶよしはる》
後手《ごて》　島朗《しまあきら》

羽生《はぶ》「あの腰掛《こしか》け銀《ぎん》から駒組《こまぐ》みが続《つづ》いています。よくみると駒《こま》台《だい》にあった両方《りょうほう》の角《かく》が自陣《じじん》に打《う》たれています。お互《たが》いけん制《せい》し合《あ》っているのがわかるでしょう。

さて、駒組《こまぐ》みの進展《しんてん》の問題《もんだい》です。さて、次《つぎ》の手《て》である囲《かこ》いができあがりますが、さて、どの駒《こま》を動《うご》かしたらいいでしょうか」

① ☗4六金《ろくきん》
② ☗6七銀《しちぎん》
③ ☗6八飛《はちひ》

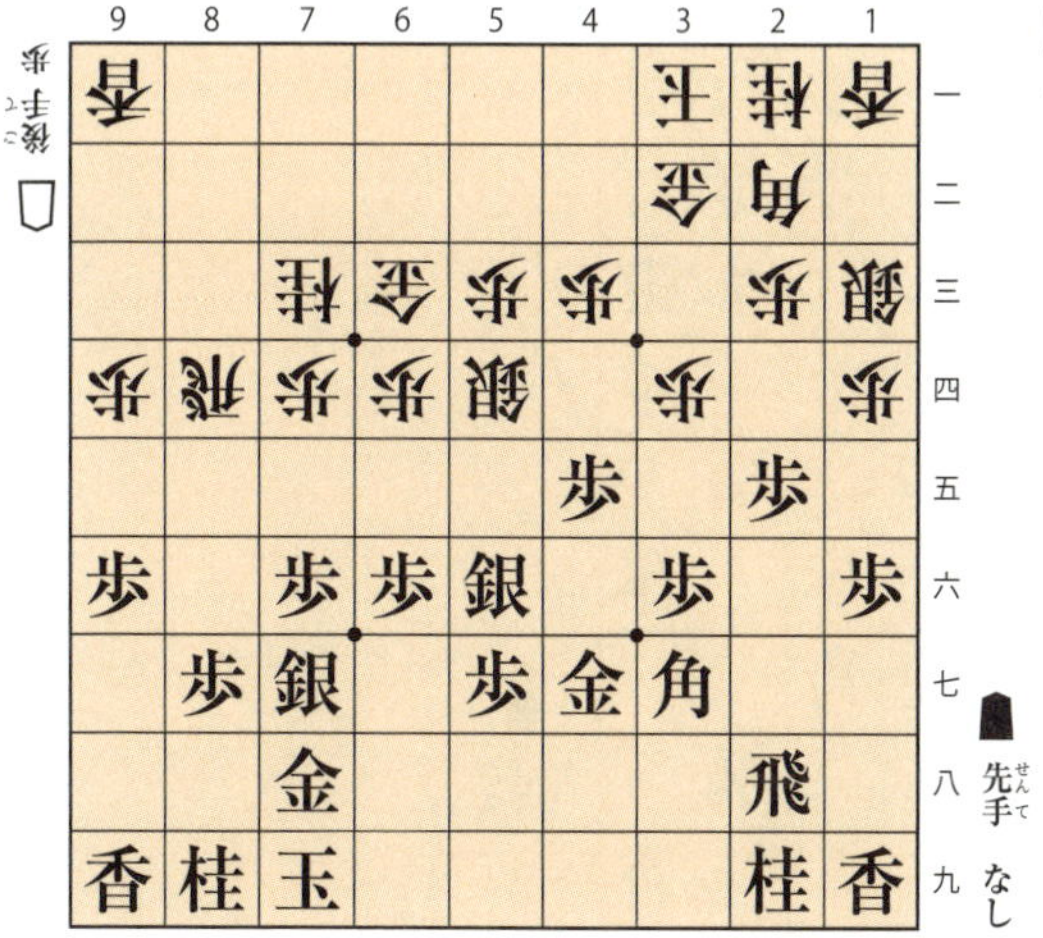

修了問題《しゅうりょうもんだい》④ 解答《かいとう》と解説《かいせつ》

正解《せいかい》は、②▲6七銀《ななぎん》です。

この囲《かこ》いは、銀矢倉《ぎんやぐら》です。普通《ふつう》よく使《つか》われるのは、この6七《なな》の位置《いち》に金《きん》がある金矢倉《きんやぐら》です。相手《あいて》が2二《に》の角《かく》で6筋《すじ》を狙《ねら》っているので、▲6七銀《ななぎん》はそれを受《う》ける意味《いみ》もあるのです。10点《てん》です。

①の▲4六金《ろくきん》は、力強《ちからづよ》い手《て》です。5六銀《ろくぎん》と金《きん》と3七《なな》の角《かく》で5五《ご》の地点《ちてん》を狙《ねら》っているのです。でも少《すこ》し危険《きけん》でもあります。たとえば、△6五歩《ごふ》と攻《せ》められ、守《まも》りが2枚《まい》で少《すこ》し弱《よわ》いです。5点《てん》です。

②の▲6八飛《はちひ》は、6筋《すじ》を守《まも》りながら攻《せ》めようとしています。でも、これも飛車《ひしゃ》と玉《ぎょく》が近《ちか》づいているので、少《すこ》し危険《きけん》です。5点《てん》です。

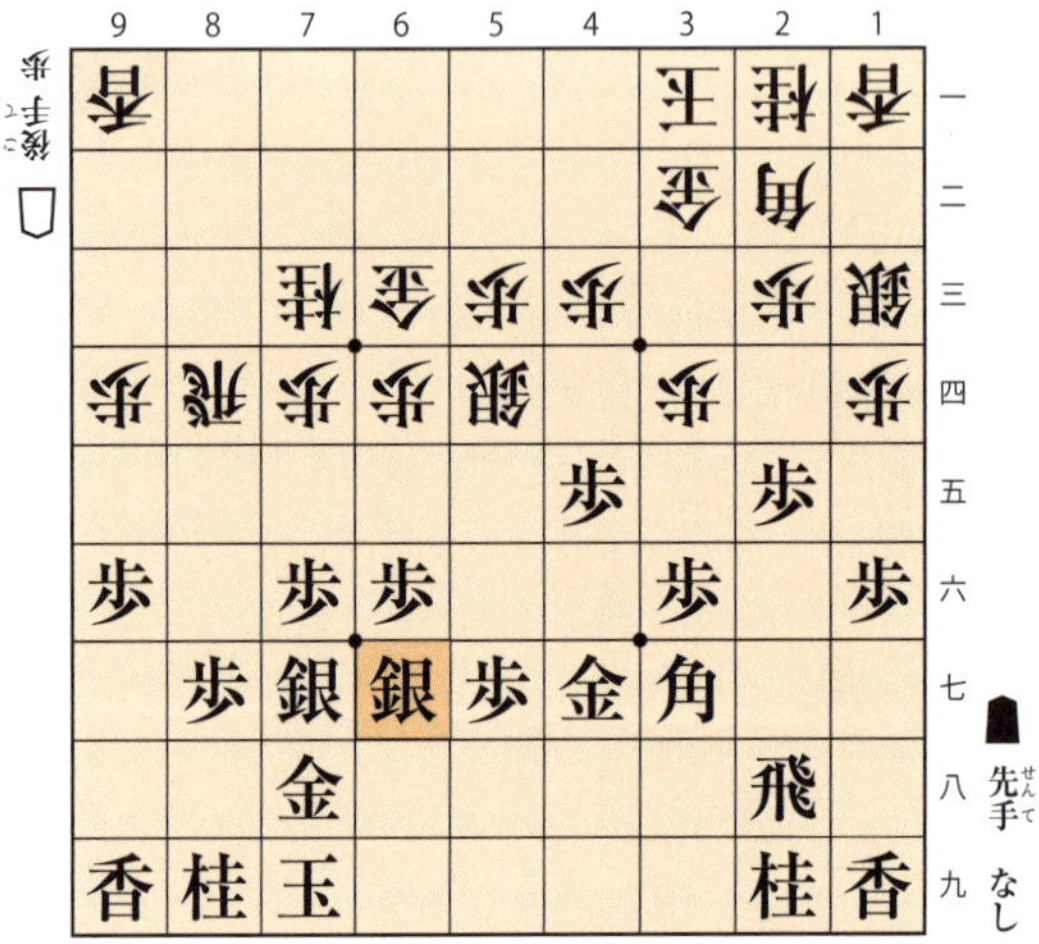

修了問題《しゅうりょうもんだい》⑤

羽生《はぶ》「修了問題《しゅうりょうもんだい》も最後《さいご》です。
　ラストは、名人戦《めいじんせん》からの出題《しゅつだい》です。初《はじ》めての名人戦《めいじんせん》は今《いま》でもよく覚《おぼ》えています。名人戦《めいじんせん》などタイトル戦《せん》では、両者《りょうしゃ》が羽織袴《はおりはかま》で2日間《かかん》かけて行《おこな》います。さて、次《つぎ》の問題《もんだい》はその第《だい》1局《きょく》の1日目《にちめ》序盤《じょばん》からの出題《しゅつだい》」

平成《へいせい》6年《ねん》4月《がつ》11、12日《にち》
岡山県倉敷市《おかやまけんくらしきし》　芸文館《げいぶんかん》・藤花荘《とうかそう》
先手《せんて》　羽生善治《はぶよしはる》
後手《ごて》　米長邦雄《よねながくにお》

羽生《はぶ》「振《ふ》り駒《ごま》で先手番《せんてばん》になって、5五《ご》の位《くらい》を取《と》った中飛車《なかびしゃ》、**5五《ご》位《くらい》取《ど》り中飛車《なかびしゃ》**を採用《さいよう》しました。今後手《いまごて》が4三銀《さんぎん》としたところ、戦《たたか》いの前《まえ》に何《なに》かしなくてはならない手《て》はなんでしょう？」

① ☗**4五歩《ごふ》**
② ☗**3八銀《はちぎん》**
③ ☗**1八香《はちきょう》**

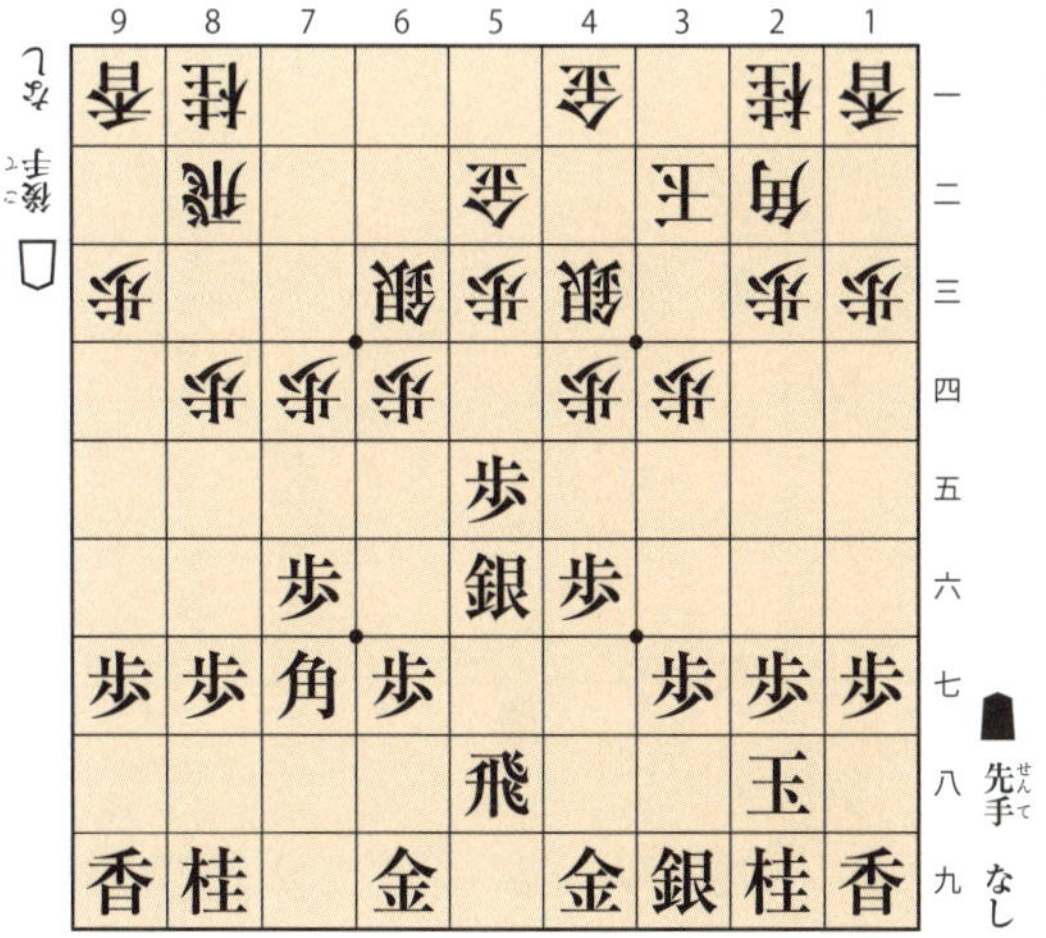

修了問題《しゅうりょうもんだい》⑤　解答《かいとう》と解説《かいせつ》

正解《せいかい》は、②▲3八銀《はちぎん》です。

美濃囲《みのがこ》いを完成《かんせい》させましょう。このあと、6九《きゅう》の金《きん》を相手《あいて》の攻《せ》め方《かた》によって、7八金《はちきん》としたり、飛《ひ》を移動《いどう》したあと、▲5八金《はちきん》から、▲4七金《ななきん》と高美濃《たかみの》を目《め》ざすようにしていくことが振《ふ》り飛車《びしゃ》の戦《たたか》い方《かた》です。覚《おぼ》えておきましょう。10点《てん》。

①の▲4五歩《ごふ》もなかなかの手《て》です。以下《いか》、△同歩《どうふ》、▲同銀《どうぎん》、△4四歩《よんふ》、▲5六銀《ろくぎん》となったとき、1歩《ぷ》を手駒《てごま》にできます。でも、開戦前《かいせんまえ》に自陣《じじん》の整備《せいび》をしっかりしてから戦《たたか》うことをまずは覚《おぼ》えておきましょう。8点《てん》。

③の▲1八香《はちきょう》は、穴熊囲《あなぐまがこ》いを目《め》ざす手《て》です。でも、よく相手《あいて》を見《み》ていないと、穴熊《あなぐま》ができるまでに攻《せ》めの体勢《たいせい》を整《ととの》えられる可能性《かのうせい》もあるので、この場合《ばあい》は次善手《じぜんしゅ》となります。これは3点《てん》。

先手《せんて》は5筋《すじ》の位《くらい》をとるのに歩《ふ》を突《つ》いて、銀《ぎん》を5六《ろく》まですすめて手《て》をかけているので、この場合《ばあい》は1手《て》で自陣《じじん》が引《ひ》き締《し》まる3八《はち》銀《ぎん》が最善手《さいぜんしゅ》となります。

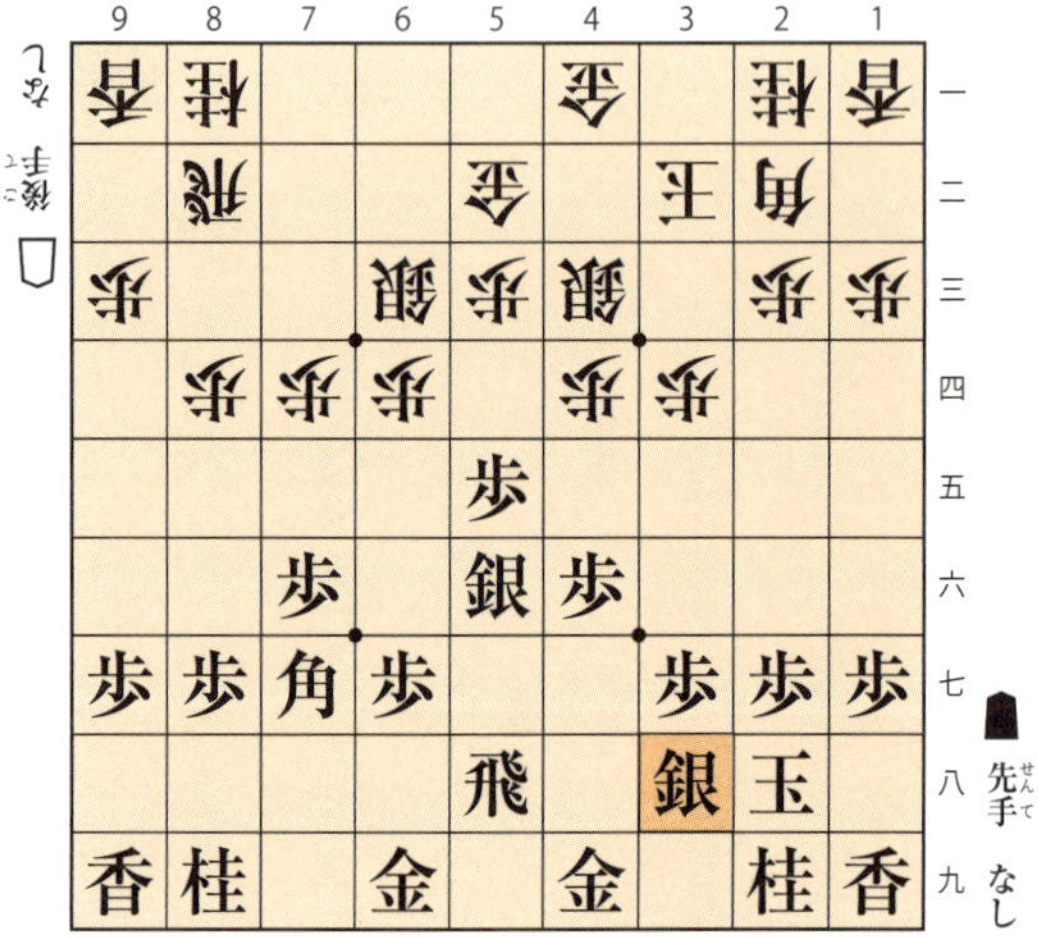

詰《つ》め将棋《しょうぎ》①～⑩をしてきた人《ひと》は、ボーナスポイント50点《てん》。そして、修了問題《しゅうりょうもんだい》①～⑤問《もん》で合計《ごうけい》100点満点《てんまんてん》です。最終問題《さいしゅうもんだい》まで何点《なんてん》とれましたか？

100点《てん》……素晴《すば》らしい！

99点《てん》～90点《てん》……もう将棋《しょうぎ》のコツがわかっているから、これからは実戦《じっせん》を重《かさ》ねていくといいね。

89点《てん》～80点《てん》……将棋《しょうぎ》のセンスがあるね。できなかった問題《もんだい》をもう一度《いちど》解《と》いてみると自信《じしん》になるよ。

79点《てん》～60点《てん》……将棋《しょうぎ》の基礎《きそ》はできているので、あとは詰《つ》め将棋《しょうぎ》や次《つぎ》の一手問題《いってもんだい》を解《と》いてみたらいいね。実戦《じっせん》で強《つよ》い人《ひと》に教《おし》えてもらうといいです。

59点以下《てんいか》……チャレンジしたことが偉《えら》い！もう一度《いちど》、最初《さいしょ》から本《ほん》を読《よ》み直《なお》してみましょう。きっと、再《さい》チャレンジすれば、点数《てんすう》がアップするよ。

80点以上《てんいじょう》で合格《ごうかく》だよ！

修了証《しゅうりょうしょう》を差《さ》し上《あ》げます。本当《ほんとう》に先生《せんせい》と一緒《いっしょ》によく頑張《がんば》りましたね。おめでとう！

将棋学園卒業《しょうぎがくえんそつぎょう》だよ！

将棋学園《しょうぎがくえん》 修了証《しゅうりょうしょう》

さん

あなたは、この一週間将棋学園《いっしゅうかんしょうぎがくえん》での勉強《べんきょう》を大変《たいへん》よくできました。将棋《しょうぎ》の歴史《れきし》、マナー、ルールを学《まな》び、そして将棋《しょうぎ》の技術《ぎじゅつ》も身《み》につきました。対局《たいきょく》をたくさんしてください。ここに将棋学園《しょうぎがくえん》の課程《かてい》を修了《しゅうりょう》したこと賞《しょう》します。

年《ねん》 月《がつ》 日《にち》

将棋学園《しょうぎがくえん》

校長《こうちょう》 羽生善治《はぶよしはる》

先生《せんせい》 安次嶺隆幸《あじみねたかゆき》

将棋用語解説《しょうぎようごかいせつ》

将棋《しょうぎ》には、専門用語《せんもんようご》がたくさんあります。ここでは、本書《ほんしょ》のなかで使用《しよう》した用語《ようご》を詳《くわ》しく解説《かいせつ》しました。ぜひ、覚《おぼ》えておこう！

あ行《ぎょう》

合駒《あいごま》
大駒《おおごま》（飛《ひ》車《しゃ》や角《かく》）や飛《と》び道具《どうぐ》（角《かく》や香《きょう》車《しゃ》）で王手《おうて》されたとき、駒《こま》と駒《こま》の間《あいだ》に、その王手《おうて》を防《ふせ》ぐため、打《う》つ駒《こま》のことをいう。合駒《あいごま》で詰《つ》みを逃《のが》れたりすることも多《おお》い。

悪形《あくがた》
駒《こま》と駒《こま》の利《き》き（動《うご》きの出来《でき》る場所《ばしょ》）がお互《たが》いに効率《こうりつ》の悪《わる》い陣形《じんけい》のことをいう。ひとつの駒《こま》が取《と》られても、その駒《こま》に利《き》きがある場合《ばあい》はいいが、一方《いっぽう》だけの利《き》きの場《ば》合《あい》は悪《わる》い形《かたち》＝悪形《あくがた》となる。

頭金《あたまきん》
詰《つ》めの基本《きほん》の形《かたち》。金《きん》や成駒《なりごま》（成銀《なりぎん》、成桂《なりけい》、成香《なりきょう》、と金《きん》）で、王手《おうて》されたときに王様《おうさま》がどこにも動《うご》けない詰《つ》みの形《かたち》。

穴熊囲い《あなぐまがこい》
将棋《しょうぎ》で最強《さいきょう》の囲《かこ》いといわれる。居飛車《いびしゃ》の穴熊《あなぐま》は「居飛車穴熊《いびしゃあなぐま》」、振《ふ》り飛車《びしゃ》の穴熊《あなぐま》は「振《ふ》り飛車穴熊《びしゃあなぐま》」と呼《よ》ばれる。囲《かこ》いに手数《てかず》がかかるのが弱点《じゃくてん》。

居飛車《いびしゃ》
飛車《ひしゃ》を前《まえ》の歩《ふ》をついて、攻《せ》めの体勢《たいせい》を整《ととの》える戦法《せんぽう》。飛車《ひしゃ》の位置《いち》を変《か》えないで銀《ぎん》、桂《けい》、香《きょう》、歩《ふ》と協力《きょうりょく》して攻《せ》めの布陣《ふじん》を築《きず》く。

上手《うわて》
両者《りょうしゃ》の棋力《きりょく》（実力《じつりょく》）に差《さ》があるときの上位者《じょういしゃ》のこと。駒《こま》を落《お》として指《さ》す、駒落《こまお》ちで指《さ》すときは、駒《こま》を落《お》とした上手側《うわてがわ》が先手《せんて》で指《さ》す。

王手《おうて》
次《つぎ》に、王様《おうさま》を取《と》りますよという手《て》。自陣《じじん》の駒《こま》の利《き》きで敵陣《てきじん》の王将《おうしょう》を狙《ねら》う手《て》。王手《おうて》には相手《あいて》が、逃《に》げる、取《と》る、合駒《あいごま》するなど必《かなら》ず対応《たいおう》することになる。「王手《おうて》」と声《こえ》に出《だ》していう必要《ひつよう》はない。

大駒《おおごま》

飛車《ひしゃ》と角行《かくぎょう》のこと。裏《うら》に成《な》って、竜王《りゅうおう》（竜《りゅう》）、竜馬《りゅうま》（馬《うま》）でも大駒《おおごま》という。駒《こま》の大《おお》きさ自体《じたい》も他《ほか》の小駒《こごま》（歩《ふ》、香《きょう》、桂《けい》、銀《ぎん》、金《きん》）より大型《おおがた》である。

か行《ぎょう》

囲《かこ》い

王将《おうしょう》を守《まも》る陣形《じんけい》のこと。将棋《しょうぎ》は、王将《おうしょう》を詰《つ》ませることが第一《だいいち》の目的《もくてき》。したがって、囲《かこ》いが堅《かた》い方《ほう》が最後《さいご》の詰《つ》みを逃《のが》れることが多《おお》い。しっかりと囲《かこ》いを築《きず》いて王将《おうしょう》を守《まも》ることで、攻《せ》めにも威力《いりょく》を発揮《はっき》する。

感想戦《かんそうせん》

将棋《しょうぎ》が終《お》わったあとの反省会《はんせいかい》、検討会《けんとうかい》。プロ棋士《きし》は毎局《まいきょく》、この感想戦《かんそうせん》をする。最《さい》善手《ぜんしゅ》（指《さ》し手《て》のいちばんいい手《て》）を感想《かんそう》戦《せん》で確認《かくにん》をすることと、そのときの自分《じぶん》の気持《きも》ちを振《ふ》りかえることが次《つぎ》の対局《たいきょく》につながる。

利《き》き

駒《こま》の移動《いどう》できる範囲《はんい》、マスのこと。その駒《こま》の移動範囲《いどうはんい》がどこまで届《とど》いているか、常《つね》に気《き》をつけながら指《さ》し手《て》を進《すす》めて行《い》くことが大事《だいじ》。

棋士《きし》

将棋《しょうぎ》を指《さ》すことを仕事《しごと》にしている人《ひと》を（プロ）棋士《きし》という。棋士《きし》になるには、年少期《ねんしょうき》にアマチュア高段者《こうだんしゃ》になって、奨励会《しょうれいかい》（プロ養成機関《ようせいきかん》）に入《はい》り、そこからプロの四段《よだん》を目指《めざ》す（アマチュアの段《だん》とプロの段《だん》は違《ちが》う）。

棋譜《きふ》

将棋《しょうぎ》の記録《きろく》のこと。盤面《ばんめん》81マスを1一《いち》～9九《きゅう》まで位置《いち》を決《き》めて、それぞれの駒《こま》を先手《せんて》、後手《ごて》に分《わ》けて書《か》いたもの。これがあれば対局《たいきょく》を再現《さいげん》できる。

逆王手《ぎゃくおうて》

王手《おうて》をかけられたとき、それを防《ふせ》ぐ合駒《あいごま》などで、逆《ぎゃく》に王手《おうて》を返《かえ》す技《わざ》のこと。終盤《しゅうばん》の玉《ぎょく》と玉《ぎょく》が接近《せっきん》したときに多《おお》く出現《しゅつげん》する。角《かく》や桂《けい》を合駒《あいごま》に使《つか》って逆王手《ぎゃくおうて》を狙《ねら》うことも多《おお》い。

銀冠《ぎんかんむり》

王将《おうしょう》の頭《あたま》（上《うえ》）に銀《ぎん》が移動《いどう》した形《かたち》。美濃《みの》囲《がこ》いから発展《はってん》して、王将《おうしょう》の脇《わき》の銀《ぎん》がナナメ上《うえ》に移動《いどう》して銀冠《ぎんかんむり》になることが多《おお》い。上部《じょうぶ》に強《つよ》い、バランスが取《と》れた囲《かこ》い。

禁《きん》じ手《て》

二歩《にふ》や行《い》きどころのない駒《こま》を打《う》ったり、王手《おうて》に対応《たいおう》しなかったり、2手《て》続《つづ》けて指《さ》し手《て》をしてしまったなど、将棋《しょうぎ》で禁止《きんし》されている手《て》のこと。

小駒《こごま》

歩《ふ》、香《きょう》、桂《けい》、銀《ぎん》、金《きん》をいう。大駒《おおごま》（飛車《ひしゃ》、角行《かくぎょう》）に対《たい》して使《つか》われることが多《おお》い。小《こ》駒《ごま》を活用《かつよう》して成《な》り駒《こま》をつくることが将棋《しょうぎ》の勝利《しょうり》へのセオリーである。

後手《ごて》

先手《せんて》（先《さき》に指《さ》す）人《ひと》に対《たい》して、次《つぎ》に指《さ》す人《ひと》をいう。また、「後手《ごて》を引《ひ》く」という表現《ひょうげん》で、相手《あいて》の指《さ》し手《て》に対応《たいおう》するだけのときにも使《つか》う。

駒損《こまぞん》

駒《こま》の価値《かち》（それぞれの駒《こま》の持《も》つ性能《せいのう》）が交換《こうかん》されたときに、自分《じぶん》の方《ほう》がマイナスになってしまうこと。特《とく》に序盤《じょばん》で駒損《こまぞん》をしてしまうと、中終盤《ちゅうしゅうばん》に向《む》けて不利《ふり》となる。しかし、終盤《しゅうばん》は駒《こま》の損得《そんとく》よりも速度《そくど》が重視《じゅうし》される。これが将棋《しょうぎ》の奥深《おくぶか》さと面《おも》白《しろ》さとなっている。

さ行《ぎょう》

指《さ》す

将棋《しょうぎ》は「打《う》つ」ではなく、「指《さ》す」という。駒台《こまだい》から駒《こま》を使《つか》うときだけは「打《う》つ」という。将棋《しょうぎ》は、駒《こま》を指《ゆび》で滑《すべ》らせるようにマス目《め》にきちんと置《お》く＝指《さ》すことが上達《じょうたつ》にもつながる。

持将棋《じしょうぎ》

双方《そうほう》の玉《ぎょく》がお互《たが》い入玉《にゅうぎょく》して相手陣地《あいてじんち》に入《はい》り、玉《ぎょく》が詰《つ》められない状況《じょうきょう》になったときに、そのときの駒《こま》の点数《てんすう》で引《ひ》き分《わ》けになることをいう。王将《おうしょう》をのぞいた状態《じょうたい》で、大駒《おおごま》1枚《まい》5点《てん》、小駒《こごま》1枚《まい》1点《てん》として合計《ごうけい》24点以上《てんいじょう》であれば持将棋《じしょうぎ》が成立《せいりつ》する。

下手《したて》

上手《うわて》（上位者《じょういしゃ》）に対《たい》して、下位者《かいしゃ》のこと。駒落《こまお》ち将棋《しょうぎ》で駒《こま》を落《お》としてもらって指《さ》すときにも、下手《したて》という。そのときは、上《うわ》手《て》が先手番《せんてばん》で下手《したて》が後手番《ごてばん》となる。

終盤《しゅうばん》

将棋《しょうぎ》の最後《さいご》の戦《たたか》いをいう。将棋《しょうぎ》は、序盤《じょばん》（それぞれの陣形《じんけい》を整《ととの》える）、中盤《ちゅうばん》（戦《たたか》いの攻《せ》め守《まも》り）そして、終盤《しゅうばん》（王将《おうしょう》を詰《つ》ませる）の大《おお》きく3つの場面《ばめん》がある。

定跡《じょうせき》

将棋《しょうぎ》の基本戦術《きほんせんじゅつ》。長年棋士《ながねんきし》が、その道筋《みちすじ》を築《きず》きあげてきた先手後手《せんてごて》の最善手《さいぜんしゅ》をつなげた指《さ》し手《て》のこと。しかし、時代《じだい》と研《けん》究《きゅう》によってその定跡《じょうせき》も変化《へんか》がある。

初形《しょけい》（初型《はつがた》）

将棋《しょうぎ》を指《さ》し始《はじ》める初《はじ》めの形《かたち》のこと。歩《ふ》が自陣《じじん》の最前線《さいぜんせん》で並《なら》び、その後方《こうほう》に飛車《ひしゃ》、角行《かくぎょう》の大駒《おおごま》、最後方《さいこうほう》に王将《おうしょう》、金将《きんしょう》、銀将《ぎんしょう》、桂馬《けいま》、香車《きょうしゃ》がひかえる。

序盤《じょばん》
指《さ》し初《はじ》めの、お互《たが》いが囲《かこ》いと攻《せ》めの体勢《たいせい》づくりの段階《だんかい》ことをいう。序盤《じょばん》で大切《たいせつ》なことは玉《ぎょく》の囲《かこ》いと大駒《おおごま》を中心《ちゅうしん》とした攻《せ》めの体勢《たいせい》づくり。

先手《せんて》
初《はじ》めに指《さ》す手番《てばん》のこと。そのあとの手番《てばん》のことを後手《ごて》という。先《さき》に攻《せ》めの手《て》をつなげていくことを「先手《せんて》をとる」ともいう。

千日手《せんにちて》
同《おな》じ局面《きょくめん》が4度《ど》繰《く》り返《かえ》され、同《おな》じ指《さ》し手《て》が出現《しゅつげん》したときに、先後交代《せんごこうたい》で指《さ》し直《なお》しとなることをいう。この場合《ばあい》、連続王手《れんぞくおうて》の場合《ばあい》は王手《おうて》をしている側《がわ》が指《さ》し手《て》を変《か》えなければならない。

戦法《せんぽう》
将棋《しょうぎ》の戦術《せんじゅつ》の形《かたち》。矢倉戦法《やぐらせんぽう》、振《ふ》り飛車穴《びしゃあな》熊戦法《ぐませんぽう》など、囲《かこ》いと戦術《せんじゅつ》が一緒《いっしょ》になって戦法《せんぽう》といわれることもある。攻《せ》めと守《まも》りの形《かたち》や布陣《ふじん》をいう。

た行《ぎょう》

対局《たいきょく》
将棋《しょうぎ》の勝負《しょうぶ》、試合《しあい》のことをいう。将棋《しょうぎ》は1勝負《しょうぶ》、1試合《しあい》ではなく、1局《きょく》と数《かぞ》える。

中盤《ちゅうばん》
将棋《しょうぎ》の駒《こま》を交換《こうかん》し合《あ》ったり、持《も》ち駒《ごま》を打《う》ち合《あ》ったりする攻防《こうぼう》の時期《じき》をいう。特《とく》に中盤《ちゅうばん》は、これから終盤《しゅうばん》に指《さ》しかかるとても大切《たいせつ》な攻防《こうぼう》。

詰《つ》**み**
将棋《しょうぎ》の最後《さいご》の形《かたち》。王将《おうしょう》が動《うご》けない形《かたち》をいう。詰《つ》みが見《み》えたときは、その前《まえ》に投了《とうりょう》（負《ま》け）を宣言《せんげん》することも多《おお》い。

詰将棋《つめしょうぎ》
将棋《しょうぎ》の最終盤《さいしゅうばん》の詰《つ》めの形《かたち》に特化《とっか》した形《かたち》。王手《おうて》の連続《れんぞく》で相手《あいて》の玉《ぎょく》を詰《つ》めるパズルだが、終盤《しゅうばん》の力《ちから》を養《やしな》ういい練習《れんしゅう》になる。

手損《てぞん》
駒《こま》を何度《なんど》も同《おな》じ場所《ばしょ》に繰《く》り返《かえ》して手《て》を使《つか》うこと。序盤《じょばん》における手損《てぞん》も、大《おお》きな陣形整備《じんけいせいび》のマイナスになる。最近《さいきん》ではわざと手損《てぞん》する一手損角換《いってぞんかくが》わり戦法《せんぽう》という高度《こうど》な戦術《せんじゅつ》も出《で》てきた。

投了《とうりょう》
相手《あいて》に自分《じぶん》の負《ま》けを宣言《せんげん》すること。「負《ま》けました」と相手《あいて》にお辞儀《じぎ》をして投了《とうりょう》を伝《つた》える。自分《じぶん》の気持《きも》ちを折《お》りたたんでしっかりと投了《とうりょう》することが大切《たいせつ》。

な行《ぎょう》

成《な》**る**
敵陣《てきじん》で駒《こま》が裏《うら》になって、成《な》り駒《ごま》になることをいう。

二歩《にふ》
禁《きん》じ手《て》。同《おな》じ筋《すじ》（縦《たて》）に持《も》ち駒《ごま》の歩《ふ》を打《う》つとき2枚《まい》になってはいけない。二歩《にふ》を打《う》った時点《じてん》で負《ま》け（投了《とうりょう》）となる。

は行《ぎょう》

平手《ひらて》
双方各《そうほうかく》20枚《まい》の駒《こま》を落《お》とさずに、対等《たいとう》に対局《たいきょく》すること。普通《ふつう》、対局《たいきょく》は平手《ひらて》で行《おこな》う。実力差《じつりょくさ》があるときは、上手《うわて》が駒《こま》を落《お》として下手《したて》と戦《たたか》うときは駒落《こまお》ちという。

不成《ふな》り
敵陣《てきじん》で成《な》れる駒《こま》をわざと成《な》らないで、使《つか》うことをいう。銀《ぎん》の不成《ふな》りや桂《けい》の不成《ふな》りは多《おお》くの実戦《じっせん》で使《つか》われる。「ならず」とも読《よ》む。

振《ふ》り駒《ごま》
将棋《しょうぎ》の先手《せんて》、後手《ごて》を決《き》める方法《ほうほう》。盤上《ばんじょう》で歩《ふ》を5枚《まい》振《ふ》って、表《おもて》の歩《ふ》が多《おお》ければ振《ふ》った人《ひと》が先手番《せんてばん》となる。

振《ふ》り飛車《びしゃ》
飛車《ひしゃ》の位置《いち》を右《みぎ》から左《ひだり》に移動《いどう》して（振《ふ》って）使《つか》う戦術《せんじゅつ》。その分玉《ぶんぎょく》を右《みぎ》に囲《かこ》いやすくなる。飛車《ひしゃ》と角《かく》が近《ちか》くになり、攻《せ》めと守《まも》りの陣形《じんけい》がわかりやすい。

ま行《ぎょう》

美濃囲《みのがこ》い
玉《ぎょく》を銀《ぎん》と金《きん》2枚《まい》で守《まも》る囲《かこ》いの一種《いっしゅ》。発展《はってん》性《せい》がある囲《かこ》いで、美濃囲《みのがこ》いから、高美濃《たかみの》、銀冠《ぎんかんむり》などと進化《しんか》しやすい。

名人《めいじん》
将棋《しょうぎ》の伝統《でんとう》ある称号《しょうごう》が名人位《めいじんい》である。名《めい》人位《じんい》を5期《き》つとめた人《ひと》は永世名人《えいせいめいじん》の称号《しょうごう》を受《う》ける。

持《も》ち駒《ごま》
取《と》った駒《こま》のこと。日本将棋《にほんしょうぎ》は取《と》った相手《あいて》の駒《こま》を自分《じぶん》の駒《こま》と使《つか》う＝再利用《さいりよう》するとても優秀《ゆうしゅう》なゲーム。駒《こま》の再利用《さいりよう》が将棋《しょうぎ》をとても複雑《ふくざつ》に、かつ面白《おもしろ》くさせている。

や行《ぎょう》

矢倉囲《やぐらがこ》い
将棋《しょうぎ》のとても美《うつ》しい囲《かこ》いのひとつ。特《とく》にお互《たが》い居飛車《いびしゃ》（相居飛車《あいいびしゃ》）のときに使《つか》われる囲《かこ》い（相矢倉《あいやぐら》）である。将棋《しょうぎ》の囲《かこ》いで長《なが》く指《さ》し継《つ》がれている形《かたち》である。

ら行《ぎょう》

両取《りょうど》り
一度《いちど》に2つ以上《いじょう》の利《き》きで駒《こま》が取《と》れる状態《じょうたい》をいう。桂《けい》や角行《かくぎょう》、飛車《ひしゃ》などで両取《りょうど》りをかけることが多《おお》い。

監修《かんしゅう》

羽生　善治（はぶ　よしはる）

1970年埼玉県所沢市生まれ。二上達也九段門下。1985年、プロ四段になる。史上３人目の中学生棋士。1989年に初タイトルとなる竜王を獲得。1994年Ａ級初参加で名人挑戦者となり、第52期名人戦で米長邦雄名人を破って初の名人に。将棋界の記録を次々と塗り替え、1996年には谷川浩司王将を破って、前人未到の七冠独占を達成。十九世名人の永世称号獲得。2014年には４人目となる公式戦通算 1,300勝を史上最年少、最速、最高勝率で達成。2017年、第30期竜王戦を制し、すでに保持していた永世名人、永世王位、名誉王座、永世棋王、永世王将、永世棋聖を合わせ、「永世七冠」の資格を獲得し、「国民栄誉賞」を授与される。最近は将棋界だけでなく、AI知能との未来についての対談・取材を精力的にこなす。広く財界の人々との対談からその考え、生き方を広めていく活動も続けている。将棋界のスー パーヒーローである。現在は創立100周年の「日本将棋連盟会長」も務めている。

著《ちょ》

安次嶺　隆幸（あじみね　たかゆき）

1962年埼玉県所沢市生まれ。明星大学人文学部心理・教育学科教育学専修卒。1984年東京・私立暁星小学校に着任。私学教育研究会（あいすの会）主宰、将棋ペンクラブ会員。「若手教師が学ぶ教師としての生き方」「学級づくりパワーアップセミナー」等、全国各地で教育講演。教師のための安次嶺教師塾をボランティア（zoom）で毎月開催。また、将棋では、中学１年のとき、第１回中学生名人戦出場。その後、プロの剣持松二九段の門下生として弟子入り、高校、大学と奨励会を３度受験。将棋の英春流アマ強豪の鈴木英春氏の直門弟子でもある。現在、公益社団法人日本将棋連盟の学校教育アドバイザーとして各地で「子ども将棋教室」を開催。アマ五段位。将棋の教育的意義の研究・普及に対して、第44回将棋の日「特別表彰」を受賞。主な著書に、『将棋を指す子が伸びる理由』『羽生善治の脳トレ１手詰め』（小学館クリエイティブ）、『将棋に学ぶ』『礼儀でまとめる学級づくり』（東洋館出版）など多数。現職、東京福祉大学教育学部教育学科　特任准教授。

参考文献:「日本将棋連盟指導者講習会資料」「将棋パンフレット」（公益社団法人日本将棋連盟）

本書は2017年刊行の『羽生善治監修　子ども将棋入門』の新装版です。

本書の内容に関するお問い合わせは、**書名**、**発行年月日**、**該当ページを明記**の上、書面、FAX、お問い合わせフォームにて、当社編集部宛にお送りください。**電話によるお問い合わせはお受けしておりません**。また、本書の範囲を超えるご質問等にもお答えできませんので、あらかじめご了承ください。

FAX：03－3831－0902

お問い合わせフォーム：https://www.shin-sei.co.jp/np/contact.html

新装版　羽生善治監修 子ども将棋入門

2024年 7 月15日　初版発行

監修者　羽生善治
著　者　安次嶺隆幸
発行者　富永靖弘
印刷所　株式会社新藤慶昌堂

発行所　東京都台東区台東２丁目24　株式会社 新星出版社
〒110-0016　☎03(3831)0743

ISBN978-4-405-06584-0